COLECCIÓN DE RECETAS DE LA

COCINA ITALIANA

pil

Publications International, Ltd.

Copyright © 2003 Publications International, Ltd.
Todos los derechos reservados. Esta publicación no puede ser reproducida, total o parcialmente, por ningún medio sin la autorización por escrito de:

Louis Weber, CEO
Publications International, Ltd.
7373 North Cicero Avenue
Lincolnwood, Illinois 60712

La autorización no se otorga para fines comerciales.

Todas las recetas y fotografías tienen derechos reservados. Todas las fotografías, *excepto* las que aparecen en las páginas 25, 47, 99, 129 y 187, pertenecen a © Publications International, Ltd.

Fotografía de la portada: Stephen Hamilton Photographics, Inc.

Fotografías de Italia del interior: Ruth Siegel.

En la portada se ilustra: Lasaña Suprema *(página 86)*.

En la contraportada se ilustran *(en el sentido de las manecillas del reloj, desde arriba a la derecha):* Pollo Toscano *(página 160)*, Cannoli *(página 332)* y Pollo Primavera Cremoso *(página 108)*.

ISBN: 0-7853-8678-5

Número de Tarjeta del Catálogo de la Biblioteca del Congreso: 2003101562

Hecho en China.

8 7 6 5 4 3 2 1

Cocción en Horno de Microondas: La potencia de los hornos de microondas es variable. Utilice los tiempos de cocción como guía y revise qué tan cocido está el alimento antes de hornear por más tiempo.

Tiempos de Preparación y Cocción: Los tiempos de preparación se basan en la cantidad aproximada de tiempo que se necesita antes de cocer, hornear, enfriar o servir. Dichos tiempos incluyen los pasos de la preparación, como medir, picar y mezclar. Se tomó en cuenta el hecho de que algunas preparaciones y cocciones pueden realizarse simultáneamente. No se incluyen la preparación de ingredientes opcionales, ni las sugerencias para servir.

CONTENIDO

Entremeses y Ensaladas	4
Sopas y Guisados	42
Nutritivos Platillos con Pasta	78
Cerdo, Res y Ternera	128
Pollo y Pavo	160
Pescados y Mariscos	202
Entradas sin Carne	232
Guarniciones	286
Postres	324
Índice	372

ENTREMESES Y ENSALADAS

Focaccia al Pesto Rápida

300 g de masa para pizza
2 cucharadas de pesto preparado
4 tomates rojos deshidratados, en aceite, escurridos

1. Caliente el horno a 220 °C. Engrase ligeramente un molde de 20×20×5 cm. Extienda la masa; dóblela por la mitad y póngala en el molde.

2. Unte uniformemente el pesto sobre la masa. Pique los tomates o córtelos con tijeras de cocina; distribúyalos sobre el pesto; presiónelos un poco sobre la masa. En la masa, con el mango de una cuchara de madera, haga marcas cada 5 cm.

3. Hornee de 10 a 12 minutos o hasta que se dore. Corte en cuadros y sirva caliente o a temperatura ambiente.

rinde 16 entremeses

tiempo de preparación y cocción: 20 minutos

Focaccia al Pesto Rápida

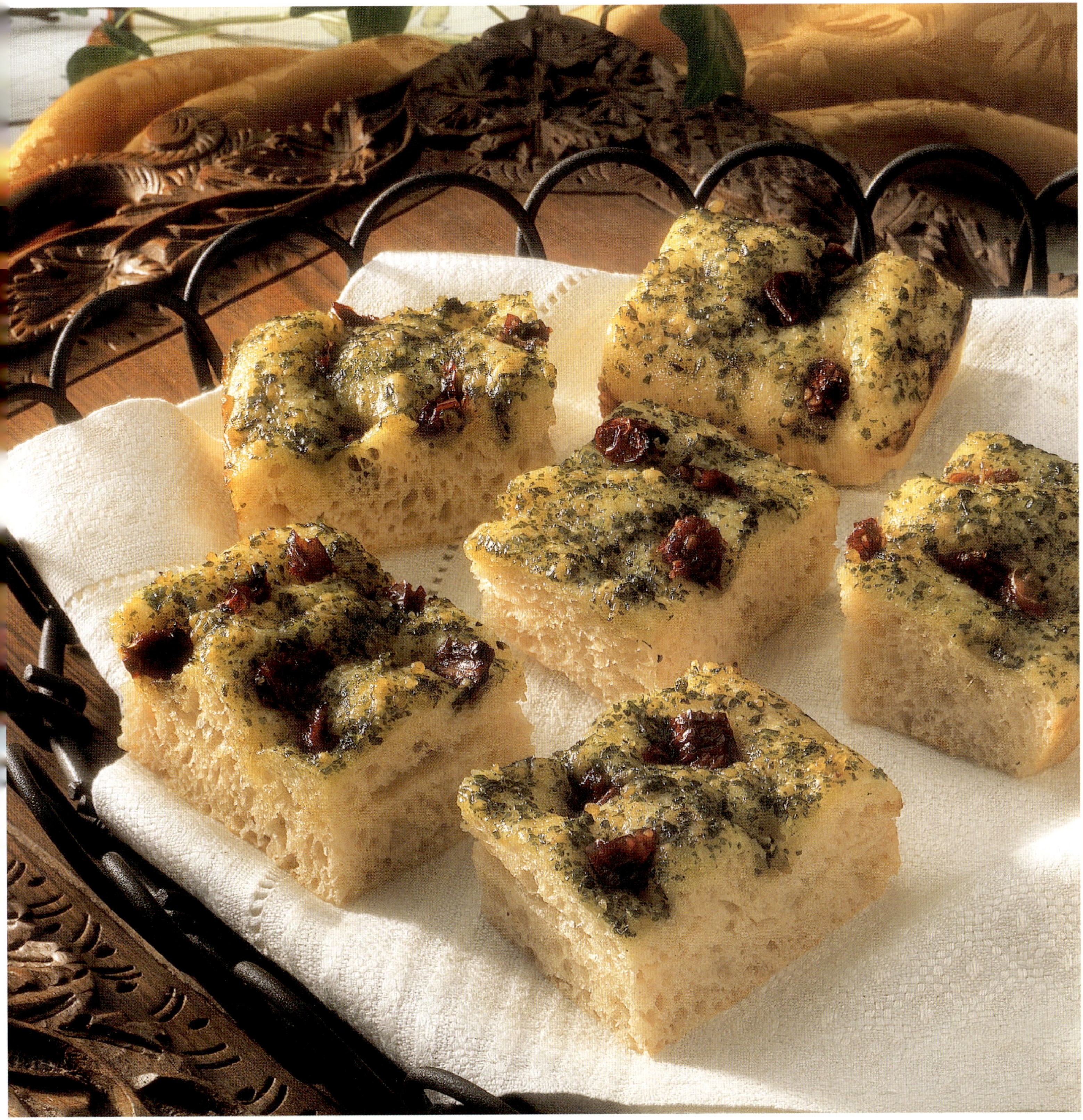

Antipasto Marinado

　　1 taza de zanahoria en tiras julianas
　　1 taza de ejotes (judías verdes), en trozos de 5 cm
　　1 taza de coles de Bruselas, cortadas en cuadros
　　1 taza de calabaza amarilla miniatura, en rebanadas delgadas
　　½ taza de pimiento morrón rojo, en rebanadas delgadas
　　½ taza de pimiento morrón amarillo, en rebanadas delgadas
　　1 lata (250 g) de corazones de alcachofa, escurridos y en cuadros
　　2 tazas de agua
　　½ taza de vinagre de vino blanco
　　1 cucharada de aceite de oliva
　　1 cucharadita de azúcar
　　2 hojas de laurel
　　1 diente de ajo
　　6 ramas de tomillo fresco
　　¼ de cucharadita de pimienta negra
　　½ taza de cebollín entero picado
　　½ taza de perejil picado
　　　Cáscara de 2 naranjas, en tiras delgadas

1. En una cacerola grande, ponga a hervir 4 tazas de agua a fuego alto. Agregue la zanahoria, el ejote y las coles de Bruselas; tape y deje cocer por 1 minuto. Añada la calabaza y los pimientos morrones; tape y deje cocer durante 1 minuto o hasta que las verduras estén suaves. Retire del fuego y escurra. Ponga las verduras y los corazones de alcachofa en un recipiente a prueba de calor.

2. En una cacerola mediana, rocíe las 2 tazas de agua, el vinagre, el aceite, el azúcar, las hojas de laurel, el ajo, el tomillo y la pimienta negra. Hierva a fuego medio. Vierta sobre las verduras; revuelva bien. Deje enfriar completamente. Tape y refrigere durante 12 horas o hasta por 3 días antes de servir.

3. Cuando vaya a servir, escurra las verduras. Deseche las hojas de laurel, el ajo y el tomillo. Incorpore el cebollín, el perejil y la cáscara de naranja.　　　　　　　　　*rinde 8 porciones*

Antipasto Marinado

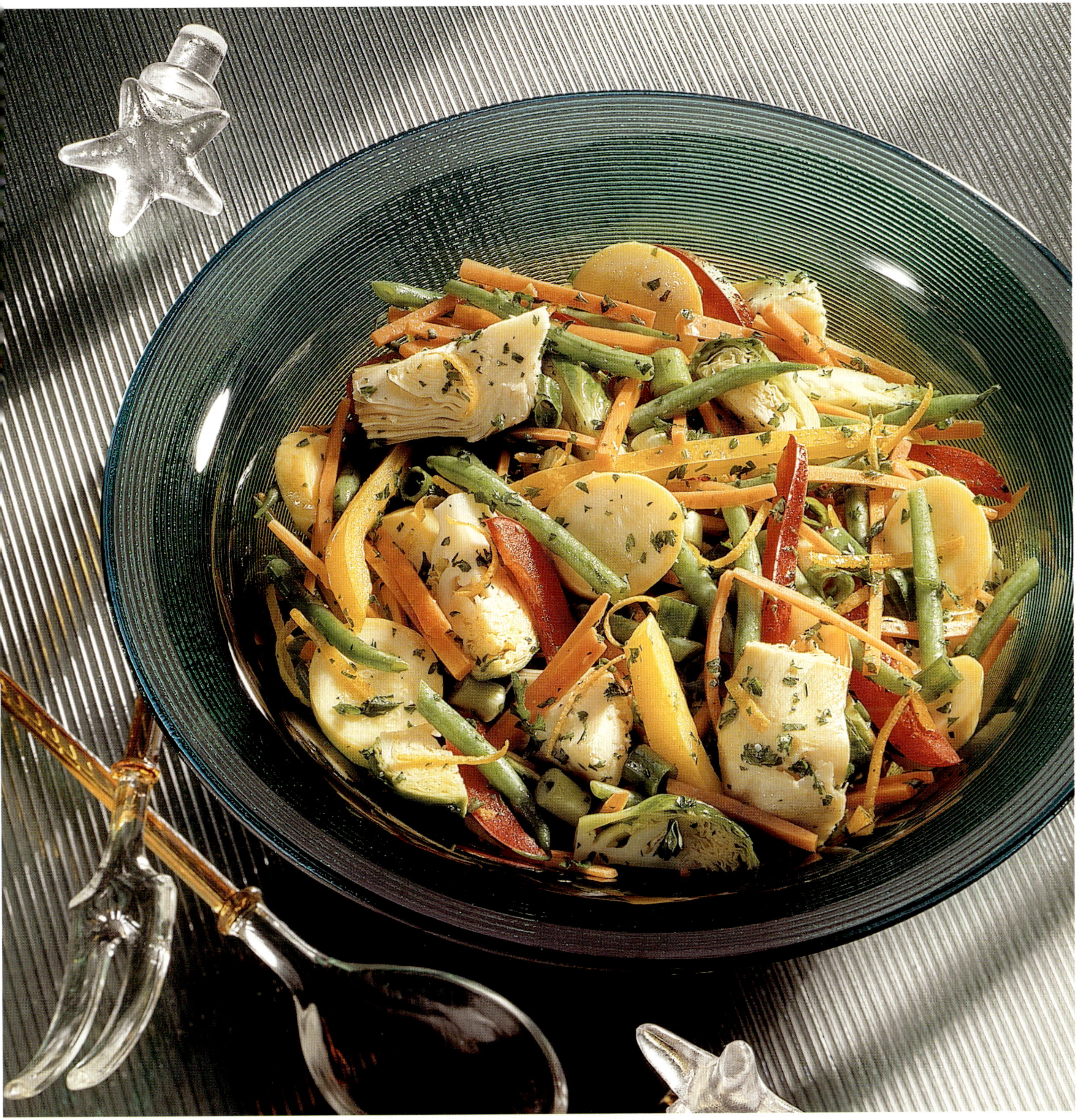

Crostini Toscano de Alubia

  2 latas (de 420 g cada una) de alubias (frijol cannellini), enjuagadas y escurridas
  ½ pimiento morrón rojo grande, finamente picado, o ⅓ de taza de pimiento morrón rojo asado, finamente picado
  ⅓ de taza de cebolla finamente picada
  ⅓ de taza de vinagre de vino tinto
  3 cucharadas de perejil fresco picado
  1 cucharada de aceite de oliva
  2 dientes de ajo picados
  ½ cucharadita de orégano seco
  ¼ de cucharadita de pimienta negra
  18 rebanadas de pan francés, de .5 cm de grosor

1. En un recipiente grande, mezcle la alubia, el pimiento morrón y la cebolla.

2. Revuelva el vinagre, el perejil, el aceite, el ajo, el orégano y la pimienta negra en un recipiente chico. Vierta sobre la alubia; revuelva para bañar. Tape y refrigere durante 2 horas o por toda la noche.

3. En una charola grande para hornear con recubrimiento antiadherente o en un asador eléctrico, acomode las rebanadas de pan en una sola capa. Áselas a 16 o 20 cm de la fuente de calor, de 30 a 45 segundos o hasta que estén ligeramente tostadas. Retire y deje enfriar completamente.

4. Sobre cada rebanada de pan tostado, sirva unas 3 cucharadas de la mezcla de alubia.

rinde 6 porciones

Nota

Al frijol cannellini también se le conoce como alubia italiana. Si no la encuentra en el supermercado, utilice la alubia de su preferencia.

Crostini Toscano de Alubia

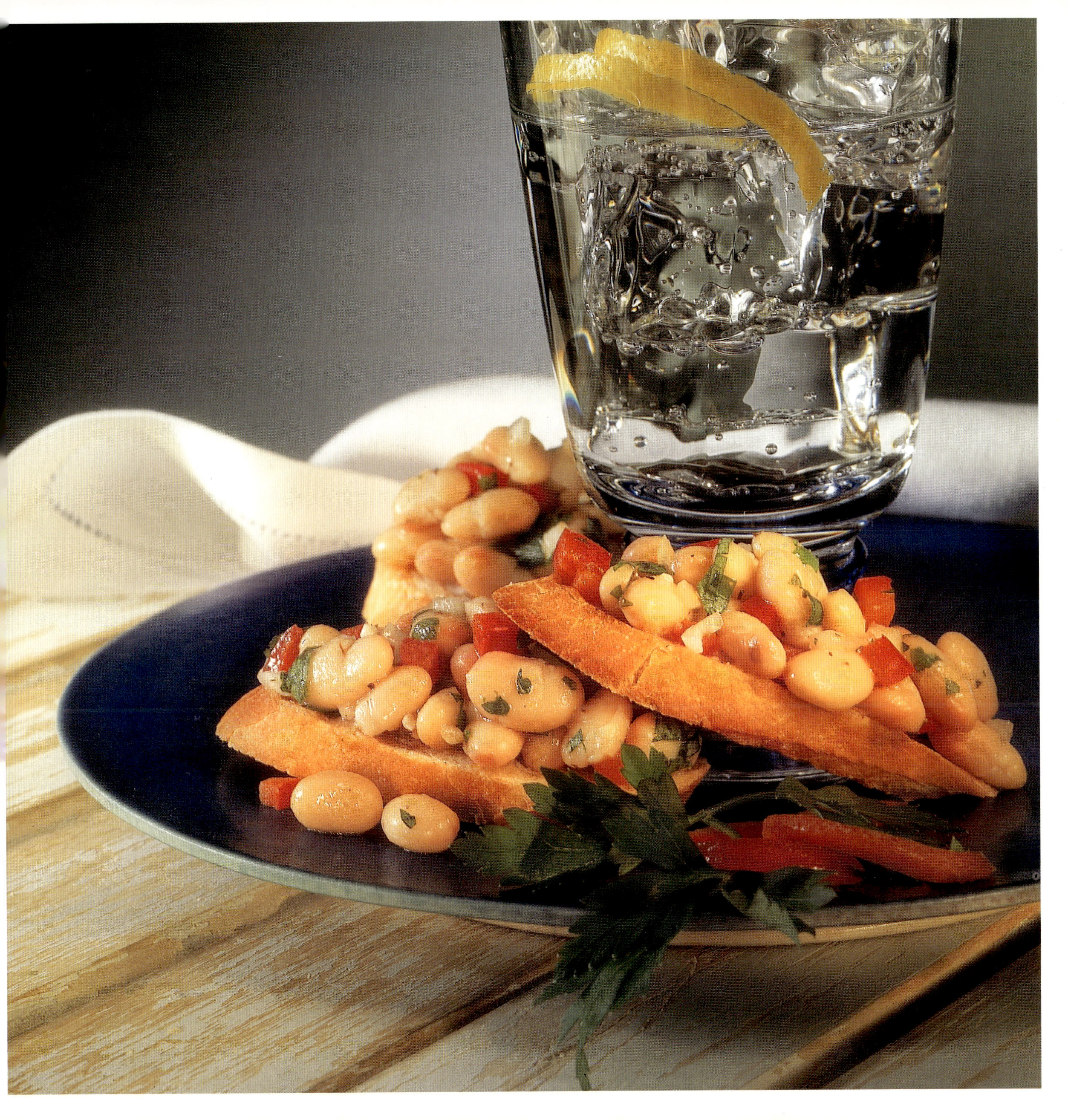

Ostiones a la Romana

12 ostiones abiertos, en su concha
2 rebanadas de tocino en 12 trozos (de 2.5 cm)
½ taza de pan molido sazonado a la italiana
2 cucharadas de mantequilla o margarina derretida
½ cucharadita de sal de ajo
6 cucharadas de queso romano, parmesano o provolone, rallado
Chalote fresco para adornar

Caliente el horno a 190 °C. Sobre una charola para hornear, acomode los ostiones en su concha; póngales 1 trozo de tocino encima y hornéelos durante 10 minutos o hasta que el tocino esté crujiente. Mientras tanto, en un recipiente chico, mezcle el pan molido con la mantequilla y la sal de ajo. Distribuya la mezcla sobre los ostiones y corónelos con el queso. Hornee de 5 a 10 minutos o hasta que el queso se funda. Adorne con el chalote, si lo desea. Sirva de inmediato.

rinde 4 porciones de entremés

Torta Valle Escondido

2 cajas (de 225 g cada una) de queso crema
1 sobre (28 g) de aderezo tipo Ranch en polvo
1 frasco (180 g) de corazones de alcachofa marinados, escurridos y picados
⅓ de taza de pimiento morrón rojo asado, escurrido y picado
3 cucharadas de perejil fresco picado

En un recipiente mediano, bata el queso crema con el aderezo. En otro recipiente, mezcle la alcachofa, el pimiento y el perejil. En un tazón de 3 tazas de capacidad forrado con envoltura de plástico, alterne capas de queso crema y de la mezcla de verduras; comience y termine con una capa de queso.

Refrigere durante 4 horas o por toda la noche. Voltee sobre un platón; desprenda el plástico. Acompañe con galletas saladas.

rinde de 10 a 12 porciones

Ostiones a la Romana

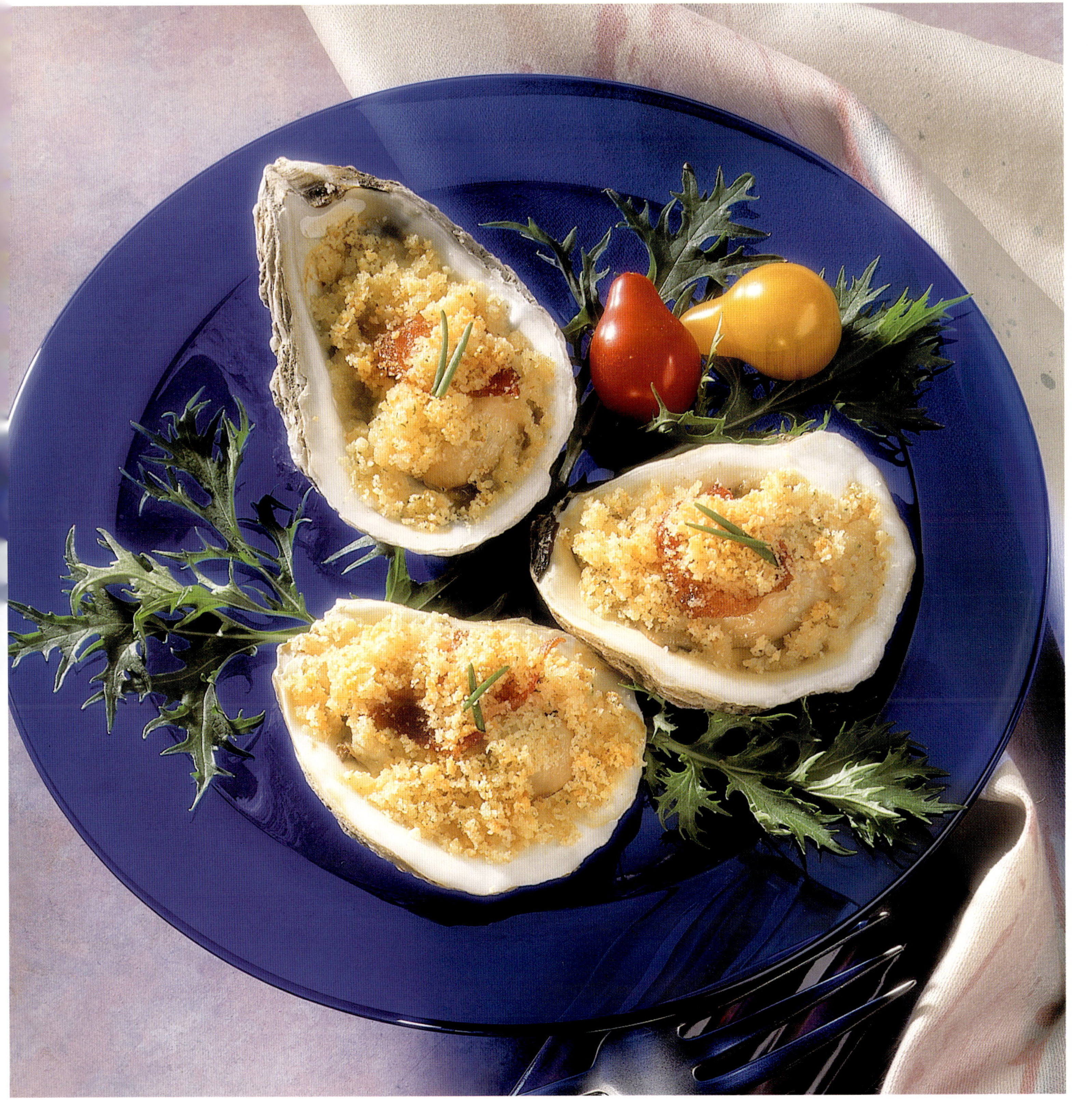

Antipasto con Champiñones Marinados

   Champiñones Marinados (receta más adelante)
  4 cucharaditas de vinagre de vino tinto
  ½ cucharadita de albahaca seca
  ½ cucharadita de orégano seco
   Pizca generosa de pimienta negra
  ¼ de taza de aceite de oliva
 120 g de queso mozzarella, en cubos de 1.5 cm
 120 g de prosciutto o jamón cocido, en rebanadas delgadas
 120 g de queso provolone, en tiras de 5 cm de largo
  1 frasco (285 g) de chile pepperoncini, escurrido
 225 g de salami duro, en rebanadas delgadas
  2 frascos (de 180 g cada uno) de corazones de alcachofa marinados, escurridos
  1 lata (180 g) de aceitunas negras sin hueso, escurridas

Prepare los Champiñones Marinados. Mezcle el vinagre, la albahaca, el orégano y la pimienta negra. Incorpore el aceite y bata. Agregue los cubos de queso mozzarella; revuelva para bañarlos. Tape y marine en el refrigerador durante 2 horas por lo menos. Escurra los cubos de mozzarella; conserve la marinada. Envuelva las tiras de provolone con la mitad de las rebanadas de prosciutto; enrolle el resto de las rebanadas sin el prosciutto. En un platón grande cubierto con hojas de lechuga, acomode los cubos de mozzarella, las tiras de provolone envueltas con prosciutto, los rollos de prosciutto, los Champiñones Marinados, los chiles, el salami, los corazones de alcachofa y las aceitunas. Con la marinada que conservó, bañe los chiles, los corazones de alcachofa y las aceitunas. *rinde de 6 a 8 porciones*

Champiñones Marinados

  ½ taza de aceite de oliva
  3 cucharadas de jugo de limón
  2 cucharadas de perejil fresco picado
  ½ cucharadita de sal
  ¼ de cucharadita de estragón seco
  1 diente de ajo ligeramente machado
  ⅛ de cucharadita de pimienta negra
 225 g de champiñones frescos chicos o medianos, sin tallo

Mezcle todos los ingredientes, excepto los champiñones; bata. Agregue los champiñones y revuelva. Refrigere, tapado, durante 4 horas por lo menos. Escurra los champiñones.

Volovanes de Queso Asiago

1 taza de agua
1 cucharada de mantequilla
1 cucharada de aceite de oliva
½ cucharadita de sal
Pimienta de Cayena al gusto
1 taza de harina
4 huevos*
½ taza (60 g) de queso asiago desmenuzado
½ taza (60 g) de queso parmesano rallado

*Para que los volovanes no queden muy compactos, utilice 2 huevos enteros y 4 claras de huevo.

Caliente el horno a 200 °C. En una cacerola chica, mezcle el agua, la mantequilla, el aceite, la sal y la pimienta de Cayena; hierva. Agregue la harina, toda a un tiempo; revuelva hasta formar una bola suave. Cueza a fuego bajo hasta que se seque la masa, pero que aún esté suave. Vierta la mezcla en un tazón; incorpore, batiendo, los huevos, uno a la vez. Añada los quesos. En una charola para galletas engrasada, vierta cucharadas de la masa. Hornee durante 20 minutos o hasta que se doren un poco y estén firmes. Sirva de inmediato.

rinde 30 volovanes

Nota

El queso asiago es un queso italiano amarillo semifirme con sabor picante. Se vende en ruedas y trozos chicos.

Canapés Venecianos

  12 rebanadas de pan blanco de caja, firme
   5 cucharadas de mantequilla o margarina
   2 cucharadas de harina de trigo
   ½ taza de leche
  90 g de champiñones (unos 9 medianos), finamente picados
   6 cucharadas de queso parmesano rallado
   2 cucharaditas de pasta de anchoas
   ¼ de cucharadita de sal
   ⅛ de cucharadita de pimienta negra
     Rebanadas de aceitunas verdes y negras, tiras de pimiento morrón rojo y verde, y filetes de anchoa enrollados, para adornar

Caliente el horno a 180 °C. De cada rebanada de pan, con un cortador redondo de 5 cm de diámetro, corte dos círculos. En una cacerola chica, derrita 3 cucharadas de mantequilla y barnice ligeramente ambos lados del pan. Hornee sobre una charola sin engrasar, de 5 a 6 minutos por lado o hasta que esté dorado. Pase a una rejilla de alambre. Deje enfriar completamente. *Aumente la temperatura del horno a 220 °C.*

En la misma cacerola, derrita la mantequilla restante. Incorpore la harina; fríala a fuego medio hasta que burbujee. Incorpore, batiendo, la leche; cueza y revuelva por 1 minuto o hasta que la salsa se espese y burbujee. (La salsa quedará muy espesa.) En un recipiente grande, ponga los champiñones; vierta encima la salsa, y ponga 3 cucharadas de queso, la pasta de anchoas, la sal y la pimienta negra; revuelva hasta que se mezclen bien.

Sobre cada círculo de pan tostado, unte 1 cucharadita abundante de la mezcla de champiñón; acomódelos sobre una charola sin engrasar. Espolvoree sobre el pan el queso restante; distribúyalo equitativamente. Hornee de 5 a 7 minutos o hasta que la parte superior esté un poco dorada. Sirva caliente.

rinde unas 2 docenas de entremeses

Canapés Venecianos

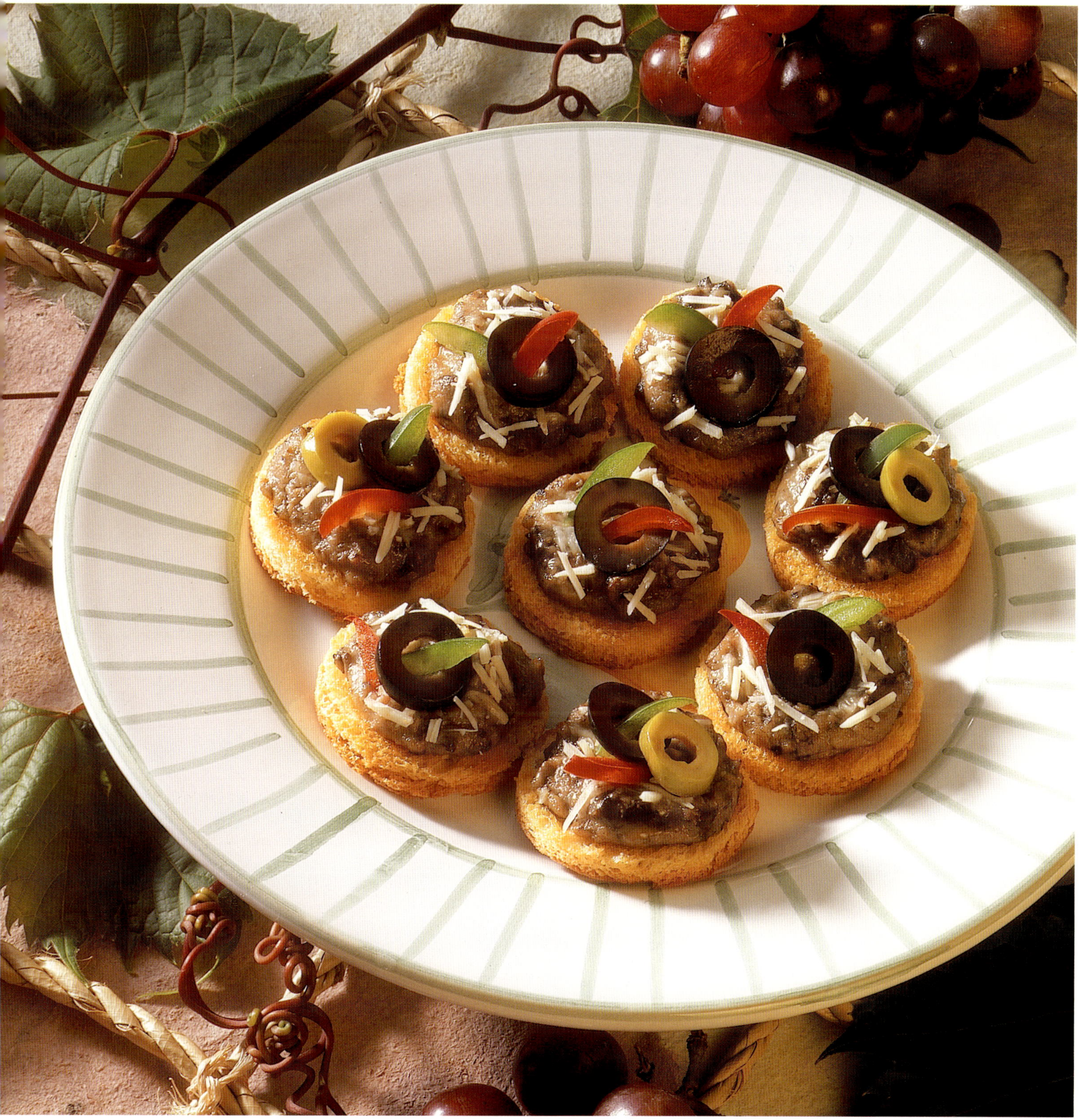

Caponata

1 berenjena mediana (de unos 450 g), pelada y en trozos de 1.5 cm
1 lata (420 g) de tomate rojo cortado en cubos, sin escurrir
1 cebolla mediana picada
1 pimiento morrón rojo, en trozos de 1.5 cm
½ taza de salsa no muy picante
¼ de taza de aceite de oliva extravirgen
2 cucharadas de alcaparras escurridas
2 cucharadas de vinagre balsámico
3 dientes de ajo picados
1 cucharadita de orégano seco
¼ de cucharadita de sal
⅓ de taza de albahaca fresca, cortada en tiras delgadas
Rebanadas tostadas de pan italiano o francés

Instrucciones para Olla de Cocción Lenta

Ponga todos los ingredientes en la olla, excepto la albahaca y el pan. Tape y cueza a temperatura BAJA de 7 a 8 horas o hasta que las verduras estén suaves. Incorpore la albahaca. Sirva a temperatura ambiente sobre el pan tostado. *rinde unas 5¼ tazas*

Crostini

¼ de baguette de trigo entero (120 g)
4 tomates rojos
1 taza (120 g) de queso mozzarella semidescremado, rallado
3 cucharadas de salsa al pesto preparada

Caliente el horno a 200 °C. Rebane la baguette en 16 rebanadas diagonales muy delgadas. Rebane cada tomate rojo verticalmente en cuatro rebanadas de .5 cm de grosor. Ponga las rebanadas de baguette en una charola para hornear con recubrimiento antiadherente. Sobre el pan, coloque 1 cucharada de queso y 1 rebanada de tomate. Hornee por 8 minutos o hasta que el pan esté ligeramente tostado y se funda el queso. Saque del horno; corone cada rebanada con ½ cucharadita de salsa al pesto. Sirva caliente. *rinde 8 porciones*

Caponata

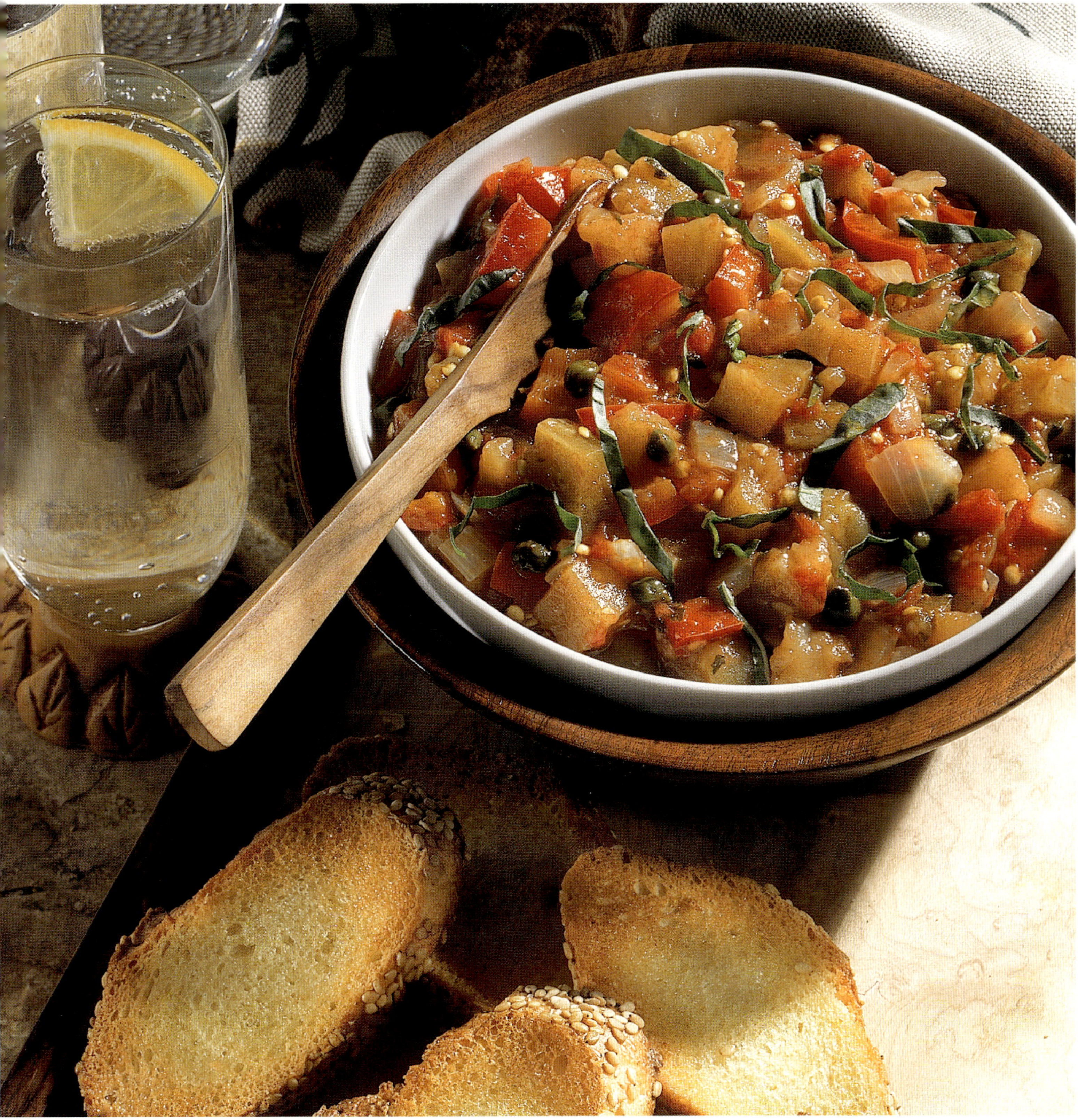

Focaccia de Tomate y Alcachofa

    1 caja (450 g) de harina para pan
    2 cucharadas de salvado de trigo
1¼ tazas de agua caliente
    4 cucharaditas de aceite de oliva
    1 taza de cebolla en rebanadas delgadas
    2 dientes de ajo picados
    1 taza de tomate rojo deshidratado, rehidratado (120 g seco), cortado en tiras
    1 taza de corazones de alcachofa rebanados
    1 cucharada de romero fresco picado
    2 cucharadas de queso parmesano recién rallado

1. Caliente el horno a 200 °C. En un tazón grande, mezcle los ingredientes en polvo y el sobre de levadura de la harina para pan. Agregue el salvado; revuelva bien. Vierta el agua caliente y 2 cucharaditas de aceite. Amase durante 5 minutos o hasta que se incorporen los ingredientes.

2. Rocíe con aceite en aerosol un molde de 39×29 cm o una charola para pizza de 35 cm. Extienda y acomode la masa en el molde engrasado. Cubra; deje subir la masa por 15 minutos.

3. En una sartén mediana, caliente 1 cucharadita de aceite a fuego bajo. Agregue la cebolla y el ajo; fríalos de 2 a 3 minutos o hasta que estén suaves.

4. Barnice la superficie de la masa con el aceite restante. Corone la masa con la mezcla de cebolla, el tomate, la alcachofa y el romero. Espolvoree con el queso parmesano.

5. Hornee de 25 a 30 minutos o hasta que esté un poco dorada en la parte superior. Corte en cuadros. Adorne cada cuadro con ramas de romero, si lo desea. *rinde 16 porciones*

Nota

Para rehidratar el tomate rojo deshidratado, cúbralo con agua caliente y déjelo remojar por 30 minutos, o cúbralo con agua hirviente y déjelo remojar durante 5 minutos. Escúrralo antes de usarlo.

Crostini de Verduras con Romero Asado

1 berenjena chica (de unos 340 g)
1 calabacita mediana
1 cebolla morada mediana
1 pimiento morrón verde mediano
2 tomates rojos sin semillas
4 dientes de ajo medianos, picados
¼ de taza de vino blanco seco o jugo de naranja
2 cucharadas de vinagre de vino blanco con estragón
1 cucharada de aceite de oliva
1 cucharada de romero fresco picado o 1 cucharadita de romero seco machacado
¼ de cucharadita de pimienta negra
1 barra de pan de masa fermentada (450 g), de 30 a 35 cm de largo
1 taza (120 g) de queso mozzarella semidescremado, rallado

1. Caliente el horno a 200 °C.

2. Recorte los extremos de la berenjena y de la calabacita; deséchelos. Corte todas las verduras en trozos de .5 cm. Ponga las verduras en un recipiente grande; agregue el ajo, el vino, el vinagre, el aceite y los sazonadores; revuelva para bañar todos los ingredientes. Coloque en un molde para niño envuelto (brazo gitano) de 38×25×2.5 cm con recubrimiento antiadherente.

3. Hornee por 45 minutos o hasta que esté un poco dorado, revuelva cada 15 minutos.

4. Con aceite en aerosol, rocíe charolas grandes para hornear con recubrimiento antiadherente. Recorte los extremos del pan y córtelo en rebanadas de 1.5 cm de grosor. Acomode las rebanadas en las charolas, en una capa. Hornee durante 3 minutos de cada lado o hasta que estén suaves y un poco doradas por ambos lados.

5. Sobre las rebanadas de pan, sirva equitativamente la mezcla de verduras; espolvoree con el queso. Continúe horneando por 5 minutos o hasta que la mezcla esté bien caliente y el queso se funda. Acomode en platos extendidos; adorne, si lo desea. *rinde 12 porciones*

Croutones a las Hierbas con Deliciosa Bruschetta

½ taza de mayonesa regular o baja en grasa
¼ de taza de mostaza Dijon
1 cucharada de cebollín finamente picado
1 diente de ajo picado
¾ de cucharadita de orégano seco
1 baguette delgada (de 50 cm de largo), en rebanadas de 1.5 cm de grosor
Deliciosa Bruschetta (receta más adelante)

En un recipiente chico, combine la mayonesa, la mostaza, la cebolla, el ajo y el orégano; revuelva bien. Unte la mezcla de hierbas en un lado de las rebanadas de pan. Ponga el pan sobre una parrilla, con el lado untado hacia arriba. Ase con el carbón a temperatura media-baja durante 1 minuto o hasta que esté ligeramente tostado. Encima del pan, sirva la Deliciosa Bruschetta. Sirva calientes.   *rinde 6 porciones de entremés*

tiempo de preparación: 10 minutos
tiempo de cocción: 1 minuto

Deliciosa Bruschetta

450 g de tomate rojo maduro, sin corazón, sin semillas y picado
1 taza de hinojo o apio finamente picado
¼ de taza de albahaca fresca picada
3 cucharadas de mostaza Dijon
3 cucharadas de aceite de oliva
3 cucharadas de vinagre balsámico
2 dientes de ajo picados
½ cucharadita de sal

En un recipiente mediano, mezcle todos los ingredientes; revuelva bien para bañarlos uniformemente.   *rinde 3 tazas*

tiempo de preparación: 15 minutos

Croutones a las Hierbas
con Deliciosa Bruschetta

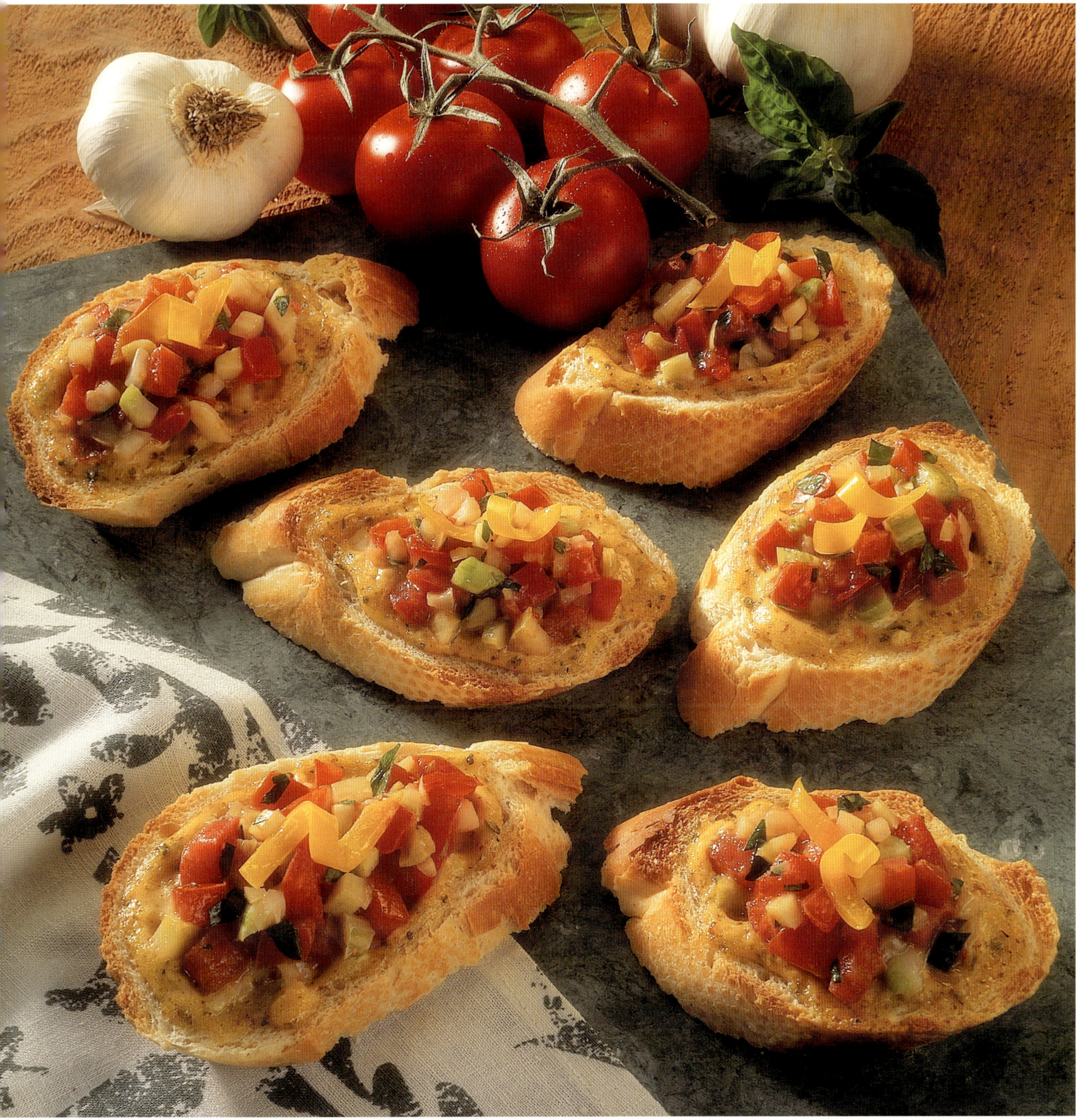

Frittata Mediterránea

¼ de taza de aceite de oliva
5 cebollas amarillas chicas en rebanadas delgadas
420 g de tomate rojo, pelado, sin semillas y picado
115 g de prosciutto o jamón cocido, picado
¼ de taza de queso parmesano rallado
2 cucharadas de perejil fresco picado
½ cucharadita de mejorana seca
¼ de cucharadita de albahaca seca
¼ de cucharadita de sal
Pizca generosa de pimienta negra
6 huevos
2 cucharadas de mantequilla o margarina
Hojas de perejil italiano para adornar

1. En una sartén mediana, caliente el aceite a fuego medio-alto. Fría la cebolla de 6 a 8 minutos hasta que esté suave y dorada. Agregue el tomate y fríalo a fuego medio durante 5 minutos. Con una espumadera, pase el tomate rojo y la cebolla a un recipiente grande; deseche la grasa. Deje enfriar la mezcla a temperatura ambiente.

2. Cuando la mezcla de tomate y cebolla esté fría, incorpore el jamón, el queso, el perejil, la mejorana, la albahaca, la sal y la pimienta. En un recipiente chico, bata los huevos; vierta sobre la mezcla de jamón.

3. Caliente el asador eléctrico. En una sartén grande que pueda usar en el asador, caliente la mantequilla a fuego medio hasta que se derrita y burbujee; reduzca el fuego a bajo.

4. Añada la mezcla de huevo a la sartén; extiéndala uniformemente. Cueza a fuego bajo de 8 a 10 minutos, hasta que falten por cocerse .5 cm de la parte superior de la mezcla de huevo; mueva suavemente la sartén para verificar si ya está cocida. *No revuelva.*

5. Cueza la mezcla de huevo a 10 cm de la fuente de calor, de 1 a 2 minutos, hasta que la parte superior del huevo esté cocida. (No deje que se dore porque la frittata se resecará.) Puede servir la frittata caliente, a temperatura ambiente o fría. Para servirla, córtela en rebanadas. Adorne, si lo desea.

rinde de 6 a 8 porciones de entremés

Frittata Mediterránea

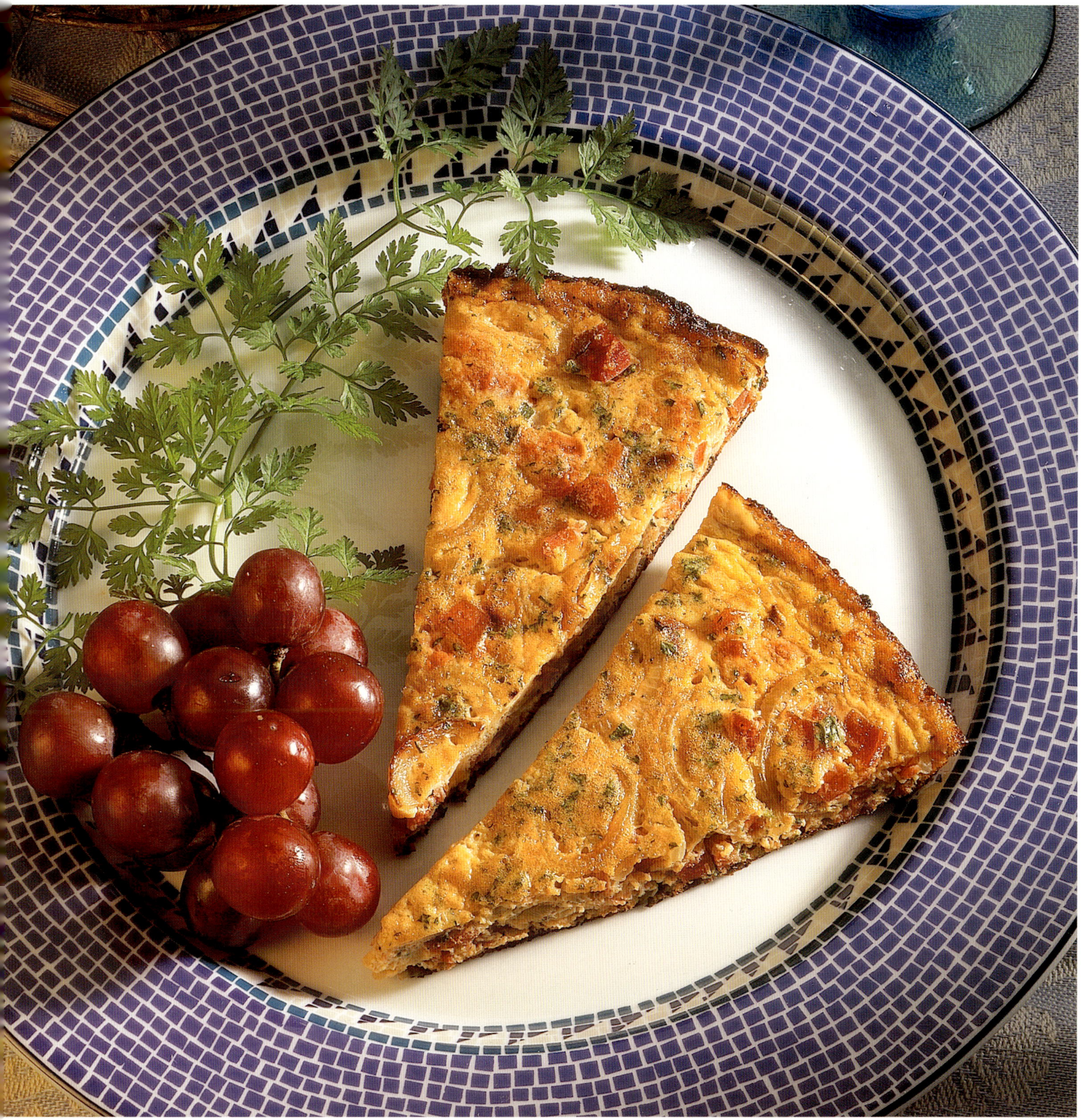

Pay de Queso al Pesto con Pimiento

  1 taza de galletas saladas sabor mantequilla, molidas (unas 40 galletas)
¼ de taza (½ barra) de mantequilla o margarina, derretida
  2 cajas (de 225 g cada una) de queso crema suavizado
  1 taza de queso ricotta
  3 huevos
½ taza de queso parmesano rallado
½ taza de pesto
½ taza de pimiento rojo asado escurrido, hecho puré

MEZCLE la galleta con la mantequilla. Póngala y presiónela en un molde con desmoldador de 23 cm de diámetro. Hornee a 160 °C durante 10 minutos.

REVUELVA en el tazón de la batidora eléctrica el queso crema y el ricotta; bata a velocidad media hasta que se incorporen. Agregue los huevos, 1 a la vez, batiendo bien después de cada adición. Incorpore el resto de los ingredientes; mezcle y vierta sobre la base.

HORNEE a 160 °C, de 55 minutos a 1 hora, o hasta que el centro esté casi cocido. Pase un cuchillo o una espátula de metal alrededor de la orilla del molde para aflojar el pay; déjelo enfriar antes de abrir el molde. Refrigere durante 4 horas o por toda la noche. Deje reposar a temperatura ambiente por 15 minutos antes de servir. Guarde el sobrante en el refrigerador.

rinde de 12 a 14 porciones

tiempo de preparación: 15 minutos más el tiempo de refrigeración
tiempo de horneado: 1 hora más el tiempo de reposo

Nota

El pesto es una salsa cruda que se prepara con albahaca fresca, ajo, piñones, queso parmesano y aceite de oliva. Búsquelo ya preparado en el supermercado.

Pay de Queso al Pesto con Pimiento

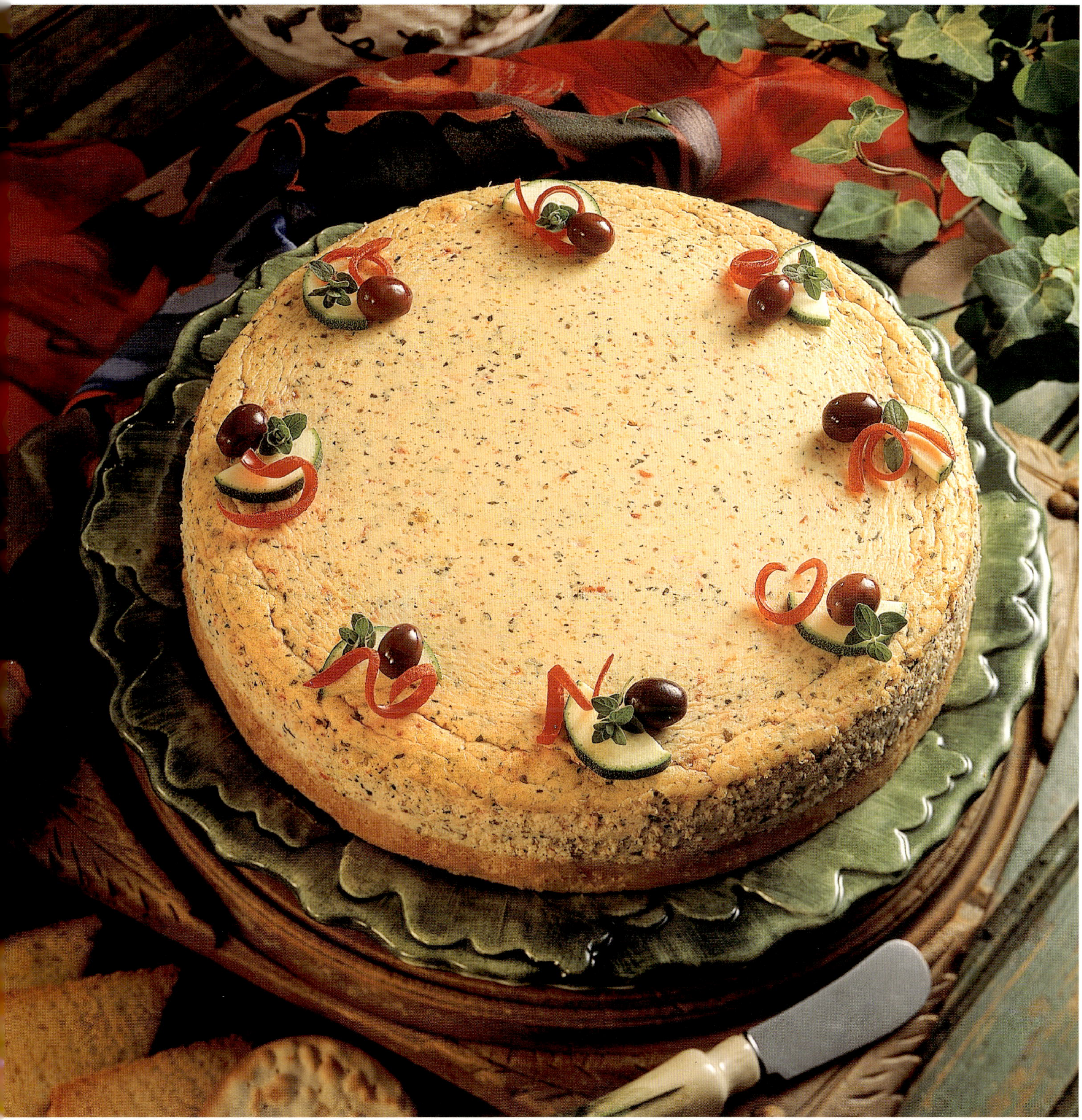

Champiñones Rellenos a la Italiana

900 g de champiñones grandes (de unos de 5 cm cada uno)
½ taza (1 barra) de margarina
⅓ de taza de cebolla picada
1 cucharada de ajo picado
1 taza de pan molido sazonado a la italiana
⅔ de taza de queso mozzarella rallado (unos 70 g)
¼ de taza de queso parmesano rallado
2 cucharadas de perejil fresco picado
1 cucharada de vinagre de vino tinto
⅛ de cucharadita de pimienta negra molida
¼ de cucharadita de sal

Caliente el horno a 200 °C.

Quite y pique los tallos de los champiñones.

En una sartén de 30 cm de diámetro, derrita la mantequilla a fuego medio-alto; después, fría los tallos de champiñón y la cebolla, revolviendo de vez en cuando, durante 5 minutos o hasta que estén suaves.

Agregue el ajo y fríalo por 30 segundos. En un recipiente mediano, ponga el pan molido y vierta encima la mezcla de champiñón. Incorpore los quesos, el perejil, el vinagre y la pimienta.

Sazone con sal los sombreretes de los champiñones y acomódelos sobre una charola para hornear; rellénelos con la mezcla de champiñón.

Hornee durante 25 minutos o hasta que los champiñones estén suaves y dorados.

rinde unos 20 champiñones

Bruschetta

  1 taza de cebolla en rebanadas delgadas
½ taza de tomate rojo, sin semillas y picado
  2 cucharadas de alcaparras
¼ de cucharadita de pimienta negra
  3 dientes de ajo finamente picados
  1 cucharadita de aceite de oliva
  4 rebanadas de pan francés
½ taza (60 g) de queso Monterrey Jack o para fundir, rallado

1. Rocíe con aceite en aerosol una sartén. Caliente a fuego medio. Agregue la cebolla; fríala por 5 minutos. Incorpore el tomate, las alcaparras y la pimienta. Cueza durante 3 minutos.

2. Caliente el asador eléctrico. En un recipiente chico, mezcle el ajo y el aceite; barnice las rebanadas de pan con la mezcla. Corone con la mezcla de cebolla; espolvoree con el queso. Acomode el pan sobre una charola para hornear. Ase por 3 minutos o hasta que se funda el queso.

rinde 4 porciones

Pan Tostado con Pesto

  ¼ de taza de albahaca fresca en rebanadas delgadas o eneldo fresco picado
  ¼ de taza (28 g) de queso parmesano rallado
  1 diente de ajo mediano picado
  3 cucharadas de mayonesa baja en calorías
12 rebanadas de pan francés, de .5 cm de grosor
  4 cucharaditas de tomate rojo picado
  1 cebollín entero rebanado
    Pimienta negra

1. Caliente el asador eléctrico.

2. En un recipiente chico, combine la albahaca, el queso, el ajo y la mayonesa; revuelva bien.

3. En una charola para hornear, acomode las rebanadas de pan en una capa. Ase a 15 o 20 cm de la fuente de calor, de 30 a 45 segundos o hasta que estén un poco tostadas.

4. Voltee el pan; unte equitativamente con la mezcla de albahaca. Ase por 1 minuto o hasta que el pan se dore un poco. Distribuya encima el tomate y el cebollín. Sazone con pimienta al gusto. Acomode en un platón.

rinde 12 porciones

Ensalada de Rotini

300 g de tornillo de pasta (rotini)
2 o 3 tallos de brócoli
1 lata (180 g) de aceitunas negras chicas sin hueso, escurridas
10 a 12 tomates cherry, cortados por la mitad
½ cebolla morada mediana, cortada en tiras
½ taza de aderezo italiano
1 a 2 cucharadas de queso parmesano rallado (opcional)
Pimienta negra
Tiras de zanahoria para adornar

1. Cueza la pasta siguiendo las instrucciones de la envoltura. Escúrrala en un colador. Tape y refrigere hasta que esté fría.

2. Deseche las hojas de los tallos de brócoli. Recorte los extremos de los tallos. Corte el brócoli en floretes, incluyendo en cada cabeza un pedazo chico de tallo. Pele los tallos; después, córtelos en trozos de 2.5 cm.

3. Para cocer el brócoli, en una olla de 2 litros, a fuego alto, hierva 1 litro de agua con un poco de sal. De inmediato, agregue el brócoli; deje que vuelva a hervir. Continúe hirviendo, sin tapar, de 3 a 5 minutos hasta que el brócoli esté verde brillante y suave. Escúrralo; enjuague debajo del chorro de agua fría y escurra muy bien.

4. En una ensaladera grande, mezcle la pasta con el brócoli, las aceitunas, el tomate, la cebolla y el aderezo. Agregue el queso y sazone al gusto con pimienta. Revuelva un poco para bañar los ingredientes.

5. Tape; refrigere durante 2 horas por lo menos. Adorne, si lo desea.

rinde de 8 a 10 porciones

Ensalada de Rotini

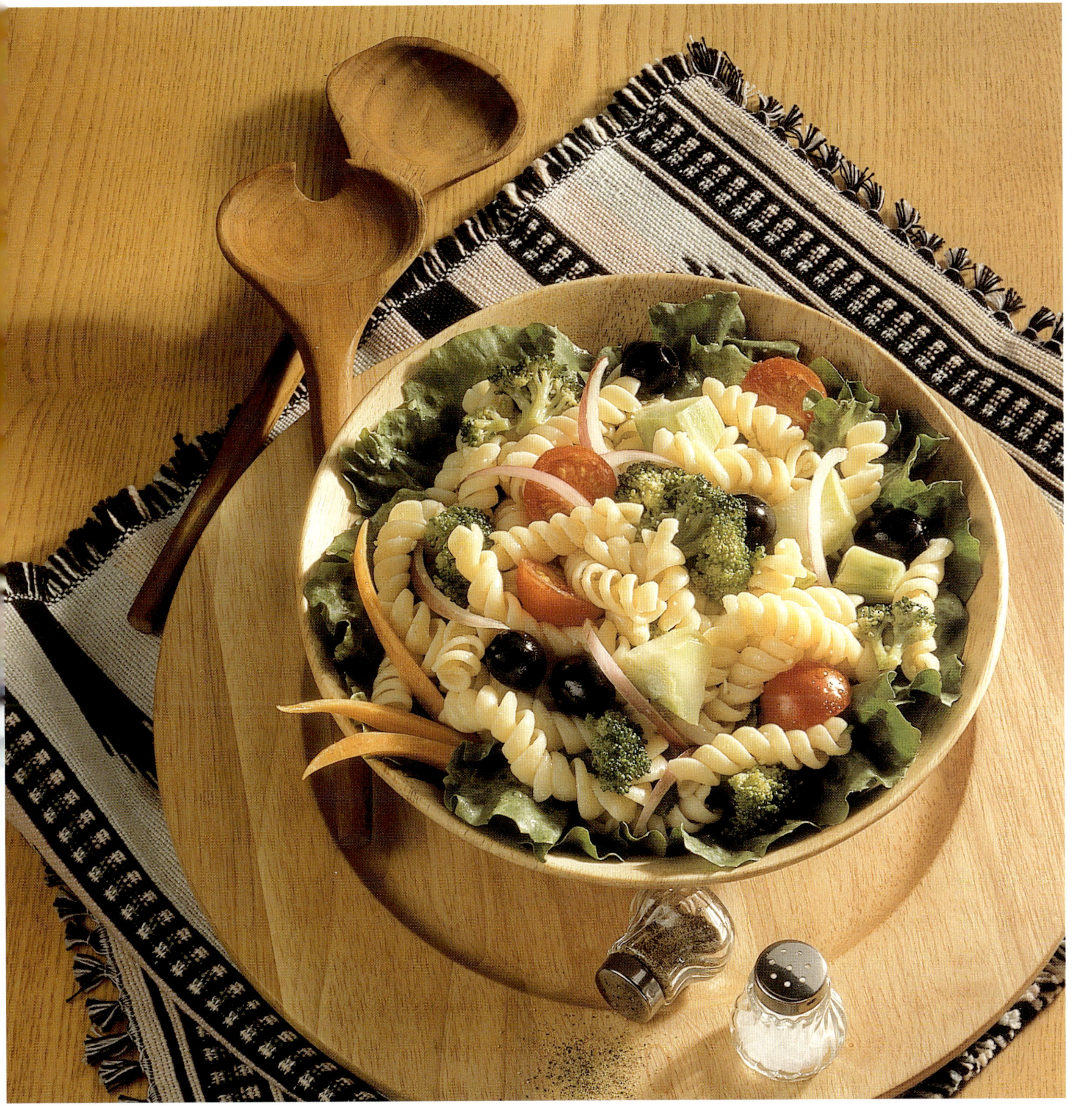

Ensalada de Verduras Marinadas

    3 cucharadas más 1½ cucharaditas de vinagre de vino blanco
    2 cucharadas de albahaca fresca picada o ½ cucharadita de albahaca seca
    ½ cucharadita de sal
    ⅛ de cucharadita de pimienta negra
      Pizca de azúcar
    6 cucharadas de aceite de oliva
    2 tomates rojos medianos maduros
    ⅓ de taza de aceitunas verdes sin hueso
    ⅓ de taza de aceitunas negras tipo italiano o griego
    1 lechuga romana u hojas de lechuga morada
    1 endibia rizada (achicoria de Bruselas, radicchio) chica
    2 endibias belgas

1. Para el aderezo, ponga el vinagre, la albahaca, la sal, la pimienta y el azúcar en el procesador de alimentos o en la licuadora. Con el motor encendido, agregue el aceite en un chorro delgado y constante, hasta que se incorpore por completo. Rebane los tomates. En un recipiente mediano, ponga el tomate y las aceitunas verdes y negras; bañe con el aderezo y revuelva un poco. Tape y deje marinar a temperatura ambiente durante 30 minutos para que se mezclen los sabores; revuelva de vez en cuando.

2. Enjuague las hojas de la lechuga y de la endibia rizada; escúrralas bien. Refrigere las hojas hasta el momento de mezclar todos los ingredientes. Corte el corazón de las endibias belgas y separe las hojas; enjuáguelas y escúrralas bien.

4. Para servir, acomode la lechuga y las endibias rizada y belga en un platón grande poco profundo. Con una espumadera, saque el tomate y las aceitunas de la marinada, y acomódelos sobre las hojas. Vierta el resto del aderezo sobre la ensalada. Sirva de inmediato, o tape y refrigere hasta por 30 minutos.

rinde 6 porciones

Ensalada de Verduras Marinadas

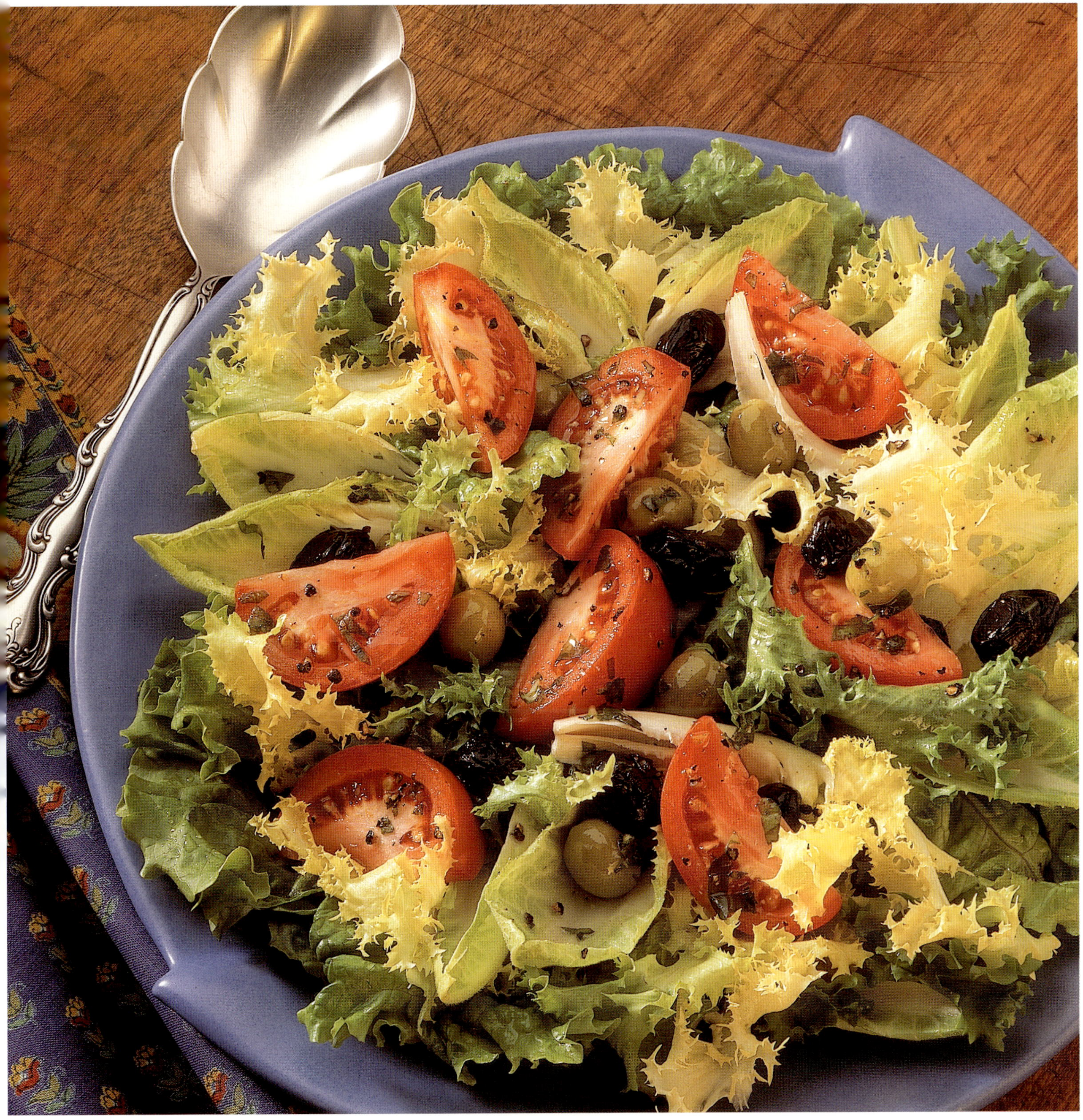

Ensalada Italiana con Croutones

  180 g de pan francés o italiano
  ¼ de taza de yogur natural sin grasa
  ¼ de taza de vinagre de vino tinto
  4 cucharaditas de aceite de oliva
  1 cucharada de agua
  3 dientes de ajo picados
  6 tomates rojos medianos (unos 360 g)
  ½ cebolla morada mediana en rebanadas delgadas
  3 cucharadas de albahaca fresca cortada en tiras
  2 cucharadas de perejil fresco finamente picado
12 hojas de lechuga morada o 4 tazas de hojas mixtas para ensalada italiana
  2 cucharadas de queso parmesano rallado

1. Caliente el asador eléctrico. Corte el pan en cubos de 2 cm y acomódelos en una capa en una charola para hornear. Áselos, a 10 cm de la fuente de calor, por 3 minutos o hasta que se dore el pan; revuelva cada 30 segundos a 1 minuto. Retírelos de la charola y póngalos en una ensaladera grande.

2. En un recipiente chico, mezcle el yogur con el vinagre, el aceite, el agua y el ajo; revuelva hasta que se incorporen. Descorazone los tomates y córtelos en rebanadas de .5 cm de grosor. Colóquelos en la ensaladera y agregue la cebolla, la albahaca y el perejil; revuelva hasta que se mezclen. Vierta la mezcla de yogur sobre la ensalada; revuelva para bañarla. Tape y refrigere durante 30 minutos o hasta por un día. (Los croutones estarán más suaves al día siguiente.)

3. Para servir, ponga la lechuga sobre platos extendidos y sirva encima la ensalada. Espolvoree con el queso parmesano.

rinde 6 porciones

Nota

Para cortar la albahaca en tiras, acomode las hojas en capas poniendo las más grandes abajo; enróllelas y córtelas en rebanadas de .5 cm de grosor. Separe las tiras.

Ensalada Italiana con Croutones

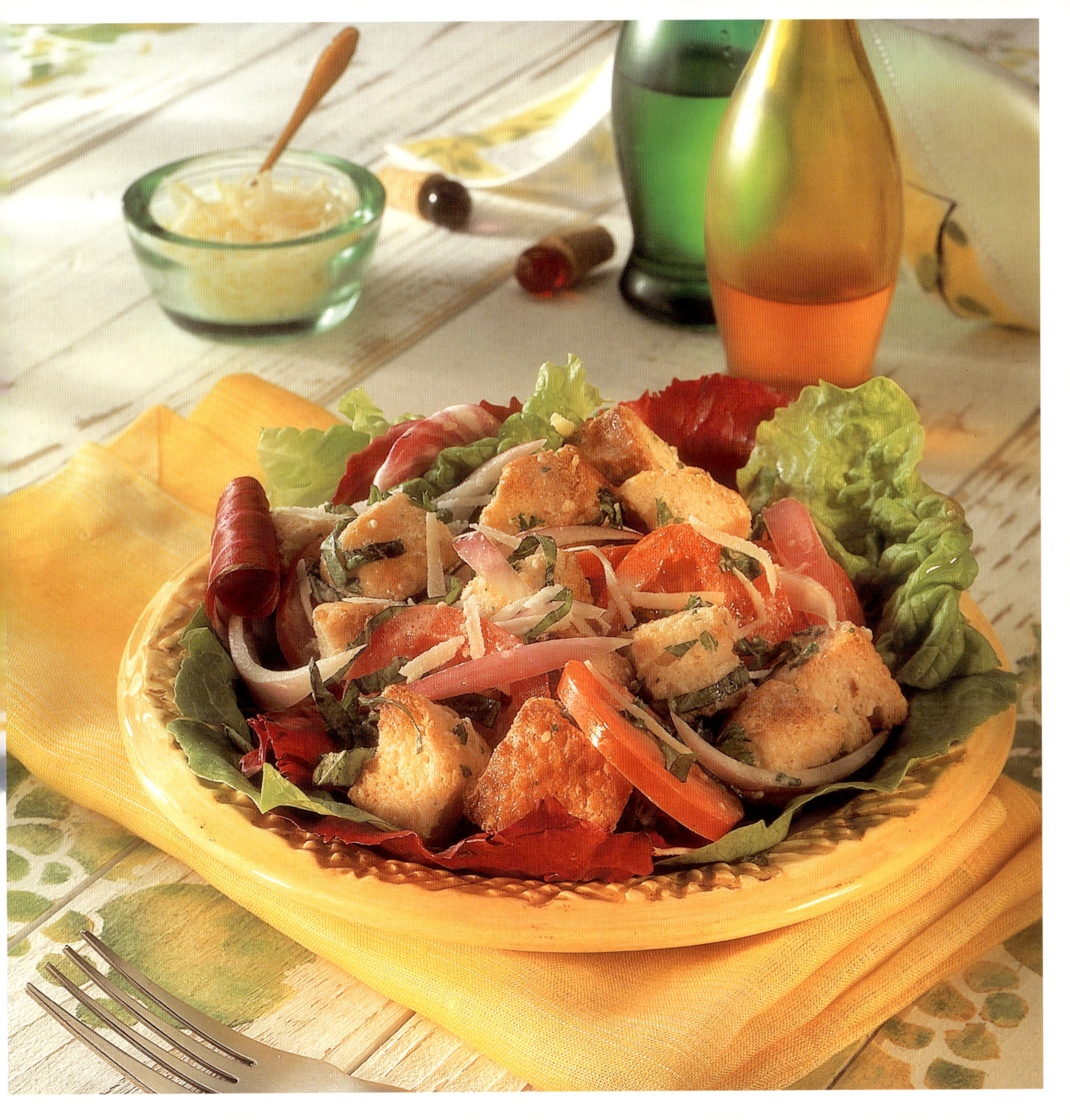

Ensalada de Calabaza y Pasta

1⅓ tazas (225 g) de lengüita de pasta, sin cocer
3 tazas de calabacitas y/o calabaza amarilla, cortada en cubos (de 1.5 cm)
1 taza de tomate rojo cortado en cubos
½ taza de aderezo César, light o regular
1 cucharadita de albahaca seca*
Hojas de espinaca fresca
Sal y pimienta negra

*Puede sustituir la albahaca por ¼ de taza de albahaca fresca en tiras julianas.

1. Cueza la pasta siguiendo las instrucciones de la envoltura; agregue la calabacita durante los 2 últimos minutos de cocción. Escurra bien; enjuague debajo del chorro de agua fría para detener la cocción.

2. Ponga la mezcla en una ensaladera grande; incorpore el tomate. Vierta el aderezo sobre la ensalada; espolvoree con albahaca. Revuelva un poco para bañar. Tape y refrigere hasta que se enfríe. Sirva la ensalada sobre las hojas de espinaca. Sazone con sal y pimienta al gusto.

rinde 6 porciones (de 1 taza)

sugerencia para servir: Sirva con aves, cerdo o pescado asados a la parrilla.

tiempo de preparación y cocción: 25 minutos

Nota
Generalmente, la lengüita de pasta se utiliza en sopas, ensaladas y como sustituto de arroz.

Ensalada de Calabaza y Pasta

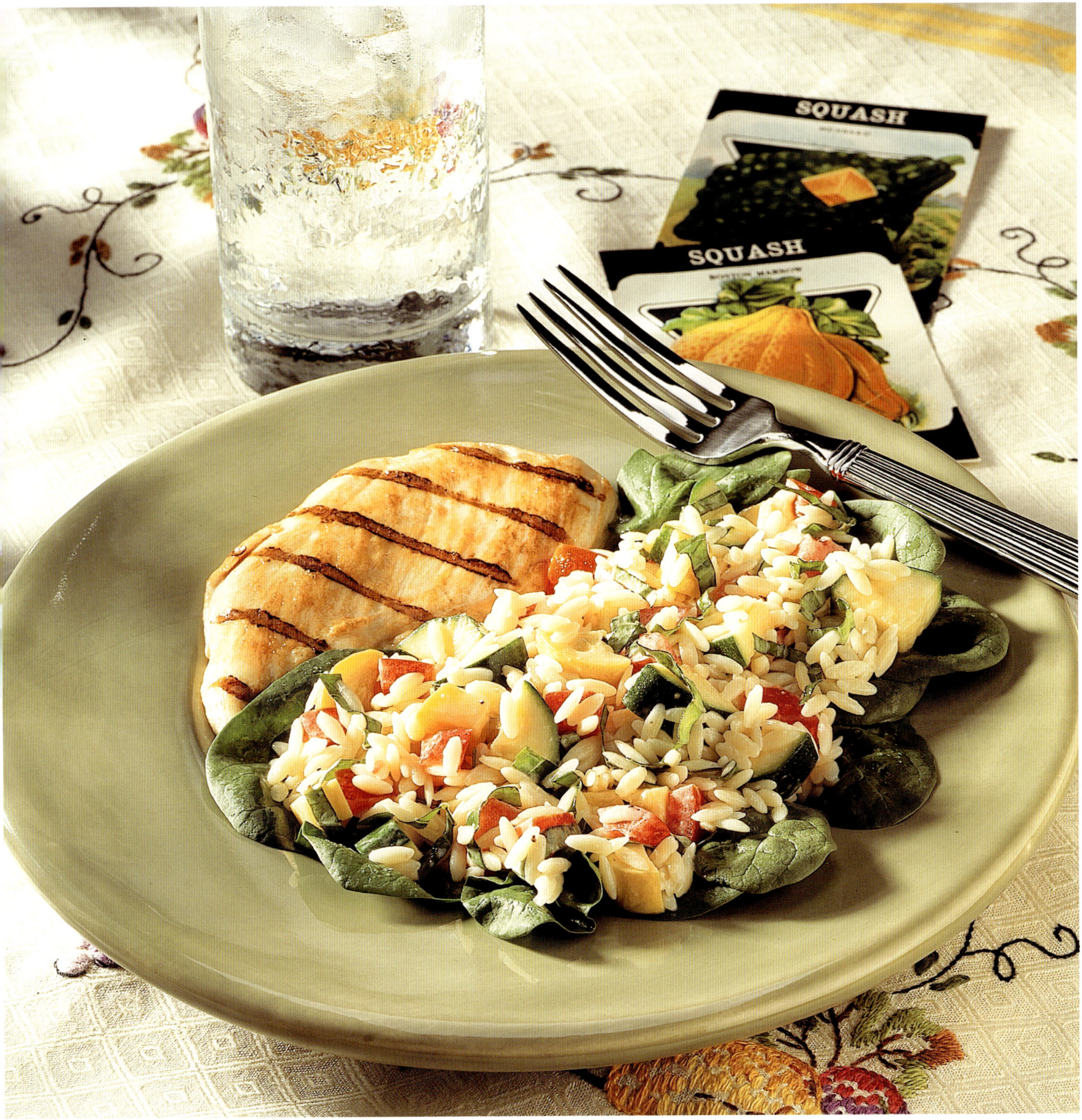
SQUASH
SQUASH

Ensalada de Tomate, Mozzarella y Albahaca

2 cucharadas de vinagre de vino tinto
1 diente de ajo picado
½ cucharadita de sal
¼ de cucharadita de mostaza en polvo
Pizca generosa de pimienta negra
⅓ de taza de aceite de oliva o aceite vegetal
4 tomates rojos
180 g de queso mozzarella
8 a 10 hojas de albahaca fresca

1. Para el aderezo, mezcle el vinagre, el ajo, la sal, la mostaza y la pimienta en un recipiente chico. Vierta el aceite en un chorro delgado y uniforme; revuelva hasta que se incorpore.

2. Corte el tomate y el queso en rebanadas de .5 cm de grosor. Corte las rebanadas de queso del mismo tamaño que las de tomate rojo.

3. En un recipiente grande poco profundo o en un refractario de cristal, ponga las rebanadas de tomate y de queso. Vierta el aderezo sobre ellas. Marine, tapado, en el refrigerador durante 30 minutos por lo menos o hasta por 3 horas; voltee las rebanadas de vez en cuando.

4. Acomode una capa de hojas de albahaca, con las más grandes en la parte inferior, y luego enróllelas. Corte el rollo de albahaca en rebanadas de .5 cm de grosor; separe las tiras.

5. En un platón o en 4 platos extendidos, acomode alternadamente las rebanadas de tomate rojo y de queso. Distribuya encima las tiras de albahaca; bañe con el aderezo restante.

rinde 4 porciones

Ensalada de Tomate,
Mozzarella y Albahaca

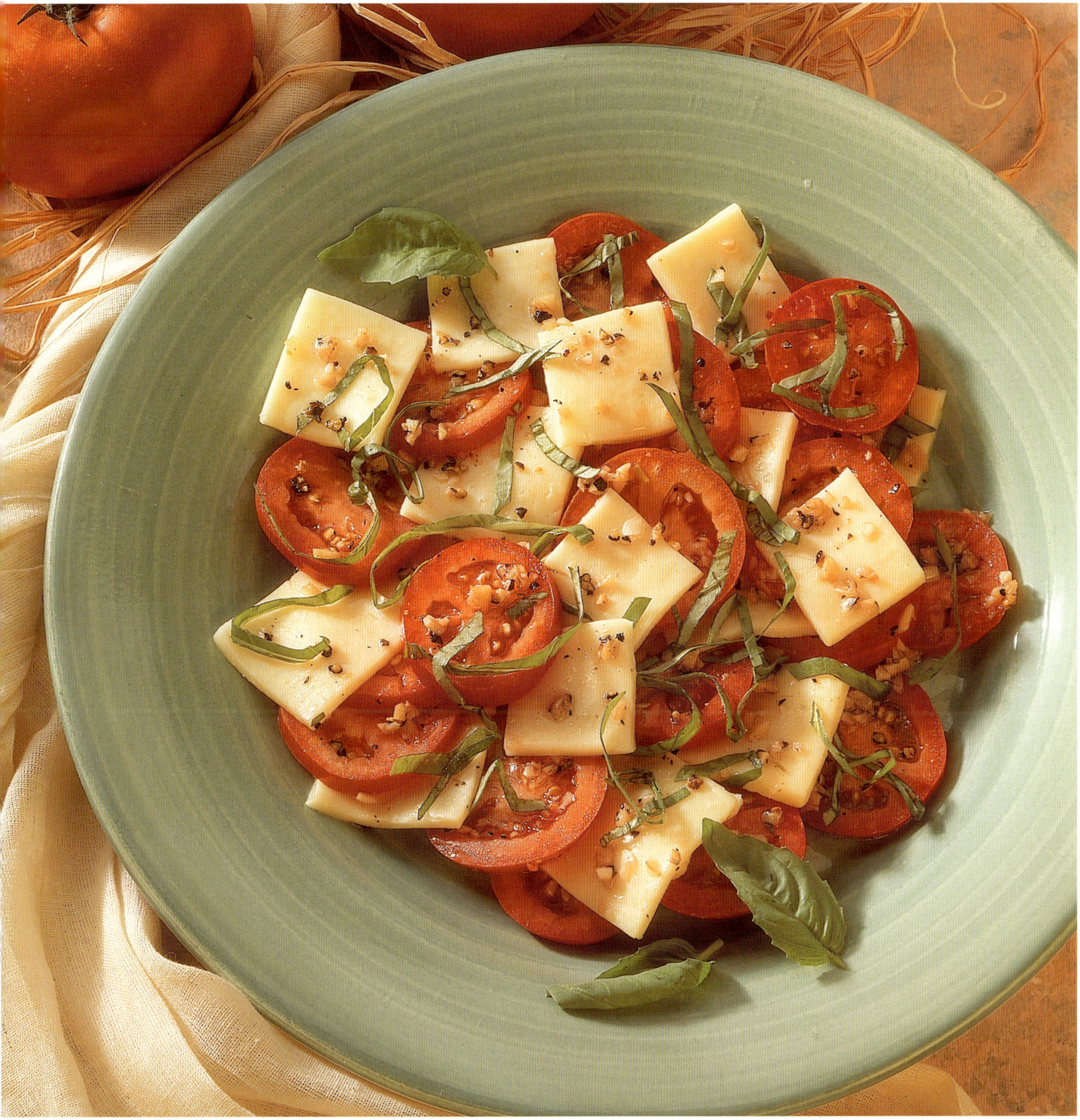

Ensalada de Hinojo, Aceituna y Radicchio

   11 aceitunas negras estilo italiano o griego
   ¼ de taza de aceite de oliva
    1 cucharada de jugo de limón
    1 filete plano de anchoa o ½ cucharadita de pasta de anchoas
   ¼ de cucharadita de sal
      Pizca generosa de pimienta negra
      Pizca generosa de azúcar
    1 bulbo de hinojo fresco
    1 endibia rizada (radicchio)*
      Follaje de hinojo para adornar

*La radicchio, también llamada achicoria roja, se vende en grandes supermercados y en tiendas de especialidades gastronómicas. Si no la encuentra, puede utilizar 2 piezas de escarola belga; aun cuando no le proporcionará el llamativo color rojo, sí le dará una textura y sabor similares.

1. Para el aderezo, corte 3 aceitunas por la mitad; retire y deseche los huesos. Ponga las aceitunas sin hueso, el aceite, el jugo de limón y la anchoa en el procesador de alimentos o en la licuadora; procese por 5 segundos. Agregue la sal, la pimienta y el azúcar; procese hasta que las aceitunas estén finamente picadas, durante unos 5 segundos más.

2. Recorte y deseche los tallos del hinojo. Corte y deseche los extremos de la raíz de la base del bulbo del hinojo y las partes descoloridas. Corte el hinojo a lo largo en 8 rebanadas; separe cada rebanada en segmentos.

3. Separe las hojas del radicchio; enjuáguelas muy bien debajo del chorro de agua. Escúrralas bien.

4. En una ensaladera, acomode las hojas de radicchio, el hinojo y las aceitunas restantes. Vierta encima el aderezo. Adorne, si lo desea. Sirva de inmediato. *rinde 4 porciones*

Nota

El hinojo (también llamado bulbo de hinojo, anís dulce o finocchio) se utiliza mucho como verdura en las cocinas mediterráneas. La base bulbosa se parece un poco, en aspecto y textura, al apio, y la parte superior de los tallos tiene hojas que parecen plumas.

Ensalada Milano de Arroz

    3 tazas de arroz cocido caliente
    2 cucharadas de aceite vegetal
    2 cucharadas de jugo de limón
    1 diente de ajo picado
    ½ cucharadita de sal (opcional)
    ½ cucharadita de romero seco
    ½ cucharadita de orégano seco
    ½ cucharadita de pimienta negra molida
    1 calabacita chica, en tiras julianas*
    1 tomate rojo mediano, sin semillas y picado
    2 cucharadas de queso parmesano rallado

*Para cortar en tiras julianas, rebane diagonalmente la calabacita. Corte las rebanadas en tiras del tamaño de un cerillo.

Ponga el arroz en un recipiente grande. Combine el aceite, el jugo de limón, el ajo, la sal, el romero, el orégano y la pimienta en un frasco chico con tapa; agite bien. Vierta sobre el arroz; revuelva un poco. Tape y deje enfriar. Agregue el resto de los ingredientes. Sirva a temperatura ambiente o frío. *rinde 6 porciones*

Ensalada Italiana de Verduras

    1 bolsa (250 g) de tortellini de tres quesos, cocido y escurrido
    1 calabacita chica, cortada por la mitad a lo largo, y en rebanadas
    ½ pimiento morrón rojo y ½ pimiento morrón verde, picados
    ½ taza de tomates cherry cortados por la mitad
    ½ taza de aderezo italiano bajo en calorías o regular
    2 cebollines rebanados diagonalmente

MEZCLE todos los ingredientes en una ensaladera grande; tape. Refrigere durante 2 horas por lo menos.

PONGA más aderezo justo antes de servir, si lo desea. *rinde 8 porciones*

tiempo de preparación: 10 minutos más el tiempo de refrigeración

Rápida Ensalada al Pesto

¼ de taza de mayonesa baja en grasa
¼ de taza de salsa al pesto refrigerada
1 cucharada de vinagre balsámico
6 tazas de verduras mixtas: champiñones rebanados, zanahoria rallada, tiras de cebolla morada, rábanos rebanados, chícharos (guisantes), floretes de brócoli y tiras de pimiento morrón (unos 675 g)
Hojas de lechuga

1. En una ensaladera grande, mezcle la mayonesa con el pesto y el vinagre; revuelva hasta que se incorporen.

2. Agregue las verduras; revuelva para bañarlas. Tape y refrigere durante 10 minutos. Acomode las hojas de lechuga en platos extendidos; sirva encima la ensalada.

rinde 6 porciones (de 1 taza)

Panzanella (Ensalada Italiana de Pan)

120 g de pan francés del día anterior, en cubos
4 tomates rojos picados
3 cucharadas de aceite de oliva extravirgen
2 cucharadas de vinagre de vino tinto
¼ de taza de albahaca fresca picada
1 diente de ajo picado
½ cucharadita de sal

1. En una ensaladera mediana, mezcle los cubos de pan con el tomate.

2. Combine el aceite, el vinagre, la albahaca, el ajo y la sal en un recipiente chico. Vierta sobre la mezcla de pan; revuelva hasta que se mezclen bien.

rinde 6 porciones

nota: Puede sustituir el pan francés por pan de trigo entero del día anterior, pan de masa fermentada o pitas (pan árabe) ligeramente tostadas. Sólo córtelo en cubos o pártalo en trozos pequeños.

Rápida Ensalada al Pesto

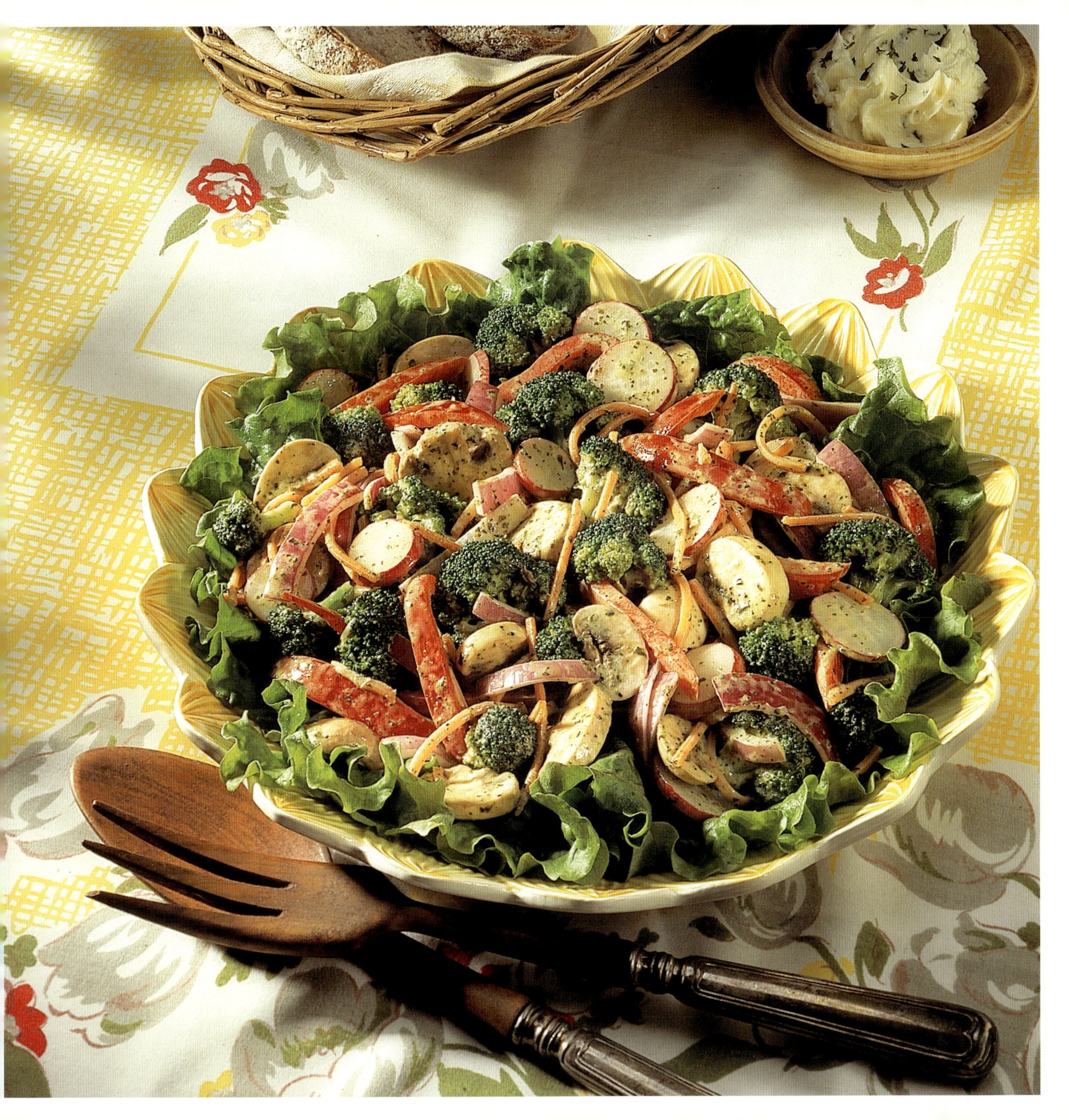

SOPAS Y GUISADOS

Sopa Toscana de Alubia, Tomate y Espinaca

   840 g de tomate y cebolla cortados en cubos, sin escurrir
   420 ml de consomé de pollo sin grasa
      2 cucharaditas de azúcar
      2 cucharaditas de albahaca seca
     ¾ de cucharadita de salsa inglesa
      1 lata (435 g) de alubia chica, enjuagada y escurrida
    90 g de hojas frescas de espinaca miniatura u hojas de espinaca picadas
      2 cucharaditas de aceite de oliva extravirgen

En una olla o en una cacerola grande, mezcle el tomate con su líquido, el consomé de pollo, el azúcar, la albahaca y la salsa inglesa; ponga a hervir a fuego alto. Reduzca el fuego y deje cocer por 10 minutos sin tapar.

Incorpore la alubia y la espinaca; cueza durante 5 minutos más o hasta que la espinaca esté suave.

Retire del fuego; justo antes de servir, vierta el aceite.   *rinde 4 pociones (de 1½ tazas)*

Sopa Toscana de Alubia, Tomate y Espinaca

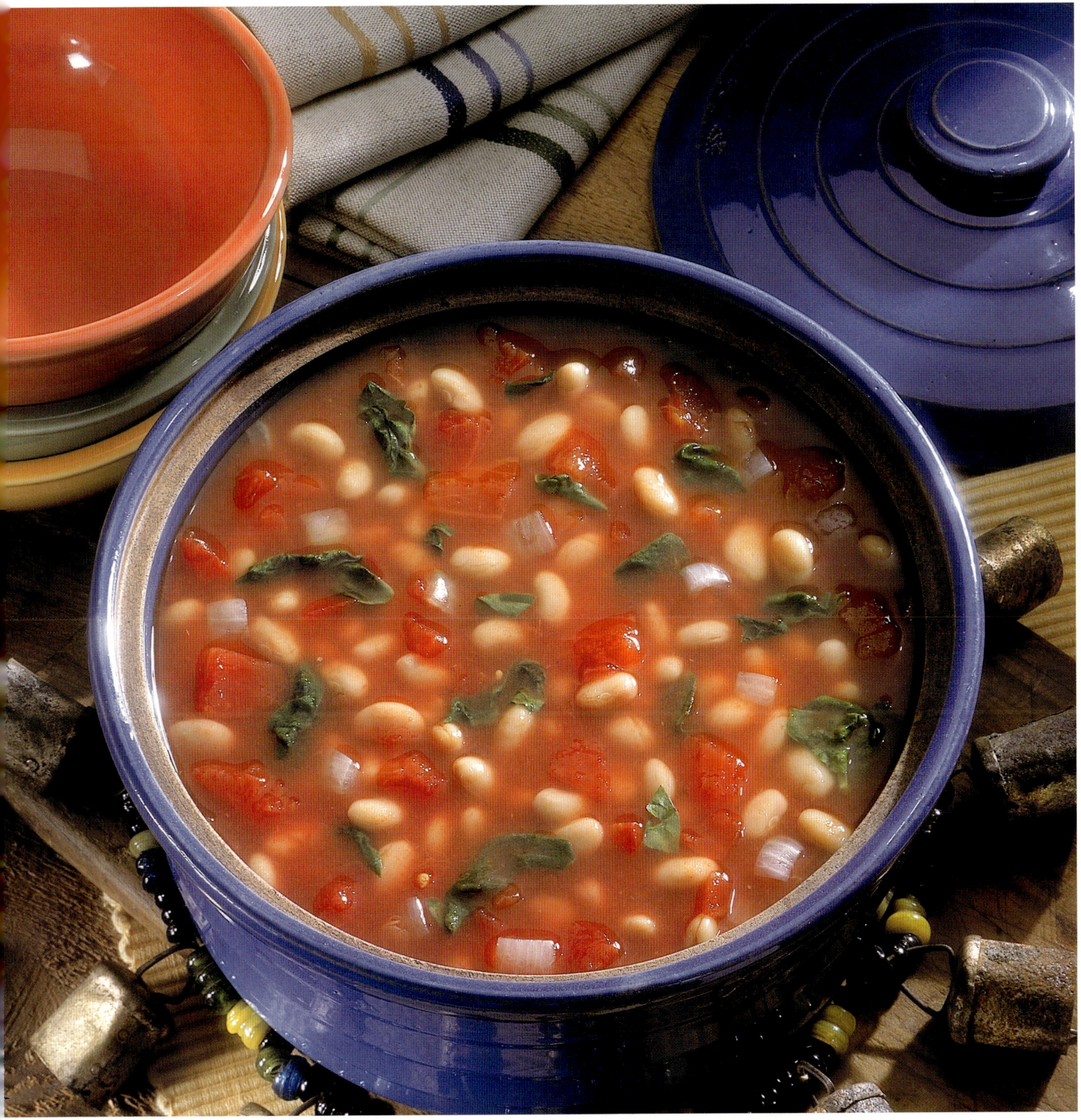

Sopa de Ravioles

225 g de salchicha italiana dulce, sin envoltura
1 diente de ajo machacado
830 ml de consomé de pollo
2 tazas de agua
1 bolsa (250 g) de ravioles miniatura rellenos de queso, congelados
1 lata (435 g) de garbanzo escurrido
420 g de tomate rojo cocido
1/3 de taza de mostaza Dijon
1/2 cucharadita de orégano seco
1/4 de cucharadita de pimienta negra, molida grueso
1 taza de espinaca fresca picada
Queso parmesano rallado

1. En una olla de 4 litros, dore la salchicha y fría el ajo a fuego medio hasta que estén suaves, durante unos 5 minutos; pique la salchicha para desmenuzarla. Escurra el exceso de grasa; retire la mezcla de la olla.

2. En la misma olla, ponga a calentar el consomé de pollo y el agua a fuego medio-alto. Agregue los ravioles; déjelos cocer de 4 a 5 minutos o hasta que estén suaves. Incorpore el garbanzo, el tomate, la mezcla de salchicha, la mostaza, el orégano y la pimienta; caliente bien. Incorpore la espinaca y cuézala hasta que se suavice, más o menos por 1 minuto. Sirva con el queso parmesano.

rinde 8 porciones

Nota

El garbanzo es un ingrediente popular en las cocinas de la región mediterránea y del Medio Oriente. Es el ingrediente principal del hummus y un ingrediente importante en las sopas y el couscous.

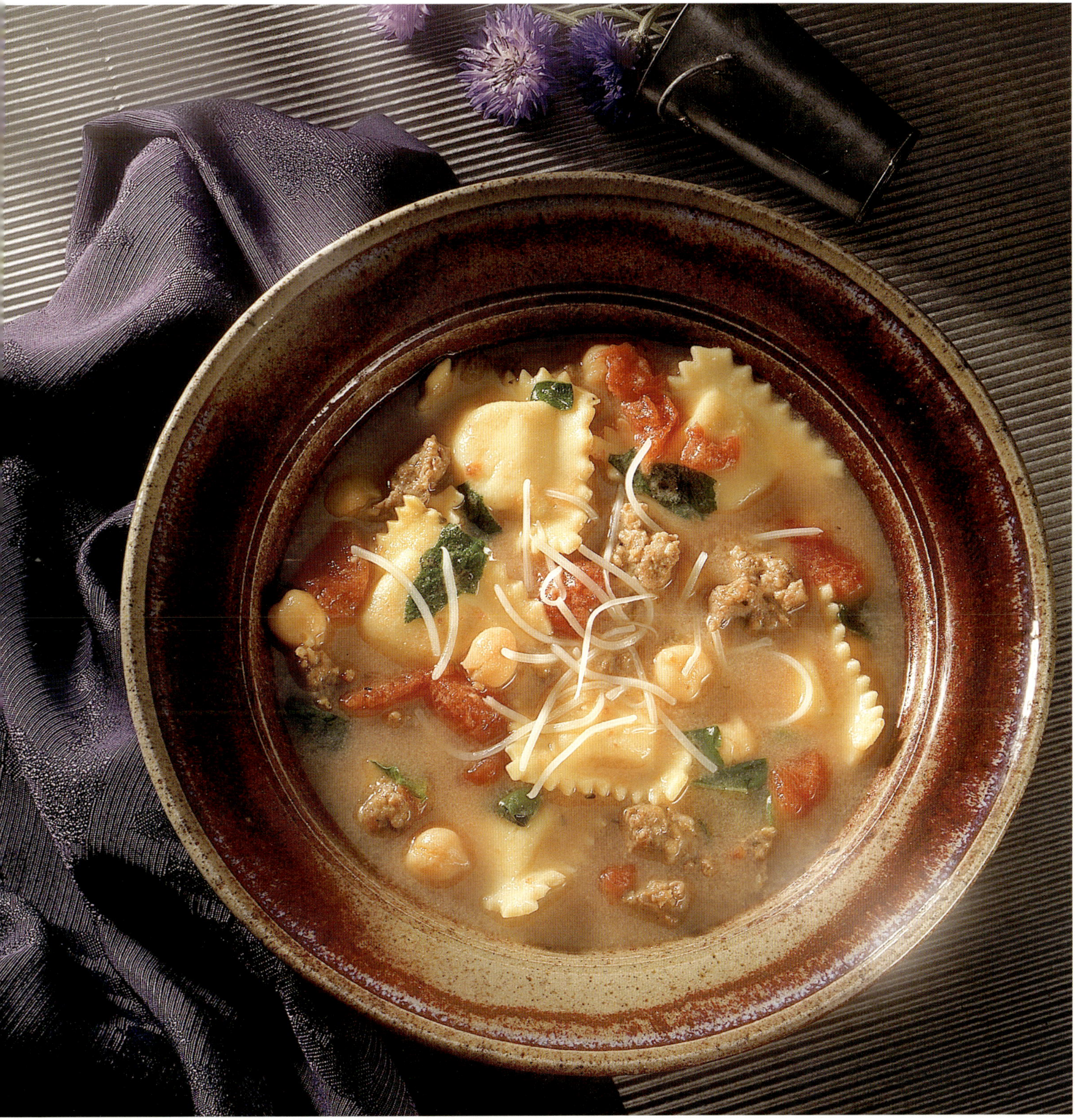

Minestrone con Crostini

- 2 latas (de 435 g cada una) de sopa de verduras
- 2 hojas de lechuga orejona, picadas
- 2 rebanadas de prosciutto picado (opcional)
- ½ calabacita mediana rebanada
- 2 cucharadas de queso asiago rallado
- 1 taza de pasta cocida de algún sobrante
- Aceite de oliva
- 4 cucharadas de pesto preparado
- Perejil italiano picado
- Ralladura de cáscara de limón
- Crostini (receta más adelante)

En una cacerola grande, mezcle la sopa, la lechuga, el prosciutto, la calabacita y el queso. Caliente a fuego bajo, revolviendo de vez en cuando, hasta que esté caliente y burbujee. En una sartén a fuego bajo, mezcle la pasta con el aceite y caliente bien. Sirva la sopa en platos hondos. En cada plato, incorpore una cucharadita de pesto y sirva encima la pasta; espolvoree con el perejil y la cáscara de limón. Acompañe con el Crostini.   *rinde 4 porciones*

Puede agregar: Tirabeques (vainas) o ejotes (judías verdes) en trozos; pepperoni o jamón picado.

Crostini

- 2 cucharadas de aceite de oliva
- 1 cucharadita de aderezo para ensalada italiano en polvo
- 4 muffins tipo inglés cortados por la mitad
- 2 cucharadas de queso asiago rallado
- 1 cucharada de queso romano rallado

Mezcle el aceite con el aderezo en polvo; barnice ambas mitades de los muffins. Colóquelos sobre una charola. Hornee a 160 °C durante 15 minutos. Saque del horno y espolvoréelos con queso. Sirva calientes o a temperatura ambiente.

Minestrone con Crostini

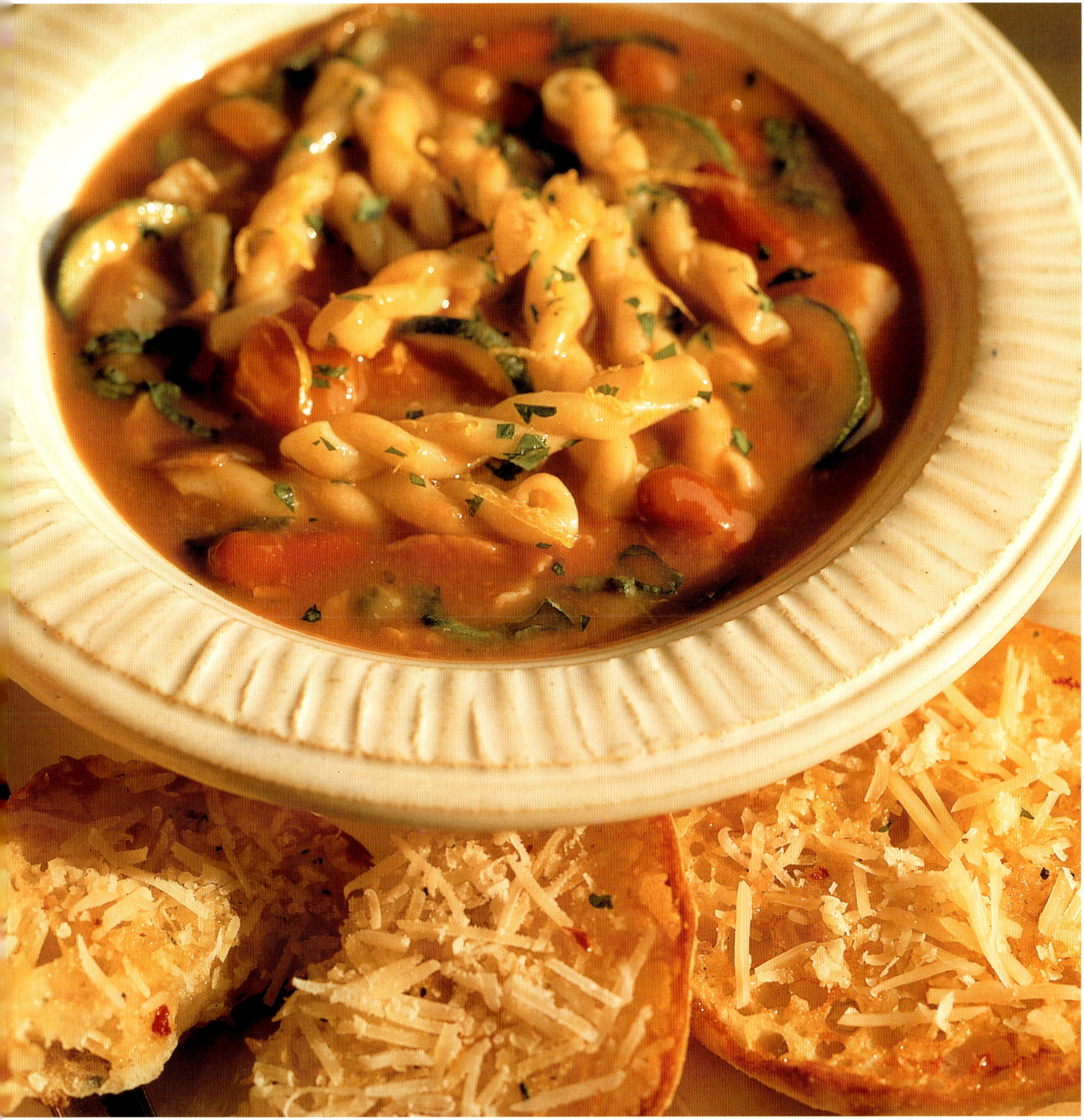

Pasta e Fagioli

    1 cucharadita de aceite de oliva
    3 dientes de ajo machacados
    1 lata (435 g) de frijol cannellini o alubia, enjuagado y escurrido
800 ml de consomé de pollo sin grasa
    ½ taza de vino blanco
    1 cucharada de albahaca seca
    ½ cucharadita de pimienta negra
    ¼ a ½ cucharadita de hojuelas de pimienta roja
180 g de ditalini u otro tipo de pasta tubular chica, sin cocer
    4 cucharaditas de queso parmesano rallado

En una cacerola grande, caliente el aceite a fuego medio-alto. Agregue el ajo y la alubia; fría por 3 minutos. Agregue el consomé de pollo, ¼ de taza de vino, la albahaca, la pimienta negra y la pimienta roja. Ponga a hervir a fuego medio-alto. Añada la pasta; deje cocer de 10 a 12 minutos o hasta que esté suave. Antes de que la pasta esté completamente cocida, vierta el vino restante. Espolvoree con el queso rallado. Sirva de inmediato.

rinde 4 porciones (de 1 taza)

nota: Esta sopa queda muy espesa.

Sopa de Tortellini con Pollo

1.485 litros de consomé de pollo
    1 paquete de pechuga de pollo
    1 bolsa (250 g) de tortellini o tortellini fresco relleno de pesto o de queso
    1 taza de espinaca fresca picada
    ¼ a ½ taza de queso parmesano rallado

En una cacerola grande, a fuego medio-alto, ponga a hervir el consomé de pollo. Agregue el pollo y el tortellini; deje cocer de 6 a 8 minutos hasta que la pasta esté suave; baje el fuego para que hierva suavemente. Justo antes de servir, incorpore la espinaca. Sirva la sopa en platos hondos y espolvoree encima el queso parmesano.

rinde 4 porciones

tiempo de preparación: 5 minutos
tiempo de cocción: 15 minutos

Cioppino de Pollo

    1 pollo entero (de unos 1.500 kg), cortado en piezas
    3 cucharadas de aceite de oliva
    1 taza de cebolla picada
    1 pimiento morrón rojo o verde chico, cortado en cubos
    4 dientes de ajo picados
840 g de tomate rojo machacado con su jugo
    1 lata (225 g) de puré de tomate rojo
    1 taza de consomé de pollo
    ½ taza de vino blanco seco
    6 cucharadas de perejil fresco picado
    6 hojas de albahaca fresca picadas
    6 rebanadas delgadas de limón
    ⅛ de cucharadita de sal
    ⅛ de cucharadita de pimienta blanca
450 g de camarón fresco limpio
450 g de espagueti u otra pasta cocida

En una sartén grande, caliente 2 cucharadas de aceite de oliva a fuego medio-alto. Agregue el pollo y saltéelo hasta que esté dorado por todos lados, durante unos 3 minutos por lado. Ponga en un platón; escurra la grasa de la sartén.

Reduzca el fuego a medio-bajo y añada el aceite de oliva restante, la cebolla, el pimiento morrón y el ajo. Saltee de 3 a 4 minutos hasta suavizar. Incorpore el tomate, el puré de tomate, el consomé, el vino, 5 cucharadas de perejil, la albahaca, las rebanadas de limón, la sal y la pimienta blanca; tape y deje cocer por 15 minutos para que se mezclen los sabores.

Agregue el pollo y deje cocer parcialmente, tapado, durante 30 minutos más hasta que el pollo esté suave. Añada el camarón; cueza a fuego bajo por 5 minutos más. Sirva el pollo y el camarón con la salsa sobre la pasta en platos hondos. Adorne cada porción con el perejil restante.

rinde 4 porciones

Sopa Clásica con Albóndigas

900 g de huesos de res, enjuagados
3 tallos de apio
2 zanahorias
1 cebolla mediana cortada por la mitad
1 hoja de laurel
6 tazas de agua fría
1 huevo
4 cucharadas de perejil fresco picado
1 cucharadita de sal
½ cucharadita de mejorana seca machacada
¼ de cucharadita de pimienta negra molida
½ taza de pan molido
¼ de taza de queso parmesano rallado
450 g de carne molida de res
420 g de tomate rojo entero, cocido y pelado
½ taza de rotini o macarrón chico, sin cocer

1. Para preparar el caldo, ponga los huesos, el apio, la zanahoria, la cebolla y la hoja de laurel en una olla de 6 litros. Agregue el agua. Deje que hierva; después, baje el fuego. Tape parcialmente y deje cocer por 1 hora; retire la espuma de vez en cuando.

2. Caliente el horno a 200 °C. Con aceite en aerosol, rocíe un refractario de 33×23 cm. En un recipiente, mezcle el huevo con 3 cucharadas de perejil, ½ cucharadita de sal, la mejorana y ⅛ de cucharadita de pimienta; revuelva. Incorpore el pan molido y el queso. Incorpore la carne de res; revuelva bien. Con la carne, forme albóndigas de 2.5 cm y colóquelas en el refractario; hornéelas hasta que estén doradas por todos lados y bien cocidas; voltéelas de vez en cuando. Escúrralas sobre toallas de papel.

3. Cuele el caldo y viértalo en un recipiente. Rebane el apio y la zanahoria. Deseche los huesos, la cebolla y la hoja de laurel. Para desgrasar el caldo, déjelo reposar por 5 minutos para que suba la grasa. Retire la grasa. Regrese el caldo a la olla. Pique los tomates; añádalos al caldo con todo y su jugo. Deje hervir durante 5 minutos. Incorpore la pasta y la sal y la pimienta restantes; deje cocer por 6 minutos; revuelva de vez en cuando. Agregue las verduras que separó y las albóndigas. Baje el fuego a medio; cueza por 10 minutos hasta que esté caliente. Ponga el perejil restante. Sazone al gusto. *rinde de 4 a 6 porciones*

Sopa Clásica con Albóndigas

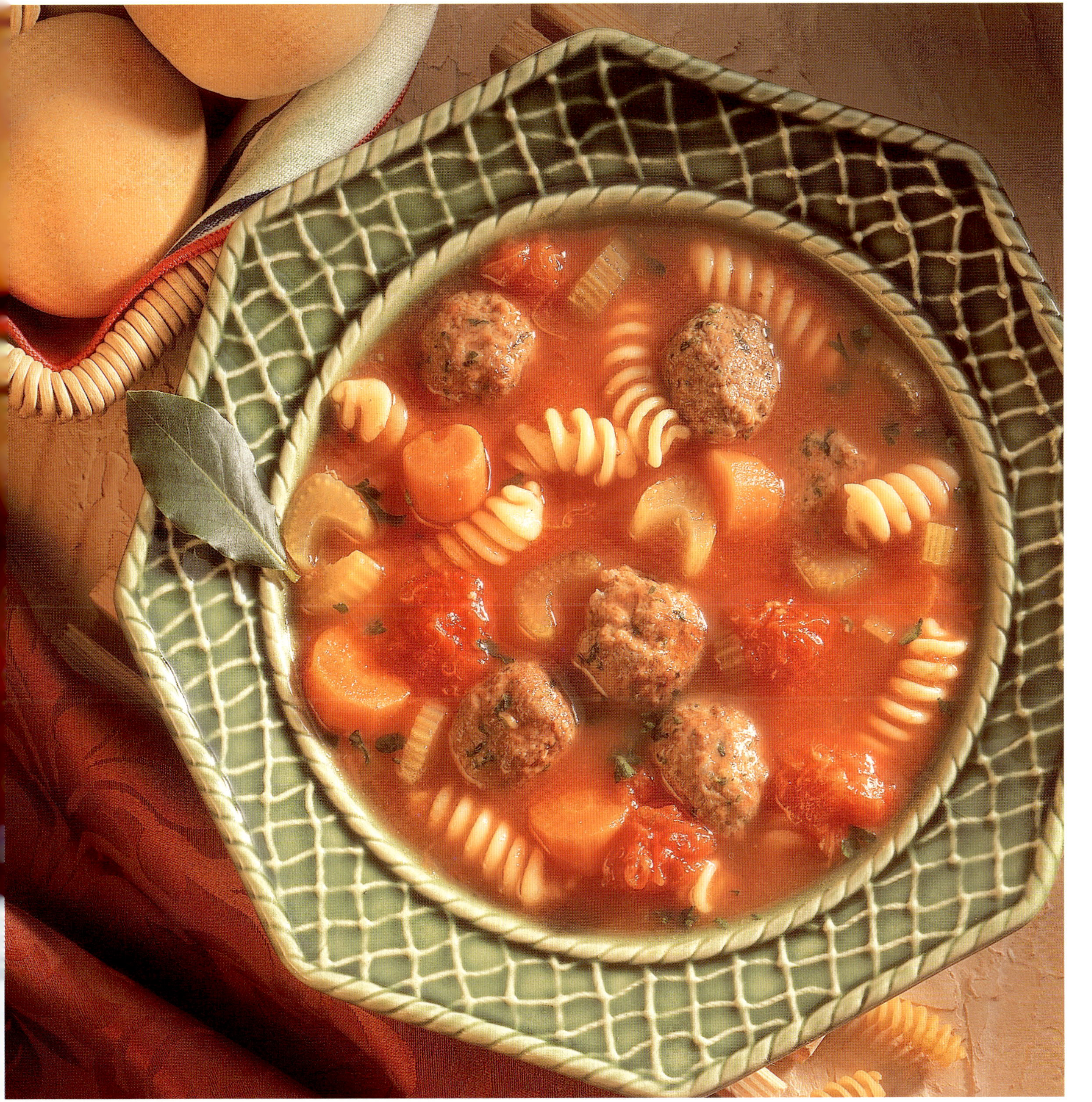

Sopa de Tortellini

225 g de salchicha italiana regular o condimentada
½ taza de agua
1 cucharada de aceite de oliva
1 cebolla mediana picada
2 dientes de ajo machacados
4 tazas de caldo de res
450 g de tomate rojo picado
1 zanahoria rebanada
1 cucharadita de orégano seco machacado
1 cucharadita de albahaca seca machacada
½ cucharadita de sal
¼ de cucharadita de pimienta negra
1 calabacita chica, cortada por la mitad y rebanada
1 paquete (250 g) de tortellini relleno de queso, refrigerado*
Queso parmesano rallado

No utilice tortellini congelado.

1. En una sartén mediana, fría la salchicha por 7 minutos a fuego medio o hasta que esté dorada; voltéela de vez en cuando. Vierta el agua; baje la flama, tape y deje cocer a fuego bajo durante 20 minutos. Escurra y deje enfriar la salchicha a temperatura ambiente hasta que esté lo suficientemente fría como para cortarla.

2. En una olla de 5 litros, caliente el aceite a fuego medio. Fría la cebolla y el ajo por 4 minutos o hasta que la cebolla esté suave.

3. Incorpore el caldo, el tomate, la zanahoria, el orégano, la albahaca, la sal y la pimienta. Deje hervir a fuego alto; después, reduzca el fuego y deje cocer por 30 minutos, sin tapar; revuelva de vez en cuando.

4. Corte la salchicha en rebanadas delgadas y colóquelas en la olla. Deje cocer durante 10 minutos.

5. Suba el fuego y deje hervir. Añada la calabacita y el tortellini; deje hervir por 7 minutos o hasta que la pasta apenas esté suave.

6. Sirva en platos soperos. Espolvoree el queso; sirva de inmediato.   *rinde 6 porciones*

Sopa de Tortellini

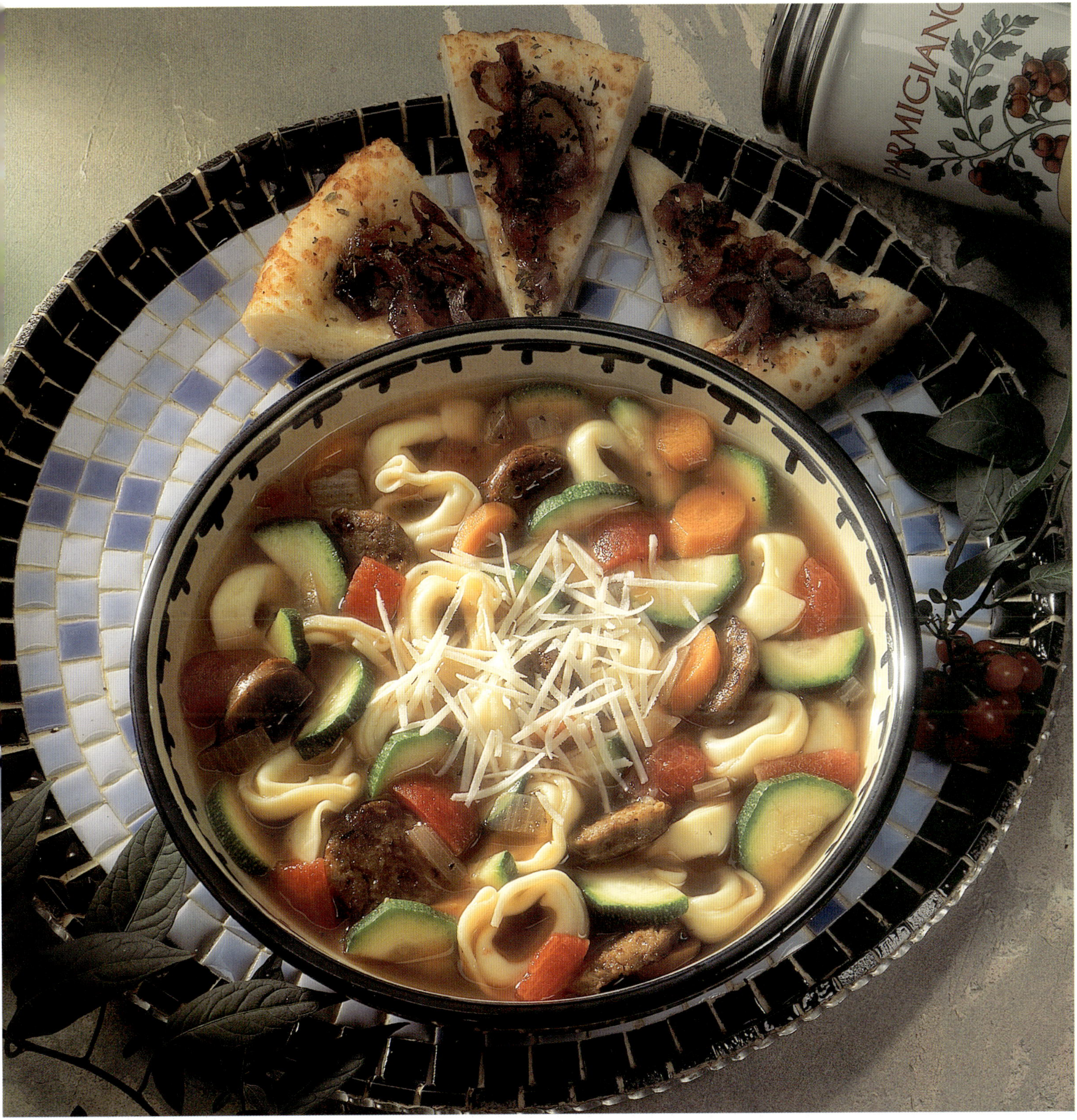

Cioppino

 1 cucharadita de aceite de oliva
 1 cebolla grande picada
 1 taza de apio rebanado, con hojas
 1 diente de ajo machacado
 4 tazas de agua
 1 cubo de consomé de pescado
 1 cucharada de sazonador de hierbas italianas sin sal
 125 g de filetes de bacalao u otro pescado de sabor suave, sin espinas
 125 g de camarón chico, pelado y desvenado
 125 g de vieiras de bahía
 1 tomate rojo grande picado
 ¼ de taza de carne de cangrejo desmenuzada o de imitación de carne de cangrejo
 1 frasco (285 g) de almejas chicas, enjuagadas y escurridas (opcional)
 2 cucharadas de jugo de limón recién exprimido

1. En una cacerola grande, caliente el aceite de oliva a fuego medio. Agregue la cebolla, el apio y el ajo; fría por 5 minutos o hasta que la cebolla esté suave. Añada el agua, el cubo de consomé y el sazonador italiano. Tape y deje hervir a fuego alto.

2. Corte los filetes de bacalao en trozos de 1.5 cm. Coloque en la cacerola el pescado, el camarón, las vieiras y el tomate. Reduzca el fuego y deje cocer de 10 a 15 minutos o hasta que los mariscos estén opacos. Incorpore la carne de cangrejo, las almejas, si lo desea, y el jugo de limón. Caliente muy bien. Adorne con rebanadas de limón.   *rinde 4 porciones*

tiempo de preparación y cocción: 30 minutos

Cioppino

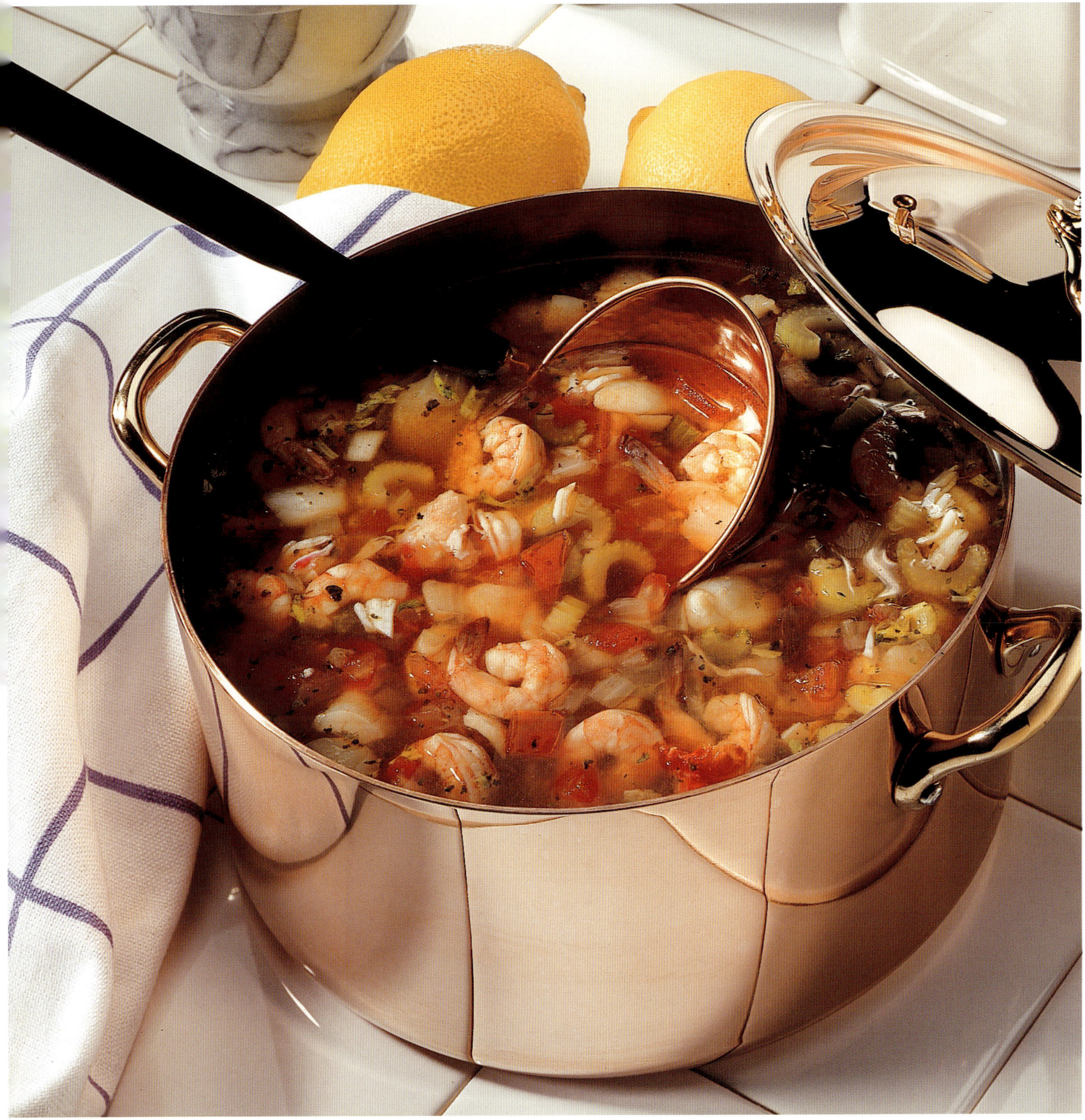

Guiso de Salchicha Italiana y Verduras

450 g de salchicha italiana condimentada o regular, en trozos de 2.5 cm
1 bolsa (450 g) de verdura congelada: cebolla y pimiento morrón verde, rojo y amarillo
2 calabacitas medianas rebanadas
1 lata (420 g) de tomate rojo a la italiana, cortado en cubos, sin escurrir
1 lata (135 g) de champiñón rebanado y escurrido
4 dientes de ajo picados

1. En una cacerola grande, a fuego medio o medio-alto, fría la salchicha, tapada, durante 5 minutos o hasta que se dore; deseche la grasa.

2. Agregue las verduras congeladas, la calabacita, el tomate y su jugo, el champiñón y el ajo; deje que hierva. Baje la flama y deje cocer a fuego bajo, tapado, por 10 minutos. Cueza, sin tapar, de 5 a 10 minutos o hasta que el caldo se espese un poco.

rinde 6 porciones (de 1 taza)

tiempo de preparación y cocción: 30 minutos

Sopa Italiana

2 chuletas de cerdo sin hueso, cortadas en cubos
840 ml de consomé de pollo
435 g de tomate picado, con su jugo
1 lata (435 g) de frijol cannellini o alubia, escurrido
2 cucharadas de cebolla en polvo
225 g de hojas frescas de espinaca picadas

En una cacerola honda, dore el cerdo en una cantidad reducida de aceite; agregue el consomé de pollo, el tomate rojo, la alubia y la cebolla; deje hervir. Después, baje la flama y cueza a fuego bajo por 15 minutos; incorpore la espinaca y cueza durante 2 minutos.

Corone con queso parmesano o romano rallado.

rinde 4 porciones

Guiso de Salchicha Italiana y Verduras

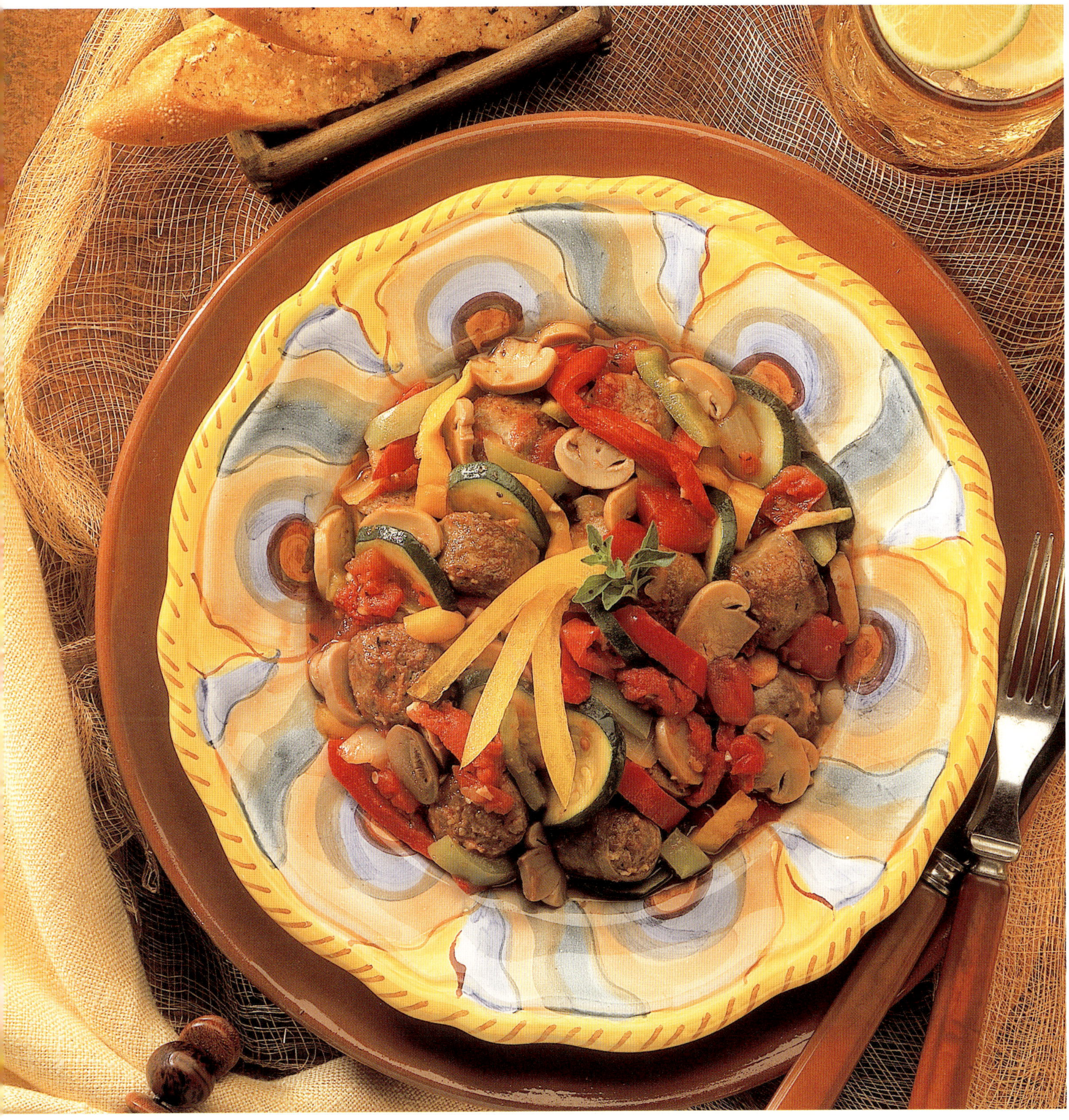

Nutritiva Sopa de Pasta y Garbanzo

180 g de tornillo de pasta (rotini) sin cocer
2 cucharadas de aceite de oliva
¾ de taza de cebolla picada
½ taza de zanahoria en rebanadas delgadas
½ taza de apio picado
2 dientes de ajo picados
¼ de taza de harina de trigo
1½ cucharaditas de sazonador italiano en polvo
⅛ de cucharadita de pimienta roja machacada
⅛ de cucharadita de pimienta negra
825 ml de consomé de pollo
1 lata (540 g) de garbanzo, enjuagado y escurrido
420 g de tomate guisado con hierbas italianas
6 rebanadas de tocino frito, desmenuzado

1. Cueza la pasta siguiendo las instrucciones de la envoltura. Enjuague y escurra.

2. Mientras tanto, en una olla de 4 litros, caliente el aceite a fuego medio-alto. Agregue la cebolla, la zanahoria, el apio y el ajo. Fría a fuego medio de 5 a 6 minutos o hasta que las verduras estén suaves.

3. Retire del fuego. Incorpore la harina, el sazonador italiano y las pimientas roja y negra; revuelva hasta que estén bien mezclados. Vierta gradualmente el consomé. Deje hervir; revuelva con frecuencia; una vez que hierva, revuelva sin cesar por 1 minuto. Reduzca el fuego a medio. Incorpore la pasta cocida, el garbanzo y el tomate. Cueza por 5 minutos o hasta que esté bien caliente.

4. Espolvoree cada porción con tocino.   *rinde 6 porciones (unas 7 tazas)*

sugerencia para servir: Corone con queso parmesano rallado y acompañe con pan, ensalada verde con aderezo italiano y dulce de frutas.

tiempo de preparación y cocción: 30 minutos

Nutritiva Sopa de Pasta y Garbanzo

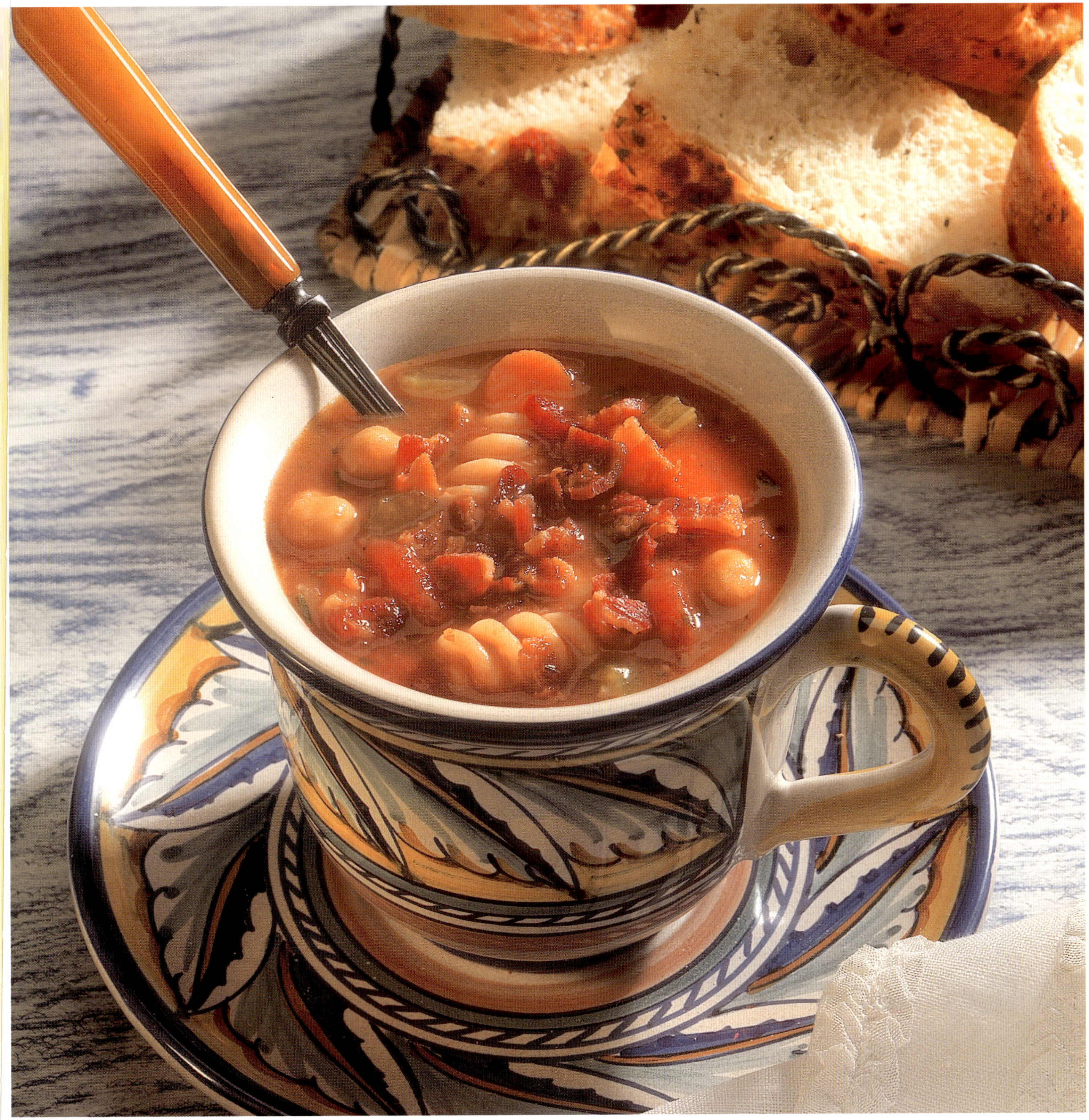

Platillo Toscano de Pollo con Alubias

    1 bulbo grande de hinojo fresco (unos 340 g)
    1 cucharadita de aceite de oliva
225 g de muslos de pollo, deshuesados y sin piel, en trozos de 1.5 cm
    1 cucharadita de romero seco machacado
    ½ cucharadita de pimienta negra
420 g de tomates rojos guisados sin sal, sin escurrir
400 ml de consomé de pollo
    1 lata (de 450 o 540 g) de alubia, enjuagada y escurrida
    Salsa picante (opcional)

1. Corte y reserve ¼ de taza de hojas de hinojo. Pique el bulbo en trozos de 1.5 cm. En una cacerola grande, caliente el aceite a fuego medio. Agregue el hinojo picado; fría por 5 minutos, revolviendo de vez en cuando.

2. Sazone el pollo con el romero y la pimienta. Añada a la cacerola; fríalo durante 2 minutos. Ponga el tomate y el consomé de pollo; deje que hierva. Tape y deje cocer por 10 minutos. Incorpore la alubia; deje cocer, sin tapar, durante 15 minutos o hasta que el pollo esté bien cocido y la salsa se espese. Sazone al gusto con salsa picante, si lo desea. Sirva en platos hondos; corone con el hinojo que reservó. *rinde 4 porciones*

tiempo de preparación: 15 minutos
tiempo de cocción: 35 minutos

Platillo Toscano de Pollo con Alubias

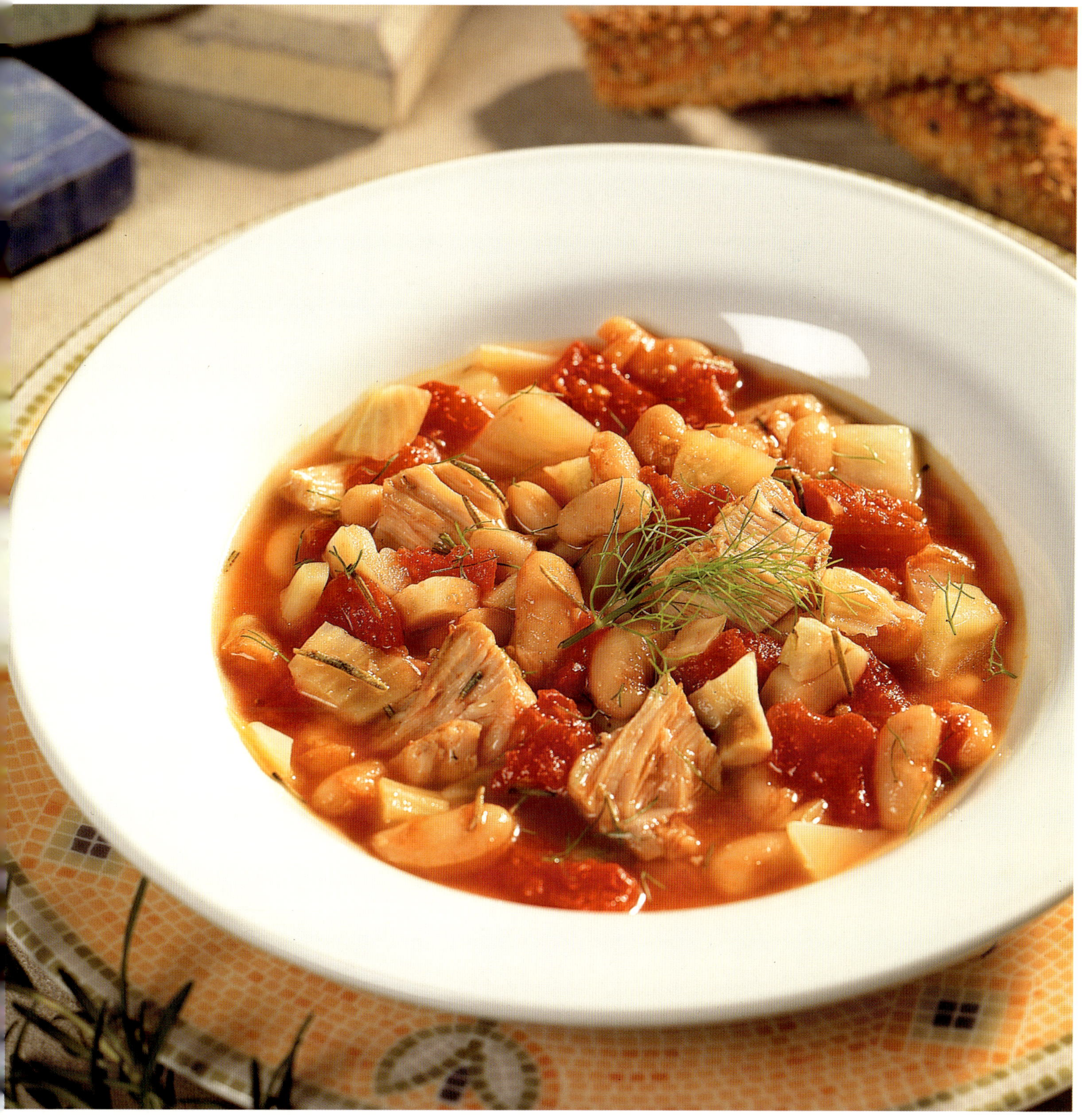

Sopa Minestrone

¾ de taza de conchas chicas de pasta
800 ml de caldo de verduras
1 lata (840 ml) de puré de tomate rojo
1 lata (435 g) de alubia, escurrida y enjuagada
1 bolsa (450 g) de verduras congeladas: brócoli, ejotes (judías verdes), zanahoria y pimiento rojo
4 a 6 cucharaditas de pesto preparado

1. En una cacerola grande, ponga a hervir 4 tazas de agua a fuego alto. Incorpore la pasta; cuézala de 8 a 10 minutos o hasta que esté suave. Escúrrala.

2. Mientras se cuece la pasta, coloque el caldo, el puré de tomate y la alubia en una olla grande. Tape y deje que hierva a fuego alto. Reduzca el fuego a bajo; deje cocer de 3 a 5 minutos.

3. Agregue las verduras y deje que vuelva a hervir a fuego alto. Incorpore la pasta; deje cocer hasta que las verduras y la pasta estén calientes. Sirva la sopa en platos hondos; en el centro de cada plato, sirva más o menos 1 cucharadita de pesto. *rinde de 4 a 6 porciones*

Sopa de Salchicha Italiana

2 bolsas (de 285 g cada una) de moñitos de pasta con verduras estilo italiano, congelados
800 ml de caldo de res
450 g de salchicha italiana cocida, en cubos
1 lata (225 g) de puré de tomate rojo

- En una cacerola grande, ponga las verduras y el caldo; hierva a fuego alto. Reduzca el fuego a medio; tape y deje cocer de 7 a 10 minutos o hasta que las verduras estén suaves.

- Incorpore la salchicha y el puré de tomate; cueza hasta que esté bien caliente.

rinde 4 porciones

Sopa Minestrone

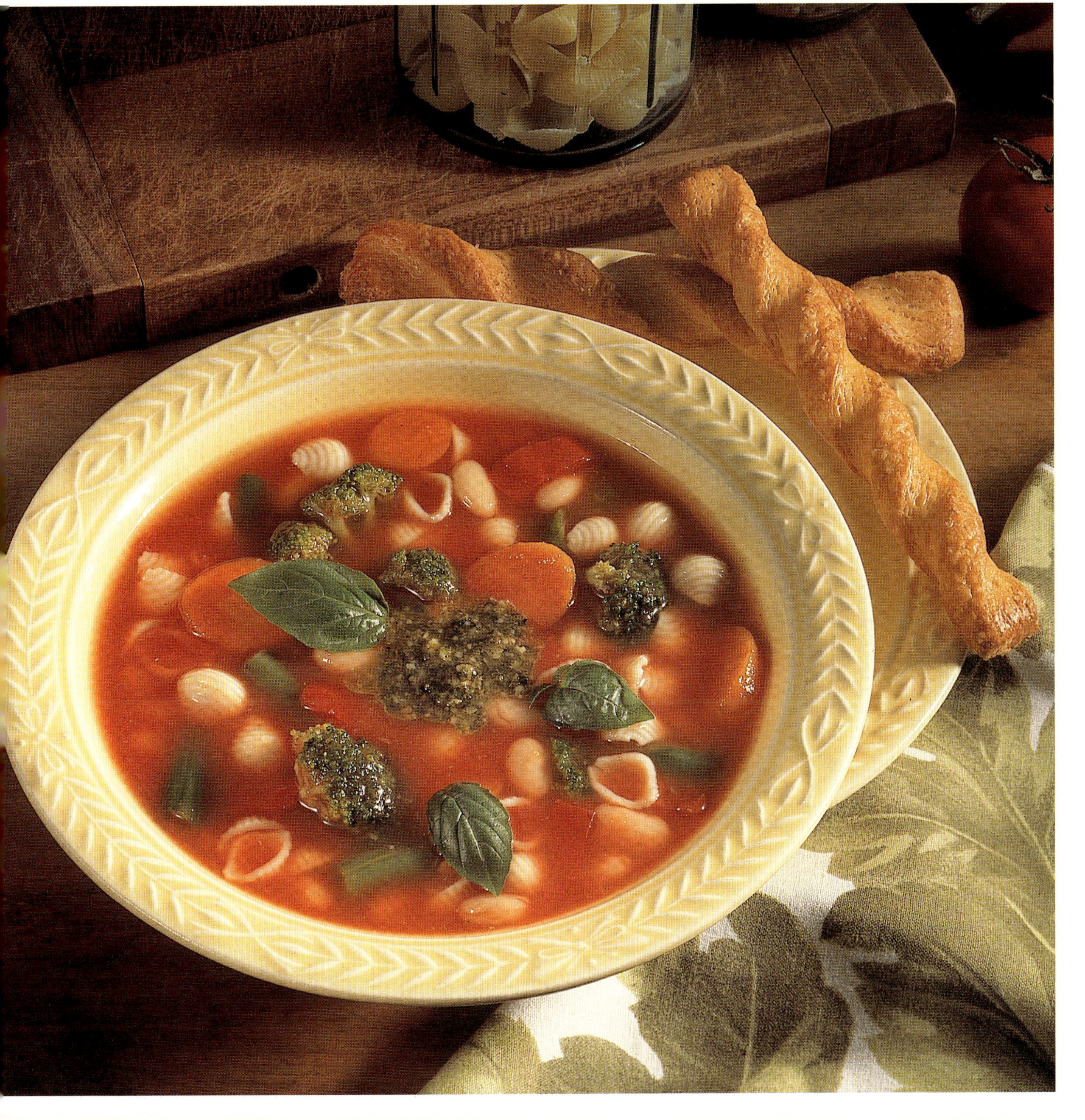

Sopa de Arroz y Alubia

90 g de pancetta (tocino italiano) en rebanadas delgadas, picada (más o menos ½ taza)
1 taza de cebolla picada
2 litros de caldo de res
840 g de tomate rojo cortado en cubos, cocido con ajo asado
1 cucharada de romero fresco picado o 1 cucharadita de romero seco machacado
1 taza de arborio o arroz blanco de grano largo, sin cocer
¼ de cucharadita de sal
¼ de cucharadita de pimienta negra molida
1 lata (440 g) de alubia escurrida
2 cucharadas de perejil italiano fresco picado

1. En una cacerola grande, saltee la pancetta por 1 minuto.

2. Agregue la cebolla; saltéela de 2 a 3 minutos o justo hasta que la pancetta esté crujiente. Incorpore el caldo, el tomate con su jugo y el romero. Deje hervir.

3. Reduzca el fuego a bajo; deje cocer, sin tapar, durante 10 minutos. Añada el arroz, la sal y la pimienta; cueza, tapado, de 20 a 25 minutos o hasta que el arroz esté suave.

4. Vierta la alubia; deje cocer por 5 minutos. Espolvoree con perejil justo antes de servir.

rinde 10 tazas

nota: Sustituya los 90 g de pancetta por 3 rebanadas de tocino.

Sopa de Tortellini y Pesto

1 paquete (250 g) de tortellini fresco de queso
1.200 litros de consomé de pollo
1 frasco (210 g) de pimiento morrón rojo asado, escurrido y en rajas
¾ de taza de chícharos (guisantes) congelados
3 a 4 tazas de espinaca fresca, lavada y sin tallos
1 a 2 cucharadas de pesto

continúa en la página 67

Sopa de Tortellini y Pesto, continuación

1. Cueza el tortellini siguiendo las instrucciones del paquete; escúrralo.

2. Mientras se cuece la pasta, ponga a hervir el consomé a fuego alto en una olla grande tapada. Agregue el tortellini cocido, el pimiento y el chícharo; deje que el consomé vuelva a hervir. Reduzca el fuego a medio y deje cocer por 1 minuto.

3. Retire la sopa del fuego; incorpore la espinaca y el pesto.

rinde 6 porciones

consejo: Para quitar el tallo de las espinacas, doble las hojas por la mitad; después, desprenda el tallo jalándolo hacia arriba. Deseche los tallos.

tiempo de preparación y cocción: 14 minutos

Cioppino Rápido

1 cucharada de aceite de oliva
½ taza de pimiento morrón verde, en cuadros de 1.5 cm
840 g de tomates rojos picados en su jugo
1 lata (225 g) de puré de tomate rojo sin sal
1½ cucharaditas de sazonador italiano clásico
450 g de filetes de pescado de carne suave o firme (como huachinango, bacalao, hipogloso o merluza), sin espinas ni piel, cortados en trozos de 1.5 cm
225 g de camarón pelado y desvenado
½ taza de vino blanco seco

En una olla de 3 litros, caliente el aceite a fuego medio-alto. Cueza el pimiento morrón hasta que esté suave, durante unos 5 minutos. Agregue el tomate, el puré de tomate y el sazonador. Caliente hasta que hierva; reduzca la flama y deje cocer a fuego bajo por 20 minutos. Añada el pescado y el camarón; deje que vuelva a hervir. Baje la flama; tape y deje cocer por 7 minutos o hasta que el pescado esté opaco y el camarón se torne rosado. Durante el último minuto de cocción, incorpore el vino. Sirva de inmediato.

rinde 6 porciones

tiempo de preparación: 10 minutos
tiempo de cocción: 32 minutos

Sopa de Garbanzo y Camarón

1 cucharada de aceite de oliva o aceite vegetal
1 taza de cebolla cortada en cubos
2 dientes de ajo machacados
580 ml de caldo de res
420 g de tomate picado, cocido con ajo asado
1 lata (435 g) de garbanzo escurrido
1 lata (180 g) de pasta italiana con pesto
225 g de camarón chico cocido
2 cucharadas de perejil italiano fresco picado o 2 cucharaditas de perejil seco machacado
½ cucharadita de sal
¼ de cucharadita de pimienta negra molida

1. En una cacerola grande, caliente el aceite a fuego medio-alto; agregue la cebolla y el ajo; saltéelos por 1 minuto.

2. Incorpore el caldo, el tomate con su jugo, el garbanzo y la pasta. Deje que hierva.

3. Reduzca el fuego a bajo; deje cocer, sin tapar, por 10 minutos. Añada el camarón, el perejil, la sal y la pimienta; deje cocer durante 3 minutos o hasta que esté bien caliente. Revuelva antes de servir.

rinde de 8 a 10 porciones

Sopa de Garbanzo y Camarón

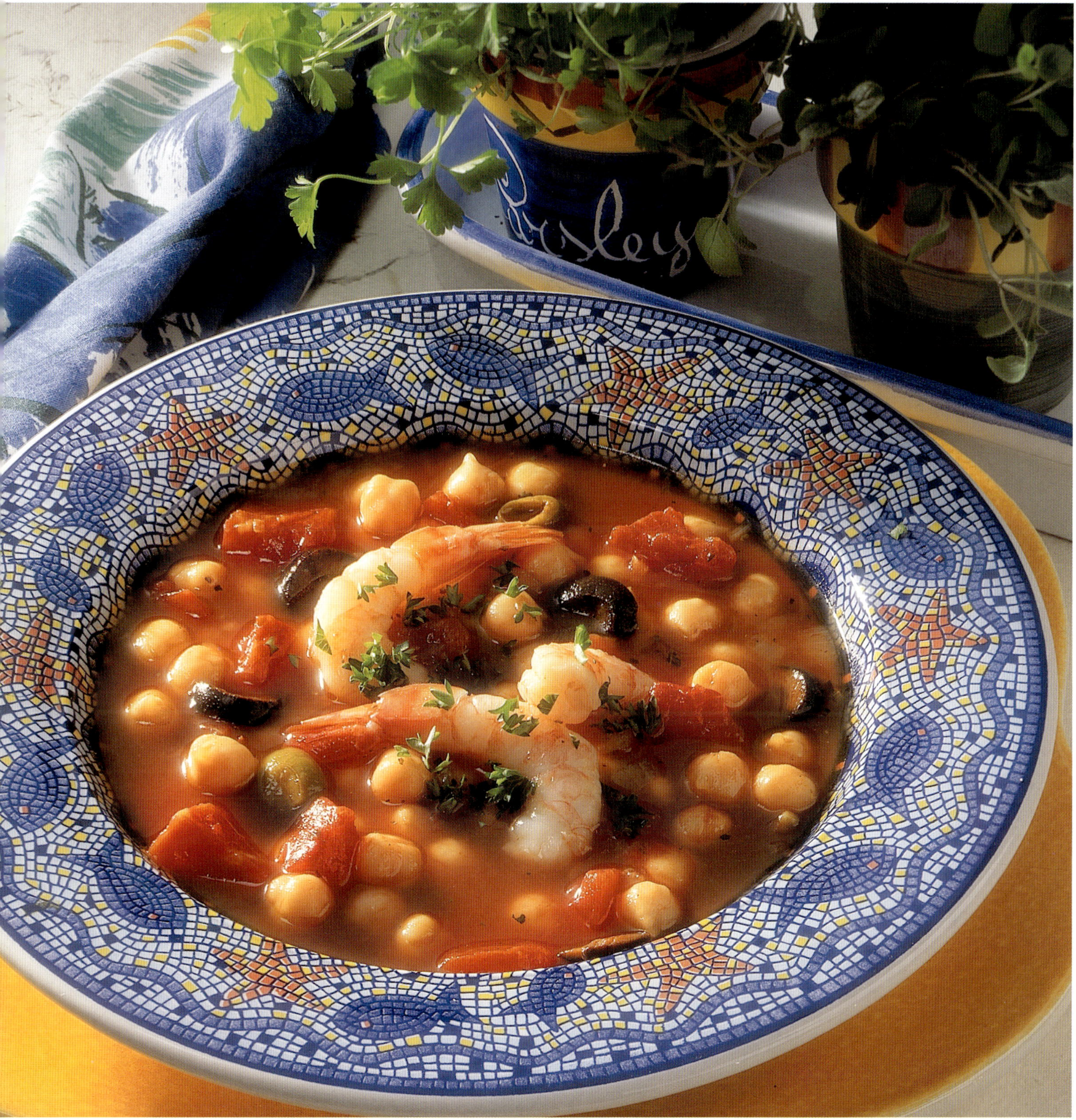

Guiso Toscano de Verduras

    2 cucharadas de aceite de oliva
    2 cucharaditas de ajo machacado
225 g de champiñones exóticos variados rebanados o 225 g de champiñón botón rebanado
  ¼ de taza de chalote rebanado o cebolla dulce picada
    1 frasco (210 g) de pimiento morrón rojo asado
    1 lata (420 g) de tomate rojo guisado estilo italiano
    1 lata (540 g) de alubias, enjuagadas y escurridas
    1 manojo de albahaca fresca*
    1 cucharada de vinagre balsámico
      Sal
      Pimienta negra
      Queso romano, parmesano o asiago, rallado

Si no encuentra albahaca fresca, agregue 2 cucharaditas de albahaca seca al tomate.

1. En una cacerola grande, caliente el aceite y el ajo a fuego medio. Agregue los champiñones y el chalote; cueza por 5 minutos, revolviendo de vez en cuando.

2. Mientras se cuece la sopa, escurra y enjuague el pimiento; córtelo en trozos de 2.5 cm. Pique el tomate en trozos chicos.

3. Añada a la cacerola el tomate, el pimiento y la alubia; deje que hierva. Reduzca el fuego a medio-bajo. Tape y deje cocer durante 10 minutos; revuelva una vez.

4. Mientras se cuece el guiso, corte ¼ de taza de albahaca en tiras delgadas. Incorpore la albahaca y el vinagre; sazone con sal y pimienta al gusto. Espolvoree cada porción con queso.

rinde 4 porciones

tiempo de preparación y cocción: 18 minutos

Guiso Toscano de Verduras

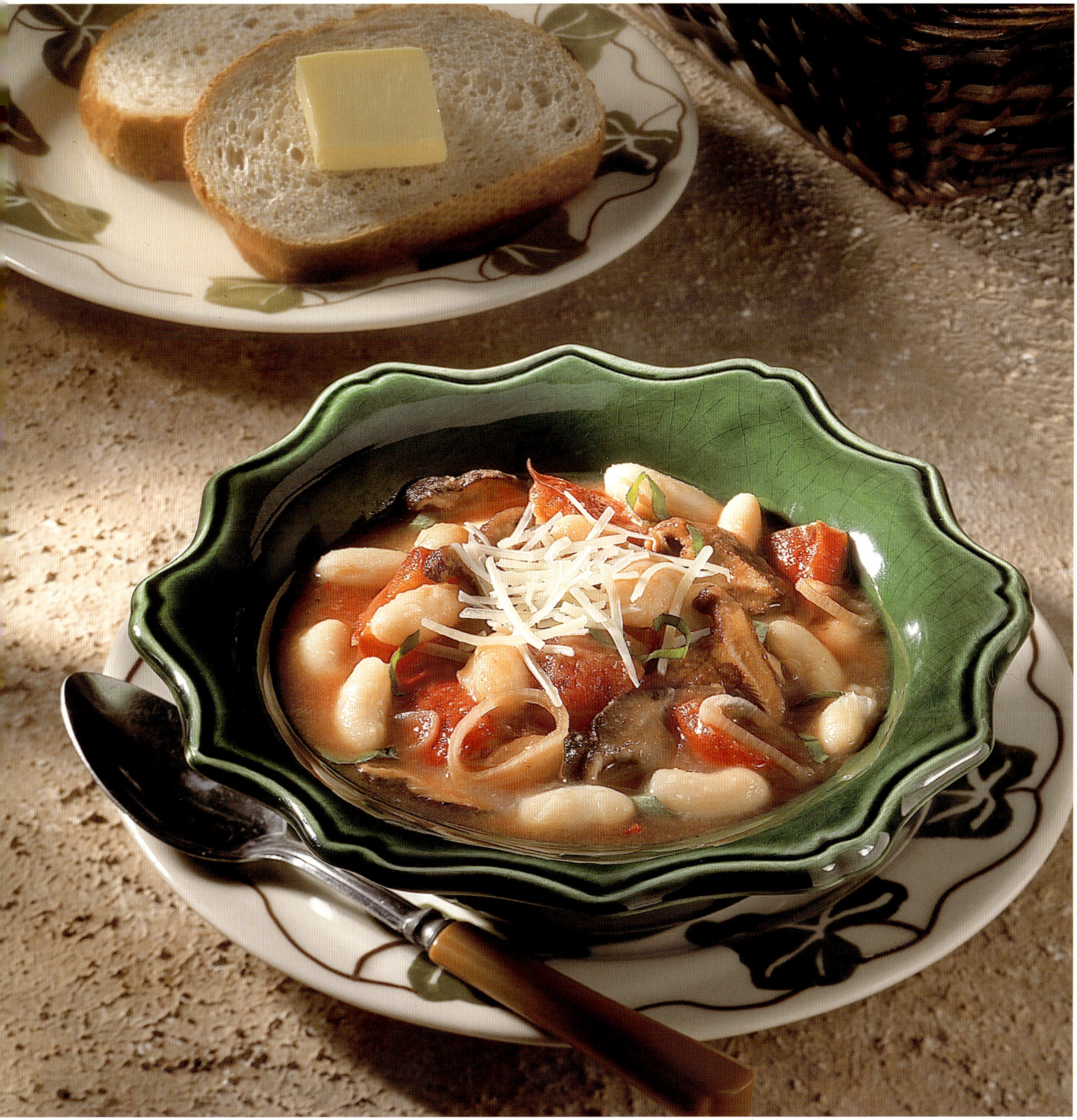

Tortellini Primavera en Caldo

    800 ml de consomé de pollo
      1 paquete (250 g) de tortellini fresco refrigerado (de queso, pollo o salchicha)
      2 tazas de mezcla de verduras congeladas: brócoli, ejotes (judías verdes), cebolla y pimiento morrón rojo
      1 cucharadita de albahaca seca
        Pizca de salsa picante o al gusto
      2 cucharaditas de fécula de maíz
      1 cucharada de agua
    ¼ de taza de queso romano o parmesano, rallado

1. En una cacerola grande, vierta el consomé; tape y hierva a fuego alto. Agregue el tortellini y reduzca el fuego a medio-alto. Cueza, sin tapar, hasta que la pasta esté suave; revuelva de vez en cuando. (Verifique el tiempo aproximado de cocción en las instrucciones de la envoltura.)

2. Con una espumadera, pase el tortellini a un recipiente mediano; consérvelo caliente.

3. Añada la verdura, la albahaca y la salsa picante; deje que hierva. Baje el fuego a medio; deje cocer por unos 3 minutos o hasta que las verduras estén suaves.

4. En una taza chica, mezcle la fécula de maíz con el agua; revuelva hasta que se incorporen. Vierta en la cacerola. Cueza durante unos 2 minutos o hasta que el líquido se espese un poco; revuelva con frecuencia. Regrese el tortellini a la cacerola; deje que se vuelva a calentar. Sirva en platos hondos; espolvoree con queso.

rinde 2 porciones

sugerencia para servir: Acompañe con ensalada y pan italiano.

tiempo de preparación y cocción: 20 minutos

Tortellini Primavera en Caldo

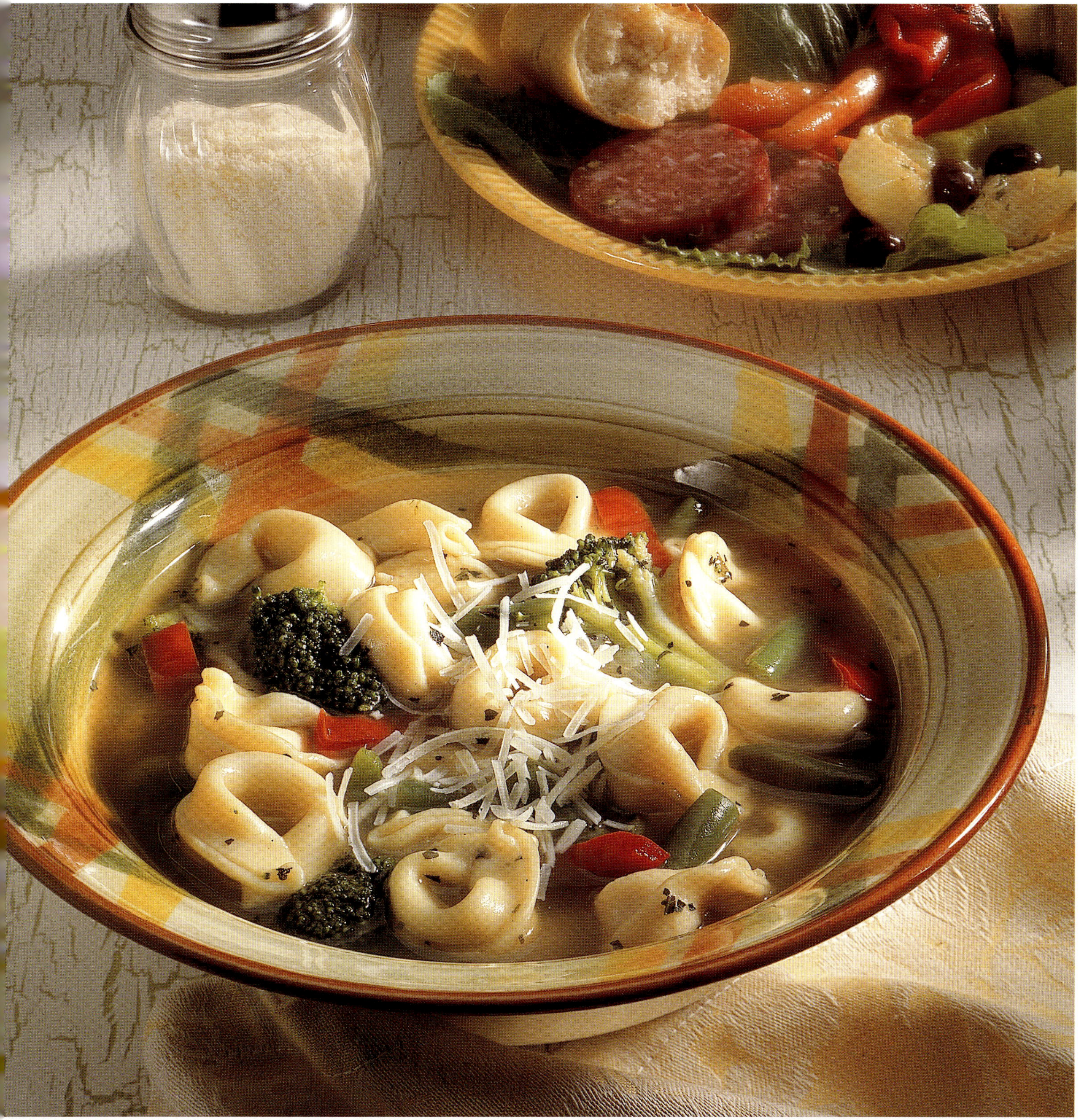

Sopa de Verduras con Albahaca

   1 bolsa (250 g) de ejotes (judías verdes) congelados, en trozos
   1 lata (435 g) de frijol cannellini o alubia, sin escurrir
   3 zanahorias medianas, en rebanadas delgadas
   3 calabacitas o calabazas amarillas medianas, en rebanadas delgadas
   2 litros de caldo de res
   2 dientes de ajo picados
     Sal y pimienta al gusto
60 a 90 g de vermicelli o espagueti sin cocer
   ½ taza de albahaca fresca finamente picada
     Queso romano rallado

Combine el ejote, la alubia, la zanahoria, la calabacita, el caldo de res y el ajo en una olla. Ponga a hervir a fuego alto; una vez que hierva, reduzca el fuego a bajo. Tape y deje cocer hasta que la zanahoria esté suave. Sazone con sal y pimienta. Agregue la pasta; deje que vuelva a hervir a fuego alto; reduzca el fuego. Deje cocer hasta que la pasta esté suave, pero firme. (Puede cocer la pasta aparte y agregarla a la sopa justo antes de servir.) Añada la albahaca; deje cocer hasta que suavice. Sirva con queso. *rinde de 10 a 12 porciones*

Sopa Toscana de Pollo

4½ tazas de agua
  1 sobre de tallarín con salsa, sabor a pollo
  1 bolsa (225 g) de verduras italianas parcialmente descongeladas
420 g de tomate rojo entero, pelado y picado (conserve el jugo)
1½ cucharaditas de ajo en polvo
  1 cucharadita de hojas de orégano
  2 tazas de pollo cocido, deshebrado
  ¼ de taza de queso parmesano rallado
    Sal y pimienta negra molida al gusto

En una cacerola de 3 litros, ponga a hervir el agua. Incorpore el tallarín y su salsa, las verduras, el tomate, el ajo en polvo y el orégano. Tape y deje que vuelva a hervir. Destape y continúe hirviendo a fuego medio durante 8 minutos; revolviendo de vez en cuando, o hasta que el tallarín y las verduras estén suaves. Incorpore el resto de los ingredientes y caliente muy bien. *rinde unas 4 porciones (de 2 tazas)*

Minestrone Gratinado

    1 taza de apio cortado en cubos
    1 taza de calabacita cortada en cubos
840 g de tomate rojo picado, con su jugo
    2 tazas de agua
    2 cucharaditas de azúcar
    1 cucharadita de sazonador italiano de hierbas secas
    1 lata (435 g) de garbanzo escurrido
    4 rebanadas (de 1.5 cm de grosor) de pan francés tostado
    1 taza (120 g) de queso mozzarella light rallado
    2 cucharadas de queso parmesano rallado
       Perejil recién picado

Rocíe una cacerola grande o una olla con aceite en aerosol. Saltee el apio y la calabaza a fuego medio hasta que estén suaves. Agregue el tomate, el agua, el azúcar y el sazonador de hierbas. Deje cocer, sin tapar, de 15 a 20 minutos. Agregue el garbanzo y deje cocer por 10 minutos más. Mientras tanto, caliente el asador eléctrico. Ponga el pan en el asador y corónelo con el queso mozzarella; ase hasta que se funda el queso. Sirva la sopa en platos hondos y ponga encima el pan tostado. Espolvoree queso parmesano en cada plato y adorne con perejil. Sirva de inmediato.

rinde 4 porciones

Cioppino de Mariscos

  12 almejas gigantes
     Sal
   4 cucharadas de aceite de oliva
   2 tazas de cebolla picada
   2 pimientos morrones rojos, sin semillas y picados
   1 pimiento morrón verde, sin semillas y picado
   8 dientes de ajo picados
   2 tazas de caldo de pescado o jugo de almeja embotellado
   2 tazas de vermouth o vino blanco
900 g de tomate rojo picado y escurrido
   1 cucharada de albahaca seca
   1 cucharadita de tomillo seco
   1 hoja de laurel
   ¼ de cucharadita de hojuelas de pimienta roja
340 g de camarón grande crudo, pelado y desvenado
225 g de vieiras de mar
   8 tenazas de cangrejo o surimi con forma de tenaza

1. Para preparar las almejas, deseche las que permanezcan abiertas cuando las toque suavemente con un dedo. Para lavarlas, frótelas con un cepillo duro debajo del chorro del agua. Remójelas por 20 minutos en una mezcla de ⅓ de taza de sal por 4 litros de agua. Deseche el agua y repita el procedimiento 2 veces más.

2. Para cocer las almejas al vapor, ponga 1 taza de agua en una olla. Hierva a fuego alto; agregue las almejas. Tape la olla; reduzca el fuego a medio. Cueza al vapor de 5 a 7 minutos o hasta que se abran. Sáquelas de la olla con pinzas. Deseche las almejas que no se hayan abierto.

3. En una olla, caliente el aceite a fuego medio-alto. Añada la cebolla, el pimiento morrón y el ajo. Tape; reduzca el fuego a bajo y deje cocer de 20 a 25 minutos o hasta que estén suaves; revuelva de vez en cuando.

4. Incorpore el caldo de pescado, el vermouth, el tomate, la albahaca, el tomillo, la hoja de laurel y la pimienta roja. Tape parcialmente; deje cocer por 30 minutos. Añada las almejas, el camarón, las vieiras y las tenazas de cangrejo. Tape; retire del fuego. Deje reposar hasta que el camarón se torne rosado y las vieiras se opaquen. Deseche la hoja de laurel. Sirva en platos grandes.

rinde 4 porciones generosas

Cioppino de Mariscos

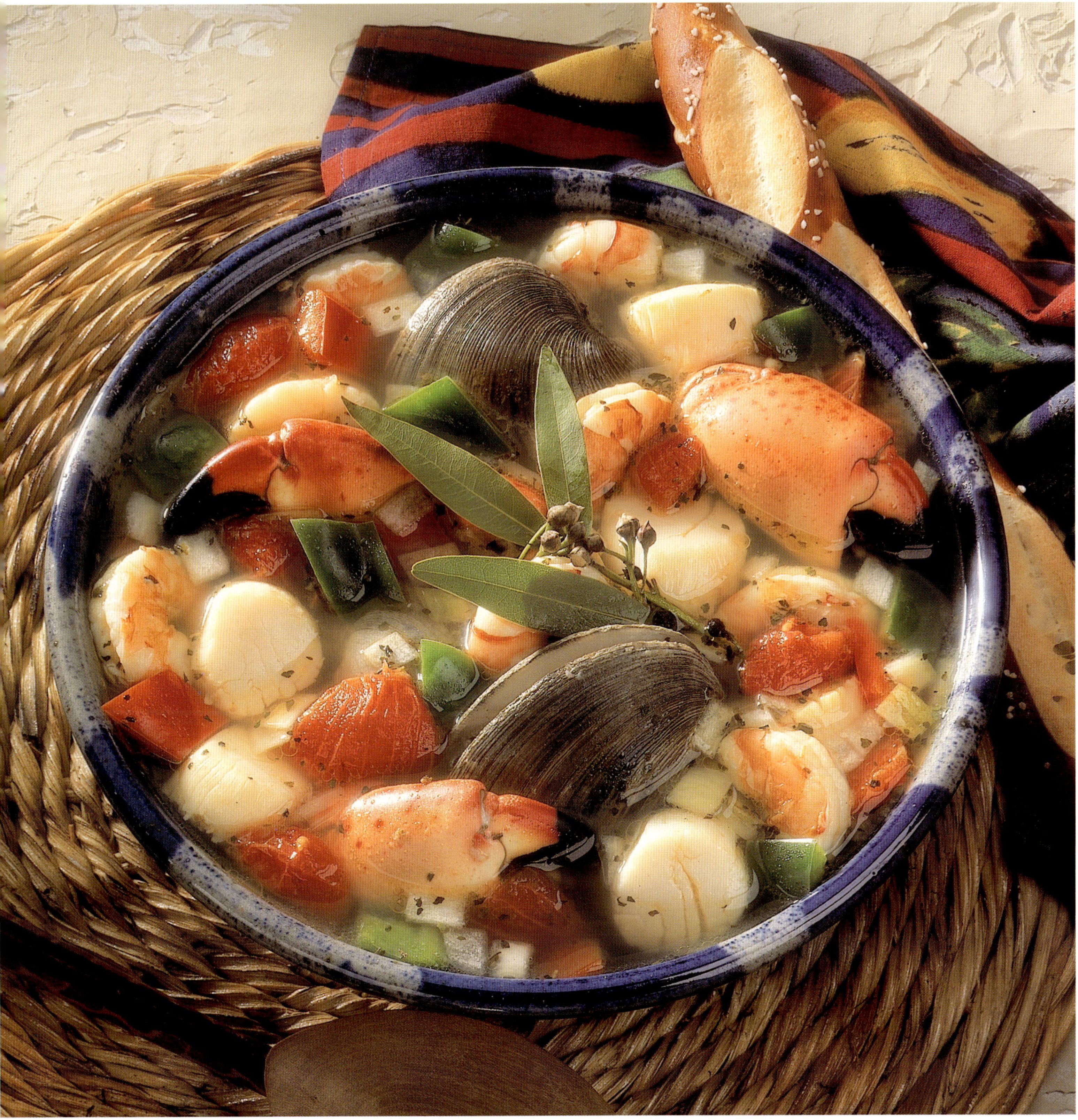

NUTRITIVOS PLATILLOS CON PASTA

~~~~~

Linguine con Pollo en Salsa Cremosa de Tomate

  1 cucharada de aceite de oliva o aceite vegetal
450 g de pechugas de pollo, deshuesadas y sin piel, en tiras de 1.5 cm
  1 frasco (de 730 a 840 g) de salsa para pasta
  2 tazas de agua
225 g de linguine o espagueti
  ½ taza de crema batida o espesa
  1 cucharada de hojas de albahaca picadas

En una cacerola de 30 cm de diámetro, caliente el aceite a fuego medio y dore el pollo. Retírelo de la cacerola. En la misma cacerola, vierta la salsa para pasta y el agua. Ponga a hervir a fuego alto. Incorpore el linguine sin cocer y deje que vuelva a hervir. Reduzca el fuego a bajo y cueza sin tapar, revolviendo de vez en cuando, por 15 minutos o hasta que el linguine esté suave. Añada la crema y la albahaca. Regrese el pollo a la cacerola y cueza durante 5 minutos o hasta que el pollo pierda su color rosado en el centro. *rinde 4 porciones*

Linguine con Pollo en Salsa
Cremosa de Tomate

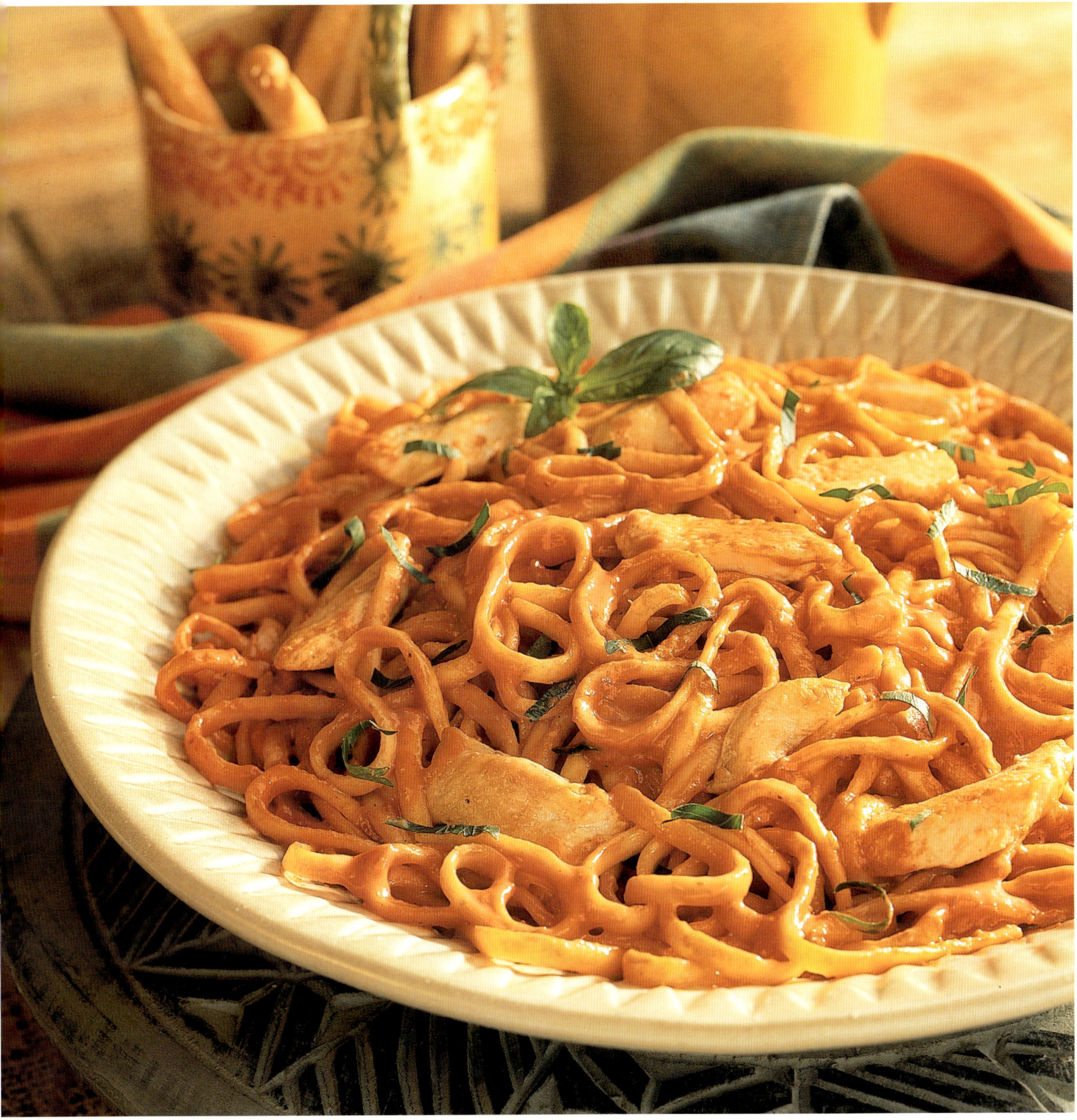

Tallarines con Albóndigas

    1 cucharadita de aceite de oliva
    2 dientes de ajo machacados
840 g de tomate rojo cocido sin sal, sin escurrir
    ½ cucharadita de albahaca seca
225 g de carne molida de res
225 g de pavo molido
    ⅓ de taza de pan molido
    3 cucharadas de consomé de pollo sin grasa
    3 cucharadas de sustituto de huevo sin colesterol
    1 cucharadita de semillas de hinojo
    ¼ de cucharadita de sal
    ⅛ de cucharadita de pimienta negra
225 g de tallarín sin cocer

1. En una cacerola grande con recubrimiento antiadherente, caliente el aceite a fuego medio-alto. Agregue la mitad del ajo; fríalo por 1 minuto. Añada el tomate con su jugo y la albahaca; deje que hierva. Reduzca el fuego y deje cocer, sin tapar, de 20 a 25 minutos o hasta que la salsa se espese; revuelva de vez en cuando.

2. Mientras tanto, en un recipiente grande, combine la carne de res, el pavo, el pan molido, el consomé de pollo, el sustituto de huevo, las semillas de hinojo, el resto del ajo, la sal y la pimienta; revuelva bien. Con las manos húmedas, forme 12 albóndigas (de 2.5 cm de diámetro).

3. Caliente el asador eléctrico. Rocíe la charola del asador con aceite en aerosol; acomode las albóndigas y áselas, a 10 cm de la fuente de calor, por 10 minutos o hasta que pierdan su color rosado en el centro. Sáquelas e incorpórelas a la mezcla de tomate. Tape; deje cocer de 5 a 10 minutos o hasta que estén bien calientes.

4. Cueza el tallarín siguiendo las instrucciones de la envoltura. Escúrralo y acomódelo en un platón. Ponga las albóndigas y la salsa sobre la pasta. Sirva con queso parmesano rallado, si lo desea.

rinde 4 porciones

Tallarines con Albóndigas

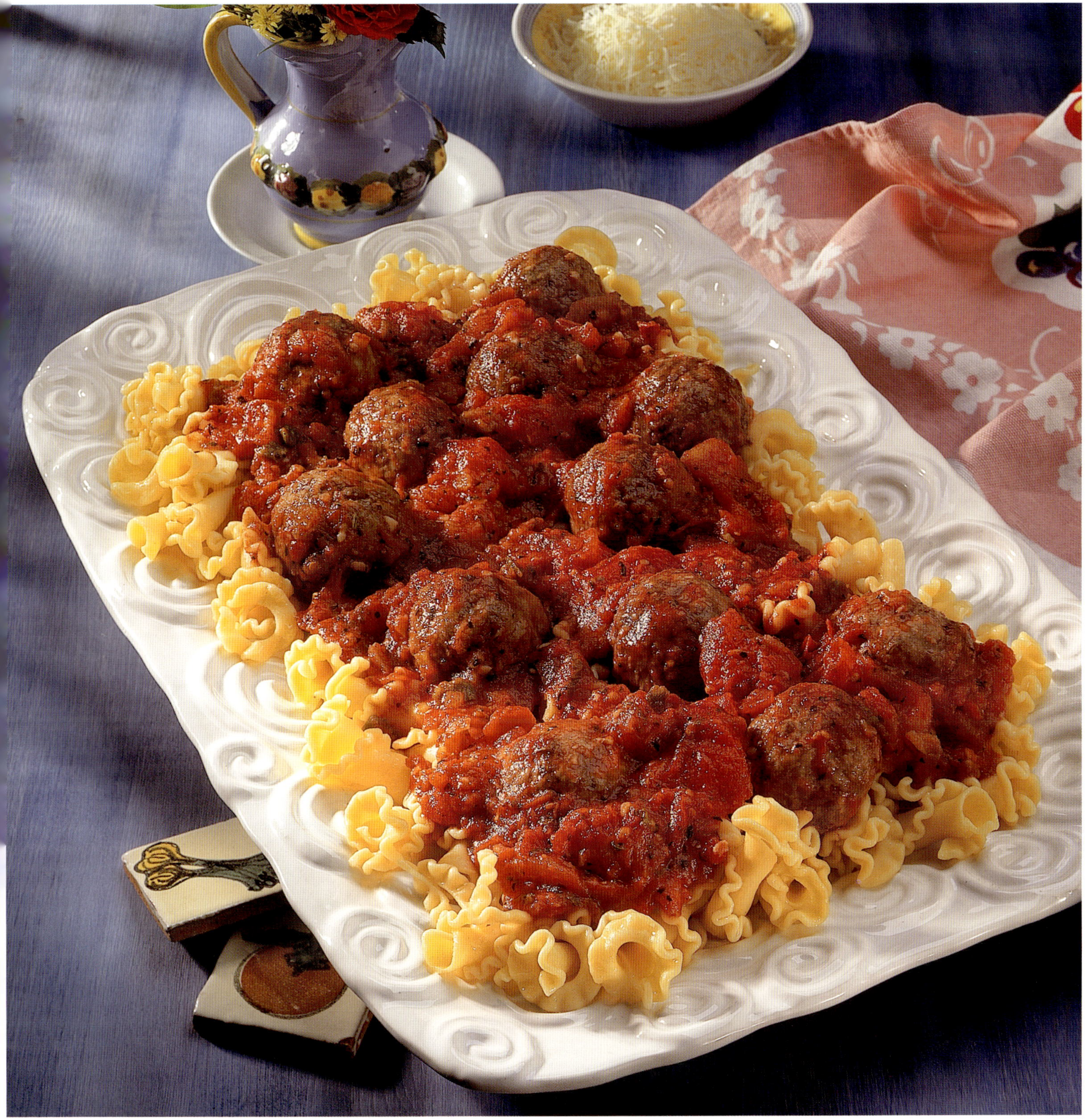

Salchicha Italiana con Pasta al Pesto

½ taza de hojas de albahaca
¼ de taza más 2 cucharadas de nuez picada, tostada
2 dientes de ajo pelados
¼ de taza de queso parmesano rallado
5 cucharadas de aceite de oliva
1 paquete (360 g) de linguine sin cocer
450 g de salchicha italiana sin cocer, rebanada
2 tazas de floretes de brócoli

En el recipiente del procesador de alimentos, ponga la albahaca, ¼ de taza de nuez y el ajo; procese hasta formar una pasta. Agregue el queso y, con el motor encendido, vierta el aceite a través del tubo alimentador; procese hasta que los ingredientes se incorporen completamente.

Cueza la pasta siguiendo las instrucciones de la envoltura. Durante los 2 últimos minutos de cocción, añada la salchicha y el brócoli; escurra. Mezcle la pasta con el pesto. Sazone al gusto con sal y pimienta. Espolvoree encima la nuez restante. *rinde 6 porciones*

Tortellini de Espinaca con Queso

2 cucharadas de mantequilla
120 g de queso bel paese,* cortado en trozos chicos
¾ de taza de crema y leche en partes iguales
90 g de prosciutto di Parma picado
Pimienta
225 g de tortellini de espinaca

*Retire la cubierta de cera y humedezca la corteza blanca del queso.

En una cacerola chica, derrita la mantequilla a fuego bajo. Agregue el queso y la crema con leche; cueza hasta que se suavice, revolviendo sin cesar. Incorpore el prosciutto; sazone con pimienta al gusto. Retire del fuego.

En una cacerola grande con agua hirviente, cueza el tortellini hasta que esté al dente (suave pero firme); escúrralo. Páselo a un platón; vierta encima la salsa; revuelva para bañar la pasta. Sirva de inmediato. *rinde 2 porciones*

Salchicha Italiana con Pasta al Pesto

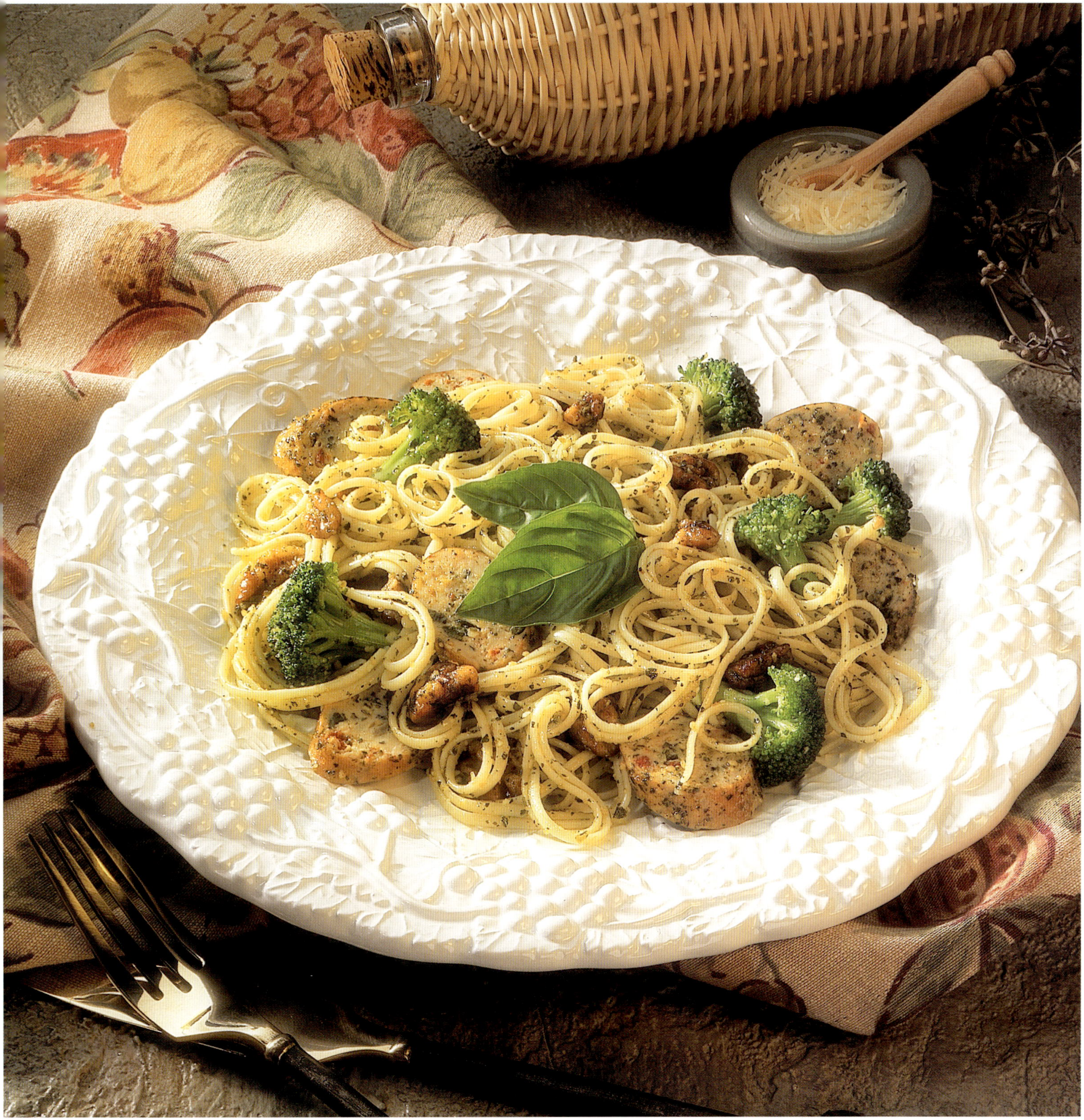

Ravioles con Salsa Cremosa de Espinaca

1 paquete (690 g) de ravioles con carne de res, congelados
1 bolsa (285 g) de espinaca picada, congelada
1 frasco (420 ml) de salsa Alfredo para pasta*
¼ de cucharadita de nuez moscada molida
1 taza de tomate rojo picado o pimiento rojo asado

*O sustituya la salsa por 1 sobre (45 g) de salsa Alfredo para pasta en polvo, y prepárela siguiendo las instrucciones del sobre.

- En una cacerola grande, cueza los ravioles siguiendo las instrucciones de la envoltura; escúrralos.

- Cueza las espinacas de acuerdo con las instrucciones de la bolsa; vierta en un escurridor. Exprímalas con el dorso de una cuchara.

- En la misma cacerola, ponga la espinaca, la salsa Alfredo y la nuez moscada; cueza a fuego medio hasta que esté bien caliente.

- Agregue los ravioles y el tomate; revuelva para bañar.   *rinde 4 porciones*

sugerencia para servir: Acompañe con ensalada de tomate rojo marinado.

tiempo de preparación: 5 minutos
tiempo de cocción: 20 minutos

Ravioles con Salsa Cremosa de Espinaca

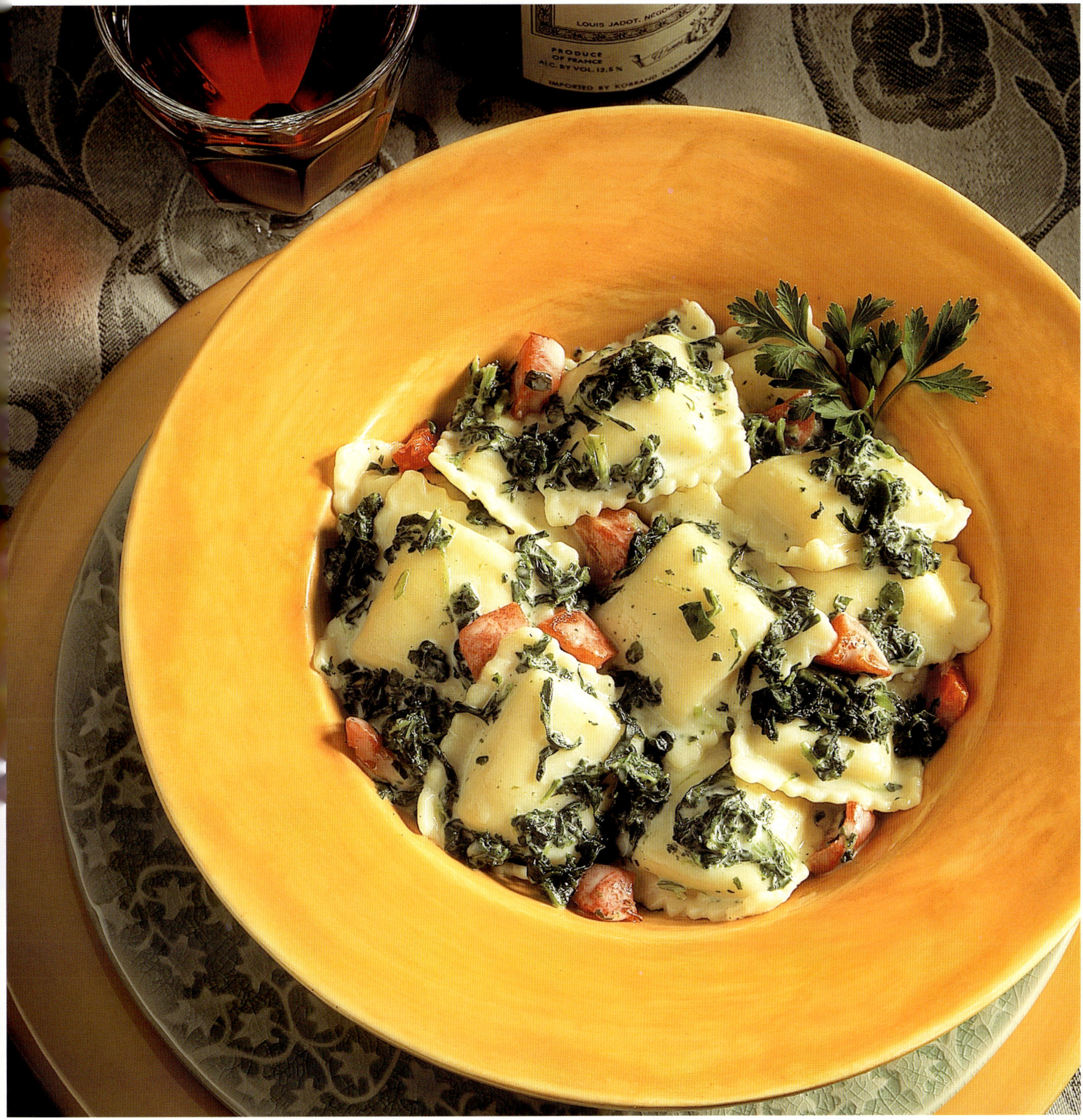
LOUIS JADOT,
PRODUCE
OF FRANCE
ALC. BY VOL. 12.5 %

Lasaña Suprema

   225 g de tiras de lasaña
   225 g de carne molida de res
   225 g de salchicha italiana suave, sin envoltura
      1 cebolla mediana picada
      2 dientes de ajo machacados
   420 g de tomate rojo, pelado y picado
      1 lata (180 g) de puré de tomate rojo
      2 cucharaditas de albahaca seca
      1 cucharadita de mejorana seca
      1 lata (120 g) de champiñones picados y escurridos
      2 huevos
   450 g de queso cottage cremoso
      ¾ de taza de queso parmesano rallado
      2 cucharadas de hojuelas de perejil seco
      ½ cucharadita de sal
      ½ cucharadita de pimienta negra
      2 tazas (225 g) de queso cheddar rallado
      3 tazas (360 g) de queso mozzarella rallado

1. Cueza las tiras de lasaña siguiendo las instrucciones de la envoltura; escúrralas.

2. En una sartén grande, a fuego medio-alto, cueza la carne, la salchicha, la cebolla y el ajo hasta que la carne esté dorada; revuelva para separar la carne. Escúrrala.

3. Agregue el tomate rojo con su jugo, el puré de tomate, la albahaca y la mejorana. Reduzca el fuego a bajo; tape y deje cocer por 15 minutos; revuelva. Incorpore el champiñón.

4. Caliente el horno a 190 °C. En un recipiente grande, bata los huevos; añada el queso cottage, ½ taza de queso parmesano, el perejil, la sal y la pimienta. Mezcle bien.

5. En un refractario de 33×23 cm, acomode la mitad de las tiras de lasaña; encima distribuya la mitad de la mezcla de queso cottage; después, la mitad de la mezcla de carne y la mitad de los quesos cheddar y mozzarella. Repita las capas. Espolvoree encima el queso parmesano.

6. Hornee la lasaña de 40 a 45 minutos o hasta que burbujee. Antes de cortarla, déjala reposar por 10 minutos.

rinde de 8 a 10 porciones

Pasta Rellena con Pavo a la Italiana

450 g de pavo molido
1 taza de cebolla picada
1 taza de berenjena pelada y rallada
2 dientes de ajo machacados
Sal y pimienta
840 g de tomates rojos
1 lata (225 g) de puré de tomate rojo
1 taza de vino tinto o agua
1 cucharadita de sal de ajo
1 cucharadita de orégano seco
1 cucharadita de albahaca seca
½ cucharadita de estragón seco
½ cucharadita de pimienta roja machacada
1 paquete (360 g) de conchas grandes de pasta sin cocer
½ taza de queso parmesano rallado
¾ de taza (90 g) de queso mozzarella rallado

En una sartén grande con recubrimiento antiadherente, dore el pavo, la cebolla, la berenjena y el ajo hasta que el pavo pierda su color rosado en el centro; escurra. Sazone con sal y pimienta. En una cacerola chica, cueza el tomate con su jugo, el puré de tomate, el vino y los condimentos durante 15 minutos. Cueza las conchas de pasta hasta que estén firmes; escúrralas. En un recipiente grande, mezcle el pavo y el queso parmesano con la mitad de la mezcla de salsa de tomate. Rellene las conchas; acomódelas en un refractario de 33×23 cm. Vierta el resto de la salsa sobre las conchas; corone con el queso mozzarella. Hornee a 180 °C durante 30 minutos.

rinde de 8 a 10 porciones

Nota

Puede rellenar las conchas con anticipación y refrigerarlas. Justo antes de hornear, agregue la salsa y el queso mozzarella. Aumente el tiempo de cocción.

Espagueti a la Boloñesa

2 cucharadas de aceite de oliva
1 cebolla mediana picada
450 g de carne molida de res
½ zanahoria chica finamente picada
½ tallo de apio finamente picado
1 taza de vino blanco seco
½ taza de leche
⅛ de cucharadita de nuez moscada molida
420 g de tomate rojo, picado grueso (conserve el jugo)
1 taza de caldo de res
3 cucharadas de puré de tomate rojo
1 cucharadita de sal
1 cucharadita de albahaca seca
½ cucharadita de tomillo seco
⅛ de cucharadita de pimienta negra
1 hoja de laurel
450 g de espagueti sin cocer
1 taza de queso parmesano recién rallado (unos 90 g)

1. Caliente el aceite a fuego medio. Fría la cebolla hasta que esté suave. Incorpore la carne y dórela por 6 minutos; revuelva para separar la carne. Deseche la grasa.

2. Incorpore la zanahoria y el apio a la sartén; cuézalos durante 2 minutos a fuego medio-alto. Agregue el vino; cueza de 4 a 6 minutos hasta que se evapore el vino. Vierta la leche y la nuez moscada; baje el fuego a medio y cueza de 3 a 4 minutos, hasta que casi se haya evaporado la leche. Retire del fuego.

3. Machaque los tomates; cuélelos y añádalos a la carne; deseche las semillas. Ponga el caldo de res, el puré de tomate rojo, la sal, la albahaca, el tomillo, la pimienta y la hoja de laurel. Hierva; baje el fuego y cueza, sin tapar, de 1 a 1½ horas hasta que casi se haya evaporado todo el líquido y la salsa se espese; revuelva con frecuencia. Deseche la hoja de laurel.

4. En una olla grande con agua salada hirviente, cueza el espagueti siguiendo las instrucciones de la envoltura hasta que esté al dente; escurra bien. En un platón, acomode el espagueti caliente y la salsa de carne; revuelva ligeramente. Espolvoree con el queso. Adorne con una rama de tomillo, si lo desea.

rinde de 4 a 6 porciones

Espagueti a la Boloñesa

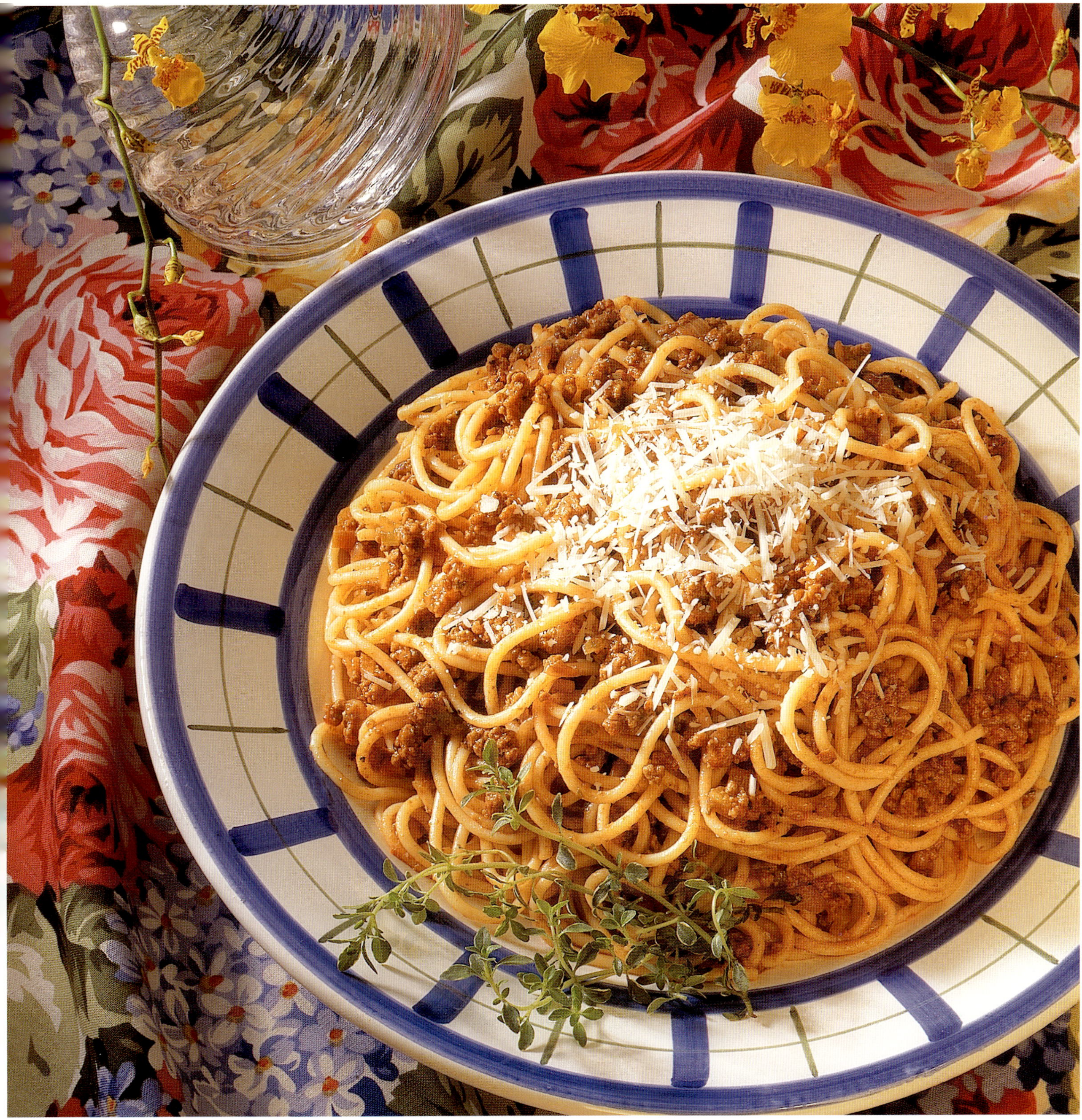

Tetrazzini de Pollo con Pimiento Asado

180 g de tallarín de huevo sin cocer
3 cucharadas de mantequilla o margarina
¼ de taza de harina de trigo
420 ml de consomé de pollo
1 taza de crema batida
2 cucharadas de jerez seco
2 latas (de 180 g cada una) de champiñones rebanados, escurridos
1 frasco (220 g) de pimientos rojos asados, escurridos, en rajas de 1.5 cm
2 tazas de pollo cocido y picado
1 cucharadita de sazonador italiano seco
½ taza (60 g) de queso parmesano rallado

1. Cueza el tallarín siguiendo las instrucciones de la envoltura. Escúrralo bien.

2. Mientras se cuece el tallarín, derrita la mantequilla en una cacerola mediana a fuego medio. Agregue la harina y bata hasta que se incorpore. Vierta el consomé de pollo; deje hervir a fuego alto. Retire del fuego y añada gradualmente la crema batida y el jerez; mezcle para incorporarlos.

3. En un recipiente grande, combine el champiñón, el pimiento y el tallarín; revuelva para mezclar. Añada la mitad de la mezcla de consomé a la mezcla de tallarín. En un recipiente grande, revuelva el consomé restante con el sazonador italiano.

4. Coloque la mezcla de tallarín en un platón. Haga un hueco en el centro de los tallarines y ponga allí la mezcla de pollo. Espolvoree con queso.

rinde 6 porciones

tiempo de preparación y cocción: 20 minutos

Tetrazzini de Pollo con Pimiento Asado

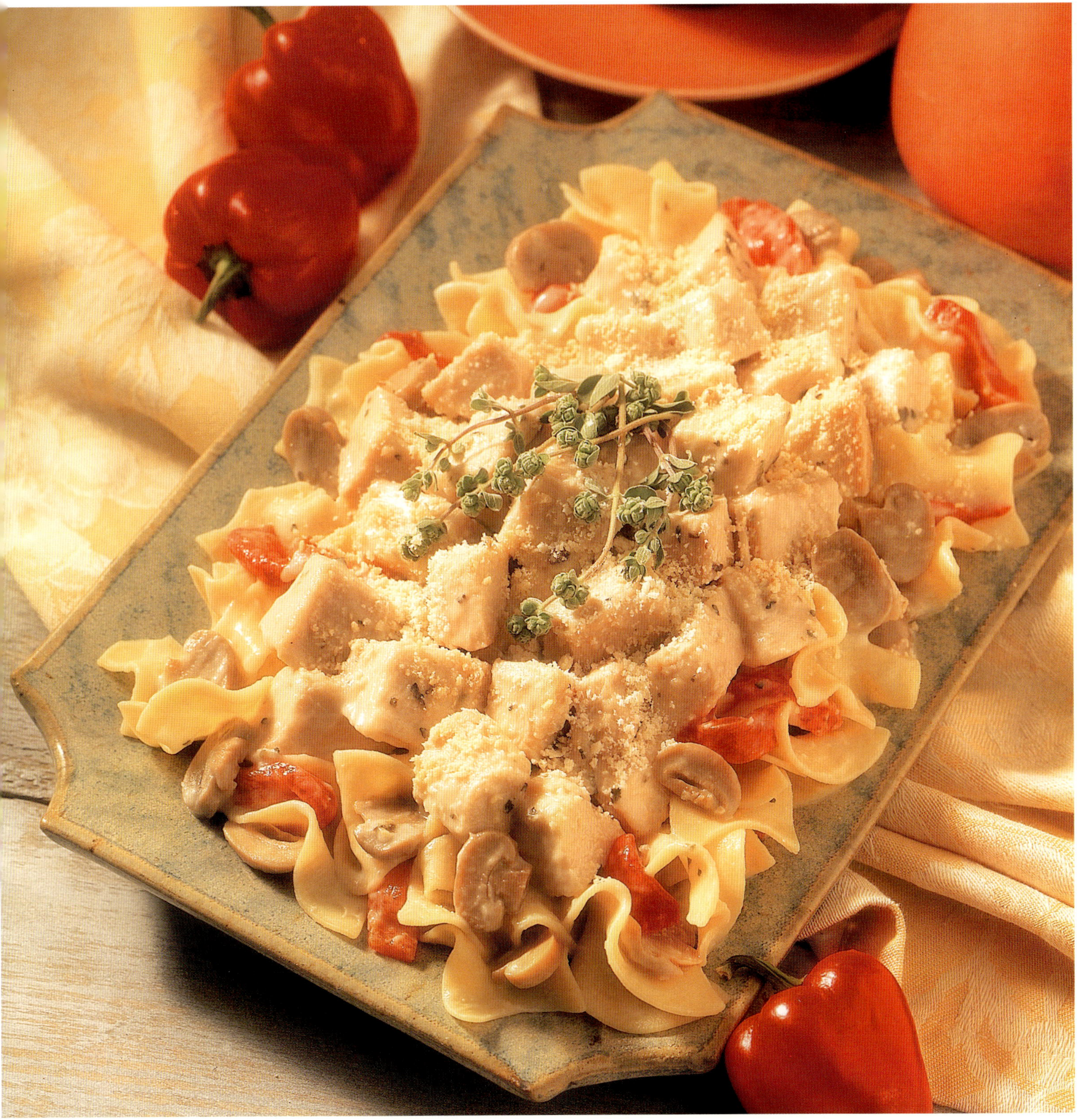

Pasta con Camarón y Verduras

    2 cucharadas de aceite de oliva o aceite vegetal
    2 calabacitas medianas, en tiras de 5 cm (unas 2 tazas)
    1 cucharada de chalote picado
225 g de camarón mediano, pelado y desvenado
    1 pimiento morrón amarillo mediano, en tiras de 5 cm (más o menos 1 taza)
420 g de tomate rojo cocido con ajo asado, cortado en cubos, con su jugo
    1 taza de aceitunas negras sin hueso, rebanadas y escurridas
    1 cucharada de alcaparras
225 g de pluma de pasta, cocida, escurrida y caliente

1. Caliente el aceite en una sartén grande. Agregue la calabacita y el chalote; saltéelos de 1 a 2 minutos o hasta que la calabaza esté suave.

2. Añada el camarón y el pimiento morrón; saltéelos de 2 a 4 minutos o hasta que el camarón se torne rosado.

3. Incorpore el tomate con su jugo, las aceitunas y las alcaparras; deje cocer, sin tapar, por 2 minutos. Sirva sobre la pasta.

rinde 6 porciones

Tagliatelle con Salsa Cremosa

210 a 225 g de pasta tagliatelle, cocida y escurrida
  1 taza de queso mascarpone
  1 bolsa (285 g) de chícharos (guisantes) congelados, cocidos y escurridos
 60 g (½ taza) de prosciutto di Parma, finamente picado
1½ tazas (180 g) de queso mozzarella rallado
   Mantequilla o margarina

En un refractario de 23×23 cm engrasado con mantequilla, distribuya la mitad del tagliatelle. Luego, esparza la mitad del queso mascarpone; ponga encima ½ de los chícharos y ½ del prosciutto. Corone con ½ del queso mozzarella. Repita las capas. Ponga trozos chicos de mantequilla. Hornee a 180 °C durante 20 minutos o hasta que esté bien caliente.

rinde de 4 a 6 porciones

Pasta con Camarón y Verduras

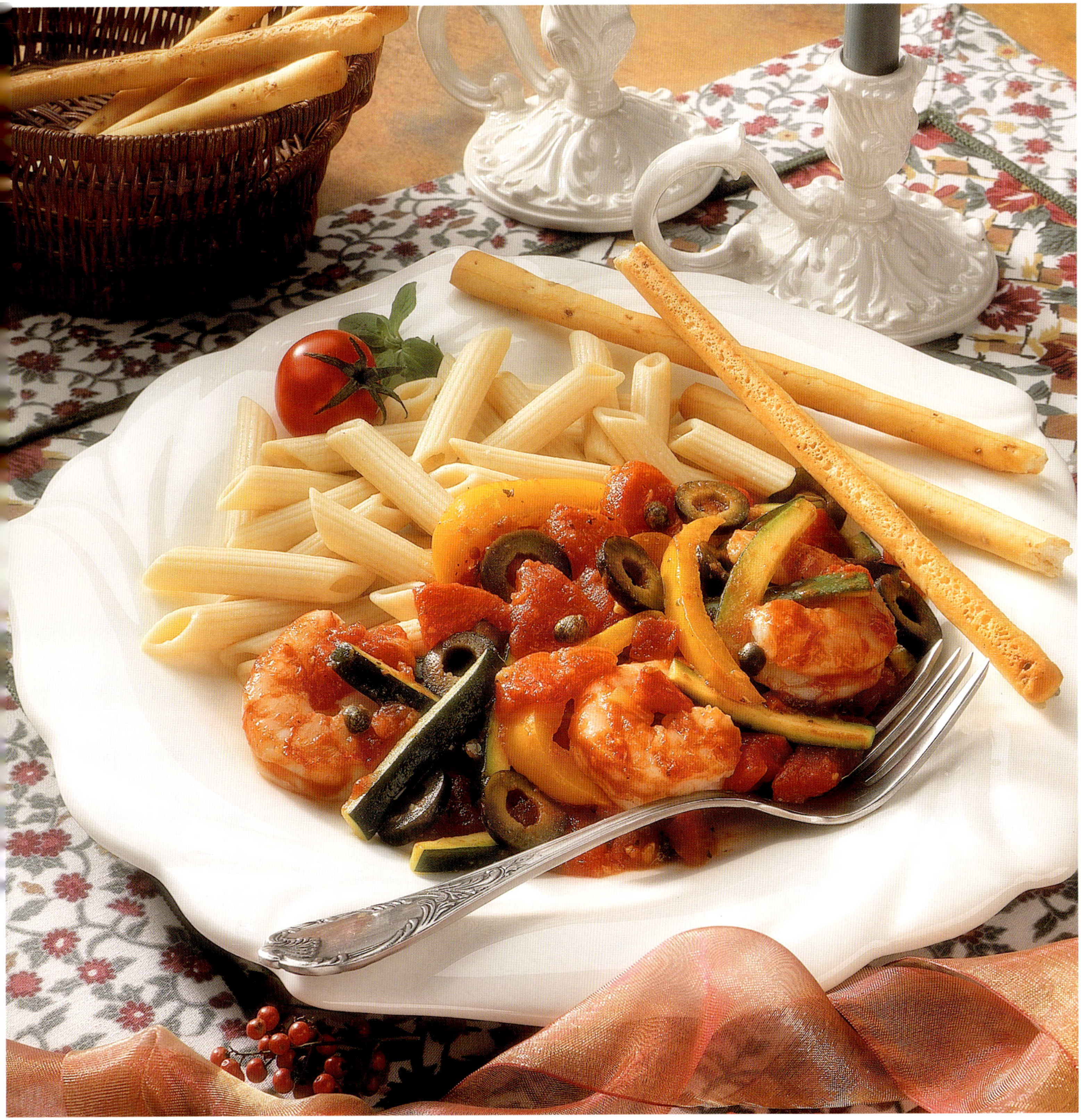

Fettuccine alla Carbonara

340 g de fettuccine o espagueti sin cocer
125 g de pancetta (tocino italiano) o tocino común, cortado en tiras de 1.5 cm de ancho
3 dientes de ajo cortados por la mitad
¼ de taza de vino blanco seco
⅓ de taza de crema espesa o crema batida
1 huevo
1 yema de huevo
⅔ de taza de queso parmesano recién rallado
Pizca generosa de pimienta blanca
Hojas de orégano fresco para adornar

1. En una olla grande con agua hirviente con sal, cueza el fettuccine siguiendo las instrucciones de la envoltura hasta que esté al dente; retire del fuego. Escurra bien; regrese a la olla seca.

2. En una sartén grande, fría la pancetta y el ajo a fuego medio-bajo durante 4 minutos o hasta que esté ligeramente dorada. Conserve 2 cucharadas de la grasa en la sartén junto con la pancetta. Deseche el ajo y el resto de la grasa.

3. Agregue el vino; cueza a fuego medio por 3 minutos o hasta que el vino casi se haya evaporado. Incorpore la crema; cuézala revolviendo por 2 minutos. Retire del fuego.

4. En la parte superior de una vaporera doble, bata el huevo entero y la yema. Coloque la vaporera sobre agua caliente; ajuste el fuego para que se conserve sin hervir. Añada al huevo ⅓ de taza de queso y la pimienta; revuelva. Cueza y revuelva hasta que la salsa se espese un poco.

5. Vierta la mezcla de pancetta sobre el fettuccine; revuelva para bañarlo. Caliente a fuego medio-bajo. Incorpore la mezcla de huevo; revuelva para bañar todos los ingredientes. Retire del fuego. Sirva con el queso restante. Adorne, si lo desea.

rinde 4 porciones

Fettuccine alla Carbonara

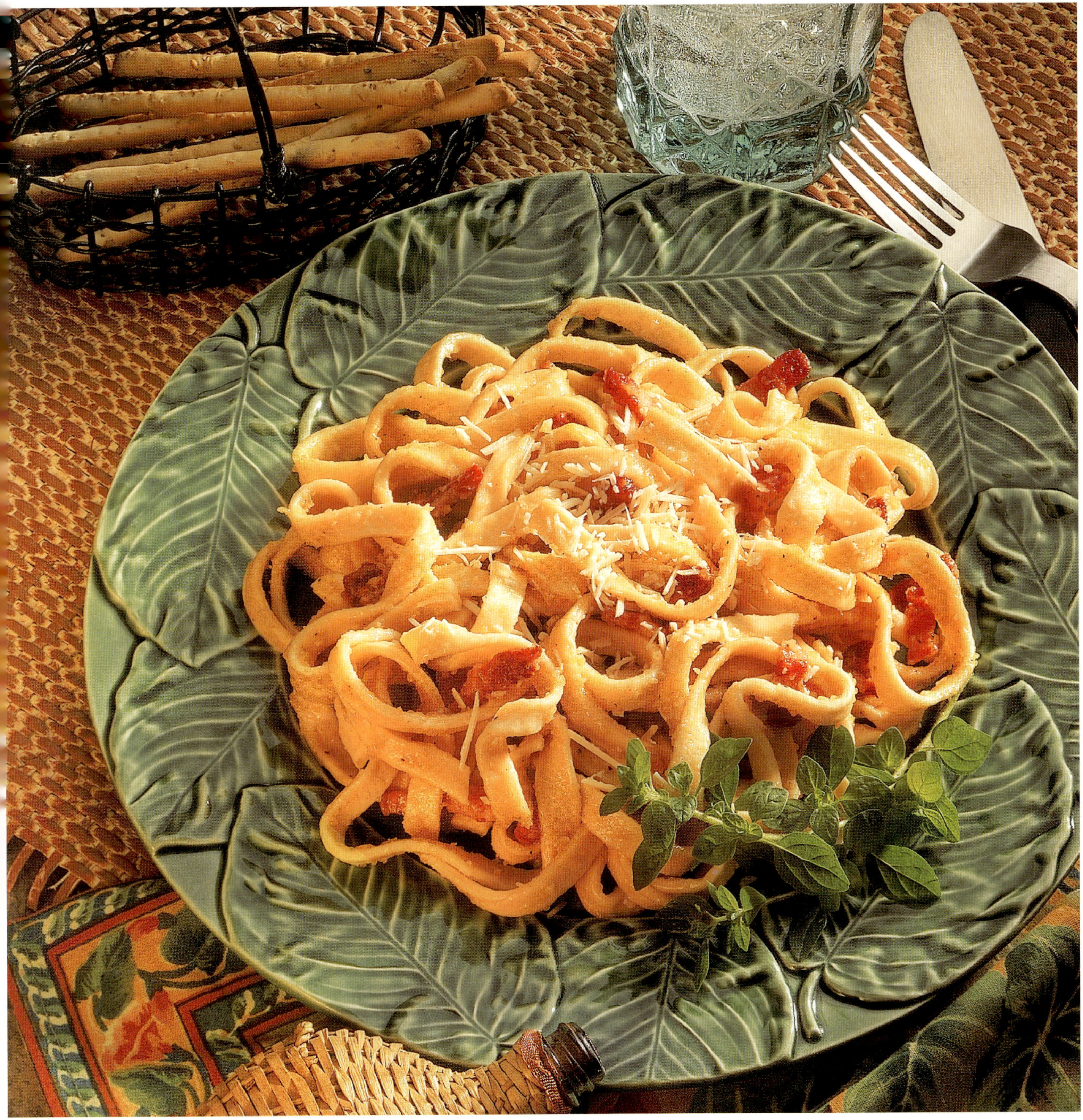

Espagueti con Salsa Marinara de Mariscos

8 ostiones frescos
2 cucharadas de aceite de oliva
⅓ de taza de cebolla picada
1 diente de ajo machacado
½ taza de vino blanco seco
6 filetes de anchoa planos, picados
5 tomates rojos grandes maduros, sin semillas y picados
1 cucharada de puré de tomate rojo
¾ de cucharadita de sal
¾ de cucharadita de albahaca seca machacada
½ cucharadita de orégano seco
⅛ de cucharadita de pimienta negra molida
285 g de espagueti sin cocer
450 g de camarón mediano fresco, pelado y desvenado
225 g de vieiras de mar, en trozos de 1.5 cm
3 cucharadas de perejil fresco picado
Hojas de albahaca fresca para adornar

1. Lave muy bien los ostiones con un cepillo duro debajo del chorro del agua. Póngalos en una charola y refrigérelos por 1 hora para que se aflojen.

2. Abra los ostiones; conserve el jugo. En un recipiente chico, cuele el jugo de los ostiones a través de una manta de cielo húmeda doblada en tres; separe el jugo de los ostiones.

3. En una cacerola de 3 litros, caliente el aceite a fuego medio-alto; fría la cebolla por 4 minutos o hasta que esté suave. Agregue el ajo; fríalo durante 30 segundos. Vierta el vino; cueza de 4 a 5 minutos hasta que el vino se evapore. Retire del fuego; tape.

4. Incorpore a la cacerola el jugo de ostión que separó y las anchoas; añada el tomate, el puré de tomate, la sal, la albahaca, el orégano y la pimienta. Revuelva bien. Hierva a fuego alto; reduzca el fuego a medio. Cueza, sin tapar, por 20 minutos o hasta que la salsa se espese; revuelva de vez en cuando.

5. Cueza el espagueti siguiendo las instrucciones de la envoltura, hasta que esté al dente; escúrralo bien.

continúa en la página 97

Espagueti con Salsa Marinara de Mariscos, continuación

6. Agregue a la salsa los camarones, las vieiras y los ostiones. Tape y cueza de 2 a 3 minutos hasta que el camarón se torne rosado y esté bien cocido; revuelva de vez en cuando. Incorpore el perejil.

7. En un platón grande, mezcle el espagueti caliente con la salsa de mariscos; revuelva hasta que esté bien bañado. Adorne, si lo desea. Sirva de inmediato. *rinde de 4 a 5 porciones*

nota: Los ostiones deben tener bien cerradas las valvas o cerrarse herméticamente cuando los toque con suavidad. Si no se cierran al tocarlas, los ostiones están muertos y deben desecharse.

Pasta Horneada con Calabacita

1½ tazas de tubos de pasta sin cocer
225 g de carne molida de res
½ taza de cebolla picada
1 diente de ajo machacado
Sal y pimienta
420 g de calabacitas con salsa de tomate rojo estilo italiano
1 cucharadita de albahaca seca machacada
1 taza (120 g) de queso Monterrey Jack o para fundir, rallado

1. Cueza la pasta siguiendo las instrucciones de la envoltura; escúrrala.

2. En una sartén grande, cueza la carne con la cebolla y el ajo; escurra y sazone con sal y pimienta.

3. Incorpore la calabacita con salsa de tomate y la albahaca. Ponga la pasta en un refractario cuadrado de 20 cm. Corone con la mezcla de carne.

4. Hornee a 180 °C durante 15 minutos. Espolvoree con el queso. Hornee por 3 minutos más o hasta que el queso se funda. *rinde 4 porciones*

tiempo de preparación y cocción: 33 minutos

Pollo al Pesto con Mozzarella

180 a 225 g de linguine o espirales de pasta
4 mitades de pechuga de pollo, deshuesadas y sin piel
1 cucharada de aceite de oliva
1 lata (420 g) de tomate rojo en cubos, condimentado con albahaca, ajo y orégano, con su jugo
½ cebolla mediana picada
⅓ de taza de aceitunas negras picadas
4 cucharaditas de salsa al pesto*
¼ de taza (30 g) de queso mozzarella rallado

*La salsa al pesto se vende congelada o refrigerada en los supermercados.

1. Cueza la pasta siguiendo las instrucciones de la envoltura; escúrrala.

2. Mientras tanto, sazone el pollo con sal y pimienta, si lo desea. En una sartén grande, dore el pollo en el aceite caliente a fuego medio-alto. Agregue el tomate, la cebolla y las aceitunas; hierva. Tape y deje cocer por 8 minutos a fuego medio.

3. Destape; cueza durante unos 8 minutos o hasta que el pollo pierda su color rosado en el centro.

4. Unte cada una de las pechugas de pollo con 1 cucharadita de pesto; distribuya encima el queso. Tape y cueza hasta que el queso se derrita. Sirva sobre la pasta. Adorne, si lo desea.

rinde 4 porciones

tiempo de preparación: 10 minutos
tiempo de cocción: 25 minutos

Pollo al Pesto con Mozzarella

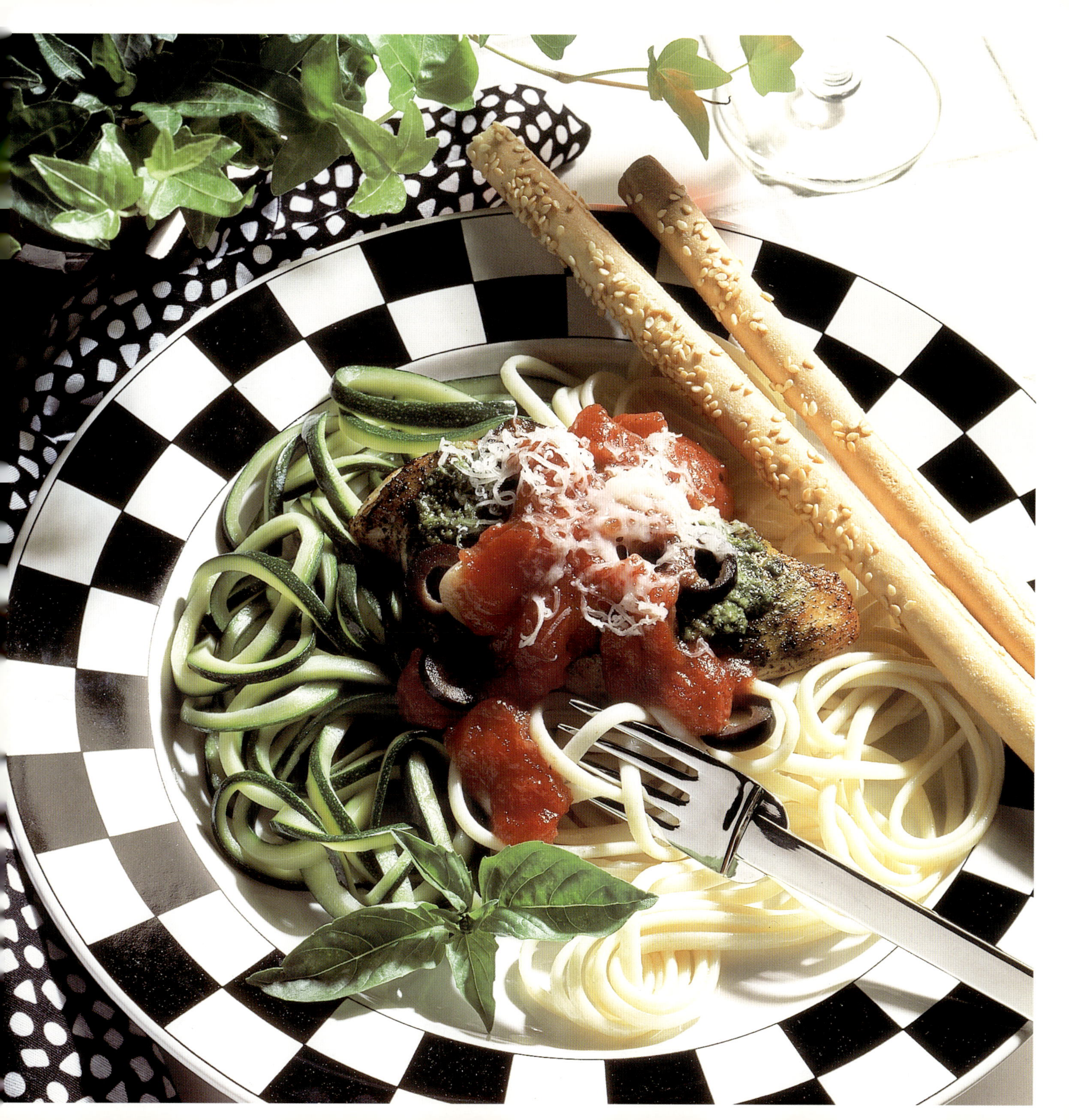

Pasta con Salchicha de Pavo

225 g de pluma de pasta o gemelli, sin cocer
420 g de tomate cocido sin sal, con su jugo
180 g de salchicha de pavo o salchicha de pavo ahumado
2 tazas de trozos de espárragos frescos (de 2.5 cm) o de floretes de brócoli
2 cucharadas de salsa al pesto baja en grasa
2 cucharadas de queso parmesano rallado

1. Cueza la pasta siguiendo las instrucciones de la envoltura; omita la sal.

2. Mientras tanto, en una cacerola mediana, caliente el tomate con su jugo. Corte la salchicha a lo ancho en rebanadas de .5 cm; agregue al tomate. Incorpore el espárrago y el pesto; tape y deje cocer por unos 6 minutos o hasta que el espárrago esté suave.

3. Escurra la pasta; añádala a la mezcla de tomate y espolvoree con el queso.

rinde 4 porciones

tiempo de preparación y cocción: 25 minutos

Linguine con Salsa Cremosa de Almeja y Ajo

1 frasco (450 g) de salsa italiana de queso con ajo asado
2 latas (de 195 g cada una) de almejas picadas, sin escurrir
1 cucharada de perejil picado o ½ cucharadita de hojuelas de perejil seco
225 g de linguine o espagueti, cocido y escurrido

1. En una cacerola de 3 litros, cueza la salsa italiana, la almeja y el perejil a fuego medio, revolviendo de vez en cuando, durante 10 minutos.

2. Sirva sobre el linguine caliente y adorne, si lo desea, con rebanadas de limón.

rinde 4 porciones

tiempo de preparación: 5 minutos
tiempo de cocción: 15 minutos

Pasta con Salchicha de Pavo

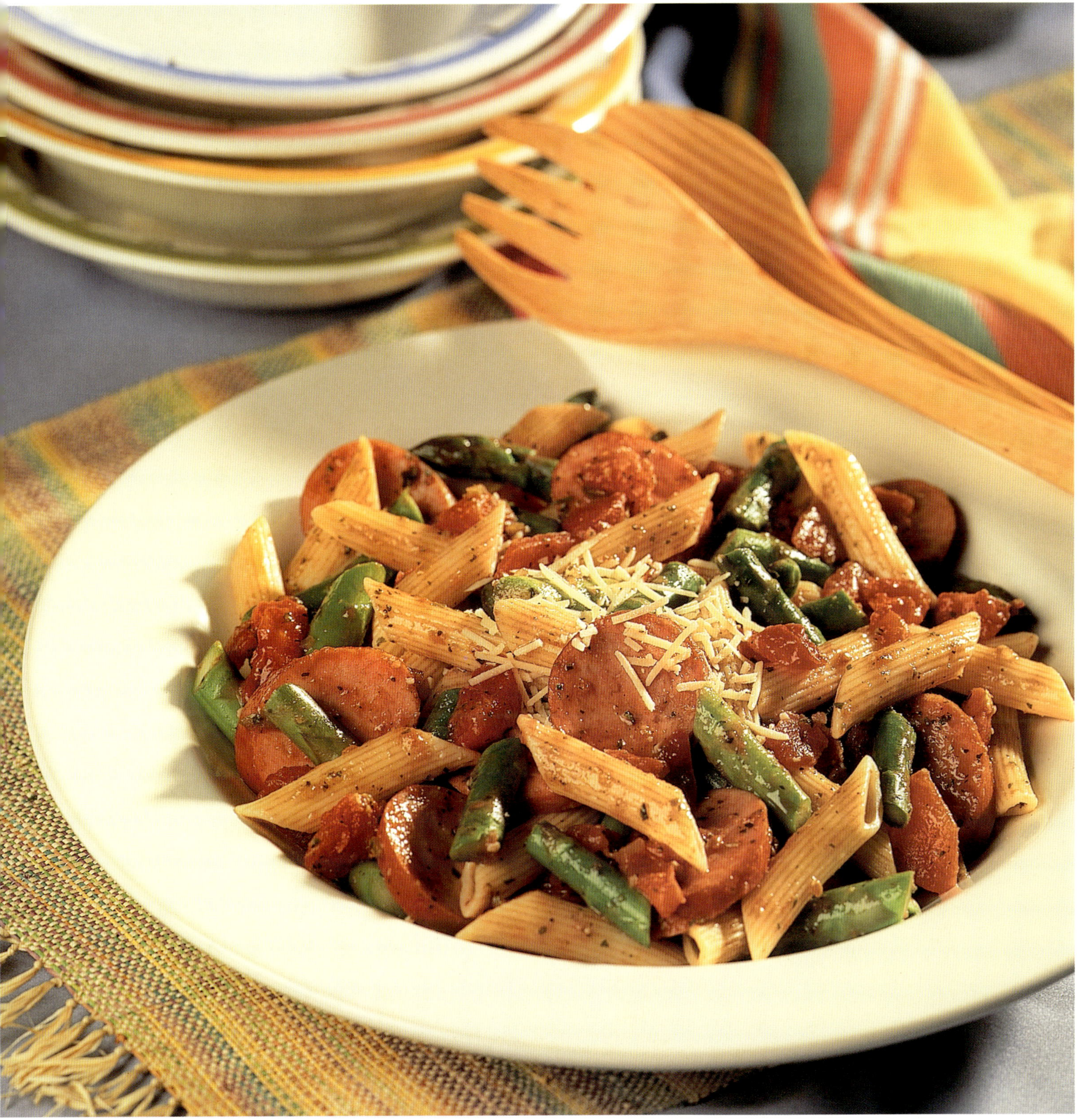

Lasaña

        1 cucharadita de aceite de oliva
        2 dientes de ajo machacados
    800 g de tomate cocido sin sal, con su jugo
        ½ cucharadita de sazonador italiano en polvo
    225 g de carne molida de res
        1 cebolla grande picada
    225 g de champiñón fresco rebanado
        2 calabacitas ralladas
    225 g de tiras de lasaña sin cocer
        1 taza de queso cottage bajo en grasa
        1 taza de queso ricotta sin grasa
        1 taza (120 g) de queso mozzarella semidescremado, rallado
        2 claras de huevo
        2 cucharadas de queso parmesano

1. En una sartén grande con recubrimiento antiadherente, caliente el aceite a fuego medio. Agregue el ajo; fríalo por 1 minuto. Añada el tomate con su jugo y el sazonador; hierva. Baje el fuego; cueza, sin tapar, de 20 a 25 minutos o hasta que la salsa se espese.

2. Caliente una sartén grande con recubrimiento antiadherente a fuego medio; ponga la carne y la cebolla; fría hasta que la carne se dore y la cebolla esté suave. Escurra. Incorpore el champiñón y la calabacita; fría de 5 a 10 minutos o hasta que estén suaves.

3. Cueza la lasaña siguiendo las instrucciones de la envoltura; omita la sal. Escúrrala. Enjuáguela debajo del chorro de agua; escúrrala muy bien. En un recipiente mediano, mezcle el queso cottage, el queso ricotta, ½ taza de queso mozzarella y las claras de huevo.

4. Caliente el horno a 180 °C. Rocíe un refractario de 33×23 cm con aceite en aerosol. Coloque en el refractario una capa de tiras de lasaña. Distribuya la mitad de la carne; ponga encima la mitad de la mezcla de queso y otra capa de tiras de lasaña. Repita las capas, para terminar con una capa de pasta. Vierta la mezcla de tomate sobre la pasta. Espolvoree con el queso mozzarella restante y el queso parmesano. Tape; hornee durante 30 minutos. Destape; hornee de 10 a 15 minutos o hasta que esté bien caliente. Deje reposar por 10 minutos antes de servir. Adorne, si lo desea.

rinde 8 porciones

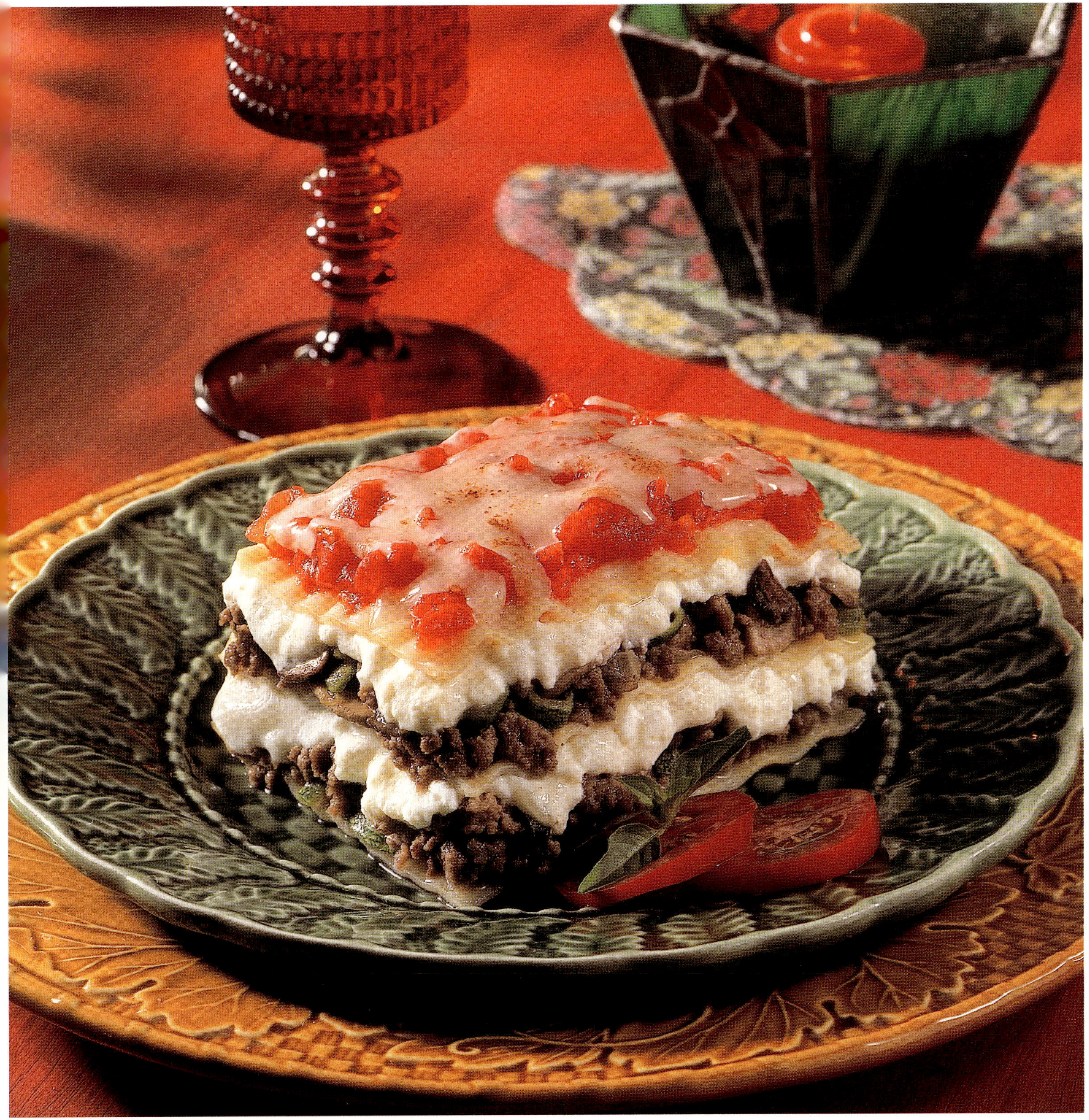

Tallarín Toscano Horneado

225 g de salchicha italiana, sin envoltura y desmenuzada
225 g de pavo molido
1 taza de cebolla picada
1 cucharadita de ajo machacado
1 lata (435 g) de puré de tomate rojo
220 g de tomate rojo machacado, con su jugo
1 lata (180 g) de champiñón rebanado, escurrido
1 frasco (65 g) de aceituna negra rebanada, escurrida
¼ de taza de perejil fresco picado
1 cucharadita de albahaca seca
1 cucharadita de orégano seco
¼ de cucharadita de pimienta
¼ de taza de queso parmesano rallado
½ paquete (360 g) de tallarín ancho de huevo, cocido y escurrido
1 taza de queso mozzarella rallado

En una olla grande, dore la salchicha, el pavo, la cebolla y el ajo hasta que la carne pierda su color rosado; deseche la grasa. Agregue el resto de los ingredientes, excepto el queso parmesano, el tallarín y el queso mozzarella; deje cocer por 5 minutos. Incorpore el queso parmesano y el tallarín; revuelva bien. Vierta el tallarín en un refractario engrasado de 33×23×5 cm; hornee, sin tapar, a 180 °C durante 20 minutos. Espolvoree el tallarín con el queso mozzarella y hornee, sin tapar, de 5 a 7 minutos más.   *rinde de 6 a 8 porciones*

Nota

Tradicionalmente, la salchicha italiana se sazona con semillas de hinojo, lo que le da un sabor distintivo. Existen dos tipos: suave o dulce y condimentada.

Pasta con Champiñón Porcini al Pesto

    1 paquete (285 g) de pluma de pasta con champiñón porcini
    ¼ de taza de Pesto (receta más adelante)
    ¼ de taza de aceite de oliva
340 g de salami Genoa, en tiras julianas
    2 tazas de diferentes champiñones en rebanadas delgadas (porcini, portobello o blanco)
    ½ taza de pimiento morrón rojo asado, picado
    ½ taza de caldo de res
    3 tazas de crema espesa
  60 g de queso Chèvre
    ¼ de taza de queso parmesano rallado
    ¼ de taza de queso romano rallado
       Sal y pimienta negra molida al gusto
    2 cucharadas de cebollín en rebanadas delgadas

Prepare el Pesto. Cueza la pasta siguiendo las instrucciones de la envoltura. Escúrrala y consérvela caliente.

En una sartén grande, caliente el aceite de oliva a fuego alto. Agregue el salami, los champiñones, el pimiento asado y el Pesto. Fría por 2 minutos. Añada la pasta cocida; cueza y revuelva durante 2 minutos. Vierta el caldo de res; cueza por 1 minuto. Incorpore la crema espesa, los quesos Chèvre, parmesano y romano; cueza hasta que se espese un poco. Sazone con sal y pimienta al gusto. Adorne con el cebollín.

rinde 4 porciones

Pesto

    1 taza de hojas de albahaca fresca
    1 taza de perejil fresco
    ¼ de taza de piñones tostados
    3 cucharadas de ajo picado
    ½ taza de aceite de oliva
    ¾ de taza de queso parmesano rallado

En el procesador de alimentos o en la licuadora, ponga la albahaca, el perejil, el piñón y el ajo; procese hasta que la mezcla esté finamente picada. Con el procesador encendido, agregue el aceite de oliva en un chorro delgado y constante hasta que se mezcle. Incorpore el queso parmesano; revuelva bien.

Linguine con Salsa de Almeja

225 g de linguine sin cocer
2 cucharadas de aceite de oliva
1 taza de cebolla picada
1 lata (420 g) de tomate rojo cocido estilo italiano, escurrido y picado
2 dientes de ajo machacados
2 cucharaditas de albahaca seca
½ taza de vino blanco seco o consomé de pollo
1 lata (285 g) de almeja chica entera, escurrida, conserve el jugo
⅓ de taza de perejil picado
¼ de cucharadita de sal
¼ de cucharadita de pimienta negra

1. Cueza el linguine siguiendo las instrucciones de la envoltura. Enjuáguelo y escúrralo.

2. Mientras tanto, en una sartén grande, caliente el aceite a fuego medio. Agregue la cebolla; fríala por 3 minutos. Añada el tomate, el ajo y la albahaca; cueza, revolviendo, durante 3 minutos. Incorpore el vino y el jugo de almeja que conservó; ponga a hervir y deje cocer, sin tapar, por 5 minutos.

3. Añada la almeja, el perejil, la sal y la pimienta. Cueza de 1 a 2 minutos o hasta que esté bien caliente. Acomode sobre el linguine y sirva de inmediato. *rinde 4 porciones*

sugerencia para servir: Acompañe con floretes de brócoli al vapor bañados con aderezo italiano, pan crujiente y vino espumoso.

tiempo de preparación y cocción: 20 minutos

Nota

La manera más fácil de pelar los dientes de ajo es cortar los extremos y machacar un poco los dientes con el lado plano de un cuchillo de chef. La cáscara se desprenderá con facilidad.

Linguine con Salsa de Almeja

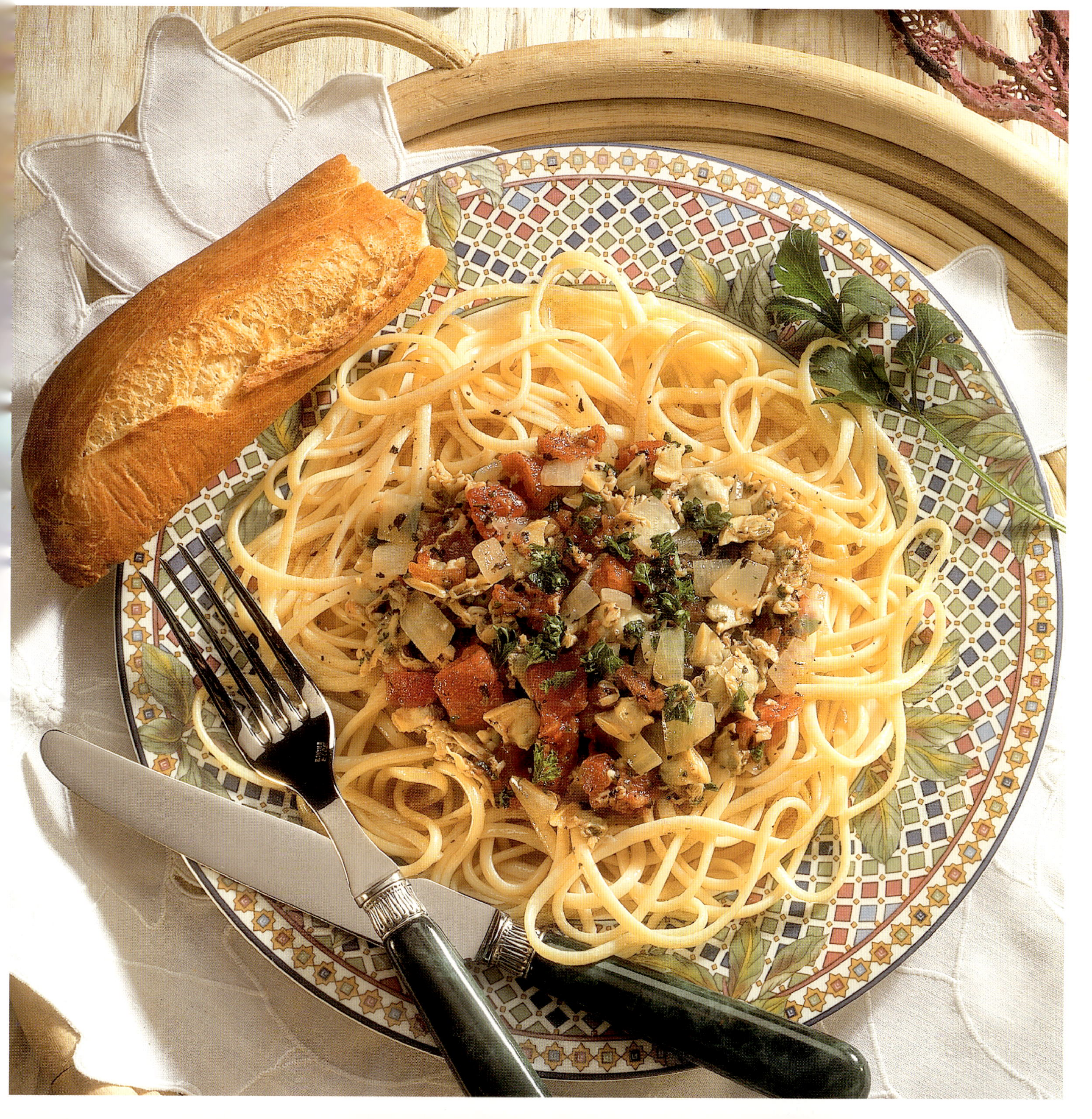

Pollo Primavera Cremoso

     1 cucharadita de aceite de oliva o aceite vegetal
     2 pimientos morrones medianos (rojos, amarillos o verdes), picados grueso
     1 cebolla mediana picada
450 g de pechuga de pollo, deshuesada y sin piel, en trozos de 2.5 cm
     ½ taza de chícharos (guisantes), descongelados
     1 frasco (450 ml) de salsa Alfredo ligera con queso parmesano
     ⅛ de cucharadita de pimienta negra molida
225 g de linguine o espagueti, cocido y escurrido

1. En una sartén de 30 cm de diámetro con recubrimiento antiadherente, caliente el aceite a fuego medio-alto; fría el pimiento morrón y la cebolla, revolviendo de vez en cuando, durante 10 minutos o hasta que se doren.

2. Incorpore el pollo y los chícharos. Continúe cociendo por 5 minutos más; revuelva de vez en cuando. Añada la salsa y la pimienta negra.

3. Reduzca el fuego a medio y deje cocer durante 10 minutos o hasta que el pollo pierda su color rosado; revuelva de vez en cuando. Sirva sobre el linguine caliente. *rinde 4 porciones*

tiempo de preparación: 15 minutos
tiempo de cocción: 30 minutos

Pollo Primavera Cremoso

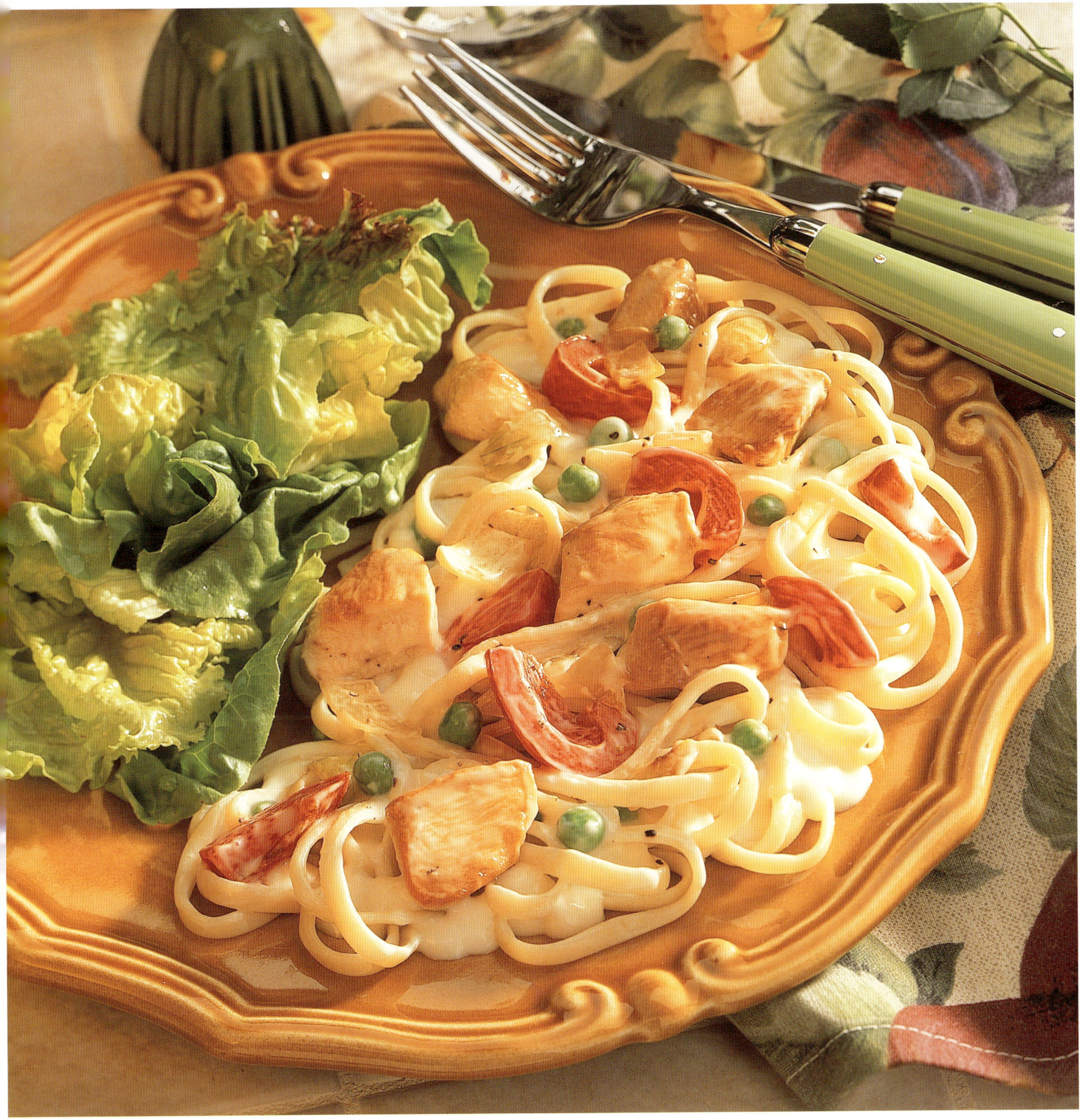

Rápido Ziti a la Sartén

450 g de carne molida de res
1 frasco (840 ml) de salsa tradicional para pasta
5 tazas de macarrón tubular mediano (ziti) cocido (unas 3 tazas sin cocer)
Queso parmesano rallado

1. En una sartén mediana a fuego medio-alto, dore la carne; revuélvala para separarla. Deseche la grasa.

2. Agregue la salsa para pasta y el macarrón. Reduzca el fuego a bajo y deje que se caliente bien. Sirva con el queso.

rinde 5 porciones

nota: Para preparar una comida rápida en un día ocupado, le sugerimos el Espagueti con Albóndigas. En una cacerola grande, mezcle 1 frasco (840 ml) de salsa tradicional para pasta con 12 albóndigas cocidas, congeladas o refrigeradas (unos 360 g). Caliente a fuego medio hasta que hierva. Reduzca el fuego a bajo. Tape y deje cocer por unos 15 minutos o hasta que las albóndigas estén bien calientes; revuelva de vez en cuando. Sirva sobre 4 tazas de espagueti cocido y caliente (unos 225 g sin cocer). Rinde 4 porciones

tiempo de preparación: 10 minutos
tiempo de cocción: 15 minutos

Nota
El ziti, el penne, el mostaccioli y el rigatoni son pastas tubulares. En esta receta puede utilizar coditos de pasta.

Rápido Ziti a la Sartén

110

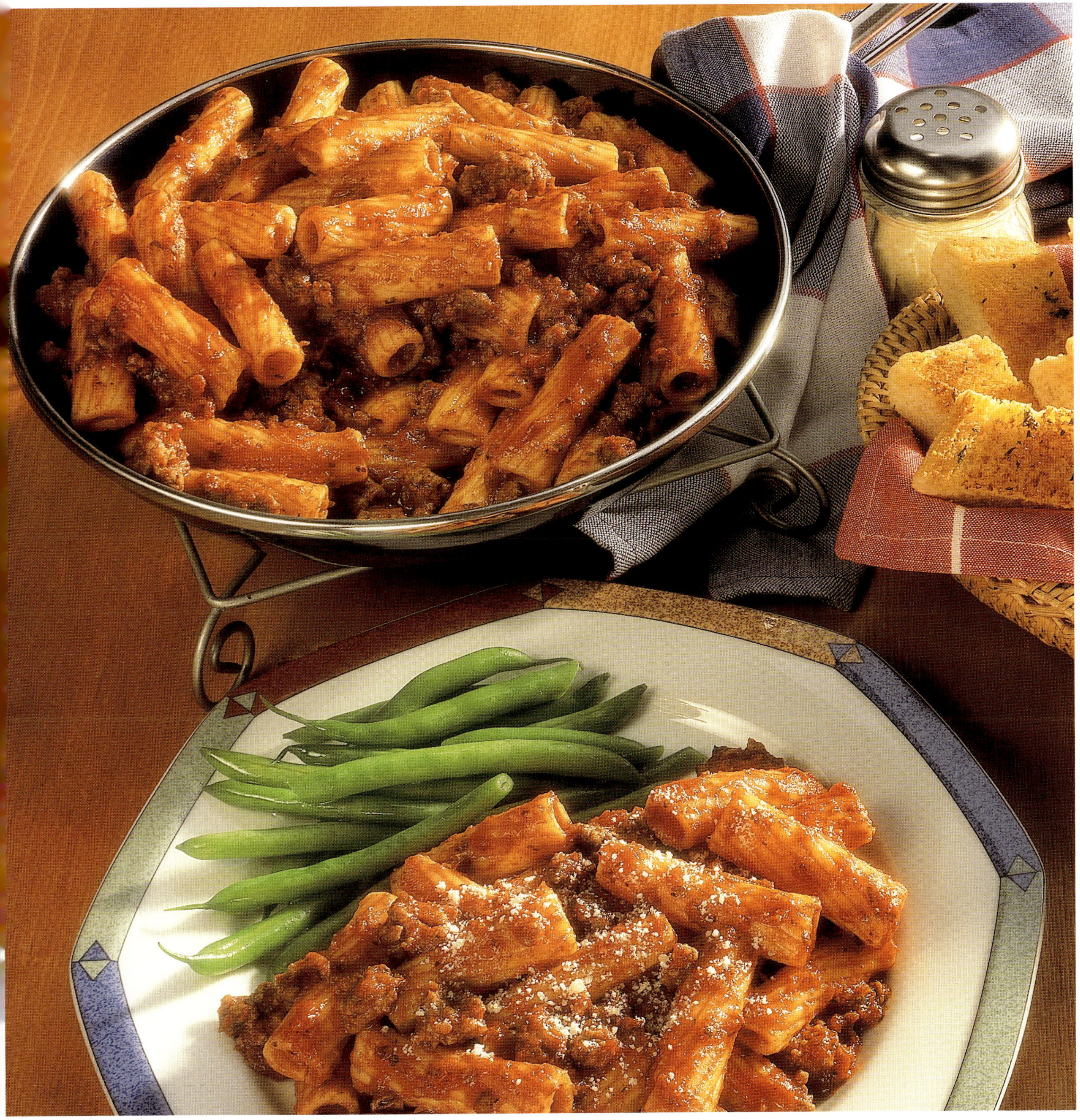

Antipasto de Linguine con Atún

- 1 paquete (250 g) de linguine con condimento de tomate rojo y hierbas, refrigerado, sin cocer
- 1 lata (180 g) de atún enlatado en agua, escurrido y desmenuzado
- 1 frasco (195 g) de corazones de alcachofa marinados, picados grueso, conserve el líquido
- ½ taza de pimiento morrón rojo asado, escurrido y picado grueso
- ⅓ de taza de aceite de oliva
- ¼ de taza de aceitunas negras picadas grueso
- ½ cucharadita de ajo machacado
- ¼ de cucharadita de sal
- ¼ de cucharadita de hojuelas de pimienta roja
- ⅛ de cucharadita de pimienta negra
- ½ taza de queso parmesano rallado

1. Cueza el linguine siguiendo las instrucciones de la envoltura.

2. Mientras se cuece el linguine, mezcle el resto de los ingredientes, excepto el queso, en un recipiente grande para microondas. Revuelva bien; cubra con envoltura de plástico y haga una ventilación. Hornee en el microondas a temperatura ALTA de 2 a 3 minutos o hasta que esté bien caliente.

3. Escurra el linguine; incorpore al recipiente. Revuelva bien. Distribuya en 4 platos extendidos. Espolvoree con el queso; adorne a su gusto.

Rinde 4 porciones

tiempo de preparación y cocción: 18 minutos

Nota

El queso parmesano es un queso italiano duro y añejado. Lo puede encontrar rallado y en trozos para rallarlo justo antes de usarlo. El queso parmesano recién rallado tiene un sabor más fuerte.

Antipasto de Linguine con Atún

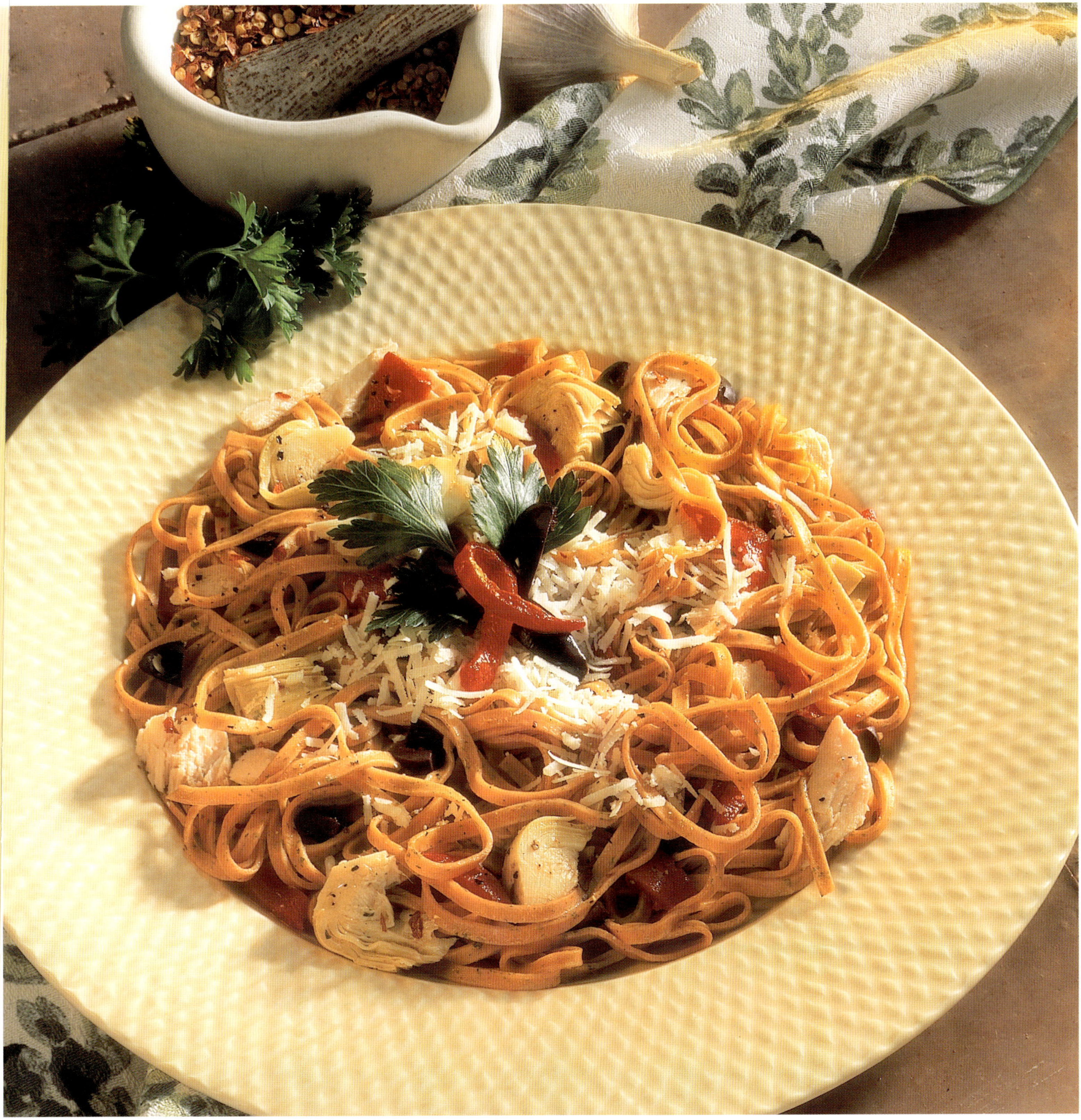

Pollo Empanizado a las Hierbas con Rotini Tricolor

2 mitades de pechuga empanizadas con pan molido con hierbas
1 taza de tornillo tricolor de pasta (rotini) sin cocer
3 cucharadas de agua
1 cucharada de aceite de oliva
2 tazas de floretes de brócoli
3 tomates rojos cortados en cuartos
1 diente de ajo machacado
Queso parmesano rallado

Fría las pechugas empanizadas hasta que estén crujientes. Cueza y escurra la pasta. En una cacerola, ponga el agua, el aceite y el brócoli; tape. Cueza de 2 a 4 minutos. Incorpore la pasta, el tomate y el ajo; continúe cociendo por 2 minutos más. Sirva las pechugas con la pasta. Espolvoree con el queso parmesano.

rinde 2 porciones

tiempo de preparación: 20 minutos

Pollo Empanizado a las Hierbas con Rotini Tricolor

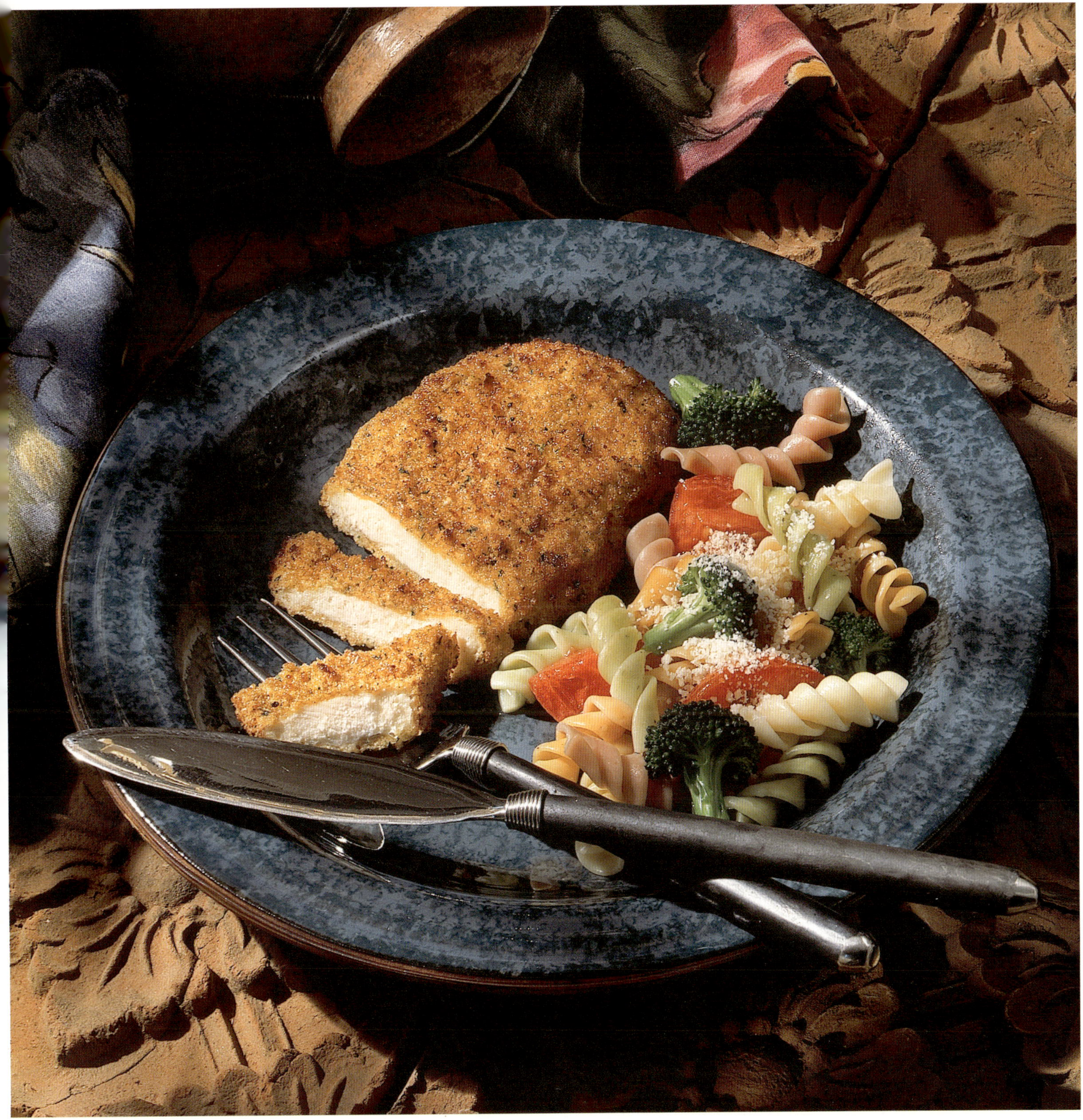

Rápido Espagueti con Salchicha

    360 g de espagueti de trigo entero
    225 g de salchicha de pavo italiana condimentada
      1 taza de cebolla picada
      3 dientes de ajo machacados
      1 lata (840 g) de tomate rojo machacado o de puré de tomate, sin escurrir
    420 g de tomate rojo cocido sin sal, con su jugo
      1 cucharadita de albahaca seca
      ¼ de cucharadita de hojuelas de pimienta roja (opcional)
      1 calabacita grande o 2 medianas, cortadas en trozos
      ¼ de taza de queso parmesano rallado

1. Cueza el espagueti siguiendo las instrucciones de la envoltura. Escurra.

2. Mientras tanto, en una cacerola grande, desmenuce la salchicha; deseche la envoltura. Agregue la cebolla y el ajo. Dore a fuego medio hasta que la salchicha pierda su color rosado, revolviendo de vez en cuando; escurra la grasa si es necesario.

3. Añada el tomate machacado con su jugo, el tomate cocido con su jugo, la albahaca y las hojuelas de pimienta; deje cocer. Incorpore la calabacita; deje cocer, sin tapar, por 15 minutos o hasta que la calabacita esté suave y la salsa se espese, revuelva de vez en cuando.

4. Distribuya la salsa de salchicha sobre la pasta cocida; espolvoree con el queso.

rinde 6 porciones

Rápido Espagueti con Salchicha

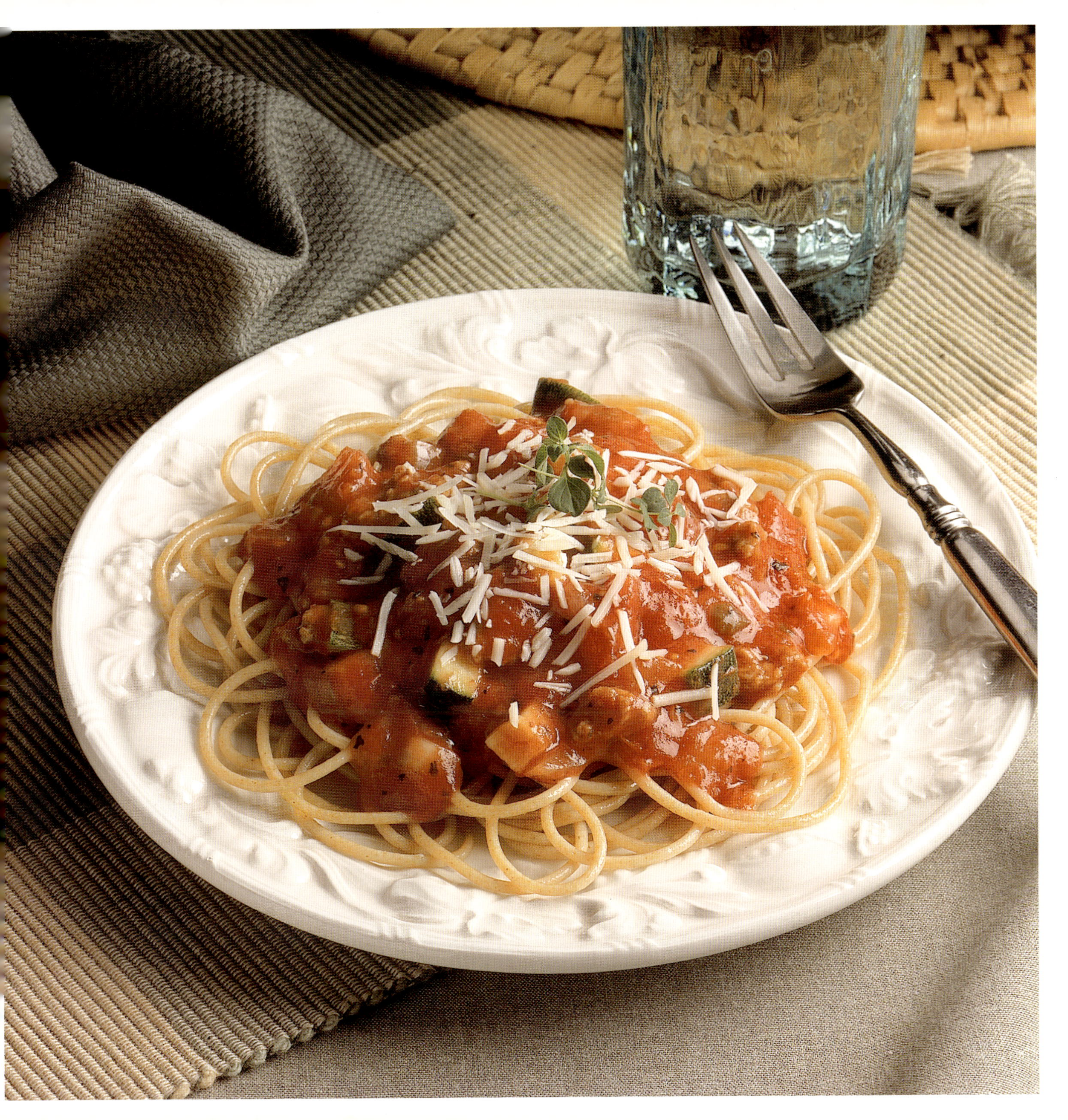

Fettuccine Romano Aldana

180 g de fettuccine, cocido y escurrido
180 g de fettuccine de espinaca, cocido y escurrido
¾ de taza de mantequilla
225 g de champiñones rebanados
⅔ de taza de cebollín entero picado
2½ tazas de crema espesa
1½ tazas (180 g) de queso romano rallado
¼ de cucharadita de nuez moscada molida
150 g de prosciutto cortado en tiras julianas
Pimienta blanca

En una sartén grande, derrita ¼ de taza de mantequilla a fuego medio-alto. Agregue el champiñón y los cebollines; fríalos hasta que estén suaves. Retire de la sartén. Añada la mantequilla restante; caliente hasta que se doren un poco. Vierta 1 taza de crema; deje hervir. Reduzca el fuego a bajo; deje cocer por unos 5 minutos hasta que se espese un poco. Ponga la pasta, 1 taza de crema, 1 taza de queso y la nuez moscada; revuelva un poco. Combine la crema restante con el queso, la mezcla de champiñón y el jamón. Vierta sobre la mezcla de pasta caliente; revuelva un poco. Sazone con pimienta al gusto. *rinde de 4 a 6 porciones*

Lasaña Fácil

450 g de carne molida de res
1 frasco (840 ml) de salsa sin carne para espagueti
450 g de queso cottage
225 g de crema agria
225 g de tiras de lasaña sin cocer
540 g de rebanadas de queso mozzarella (12 rebanadas)
½ taza de queso parmesano rallado
1 taza de agua

continúa en la página 121

Lasaña Fácil, continuación

1. Para la salsa de carne, dore la carne en una sartén grande a fuego medio-alto hasta que esté dorada; revuelva para separar la carne; deseche la grasa. Agregue la salsa de espagueti; reduzca el fuego a bajo. Caliente muy bien; revuelva de vez en cuando.

2. Caliente el horno a 180 °C.

3. En un recipiente mediano, mezcle el queso cottage y la crema agria; revuelva bien.

4. Distribuya 1½ tazas de la salsa de carne en un refractario de 33×23 cm. Acomode encima 4 tiras de pasta sin cocer, ½ de la mezcla de queso, 4 rebanadas de queso mozzarella, ½ de la salsa de carne restante y ¼ de taza de queso parmesano. Repita las capas comenzando con la pasta sin cocer. Corone con las rebanadas de mozzarella restantes. Vierta agua alrededor de los costados. Cubra, ceñido, con papel de aluminio.

5. Hornee la lasaña por 1 hora. Destape; hornee durante 20 minutos más o hasta que burbujee. Deje reposar de 15 a 20 minutos antes de cortar. Adorne a su gusto. Sirva de inmediato.

rinde de 8 a 10 porciones

Pasta, Pollo y Brócoli al Pesto

120 g (unas 2 tazas) de espirales de pasta de espinaca sin cocer
2 tazas de pechuga de pollo o de pavo, cocida y cortada en cubos
2 tazas de floretes chicos de brócoli, cocidos y suaves, fríos
1½ tazas (180 g) de queso mozzarella light
⅔ de taza de hojas de albahaca fresca
2 dientes de ajo
1 taza de mayonesa
1 cucharada de jugo de limón
½ cucharadita de sal
½ taza (40 g) de queso parmesano rallado
½ taza de piñón o nuez picado grueso, tostados

Cueza la pasta; escurra y deje enfriar. Combine la pasta, el pollo, el brócoli y el queso mozzarella. En la licuadora, licue la albahaca con el ajo hasta que estén finamente picados. Agregue la mayonesa, el jugo de limón y la sal. Muela hasta que se incorporen. Añada el queso parmesano. Coloque sobre la mezcla de pasta; revuelva para bañar bien. Incorpore el piñón. Sirva de inmediato o tape y refrigere. Para que tenga mejor sabor, saque del refrigerador y revuelva un poco 30 minutos antes de servir.

rinde 8 porciones

Rigatoni

900 g de salchicha italiana
2 cebollas medianas rebanadas
3 pimientos morrones verdes rebanados
3 pimientos morrones rojos rebanados
3 dientes de ajo machacados
1 cucharada de azúcar
1 cucharadita de orégano seco
1 cucharadita de albahaca seca
1 cucharadita de tomillo seco
Sal y pimienta negra al gusto
1 kg de tomate rojo machacado, con su jugo
450 g de rigatoni, cocido según las instrucciones de la envoltura, escurrido
Perejil fresco picado (opcional)

Corte la salchicha en trozos de 2.5 cm. En una cacerola grande, cuézala a fuego medio-alto hasta que esté bien dorada. Ponga la salchicha sobre toallas de papel. Escurra la grasa pero deje ¼ de taza del líquido. Agregue a la sartén el resto de los ingredientes, excepto el tomate, la pasta y el perejil. Fría hasta que las verduras estén suaves. Incorpore de nuevo la salchicha y el tomate con su jugo. Ponga a hervir. Reduzca el fuego a bajo; deje cocer por 15 minutos. Sirva sobre la pasta caliente. Adorne con perejil picado, si lo desea. Refrigere el sobrante.

rinde de 8 a 10 porciones

Rigatoni

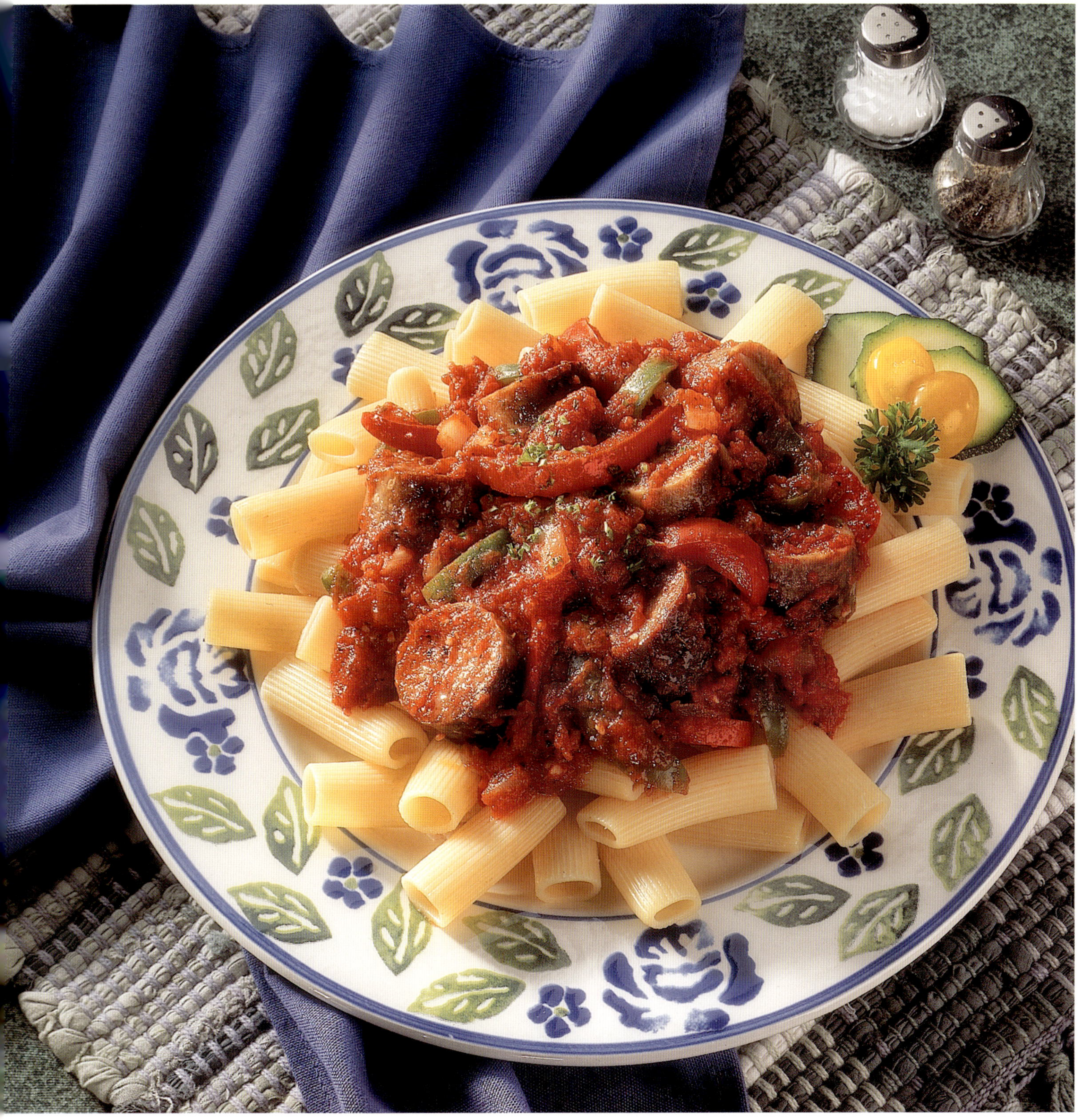

Fettuccine con Atún y Brócoli

    4 tazas de floretes de brócoli
225 g de fettuccine
    1 taza (225 g) de queso ricotta semidescremado
    ½ taza de leche baja en grasa
    ⅓ de taza de queso parmesano rallado
    ½ cucharadita de sal de ajo
    ½ cucharadita de sazonador de hierbas italianas
    Sal y pimienta al gusto
    1 lata (360 g) de atún blanco o light en trozos, escurrido y desmenuzado

En una cacerola grande con agua hirviente, cueza el brócoli hasta que esté suave. Sáquelo con una espumadera y póngalo en un platón hondo. En la misma cacerola, cueza el fettuccine; escúrralo, enjuáguelo y póngalo junto con el brócoli. En la misma cacerola, mezcle el resto de los ingredientes, excepto el atún; revuelva bien. Caliente muy bien, revolviendo con frecuencia, hasta que la salsa esté incorporada y se espese. Agregue el atún y vierta sobre el fettuccine y el brócoli; revuelva con cuidado. *rinde 5 porciones*

Pollo con Salsa Marinara de Ajo

    1 paquete (250 g) de pelo de ángel
180 g de fajitas de pechuga de pollo, asadas a la parrilla o a la italiana
    1 frasco (285 ml) de salsa marinara de ajo asado
    Queso parmesano rallado

CUEZA la pasta siguiendo las instrucciones del paquete; escúrrala.

MEZCLE las fajitas de pollo con la salsa en una cacerola. Cueza a fuego medio durante 5 minutos o hasta que estén bien calientes.

SIRVA sobre la pasta; espolvoree con el queso. *rinde de 3 a 4 porciones*

tiempo de preparación: 10 minutos
tiempo de cocción: 5 minutos

Fettuccine con Atún y Brócoli

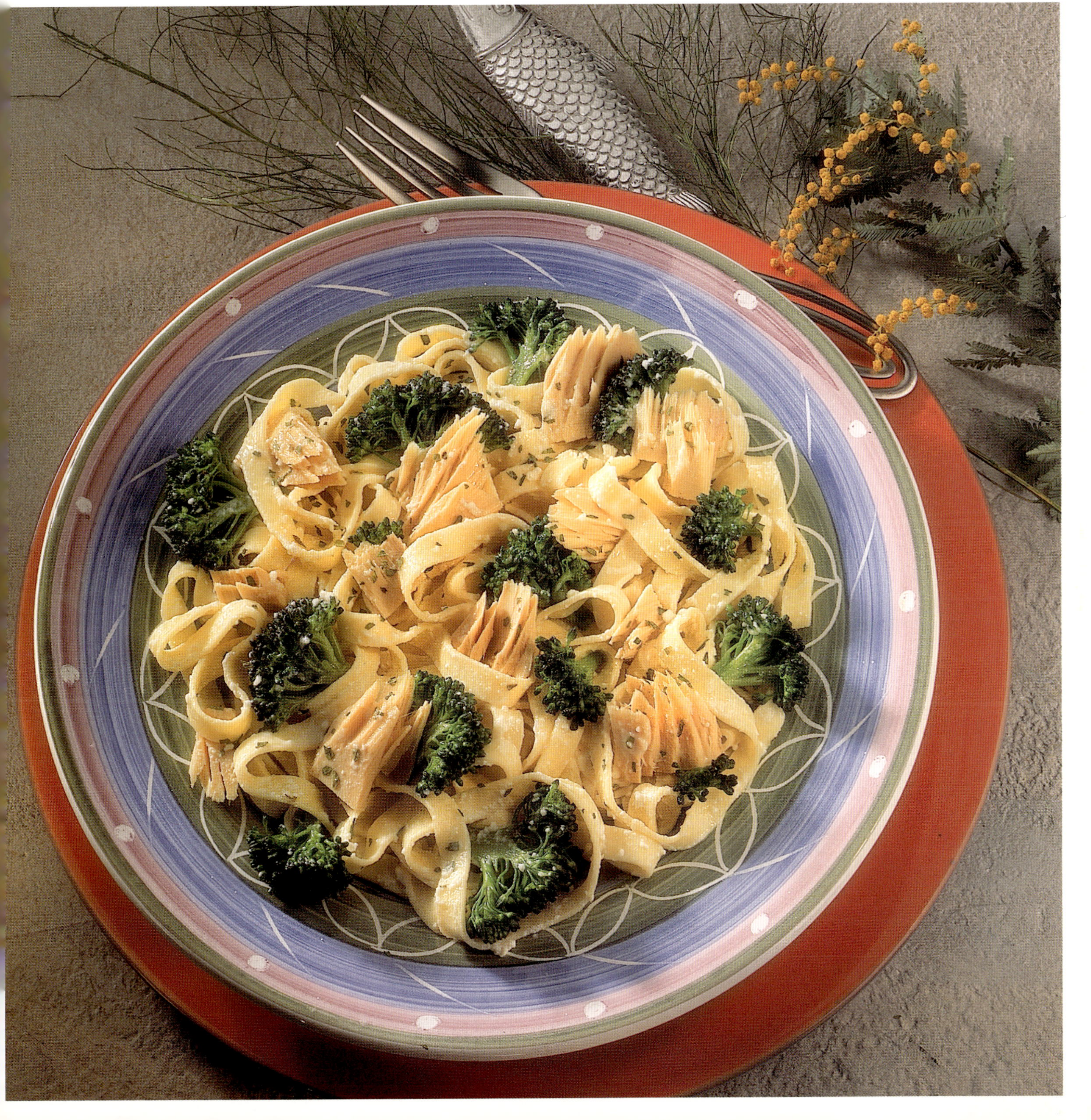

Fácil Espagueti con Albóndigas

450 g de carne molida de res
2 cucharadas de agua
⅓ de taza de pan molido sazonado
1 huevo batido
1 frasco (840 ml) de salsa tradicional para pasta o salsa con carne
4 tazas de espagueti cocido y caliente

Mezcle la carne con el agua, el pan molido y el huevo. Con la mezcla, forme 12 albóndigas (de 5 cm de diámetro). Acomódelas en un refractario para microondas poco profundo de 2 litros de capacidad. Cuézalas en el microondas a temperatura ALTA durante 5 minutos o hasta que pierdan su color rosado (70 °C). Deseche la grasa. Vierta la salsa para pasta sobre las albóndigas. Tape y hornee por 3 minutos más o hasta que la salsa esté caliente. Sirva sobre el espagueti.

rinde 4 porciones

tiempo de preparación: 15 minutos
tiempo de cocción: 10 minutos

Ziti Delicioso

450 g de salchicha italiana, en trozos de 1.5 cm
1 cebolla grande picada (más o menos 1 taza)
1 chile verde mediano, cortado en cubos (más o menos 1 taza)
1 frasco (840 ml) de salsa de tres quesos para pasta
4½ tazas de macarrón tubular de pasta mediano (ziti), cocido y caliente

1. En una sartén mediana a fuego medio, dore la salchicha, la cebolla y el chile hasta que la salchicha pierda su color rosado. Deseche la grasa.

2. Agregue la salsa para pasta. Caliente hasta que hierva. Sirva sobre la pasta. Espolvoree con queso parmesano.

rinde 4 porciones

tiempo de preparación: 10 minutos
tiempo de cocción: 20 minutos

De arriba abajo: Ziti Delicioso y Fácil Espagueti con Albóndigas

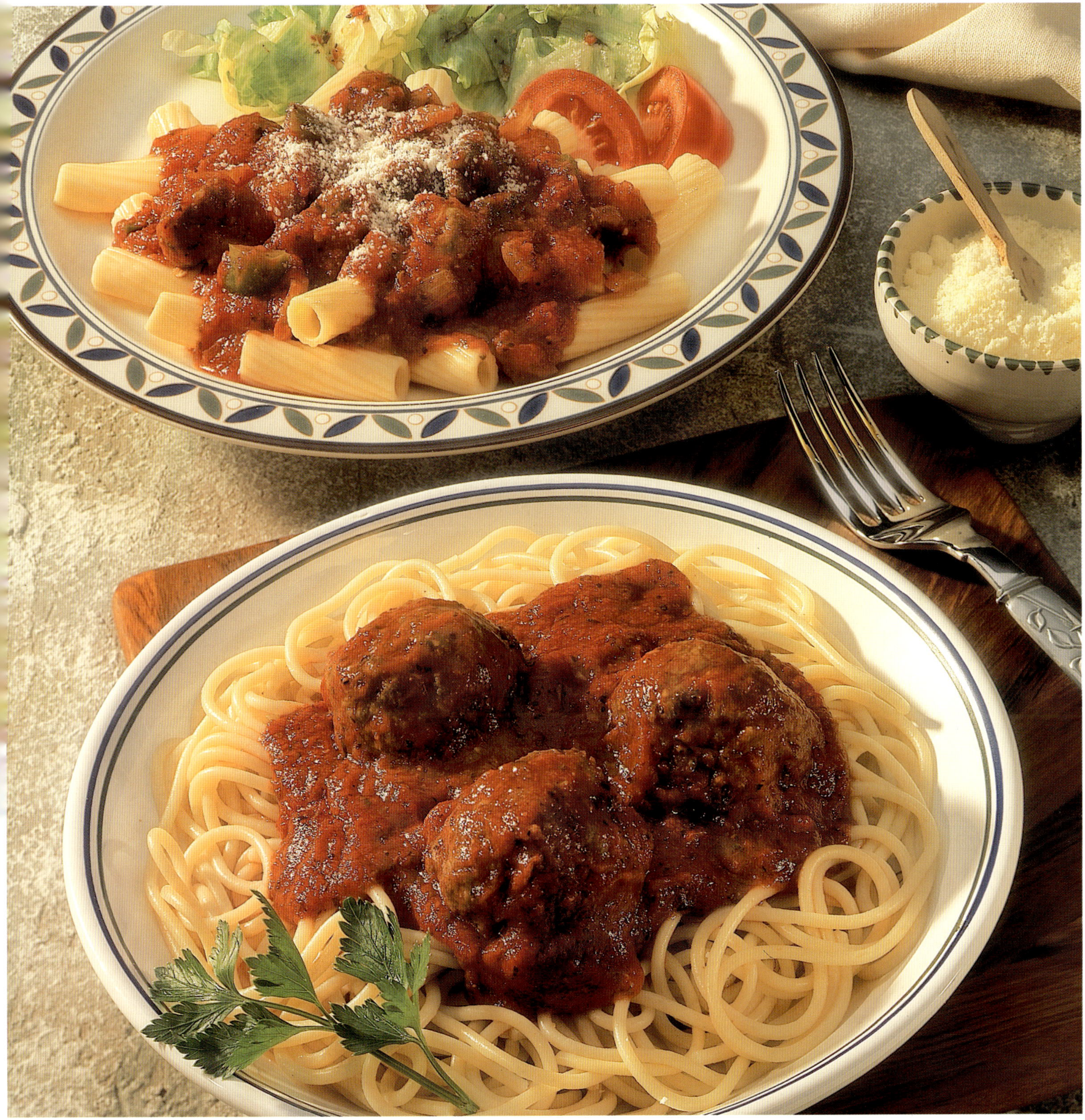

CERDO, RES Y TERNERA

Cerdo a la Italiana

900 a 1.800 kg de lomo de cerdo para asar, deshuesado
3 cucharadas de semillas de eneldo
1 cucharada de semillas de hinojo
¼ de cucharadita de orégano
1 cucharadita de lemon pepper (especia)
¼ de cucharadita de cebolla en polvo
¼ de cucharadita de ajo en polvo

Mezcle los condimentos y luego cubra el lomo con la mezcla; acomódelo en una olla poco profunda y áselo en el horno a 160 °C, de 45 minutos a 1 hora, hasta que el termómetro para carne registre de 68 a 70 °C. Deje que el asado repose de 5 a 10 minutos antes de cortarlo.

rinde 8 porciones

tiempo de preparación: 5 minutos
tiempo de cocción: 60 minutos

Cerdo a la Italiana

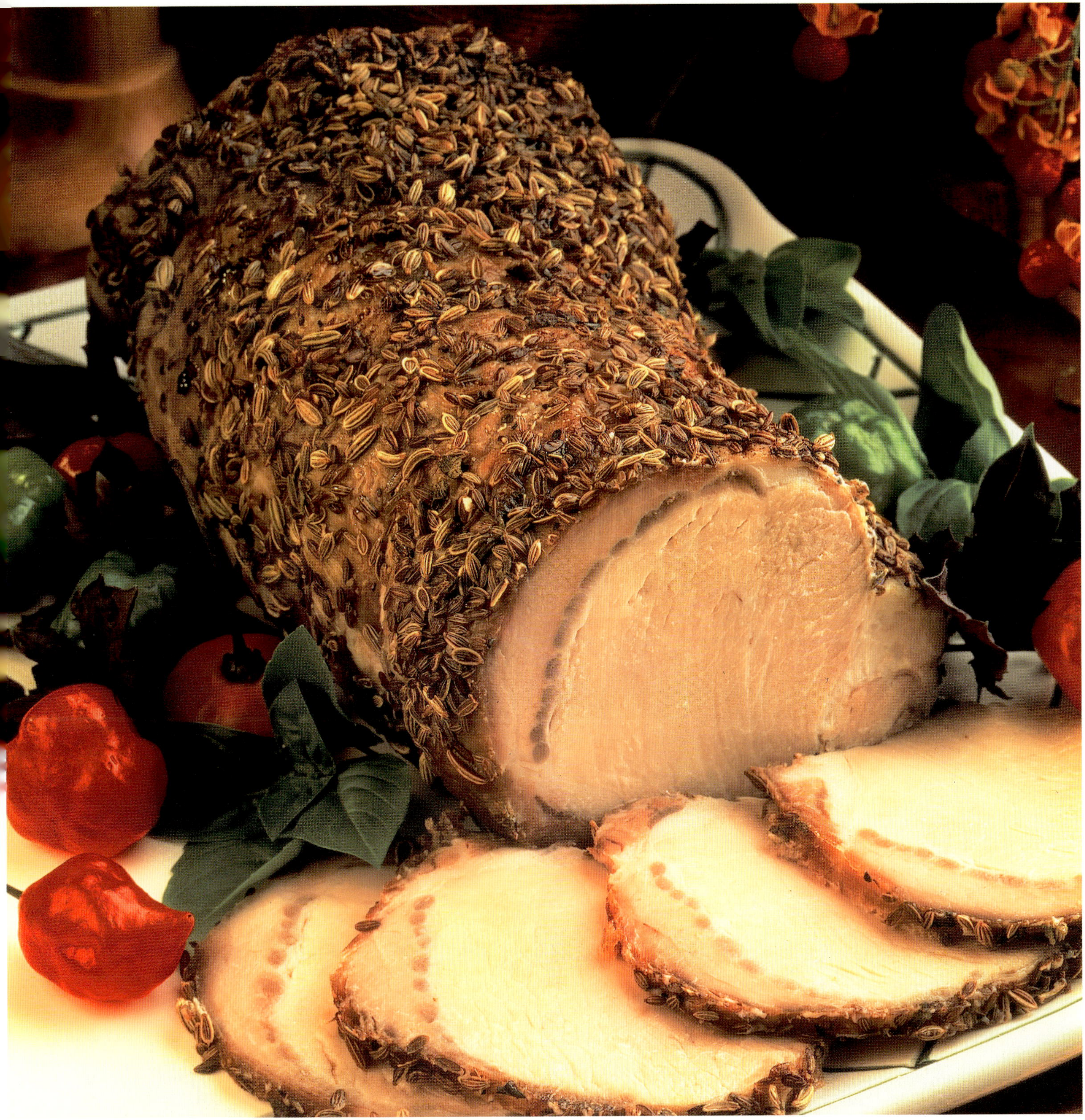

Salchicha, Pimiento y Cebolla con Polenta

    5 tazas de consomé de pollo
1½ tazas de polenta italiana o harina de maíz amarilla
1½ tazas de elote fresco o descongelado
    2 cucharadas de mantequilla o margarina
    1 taza (120 g) de queso parmesano recién rallado
    6 salchichas italianas
    2 cebollas moradas chicas o medianas, en rodajas
    1 pimiento morrón rojo y uno verde, medianos, sin semillas, en tiras de 2.5 cm
    ½ taza de vino marsala o vermouth dulce (opcional)
      Aceite de oliva

Para hacer la polenta, ponga a hervir el consomé en una olla grande. Agregue la polenta y cuézala con el consomé hirviendo suavemente, revolviendo con frecuencia, por unos 30 minutos. Si la polenta empieza a espesarse y a pegarse en el fondo de la olla, vierta ½ taza de agua. Durante los últimos 5 minutos de cocción, incorpore el elote y la mantequilla. Retire del fuego; añada el queso parmesano. Pase la polenta a un refractario engrasado de 33×23 cm; deje enfriar hasta que esté firme y que cuaje lo suficiente como para cortarla. (Puede preparar la polenta un día antes y conservarla en el refrigerador.)

Con un tenedor, pique las salchichas en 4 o 5 lugares. Ponga las salchichas, la cebolla morada y el pimiento en un refractario grande de vidrio o en una bolsa de plástico. Vierta el marsala sobre las salchichas y las verduras; tape el refractario o cierre la bolsa. Marine en el refrigerador hasta por 4 horas; gire las salchichas y las verduras varias veces.

Engrase la parrilla caliente del asador para evitar que se peguen los alimentos. Corte la polenta en cuadros, después en triángulos, si lo desea, y barnice un lado con aceite. En el asador tapado y con el carbón a temperatura media, ase la polenta, con el lado aceitado hacia abajo, por unos 4 minutos hasta que esté ligeramente asada. A la mitad del tiempo de asado, barnice la parte superior con aceite; después, voltéela y continúe asando. Pase la polenta a una orilla de la parrilla para conservarla caliente.

Cuando el carbón esté a temperatura media-baja, escurra las salchichas y las verduras; deseche el vino. Ase las salchichas en el asador tapado, de 15 a 20 minutos, hasta que estén bien cocidas; voltéelas varias veces. Después de cocer durante 10 minutos las salchichas, ponga las verduras en el centro del asador. Ase las verduras de 10 a 12 minutos hasta que estén suaves; voltéelas una o dos veces.   *rinde 6 porciones*

Salchicha, Pimiento y Cebolla con Polenta

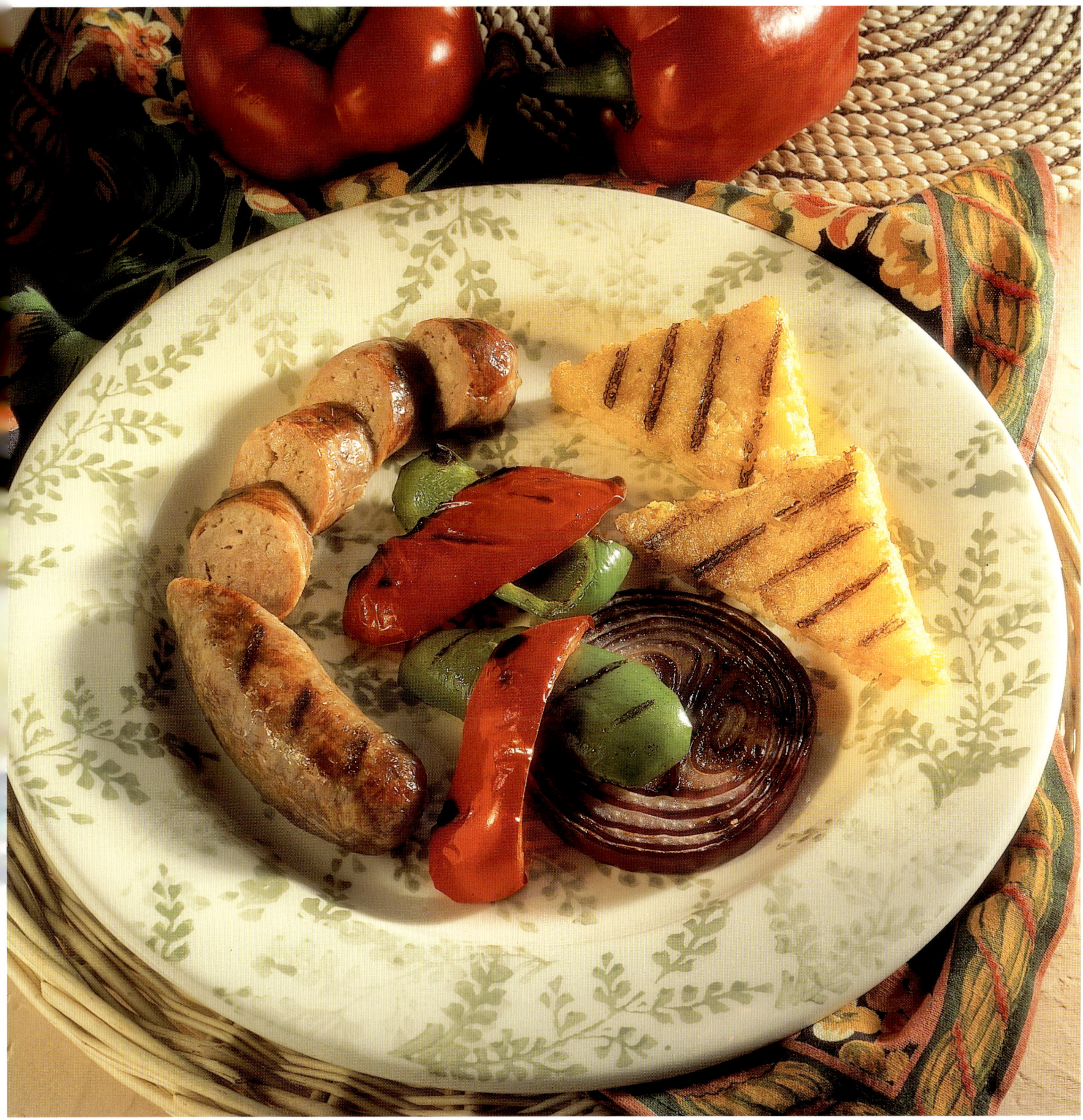

Chuletas de Cerdo a la Italiana

   1 cucharadita de aceite*
   6 rebanadas de centro de lomo de cerdo, deshuesadas (de 120 g cada una), de 1.5 cm de grosor
   1 lata (225 g) de puré de tomate rojo
1½ tazas de champiñones frescos rebanados
   1 pimiento morrón verde chico, cortado en tiras
   ½ taza de cebollín entero rebanado
   1 cucharadita de sazonador italiano
   ½ cucharadita de sal
   ⅛ de cucharadita de pimienta negra
   ¼ de taza de agua
   1 cucharadita de fécula de maíz
   ½ taza (60 g) de queso mozzarella semidescremado, rallado
2⅔ tazas de arroz cocido caliente (sin sal ni grasa)

Utilice su aceite preferido.

1. En una sartén grande, caliente el aceite a fuego medio. Agregue la carne y fríala hasta que se dore por ambos lados.

2. Añada el puré de tomate, el champiñón, el pimiento, el cebollín, el sazonador italiano, la sal y la pimienta negra; reduzca el fuego a bajo; tape y deje cocer por 30 minutos o hasta que la carne esté suave.

3. En un recipiente chico, mezcle el agua con la fécula de maíz. Revuelva hasta que se disuelva. Vierta en la sartén; cueza y revuelva hasta que se espese.

4. Espolvoree el queso sobre la carne. Tape y deje calentar hasta que el queso se funda. Acompañe con arroz.

rinde 6 porciones

Chuletas de Cerdo a la Italiana

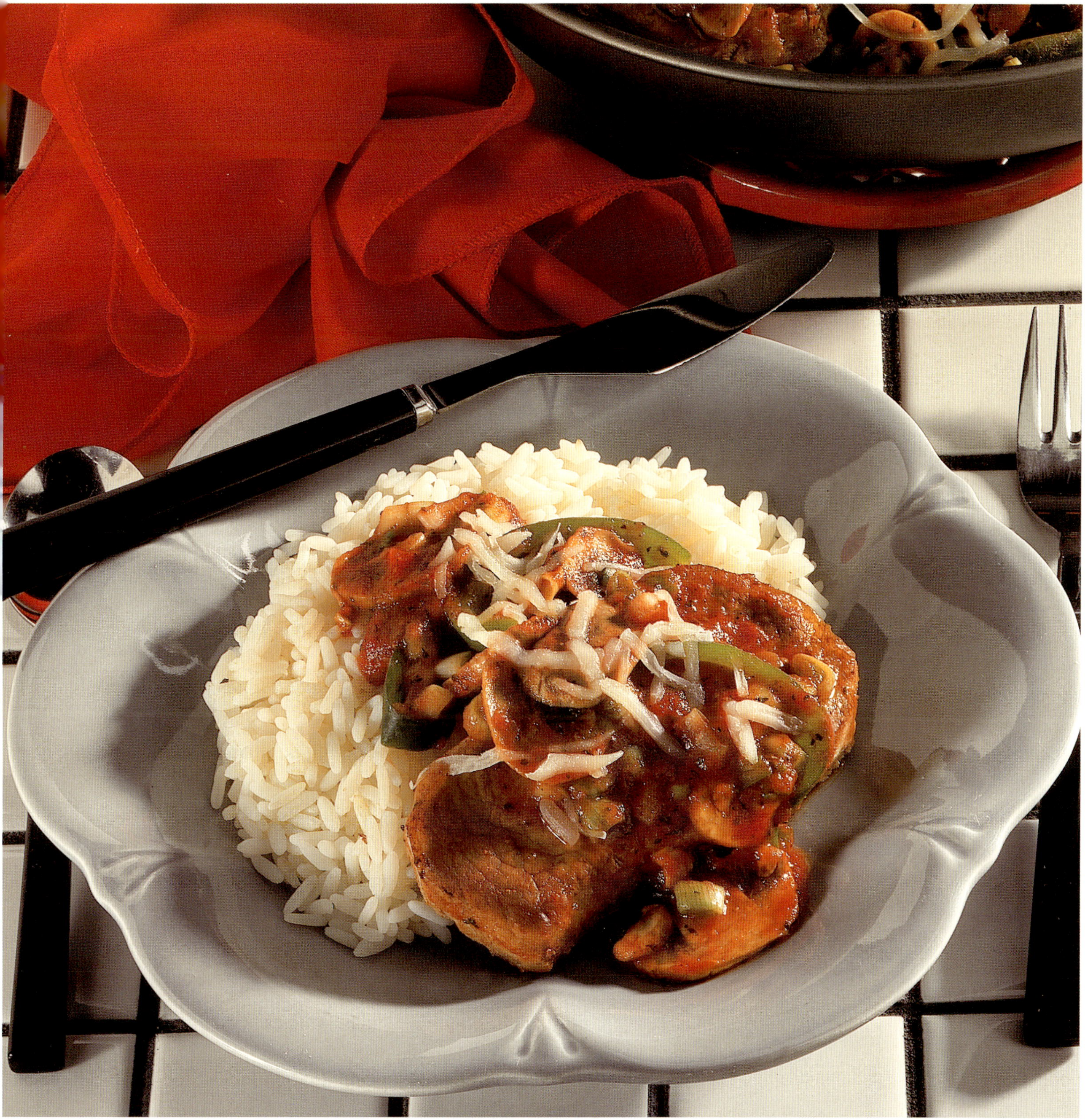

Frittata de Salchicha y Verduras

     5 huevos
    ¼ de taza de leche
     2 cucharadas de queso parmesano rallado
    ½ cucharadita de orégano seco
    ½ cucharadita de pimienta negra
 285 g de salchicha
     2 cucharadas de mantequilla o margarina
     1 calabacita chica rebanada (más o menos 1 taza)
    ½ taza de zanahoria rallada
    ⅓ de taza de cebollín entero rebanado
    ¾ de taza (90 g) de queso suizo rallado
       Rizos de zanahoria (opcional)

En un recipiente mediano, bata los huevos; incorpore la leche, el queso parmesano, el orégano y la pimienta. Dore las salchichas en una sartén grande a fuego medio; voltéelas de vez en cuando. Deseche la grasa; retire las salchichas de la sartén y córtelas en trozos de 1.5 cm de largo. Derrita la mantequilla en la misma sartén. Agregue la calabacita, la zanahoria rallada y el cebollín; sofría a fuego medio hasta que estén suaves. Regrese la salchicha a la sartén y añada el queso suizo. Vierta la mezcla de huevo sobre las verduras. Mezcle un poco y deje cocer sin revolver, a fuego bajo, de 8 a 10 minutos o hasta que el centro esté casi cocido. Retire del fuego y deje reposar por 5 minutos antes de cortarla en rebanadas; sírvala caliente. Adorne con rizos de zanahoria, si lo desea. Refrigere el sobrante.   *rinde de 4 a 6 porciones*

Nota

La frittata es una omelet a la italiana, en la que los huevos son combinados con otros ingredientes, como carne, verduras y hierbas. La mezcla de huevo se cuece lentamente en una sartén grande a fuego bajo. La parte superior de la frittata se puede terminar de cocer al voltearla o poniéndola sobre un asador eléctrico. Después, la frittata se corta en rebanadas y se sirve.

Frittata de Salchicha y Verduras

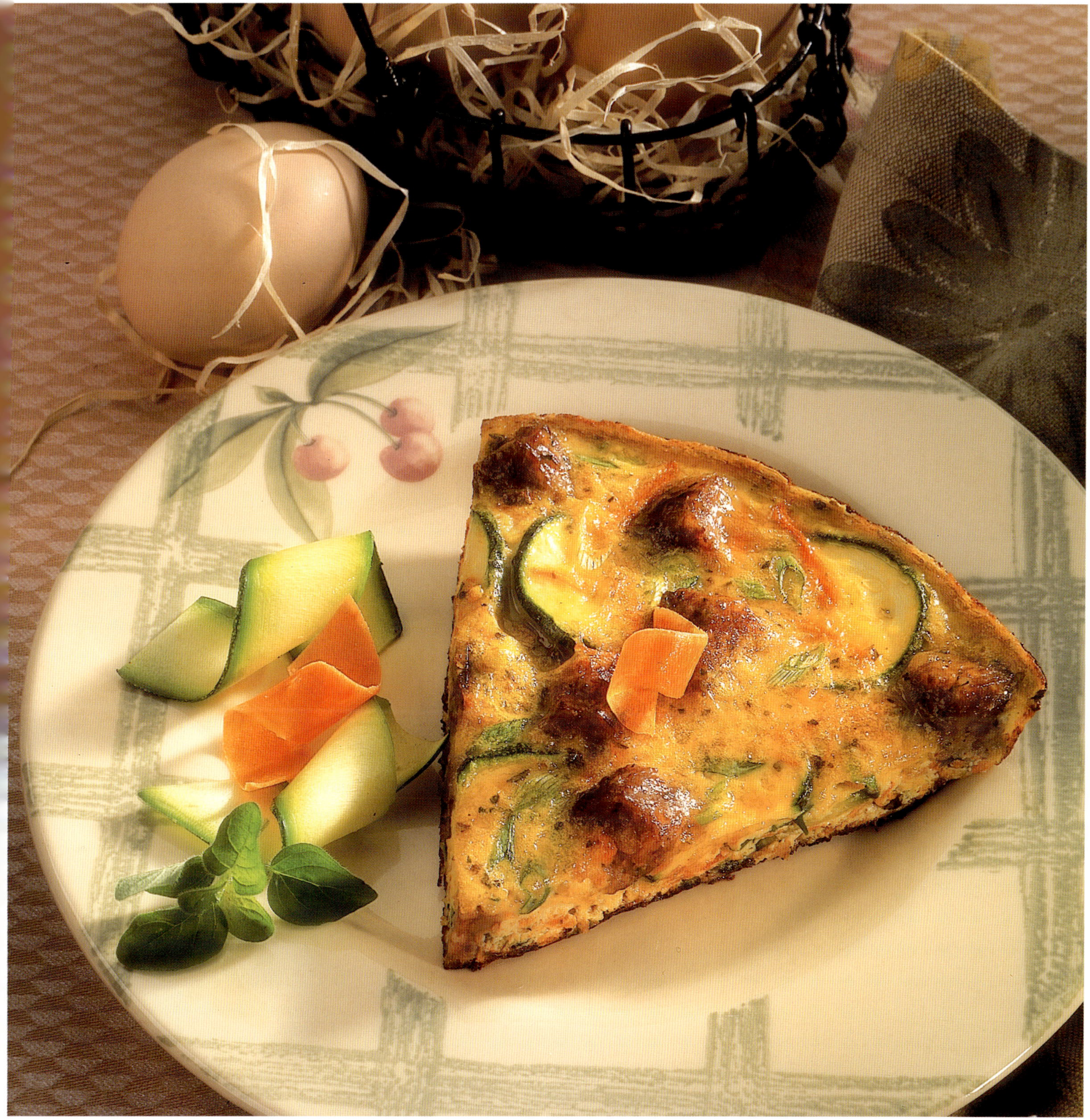

Medallones de Cerdo con Marsala

450 g de filete de lomo de cerdo, cortado en medallones de 1.5 cm de grosor
  Harina de trigo
  2 cucharadas de aceite de oliva
  1 diente de ajo machacado
  ½ taza de vino marsala dulce
  2 cucharadas de perejil fresco picado

1. Espolvoree la carne con un poco de harina. En una sartén grande, caliente el aceite a fuego medio-alto. Ponga los filetes; cueza durante 3 minutos por lado o hasta que se doren. Retírelos de la sartén. Reduzca el fuego a medio.

2. Añada el ajo y fríalo por 1 minuto. Agregue el vino y regrese la carne a la sartén; cuézala durante 3 minutos o hasta que apenas esté rosada en el centro. Retire la carne e incorpore el perejil. Deje cocer la mezcla de vino hasta que se espese un poco, de 2 a 3 minutos. Sirva sobre el cerdo.

rinde 4 porciones

consejo: Para darle un toque especial, justo antes de servir, espolvoree la carne con cebolla morada picada.

tiempo de preparación/cocción: 20 minutos

Nota

El vino marsala posee un rico sabor ahumado característico de la isla mediterránea de Sicilia. La variedad dulce se sirve con postres o se utiliza para cocinar. El marsala seco se sirve como aperitivo.

Medallones de Cerdo con Marsala

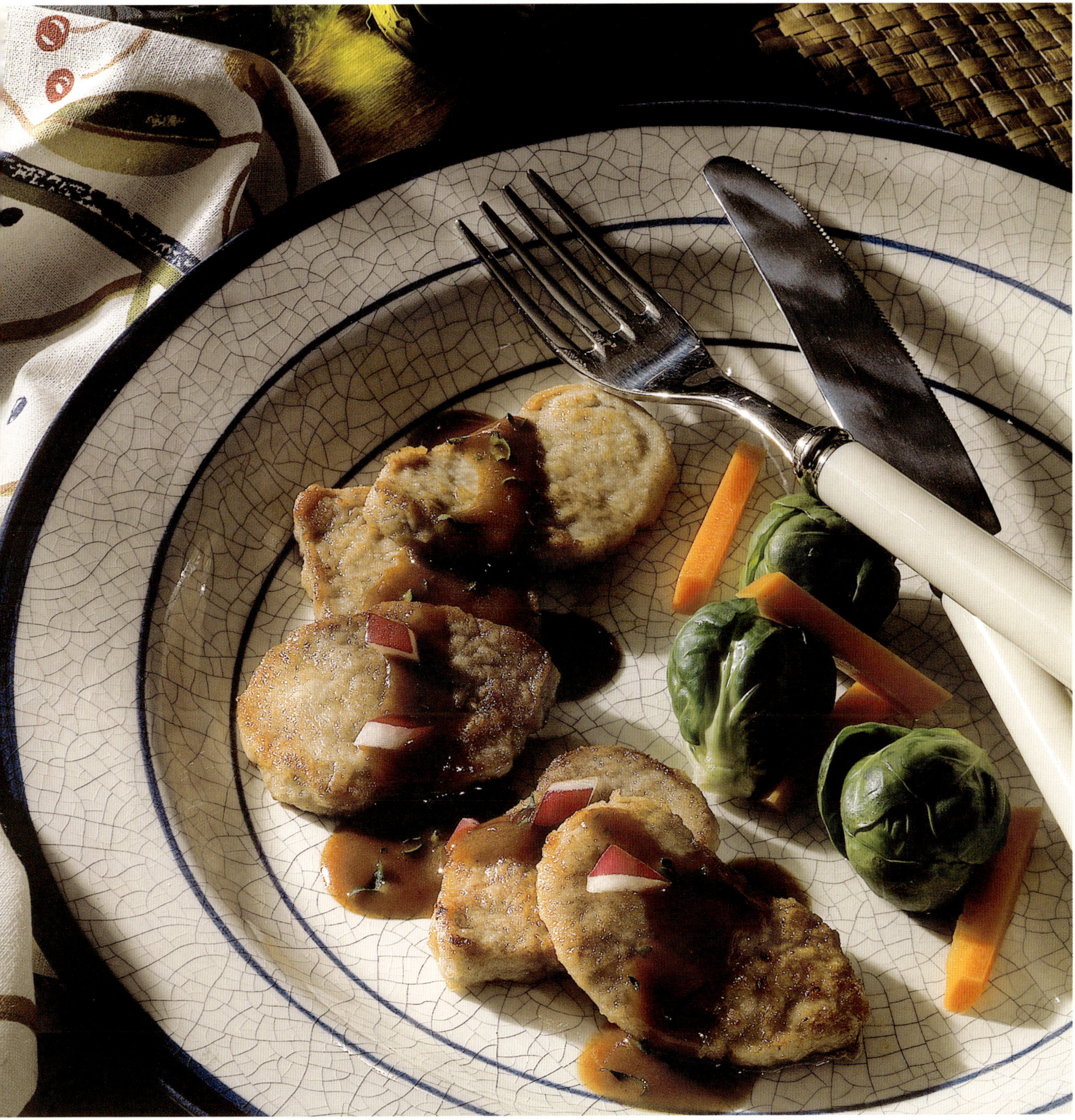

Cerdo Toscano con Pimiento

450 g de chuletas de cerdo deshuesadas, cortadas en cubos de 2.5 cm
1 cebolla mediana, pelada y picada
2 dientes de ajo machacados
1 cucharadita de aceite de oliva
1 lata (420 g) de tomates rojos estilo italiano, sin escurrir
½ taza de vino blanco seco
1 pimiento morrón rojo dulce, sin semillas y rebanado
1 pimiento morrón verde, sin semillas y rebanado

En una sartén grande con recubrimiento antiadherente, caliente el aceite a fuego medio-alto; luego saltee los cubos de cerdo, la cebolla y el ajo hasta que la carne comience a dorarse, de 4 a 5 minutos. Agregue el resto de los ingredientes; reduzca el fuego; tape y cueza a fuego bajo de 12 a 15 minutos. Pruebe para saber si necesita sal y pimienta; sazone al gusto. Acompañe con rigatoni o pluma de pasta cocida caliente, si lo desea. *rinde 4 porciones*

tiempo de preparación: 30 minutos

Pizza de Salchicha Italiana y Pimiento

1 taza (215 g) de salsa para pizza
1 base horneada para pizza (de 30 cm de diámetro)
1 taza (120 g) de queso mozzarella rallado
½ taza (60 g) de queso parmesano rallado
120 g (unas 2 secciones) de salchicha italiana suave, cocida y rebanada
1 pimiento morrón verde chico, cortado en tiras delgadas

1. Unte la base para pizza con la salsa, hasta 2.5 cm de la orilla.

2. Distribuya encima ½ taza de queso mozzarella, el queso parmesano, la salchicha, el pimiento y el queso mozzarella restante.

3. Hornee siguiendo las instrucciones de la envoltura de la pizza o hasta que la base esté crujiente y el queso esté derretido. *rinde 8 porciones*

Sartén de Cerdo a la Italiana

  450 g de lomo de cerdo
    1 berenjena chica
    1 calabacita mediana
    2 cucharadas de aceite de oliva
1½ cucharaditas de sal
    ⅛ de cucharadita de pimienta negra
    1 diente de ajo machacado
    1 cebolla mediana en rebanadas delgadas
    1 pimiento morrón rojo chico, cortado en tiras delgadas
    1 cucharadita de sazonador italiano
    ⅓ de taza de agua
    1 cucharadita de fécula de maíz

Congele parcialmente el lomo; corte la carne diagonalmente en rebanadas de .5 cm de grosor; luego córtelas en cuatro. Corte la calabacita por la mitad a lo largo; póngala sobre el lado plano y córtela a lo ancho en rebanadas de .5 cm de grosor. Corte la berenjena por la mitad y luego en cubos. En una cacerola, caliente 1 cucharada de aceite de oliva y dore la mitad del cerdo, revolviendo sin cesar; retire de la cacerola. Agregue el resto de la carne; cuézala, revolviendo sin cesar, hasta que se dore. Sazone con ¾ de cucharadita de sal y pimienta. Ponga en la cacerola el aceite de oliva restante, la berenjena y el ajo; cueza a fuego medio-alto por 3 minutos. Añada la calabacita, la cebolla, el pimiento, el sazonador italiano y la sal restante; cueza durante 7 minutos, revolviendo de vez en cuando. Mezcle el agua y la fécula de maíz; incorpore a las verduras. Regrese la carne a la cacerola y cuézala de 3 a 4 minutos o hasta que la salsa se espese; revuelva de vez en cuando.   *rinde 4 porciones*

tiempo de preparación: 20 minutos

Emparedados Toscanos de Salchicha

450 g de salchicha italiana condimentada o dulce, rebanada
1 bolsa (285 g) de espinaca picada, descongelada y exprimida
1 cebolla chica rebanada
½ taza de champiñón fresco rebanado o de lata, escurrido
1 frasco (de 730 a 840 g) de salsa para pasta
1 barra de pan francés o italiano (de unos 40 cm de largo), cortada en 4 trozos

En una sartén de 30 cm de diámetro, dore la salchicha a fuego medio-alto. Incorpore la espinaca, la cebolla y el champiñón. Cueza, revolviendo de vez en cuando, por 5 minutos o hasta que la salchicha esté cocida. Añada la salsa; deje calentar bien.

Para cada emparedado, abra el pan y distribuya uniformemente la mezcla de salchicha. Espolvoree, si lo desea, con hojuelas de pimienta roja machacadas. *rinde 4 porciones*

Fácil y Rápido Emparedado a la Italiana

1 cucharada de aceite de oliva o aceite vegetal
225 g de salchicha italiana suave, sin envoltura, en rebanadas de 1.5 cm de grosor
1 lata (420 g) de tomate rojo picado y sazonado con hierbas italianas, conserve el jugo
½ taza de pimiento morrón verde cortado en tiras
6 muffins ingleses grandes, cortados por la mitad, tostados
¼ de taza (30 g) de queso parmesano rallado

1. Caliente el aceite en una sartén mediana. Agregue la salchicha; fríala de 3 a 4 minutos o hasta que pierda su color rosado en el centro; revuelva de vez en cuando. Escúrrala.

2. Añada el tomate con su jugo y el pimiento; deje cocer, sin tapar, por 5 minutos; revuelva de vez en cuando.

3. Distribuya ½ taza de la mezcla en cada una de las 6 mitades inferiores de los muffins; espolvoree con queso parmesano. Tape con la otra mitad de pan. *rinde 6 porciones*

Emparedado Toscano de Salchicha

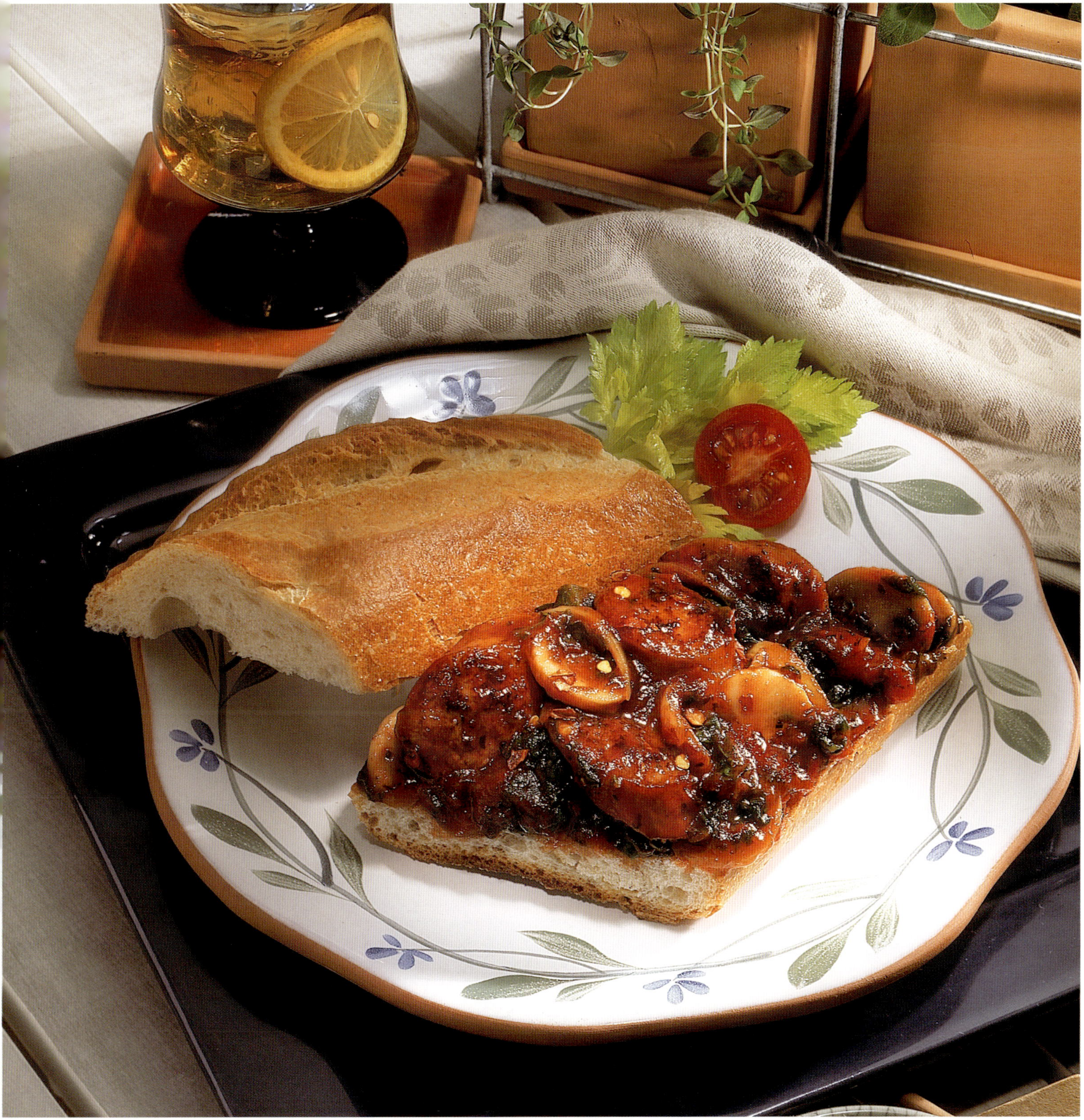

Cerdo y Papas Vesubio a la Parrilla

   1 lomo de cerdo, sin hueso (675 g), cortado en cubos de 2.5 cm
  ½ taza de vino blanco seco
   2 cucharadas de aceite de oliva
   4 dientes de ajo machacados
675 a 900 g de papas (patatas) rojas chicas (de 3.5 cm de diámetro), lavadas
   6 rebanadas de limón
     Sal
     Pimienta
  ¼ de taza de perejil italiano fresco o perejil rizado, picado
   1 cucharadita de ralladura fina de cáscara de limón

1. Ponga la carne en una bolsa grande de plástico. En un recipiente chico, mezcle el vino, el aceite y 3 dientes de ajo; vierta sobre la carne.

2. En un refractario para microondas, coloque las papas en una sola capa. Con la punta de un cuchillo afilado, pique las papas. Cuézalas en el microondas a temperatura ALTA, de 6 a 7 minutos o hasta que se sientan casi suaves cuando las pique con un tenedor. (O póngalas en una cacerola grande, cúbralas con agua fría y cuézalas a fuego alto. Déjelas cocer por 12 minutos o hasta que se sientan casi suaves cuando las pique con un tenedor.) De inmediato, enjuáguelas con agua fría; escúrralas y métalas en la bolsa junto con la carne. Cierre la bolsa y voltéela para bañar los ingredientes. Marine en el refrigerador durante 2 horas por lo menos o hasta por 8 horas; voltee la bolsa de vez en cuando.

3. Prepare el asador para cocción directa.

4. Mientras tanto, escurra la carne y deseche la marinada. En cada brocheta, ensarte alternadamente unos 3 cubos de cerdo y 2 papas. Ensarte 1 rebanada de limón en el extremo de las agujas. Sazone las brochetas con sal y pimienta al gusto.

5. Acomode las brochetas sobre la rejilla del asador y áselas, con el asador tapado y el carbón a temperatura media, de 14 a 16 minutos o hasta que la carne esté jugosa y haya perdido su color rosado en el centro, y que las papas estén suaves; voltee las brochetas a la mitad del tiempo de asado.

6. Retire las brochetas del asador. En un recipiente chico, mezcle el perejil, la ralladura de limón y el resto del ajo machacado; espolvoree las brochetas; antes de servir, exprima las rebanadas de limón sobre la carne y las papas.

rinde 6 porciones

Cerdo y Papas Vesubio a la Parrilla

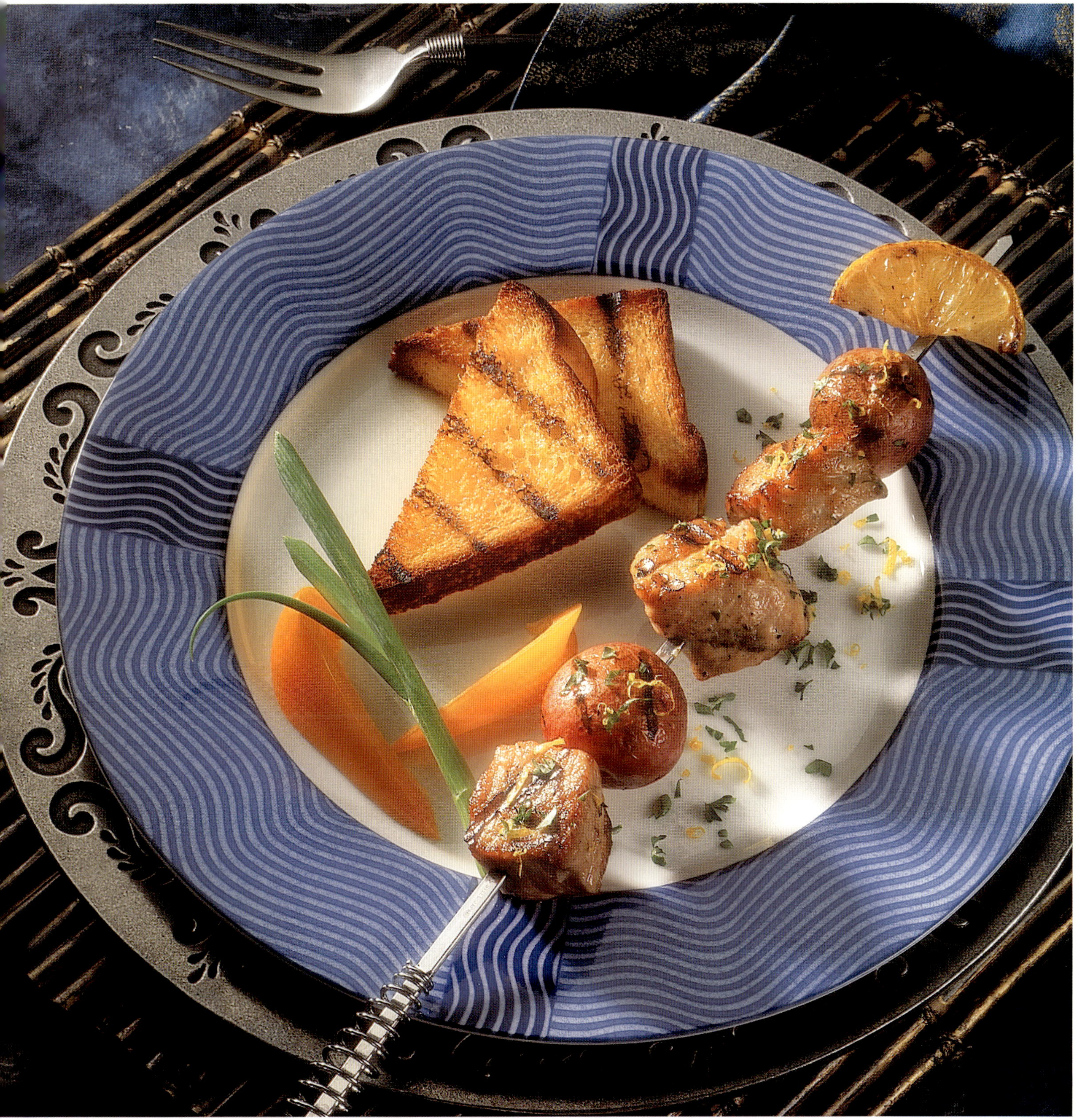

Rollos de Lasaña con Carne y Espinaca

675 g de carne molida de res
1 frasco (840 ml) de salsa para espagueti
½ taza de salsa para carne
½ cucharadita de albahaca seca
435 g de queso ricotta
1 bolsa (285 g) de espinaca picada, descongelada y escurrida
2 tazas de queso mozzarella rallado (225 g)
⅓ de taza queso parmesano rallado
1 huevo batido
12 tiras de lasaña, cocidas y escurridas
2 cucharadas de perejil fresco picado

En una sartén grande, dore la carne a fuego medio-alto hasta que pierda su color rosado; revuelva de vez en cuando para separar la carne; deseche la grasa. En un recipiente chico, mezcle la salsa para espagueti, la salsa para carne y la albahaca; vierta 1 taza de la mezcla de salsa sobre la carne. Conserve el resto de la salsa.

En un recipiente mediano, mezcle el queso ricotta, la espinaca, el queso mozzarella, 3 cucharadas de queso parmesano y el huevo. En cada tira de lasaña, distribuya más o menos ¼ de taza de la mezcla de queso ricotta. Corone con ⅓ de taza de carne. Enrolle cada hoja a partir del extremo corto; ponga los rollos, con la unión hacia abajo, en un refractario de 33×23×5 cm ligeramente engrasado. Vierta sobre los rollos la salsa que conservó. Espolvoree con el resto del queso parmesano y el perejil. Hornee, tapado, a 180 °C por 30 minutos. Destape y hornee de 15 a 20 minutos más o hasta que esté caliente y burbujee. Sirva con queso parmesano adicional, si lo desea. Adorne a su gusto. *rinde 6 porciones*

Nota

Para eliminar el exceso de humedad de la espinaca descongelada, póngala en un escurridor y presiónela con el dorso de una cuchara, o exprímala con las manos.

Rollos de Lasaña con Carne y Espinaca

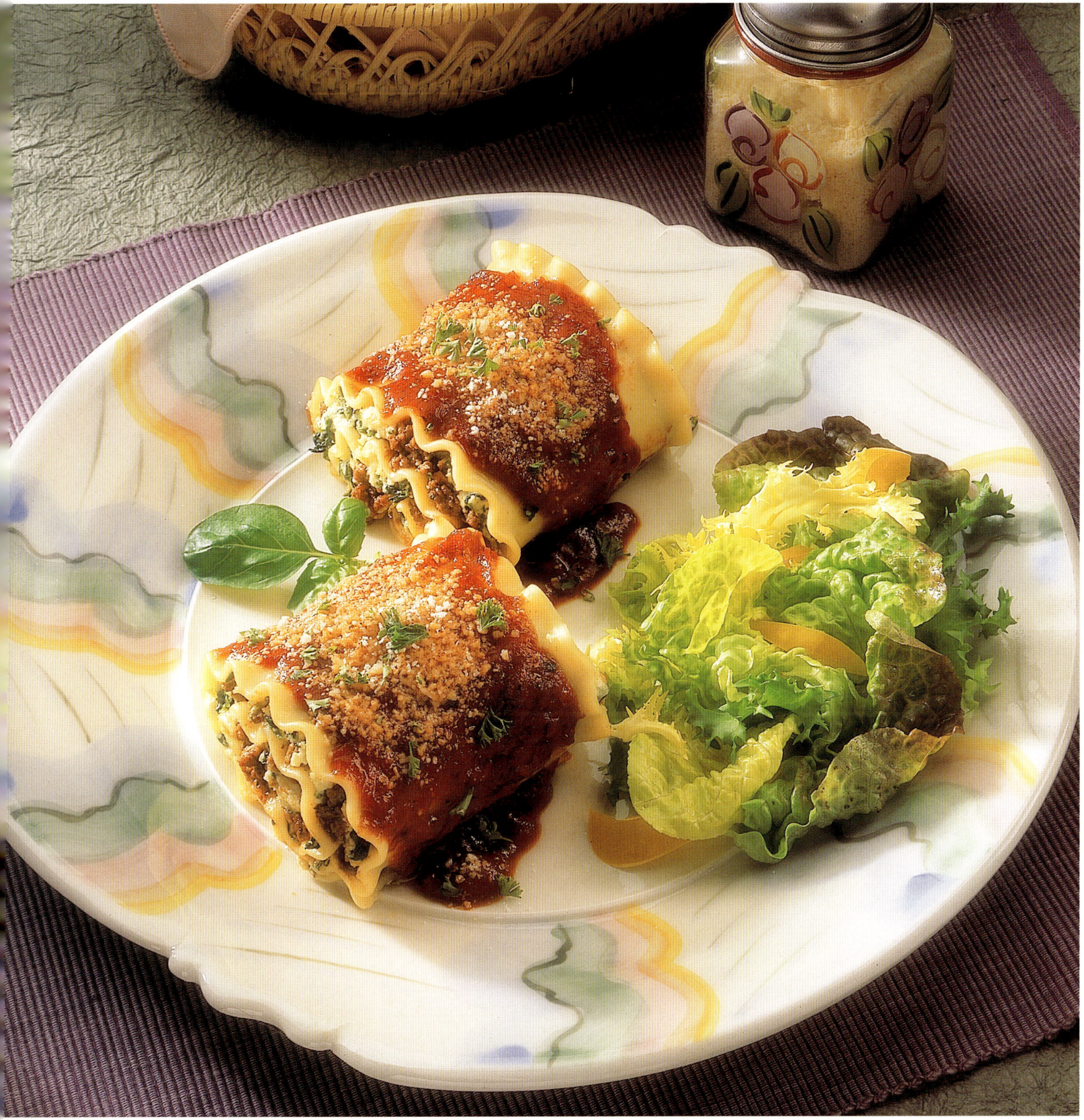

Pizzaiola de Carne

    4 medallones de filete (675 g)
    2 cucharadas de ajo finamente picado
    4 cucharadas de queso parmesano rallado
    ½ cucharadita de sal
    ½ cucharadita de pimienta negra molida
    2 tazas de ejotes (judías verdes) descongelados
    1 frasco (de 730 a 840 ml) de salsa espesa para pasta

Caliente el horno a 200 °C. En un refractario de 33×23 cm, acomode los medallones; añada encima el ajo, 2 cucharadas de queso parmesano, la sal y la pimienta. Agregue los ejotes y la salsa para pasta. Hornee por 20 minutos o hasta lograr el término deseado. Espolvoree con el queso restante. Sirva, si lo desea, sobre tallarín cocido caliente.

rinde 4 porciones

Stromboli de Res con Salsa de Queso

340 g de carne molida de res
1 frasco (450 ml) de salsa para pasta con doble queso cheddar
1 cucharadita de chile en polvo
1 base para pizza o masa para pan (450 g), **descongelada**
1 yema de huevo

1. Caliente el horno a 190 °C. En una sartén de 25 cm de diámetro, dore la carne a fuego medio-alto; deseche la grasa. Retire del fuego e incorpore ½ taza de la salsa y el chile.

2. Mientras tanto, extienda la masa y acomódela en un molde rectangular para niño envuelto (brazo gitano) de 28×20 cm. Distribuya la mitad de la carne sobre la masa, hasta 2.5 cm de la orilla. Enrolle, comenzando por un extremo largo. Doble hacia adentro los extremos y pellízquelos para sellarlos. Acomode sobre el molde, con la unión hacia abajo.

3. Barnice con la yema de huevo. Hornee por 40 minutos o hasta que el pan esté dorado. Deje reposar durante 10 minutos antes de rebanar. Acompañe con la salsa caliente restante.

rinde 6 porciones

tiempo de preparación: 10 minutos
tiempo de cocción: 40 minutos

Nota
El stromboli es un rollo horneado de masa para pizza con relleno de carne y queso, similar al calzone.

Lomo con Hierbas y Ajo

1 filete de lomo sin grasa (de 1.350 a 1.800 kg)
1 cucharada de granos de pimienta negra
2 cucharadas de albahaca fresca picada o 2 cucharaditas de albahaca seca
4½ cucharaditas de tomillo fresco picado o 1½ cucharaditas de tomillo seco
1 cucharada de romero fresco picado o 1 cucharadita de romero seco
1 cucharada de ajo machacado
Sal y pimienta negra (opcional)

1. Caliente el horno a 220 °C. Para que la carne conserve su forma, átela con un cordón de algodón, a intervalos de 3.5 cm.

2. Ponga los granos de pimienta en una bolsa chica de plástico; quite el exceso de aire; cierre la bolsa herméticamente. Con el lado plano de un mazo para carne o con un rodillo, triture los granos.

3. Coloque la carne en la rejilla de una olla para asar. En un recipiente chico, mezcle la pimienta con la albahaca, el tomillo, el romero y el ajo; frote la superficie superior de la carne.

4. Ase en el horno de 40 a 50 minutos para término medio o hasta que la temperatura interna alcance los 62 °C, cuando verifique la temperatura con el termómetro de carne insertado en la parte más gruesa del lomo.

5. Transfiera el asado a una tabla para picar; cúbralo con papel de aluminio. Déjelo reposar de 10 a 15 minutos antes de trincharlo. Durante el tiempo de reposo, la temperatura interna subirá de 4 a 7 °C. Desate y deseche el cordón. Para servir, corte a lo ancho en rebanadas de 1.5 cm de grosor con un cuchillo grande. Sazone con sal y pimienta.

rinde de 10 a 12 porciones

Nota

Las hierbas frescas dan un sabor más intenso que las hierbas secas. Búsquelas en la sección de verduras de su supermercado. O cultive sus hierbas favoritas en macetas o en su jardín.

Lomo con Hierbas y Ajo

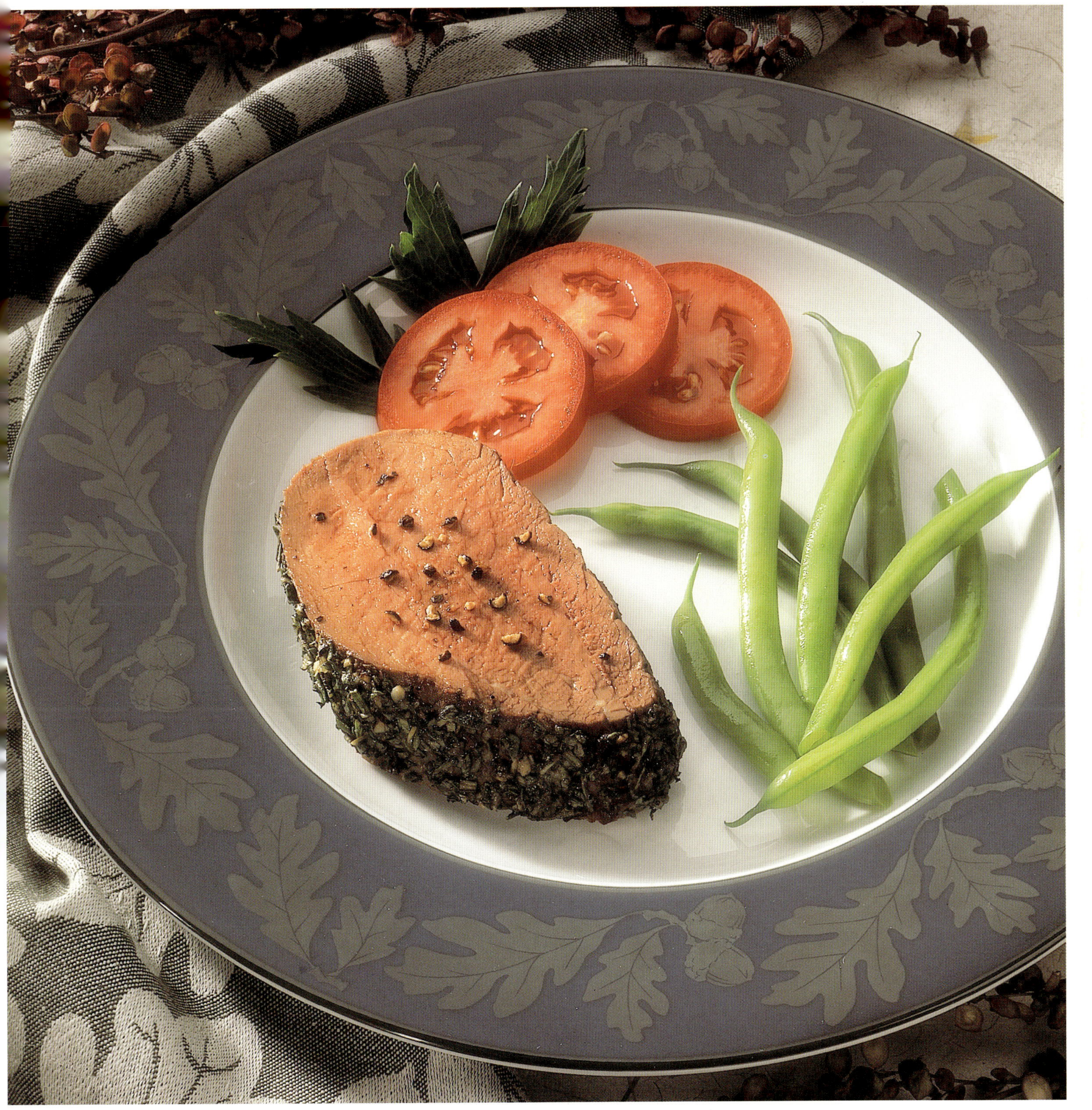

Pimientos Rellenos a la Italiana

   3 pimientos morrones (verdes, rojos o amarillos)
450 g de carne molida de res
   1 frasco (400 ml) de salsa para espagueti
   1⅓ tazas de aros de cebolla para freír
   2 cucharadas de salsa roja picante
   ½ taza de arroz instantáneo sin cocer
   ¼ de taza de aceitunas negras rebanadas
   1 taza (120 g) de queso mozzarella rallado

Caliente el horno a 200 °C. Corte los pimientos a lo largo por la mitad, a través del tallo; deseche las semillas. En un refractario de 2 litros, ponga las mitades de pimiento, con el lado cortado hacia arriba.

Coloque la carne en un recipiente para microondas. Hornee a temperatura ALTA por 5 minutos o hasta que la carne se dore; revuelva una vez; deseche la grasa. Incorpore la salsa para espagueti, ⅔ de taza de aros de cebolla, la salsa picante, el arroz y las aceitunas. Sirva sobre las mitades de pimiento.

Tape y hornee durante 35 minutos o hasta que los pimientos estén suaves. Destape; espolvoree encima el queso y los aros de cebolla restantes. Hornee por 1 minuto o hasta que se doren los aros de cebolla. *rinde 6 porciones*

tiempo de preparación: 10 minutos
tiempo de cocción: 36 minutos

Pimientos Rellenos a la Italiana

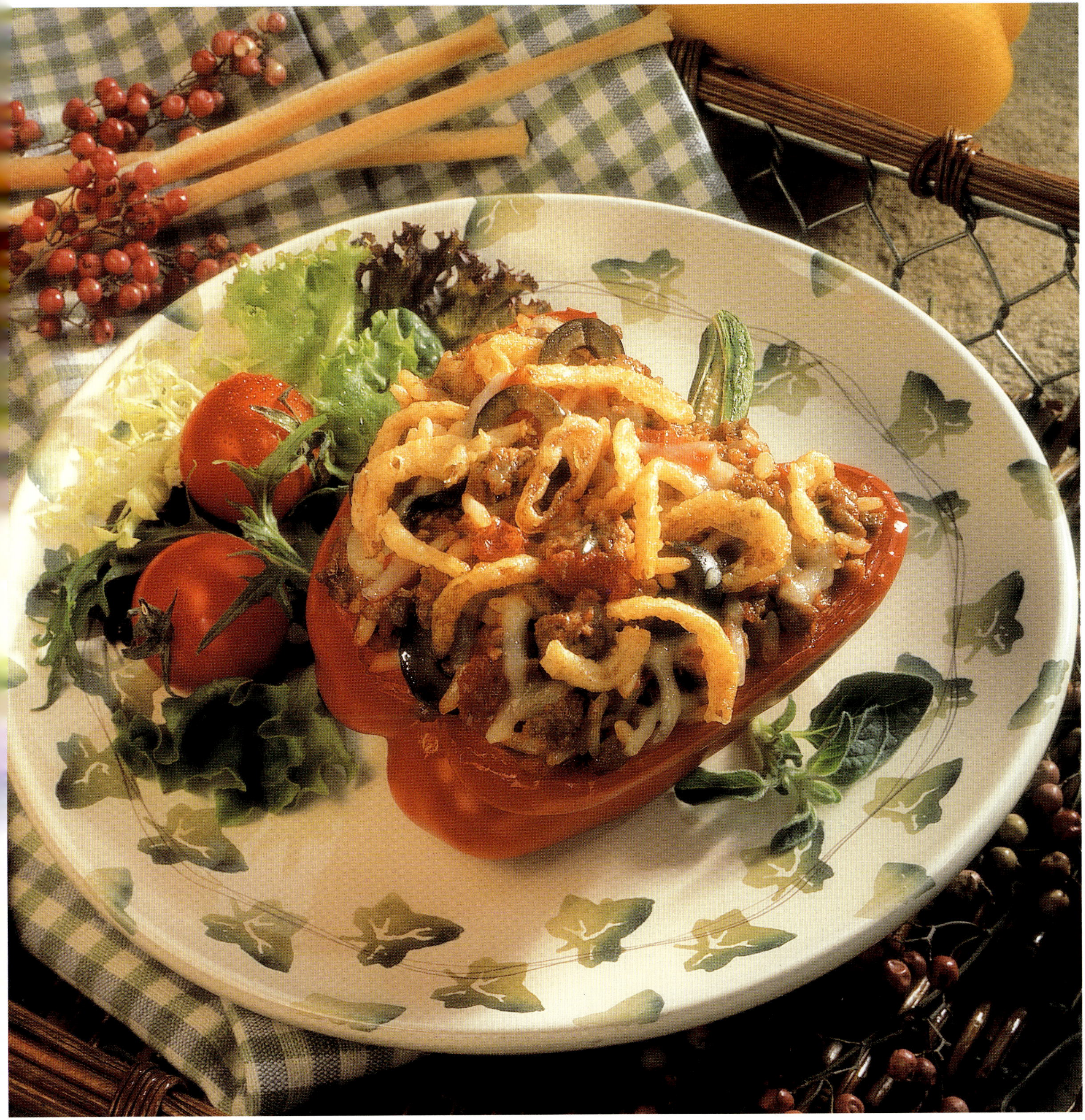

Calzone de Carne con Queso

450 g de carne molida de res
1 cebolla mediana picada
½ cucharadita de sal
1 frasco (de 730 a 840 ml) de salsa espesa para pasta
1 frasco (225 g) de champiñones en escabeche, escurridos y picados (opcional)
1 taza de queso cheddar rallado (unos 120 g)
900 g de masa para pizza, descongelada

1. Caliente el horno a 190 °C. En una sartén de 30 cm de diámetro, dore la carne con la cebolla y la sal a fuego medio-alto; deseche la grasa. Incorpore 1 taza de la salsa para pasta, los champiñones y el queso.

2. Sobre una superficie enharinada, divida la masa en 8 pedazos; extiéndalos formando círculos de 15 cm. En cada círculo de masa, distribuya ½ taza de la mezcla de carne; doble y pellizque la orilla para encerrar el relleno.

3. Con una espátula grande, acomode con cuidado los calzone sobre charolas para galleta. Hornee por 25 minutos o hasta que estén dorados. Acompañe con la salsa caliente restante.

rinde 8 porciones

tiempo de preparación: 15 minutos
tiempo de cocción: 25 minutos

Nota

Esta empanada pizza triangular o media luna se creó en Nápoles, donde se vende en las calles como refrigerio. La masa de pizza se rellena con carne de res o salchicha, verduras y salsa de tomate rojo. Casi siempre se hornea, pero puede freírse.

Ternera Parmesana

4 chuletas de ternera, de 1 cm de grosor (de unos 120 g cada una)
1 huevo
¼ de taza de harina de trigo
⅔ de taza de pan molido
3 cucharadas de aceite de oliva
2 cucharadas de mantequilla
1½ tazas (180 g) de queso mozzarella rallado
1 frasco (840 ml) de salsa para pasta con pimiento
⅔ de taza de queso parmesano recién rallado
Hojas de albahaca frescas (opcional)
Pasta cocida y caliente

1. Con un mazo para carne, aplane las chuletas hasta que midan .5 cm de grosor. Séquelas con toallas de papel.

2. En un recipiente chico, bata el huevo; ponga la harina y el pan molido en platos extendidos, por separado. Primero enharine las chuletas; luego, remójelas en el huevo; por último, empanícelas; cubra ambos lados uniformemente. Presione el pan molido con firmeza para que se adhiera bien a la carne.

3. En una sartén grande, caliente 2 cucharadas de aceite y la mantequilla a fuego medio-alto. Agregue la carne y fríala por 3 minutos de cada lado o hasta que se dore.

4. Caliente el horno a 180 °C.

5. Con una espumadera, pase la ternera a un refractario engrasado de 33×23 cm. Espolvoree la carne con el queso mozzarella. Vierta la salsa para pasta sobre el queso. Espolvoree encima el queso parmesano. Por último, rocíe el aceite restante. Hornee, sin tapar, durante 25 minutos o hasta que la ternera esté suave y el queso dorado. Adorne con la albahaca fresca, si lo desea. Acompañe con la pasta.

rinde 4 porciones

Ossobuco

   1.350 kg de pierna de ternera (unas 4 piernas)
      ¾ de cucharadita de sal
      ½ cucharadita de pimienta negra
      ½ taza de harina de trigo
      2 cucharadas de aceite de oliva
      1 taza de cebolla picada
      1 taza de zanahoria finamente picada
      1 taza de apio finamente picado
      2 dientes de ajo machacados
      ½ taza de vino blanco seco
  420 g de tomate rojo cortado en cubos, conserve el jugo
      1 taza de caldo de res
      1 cucharada de albahaca o romero fresco picado
      1 hoja de laurel
      Gremolata Parmesana (receta en la página 156)

1. Sazone la ternera con ½ cucharadita de sal y pimienta. Ponga la harina en un recipiente extendido; enharine la ternera, una pierna a la vez; sacuda el exceso.

2. En una olla que pueda meter al horno, caliente el aceite a fuego medio-alto. Dore las piernas de ternera por 20 minutos; gírelas ¼ de vuelta cada 5 minutos y sosténgalas con unas pinzas para dorar las orillas. Colóquelas en un platón.

3. Caliente el horno a 180 °C. Agregue la cebolla, la zanahoria, el apio y el ajo a la olla; cueza por 5 minutos o hasta que las verduras estén suaves. Vierta encima el vino; deje cocer a fuego medio-alto de 2 a 3 minutos; revuelva para desprender los residuos pegados.

4. Ponga el tomate con su jugo, el caldo, la albahaca, la hoja de laurel y la sal restante en la olla; deje hervir. Regrese las piernas de ternera a la olla; tape y hornee por 2 horas. Mientras tanto, prepare la Gremolata Parmesana.

5. Deseche la hoja de laurel. Ponga las piernas de ternera en tazones individuales; encima sirva las verduras. Espolvoree el platillo con la Gremolata Parmesana.

rinde de 4 a 6 porciones

continúa en la página 156

Ossobuco

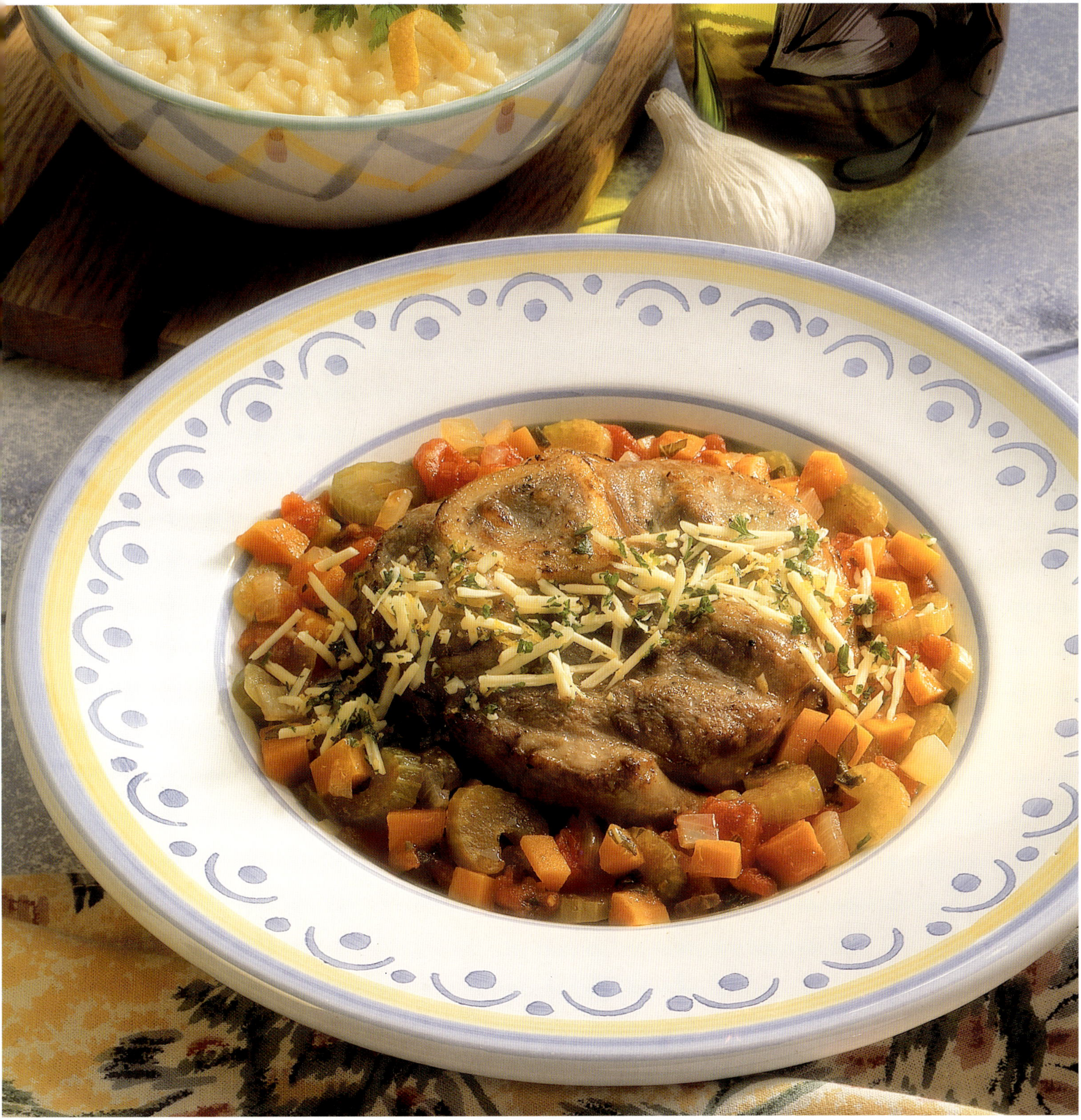

Ossobuco, continuación

Gremolata Parmesana

1 limón
⅓ de taza de queso parmesano recién rallado
¼ de taza de perejil picado
1 diente de ajo machacado

Ralle finamente la cáscara de limón (sólo la parte verde, sin llegar a la membrana blanca). Mezcle la ralladura de limón con el queso, el perejil y el ajo. Tape y refrigere.

rinde más o menos ⅓ de taza

Ternera Florentina Clásica

180 g de espinaca fresca picada
4 cucharadas de mantequilla o margarina
2 tazas de salsa marinara
¼ de cucharadita de sal
⅛ de cucharadita de pimienta negra
¼ de taza de harina de trigo
4 chuletas de ternera, de 1 cm de grosor (de 120 g cada una)
1 cucharada de aceite de oliva
1 taza (120 g) de queso mozzarella rallado

Ponga la espinaca en una cacerola a fuego medio. Tape y cueza al vapor hasta que esté suave; revuelva de vez en cuando. Agregue 2 cucharadas de mantequilla; cueza y revuelva hasta que se absorba la mantequilla. Retire de la cacerola. En una bolsa de plástico, mezcle la harina, la sal y la pimienta. Aplane la ternera con un mazo para carne hasta que mida .5 cm de grosor. Séquela con toallas de papel. Enharine la ternera dentro de la bolsa, 1 chuleta a la vez. En una sartén, caliente el aceite y la mantequilla restante a fuego medio hasta que burbujee. Ponga la carne en la sartén; fríala de 2 a 3 minutos de cada lado hasta que dore un poco. Retire del fuego y deseche el exceso de grasa. Corone la ternera con la espinaca y después con el queso. Vierta en la sartén la salsa marinara; levante las orillas de la ternera para permitir que la salsa penetre debajo. Cueza a fuego bajo hasta que burbujee; tape y deje cocer por 8 minutos o hasta que esté bien caliente. Acompañe con pasta. Adorne a su gusto. *rinde 4 porciones*

Ternera Florentina Clásica

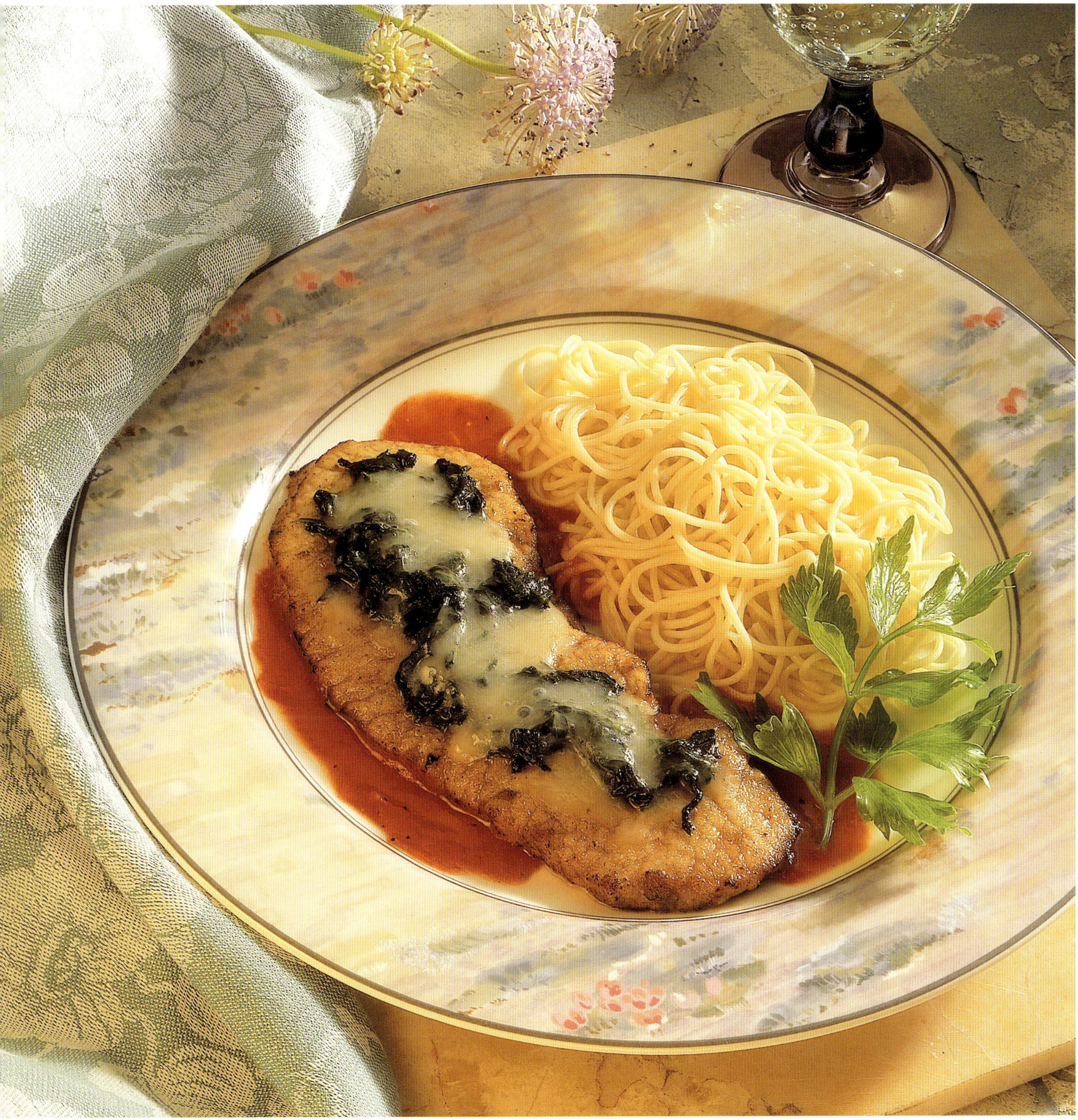

Escalopes de Ternera

4 chuletas de ternera, de 1 cm de grosor (de unos 120 g cada una)
¼ de taza de mantequilla o margarina
225 g de champiñones frescos, en rebanadas delgadas
2 cucharadas de aceite de oliva
1 cebolla chica finamente picada
¼ de taza de jerez seco
2 cucharaditas de harina de trigo
½ taza de caldo de res
¼ de cucharadita de sal
⅛ de cucharadita de pimienta negra molida
2 cucharadas de crema espesa o crema batida
Hoja fresca de laurel y ramas de mejorana para adornar
Pasta cocida y caliente (opcional)

1. Ponga cada chuleta entre hojas de papel encerado sobre una tabla para picar. Aplane la carne con un mazo para carne, hasta que midan .5 cm de grosor. Séquela con toallas de papel.

2. En una sartén grande, caliente la mantequilla a fuego medio hasta que se derrita y burbujee. Fría los champiñones de 3 a 4 minutos hasta que se doren un poco. Con una espumadera, retírelos y póngalos en un recipiente chico.

3. Agregue el aceite y la mantequilla restante a la sartén; caliente a fuego medio e incorpore las chuletas; sofríalas de 2 a 3 minutos de cada lado hasta que estén doradas. Coloque la carne en platos extendidos.

4. En la misma sartén, ponga la cebolla; fríala de 2 a 3 minutos hasta que esté suave. Vierta el jerez y deje que hierva a fuego medio-alto por 15 segundos. Añada la harina; fríala durante 30 segundos. Retire del fuego y vacíe el caldo; regrese al fuego y deje hervir a fuego medio; revuelva sin cesar. Ponga el champiñón, la sal y la pimienta. Sumerja la ternera en la salsa; reduzca el fuego a bajo. Tape y deje cocer por 8 minutos o hasta que la carne esté suave. Retire del fuego.

5. Coloque la carne en un lado de la sartén y vierta la crema; revuelva bien. Deje que se caliente a fuego bajo. Adorne, si lo desea. Sirva de inmediato con la pasta.

rinde 4 porciones

Escalopes de Ternera

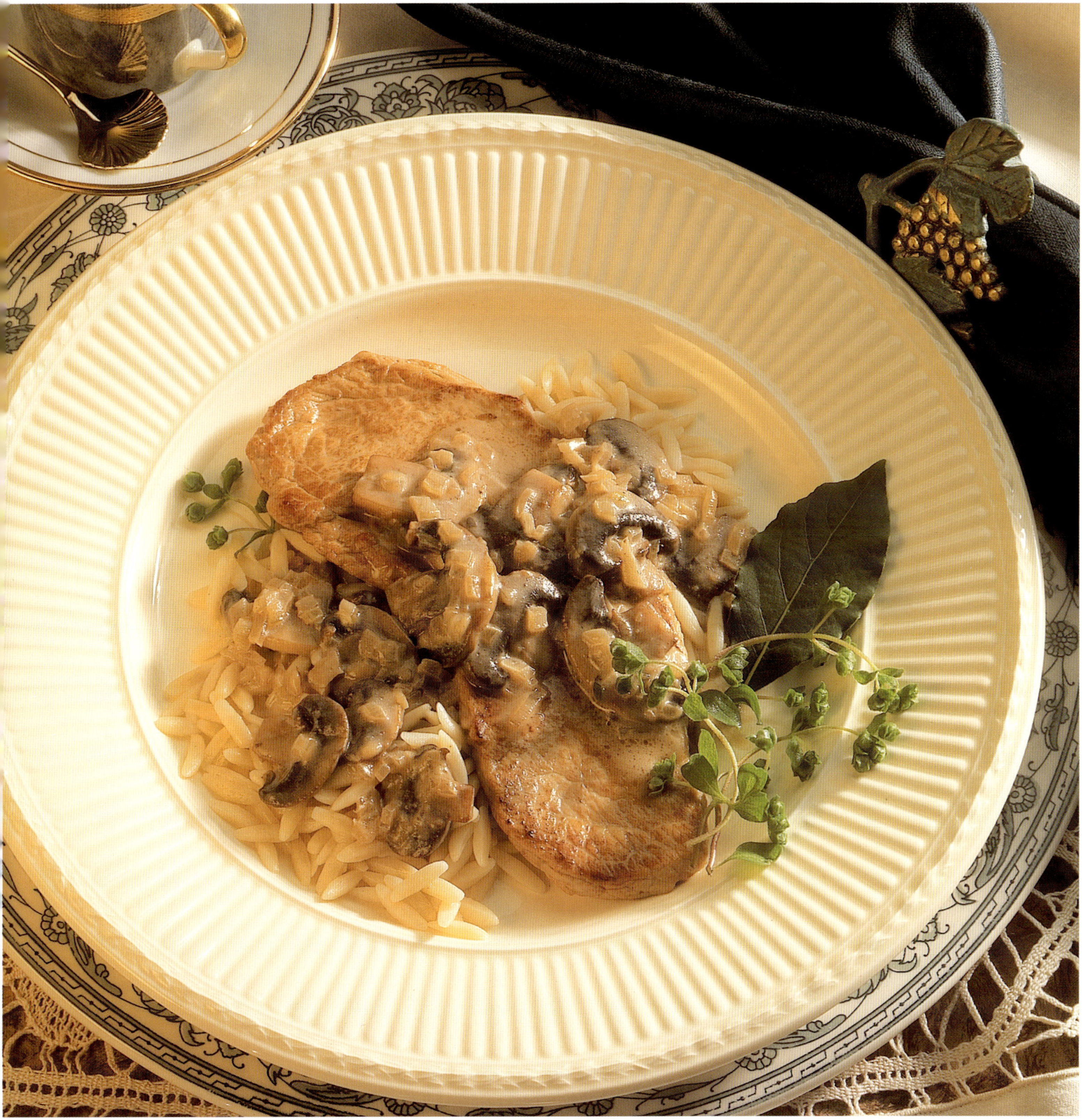

POLLO Y PAVO

Pollo Toscano

6 papas (patatas) rojas medianas, lavadas, en rebanadas de .5 cm de grosor
360 g de champiñones shiitake, cremini, chanterelle y/o botón, rebanados
4 cucharadas de aceite de oliva
4 cucharadas de queso parmesano rallado
3 cucharaditas de ajo machacado
3 cucharaditas de romero machacado o 1½ cucharaditas de romero seco
Sal y pimienta molida
1.350 kg de piezas de pollo sin piel

Caliente el horno a 220 °C. Seque las papas con toallas de papel. Cubra las papas y los champiñones con 2½ cucharadas de aceite, 2 cucharadas de queso, 2 cucharaditas de ajo, 2 cucharaditas de romero, ½ cucharadita de sal y ¼ de cucharadita de pimienta. En un refractario de 33×23 cm, acomode las papas en una capa; corone con el queso restante. Hornee por 15 minutos o hasta que estén un poco doradas.

Mientras tanto, en una sartén grande con recubrimiento antiadherente, caliente a fuego medio el aceite restante. Agregue las piezas de pollo; sazónelas con un poco de sal y pimienta; espolvoree con el romero y el ajo restantes. Fría el pollo de 5 a 6 minutos de cada lado o hasta que se dore. (No amontone el pollo; si es necesario, dórelo en dos tandas.)

Acomode el pollo sobre las papas; rocíe encima el aceite de la sartén y regrese al horno. Hornee de 20 a 25 minutos más o hasta que el pollo pierda su color rosado en el centro. Acompañe el pollo, las papas y los champiñones con ensalada verde, si lo desea.

rinde 6 porciones

Pollo Toscano

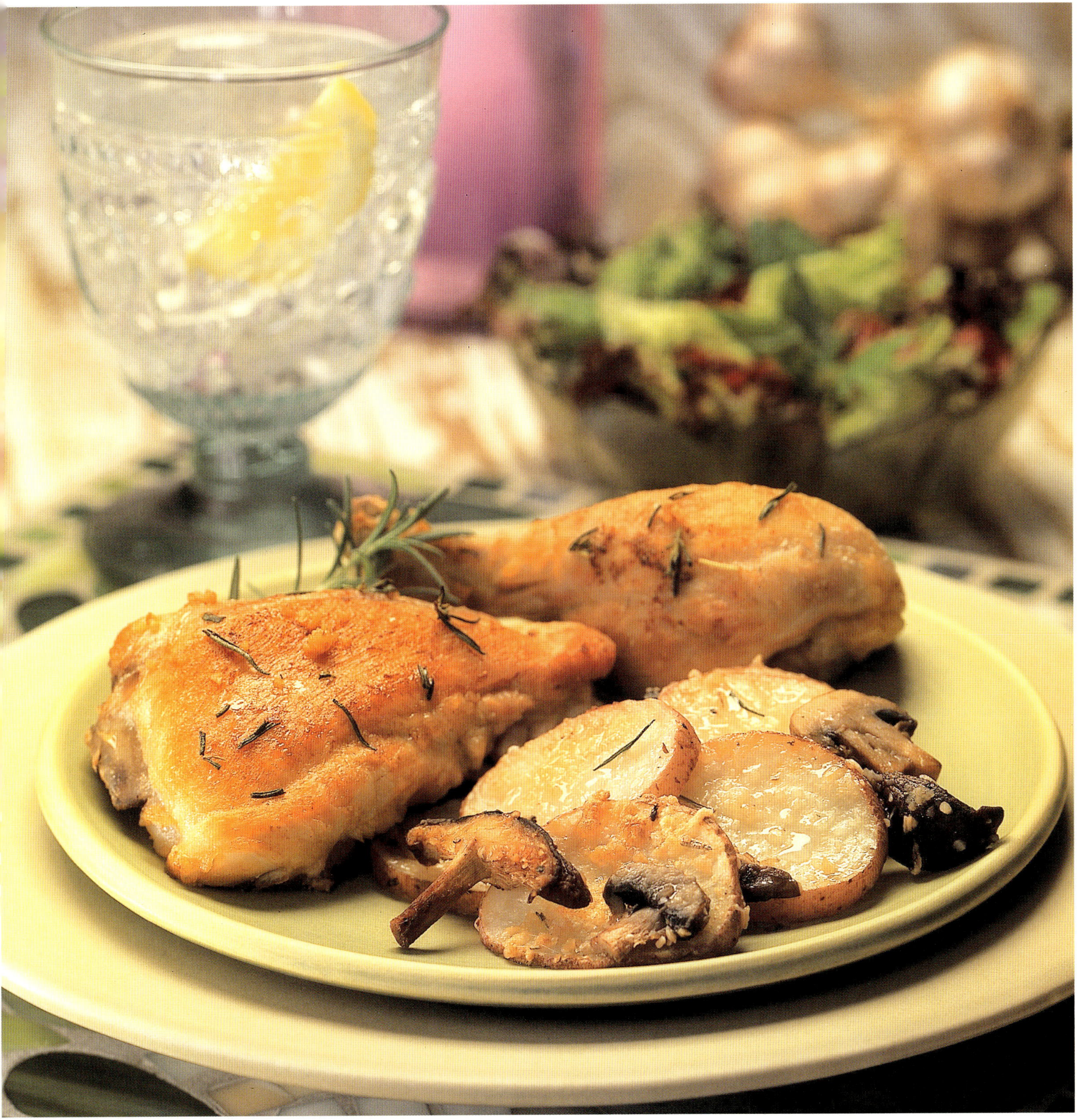

Pollo Cacciatore a la Sartén

  2 cucharadas de aceite de oliva o aceite vegetal
  1 taza de cebolla morada rebanada
  1 pimiento morrón verde mediano, cortado en tiras (más o menos 1 taza)
  2 dientes de ajo machacados
450 g de mitades de pechuga de pollo, deshuesadas y sin piel (unas 4)
  1 lata (420 g) de tomate rojo en cubos, sazonado con hierbas italianas, conserve el jugo
  ¼ de taza de vino blanco seco o consomé de pollo
  ½ cucharadita de sal
  ¼ de cucharadita de pimienta negra molida
  1 cucharada de albahaca picada o 1 cucharadita de albahaca seca machacada

1. En una sartén grande, caliente el aceite a fuego medio-alto. Agregue la cebolla, el pimiento y el ajo; saltéelos por 1 minuto.

2. Añada el pollo; cueza de 6 a 8 minutos o hasta que el pollo pierda su color rosado en el centro.

3. Incorpore el tomate con su jugo, el vino, la sal y la pimienta negra. Deje cocer, sin tapar, durante 5 minutos. Sirva caliente sobre arroz o pasta cocidos, si lo desea. Espolvoree con la albahaca.

rinde 6 porciones

Pollo Cacciatore a la Sartén

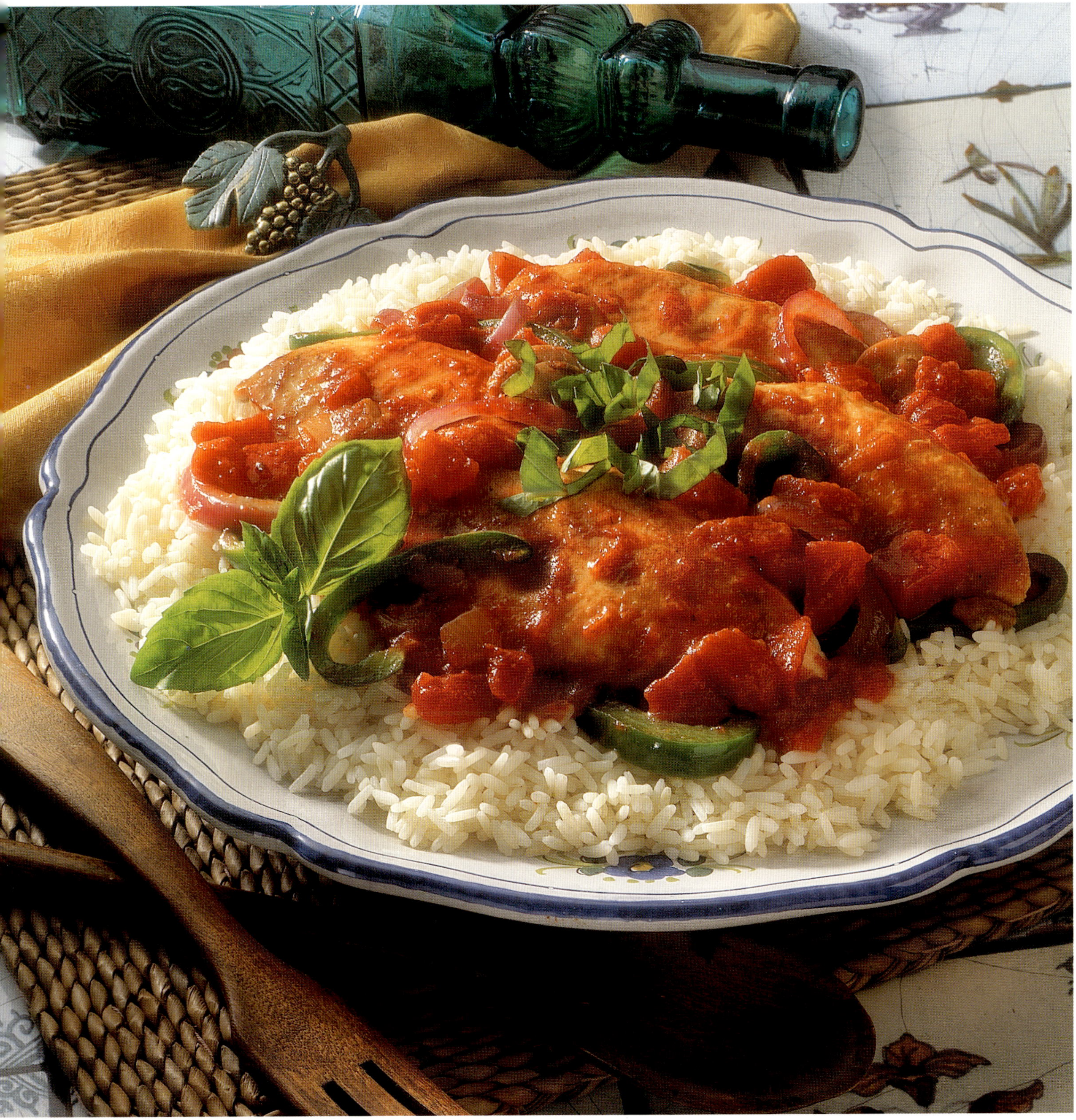

Piccata de Pollo Clásica

4 mitades de pechuga de pollo, deshuesadas y sin piel
¼ de taza de harina de trigo
1 huevo batido
½ taza de pan molido
1 cucharadita de perejil seco
¼ de cucharadita de sal
¼ de cucharadita de pimienta negra recién molida
3 cucharadas de aceite de oliva
⅓ de taza de vino blanco seco
¼ de taza de jugo de limón fresco
Rebanadas de limón, para adornar

1. Ponga las pechugas entre 2 pedazos de plástico; aplánelas hasta que midan 1.5 cm de grosor. Coloque la harina en un plato chico. Vacíe el huevo en un recipiente poco profundo. En otro plato chico, mezcle el pan molido con el perejil, la sal y la pimienta. Enharine las pechugas; después, sumérjalas en el huevo; por último, cúbralas con la mezcla de pan molido.

2. En una sartén mediana con recubrimiento antiadherente, caliente el aceite a fuego medio-alto. Agregue el pollo y cuézalo por 4 minutos. Voltéelo; reduzca el fuego a medio; cuézalo de 4 a 5 minutos o hasta que pierda su color rosado en el centro. Pase el pollo a un platón; consérvelo caliente. Vierta el vino y el jugo de limón en la sartén; cueza y revuelva a fuego alto por 2 minutos. Rocíe la salsa sobre las pechugas. Adorne con rebanadas de limón, si lo desea.

rinde 4 porciones

Nota

Es recomendable utilizar un buen vino de mesa para cocinar; escoja uno que le guste. No es necesario un vino caro. Evite los productos etiquetados como vinos para cocinar porque contienen sal. Si no tiene vino, puede sustituirlo por consomé o agua, aunque el sabor del platillo será más simple.

Piccata de Pollo Clásica

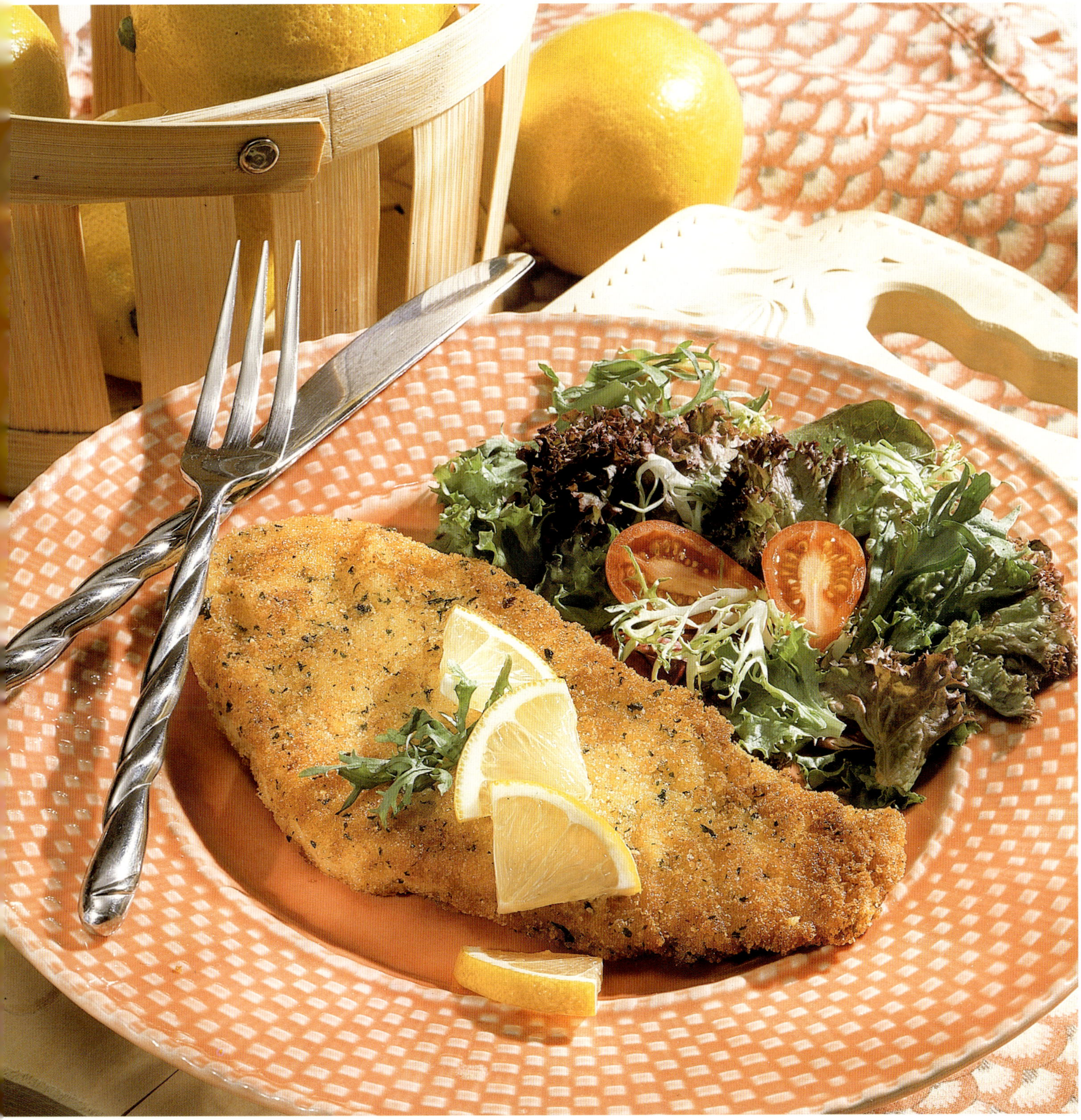

Pechugas Estofadas con Tomate y Mozzarella

4 mitades de pechuga de pollo, deshuesadas y sin piel (unos 675 g)
3 cucharadas de aceite de oliva
1 taza de cebolla picada
2 cucharaditas de ajo machacado
1 lata (400 g) de tomate rojo cocido estilo italiano
1½ tazas (180 g) de queso mozzarella rallado

1. Caliente el asador eléctrico.

2. Ponga las pechugas entre 2 pedazos de plástico; con el lado plano de un mazo para carne o con un rodillo, aplánelas hasta que midan 1.5 cm de grosor.

3. En una sartén que pueda meter al horno, caliente 2 cucharadas de aceite a fuego medio. Agregue el pollo; fríalo por unos 3½ minutos de cada lado o hasta que pierda su color rosado en el centro. Páselo a un platón; tápelo y consérvelo caliente.

4. En la misma sartén, a fuego medio, caliente el aceite restante. Añada la cebolla y el ajo; fríalos por 3 minutos. Incorpore el tomate; déjelo cocer. Regrese el pollo a la sartén; con un cucharón, acomode la mezcla de cebolla y tomate sobre el pollo.

5. Espolvoree con el queso. Ase de 10 a 12.5 cm de la fuente de calor hasta que el queso se funda.

rinde 4 porciones

tiempo de preparación y cocción: 20 minutos

Nota

El mozzarella es un queso blanco suave que se funde con facilidad. En el sur de Italia, su lugar de origen, se elabora con leche de búfalo. En otras partes de Italia y en Estados Unidos, se fabrica con leche de vaca. Seleccione mozzarella semidescremado, que contiene menos grasa y calorías.

Pechugas Estofadas con Tomate y Mozzarella

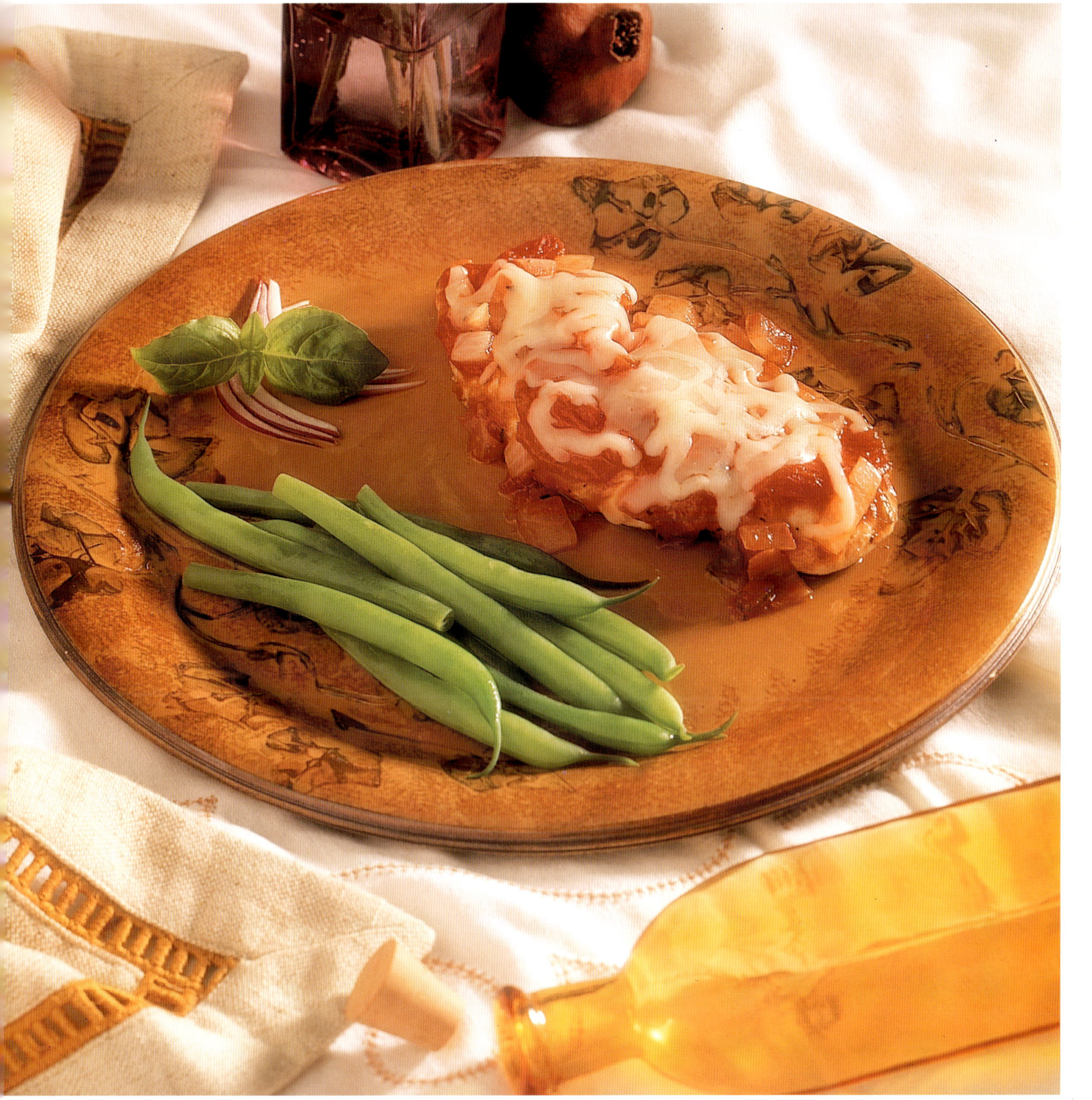

Pollo Marsala

 4 filetes de pechuga de pollo, deshuesados y sin piel
 3 tazas de champiñón fresco rebanado
 2 cucharadas de cebollín rebanado
 2 cucharadas de agua
 ¼ de cucharadita de sal
 ¼ de taza de vino marsala seco
 1 cucharadita de fécula de maíz

Aplane el pollo entre dos pedazos de plástico. Con aceite en aerosol, rocíe una sartén con recubrimiento antiadherente; caliente a fuego medio. Agregue el pollo; cuézalo de 2 a 3 minutos de cada lado o hasta que pierda su color rosado en el centro. Páselo a un platón; consérvelo caliente. Ponga en la sartén el champiñón, la cebolla, el agua y la sal; cueza por 3 minutos o hasta que se haya evaporado casi todo el líquido. En un recipiente chico, mezcle el vino con la fécula de maíz; vierta en la sartén. Caliente y revuelva sin cesar hasta que espese. Vierta sobre el pollo caliente.

rinde 4 porciones

tiempo de preparación: de 15 a 20 minutos

Pollo Marsala

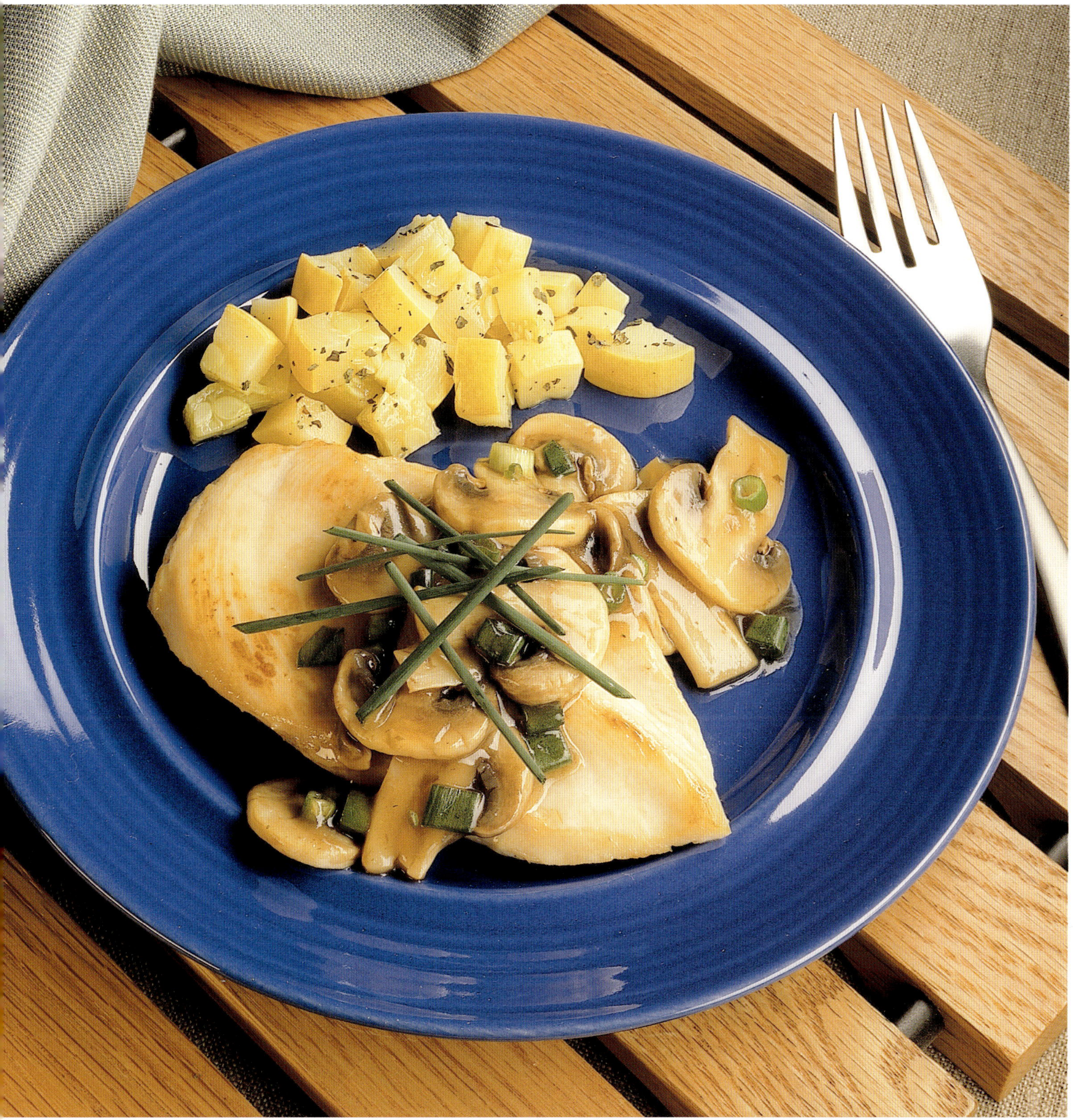

Chicaboli

   4 mitades de pechuga de pollo, deshuesadas y sin piel
 ¼ de cucharadita de sal
   4 rebanadas de jamón
 12 rebanadas de pepperoni
   4 rebanadas delgadas de queso provolone
     Mostaza
   2 huevos batidos
   1 taza de pan molido
 ½ taza de aceite*
     Linguine con mantequilla
     Salsa marinara (opcional)

Utilice su aceite preferido.

Enjuague el pollo; séquelo. Sazónelo con sal. Sobre cada pechuga, ponga jamón, 3 rebanadas de pepperoni, queso y 2 gotas de mostaza. Doble las pechugas para encerrar las carnes frías y el queso. (Afiáncelas con palillos de madera, si lo desea.) Sumérjalas en el huevo y después cúbralas con el pan molido.

Caliente el horno a 190 °C.

En una sartén mediana, caliente el aceite a fuego medio-alto. Añada el pollo; dórelo un poco por todos lados. Acomódelo en un refractario de vidrio de 33×23×5 cm.

Horneélo durante 25 minutos o hasta que pierda su color rosado en el centro. *No hornee de más. Retire los palillos.* Acompañe con el linguine y bañe con la salsa marinara, si lo desea.

rinde 4 porciones

Nota

El provolone es un queso italiano firme con un suave sabor ahumado. Si no lo encuentra, puede sustituirlo por queso mozzarella.

Pollo con Escarola y Berenjena

4 mitades de pechuga de pollo con hueso (unos 675 g)
2 cucharadas de aceite de oliva o aceite vegetal
1 cucharada de ajo picado
1 escarola grande picada
1 berenjena chica (de unos 450 g), pelada y en cubos
1 frasco (de 730 a 840 ml) de salsa espesa para pasta

1. Caliente el horno a 230 °C. Si lo desea, sazone el pollo con sal y pimienta. Acomódelo en una olla para asar sin rejilla; áselo por 40 minutos o hasta que pierda su color rosado en el centro.

2. Mientras tanto, en una sartén de 30 cm de diámetro, caliente el aceite a fuego medio y fría el ajo por 30 segundos; revuelva de vez en cuando. Agregue la escarola y la berenjena, y deje cocer, tapado, durante 5 minutos o hasta que estén suaves; revuelva de vez en cuando. Incorpore la salsa para pasta y cueza por 10 minutos o hasta que las verduras estén suaves.

3. Con una espumadera, saque las verduras y póngalas en un platón; acomode encima el pollo. Acompañe con pasta o arroz, cocidos y calientes, si lo desea. *rinde 4 porciones*

tiempo de preparación: 10 minutos
tiempo de cocción: 40 minutos

Nota

La escarola es una verdura de hojas color verde pálido, de sabor un poco amargo. A menudo se utiliza en ensaladas verdes. Las hojas de la escarola son lo suficientemente firmes como para saltearlas, y le dan un delicioso sabor a sopas o platillos principales italianos.

Pollo con Salsa Cremosa de Tomate y Albahaca

4 mitades de pechuga de pollo, deshuesadas y sin piel (unos 560 g), aplanadas, si lo desea
3 cucharadas de margarina
2 tomates rojos picados
1 cebolla chica picada
¼ de cucharadita de sal
¼ de taza de vino blanco seco o consomé de pollo
½ taza de crema batida o crema espesa
2 cucharadas de albahaca fresca, en tiras delgadas

Sazone el pollo, si lo desea, con sal y pimienta negra molida.

En una sartén de 30 cm de diámetro, derrita 2 cucharadas de mantequilla a fuego medio-alto, y cueza el pollo por 8 minutos o hasta que pierda su color rosado; voltéelo una vez. Retire el pollo del fuego.

En la misma sartén, derrita la mantequilla restante y cueza el tomate, la cebolla y la sal durante 3 minutos o hasta que el tomate esté suave; revuelva de vez en cuando. Incorpore el vino y cueza por 2 minutos o hasta que se evapore el vino. Añada la crema; reduzca el fuego a bajo y regrese el pollo a la sartén. Deje cocer, sin tapar, durante 4 minutos o hasta que la salsa se espese y el pollo esté bien caliente. Adorne con la albahaca. *rinde 4 porciones*

Nota

La albahaca fresca tiende a magullarse y decolorarse con facilidad. Para evitar esto, apile las hojas y enróllelas como un cigarro. Con un cuchillo afilado, corte las hojas a lo ancho en tiras.

Pollo con Salsa Cremosa de Tomate y Albahaca

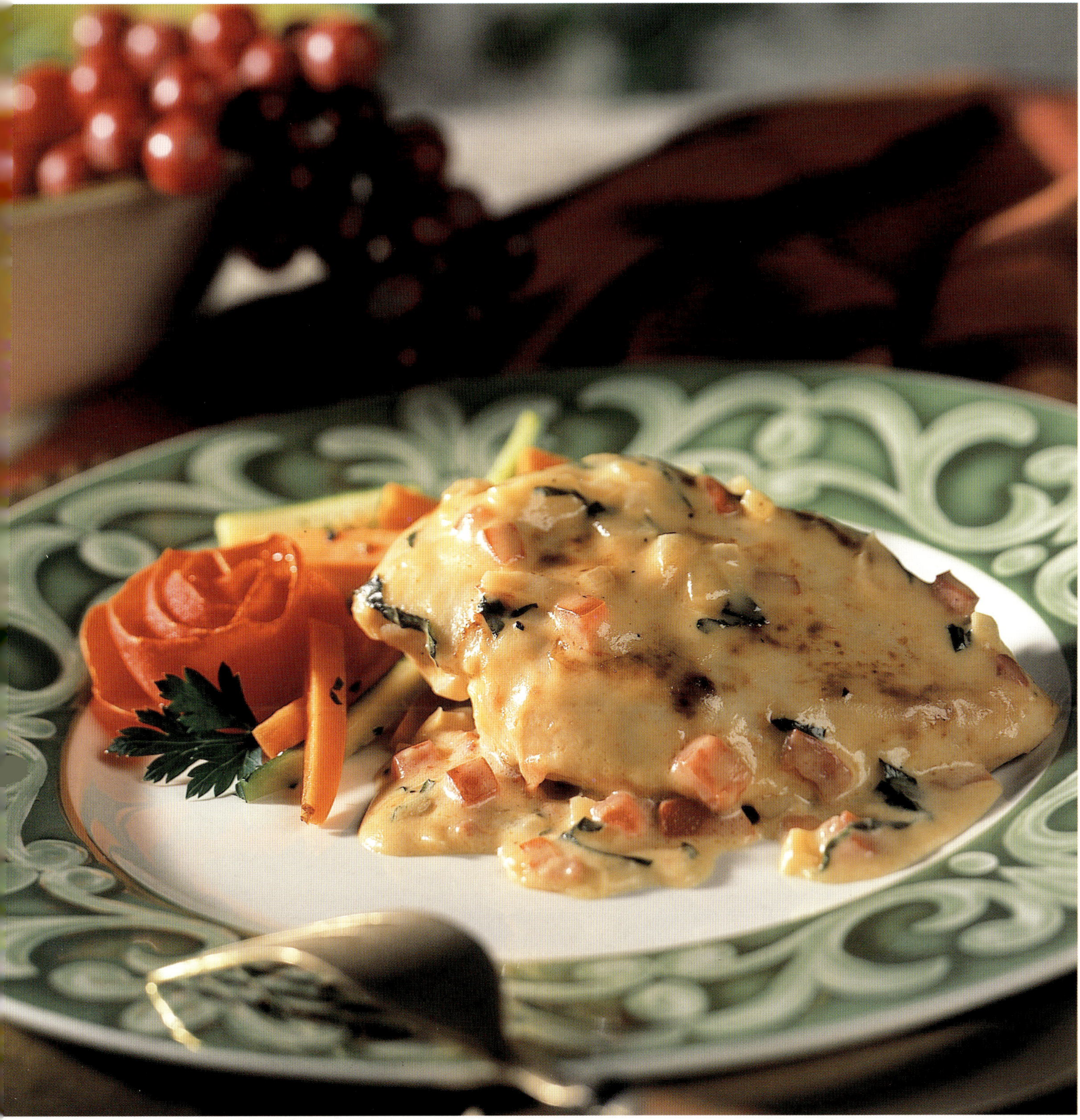

Pollo Marinado

    1 sobre de sopa de champiñón con ajo en polvo
    ⅓ de taza de agua
    ¼ de taza de aceite de oliva o aceite vegetal
    1 cucharadita de jugo de limón o vinagre
    4 mitades de pechugas de pollo, deshuesadas y sin piel (unos 565 g)

1. Para marinar, mezcle todos los ingredientes, excepto el pollo.

2. En un refractario, o en una bolsa de plástico, meta el pollo y vierta ½ taza de la marinada. Tape, o cierre la bolsa, y deje marinar en el refrigerador hasta por 3 horas; voltee el pollo de vez en cuando. Refrigere el resto de la marinada.

3. Saque el pollo y deseche la marinada. Ase el pollo a la parrilla o a la plancha; voltéelo una vez y barnícelo con la marinada que refrigeró, hasta que pierda su color rosado.

rinde 4 porciones

Pollo con Arroz a la Pequeña Italia

    1.800 kg de piezas de pollo
    1 cucharadita de sazonador de hierbas italianas secas
      Sal y pimienta molida al gusto
    2 cucharadas de aceite de oliva
    1 taza de arroz blanco sin cocer
    1 cebolla grande picada grueso
    1 pimiento morrón verde, sin semillas y cortado en cubos
    1 lata (420 g) de tomate rojo cocido estilo italiano
    2 tazas de consomé de pollo

Sazone el pollo con el sazonador italiano, la sal y la pimienta. Caliente el horno a 190 °C. En una olla que pueda meter al horno, caliente el aceite a fuego medio-alto. Agregue el pollo; fríalo de 6 a 8 minutos hasta que esté dorado por todos lados; voltéelo de vez en cuando. Retire del fuego. Añada el arroz, la cebolla y el pimiento morrón a la olla; saltéelos de 2 a 3 minutos. Regrese el pollo a la olla e incorpore el tomate y el consomé. Tape y hornee de 45 a 50 minutos, hasta que el arroz esté suave y el pollo esté bien cocido. *rinde de 5 a 6 porciones*

Pollo Marinado

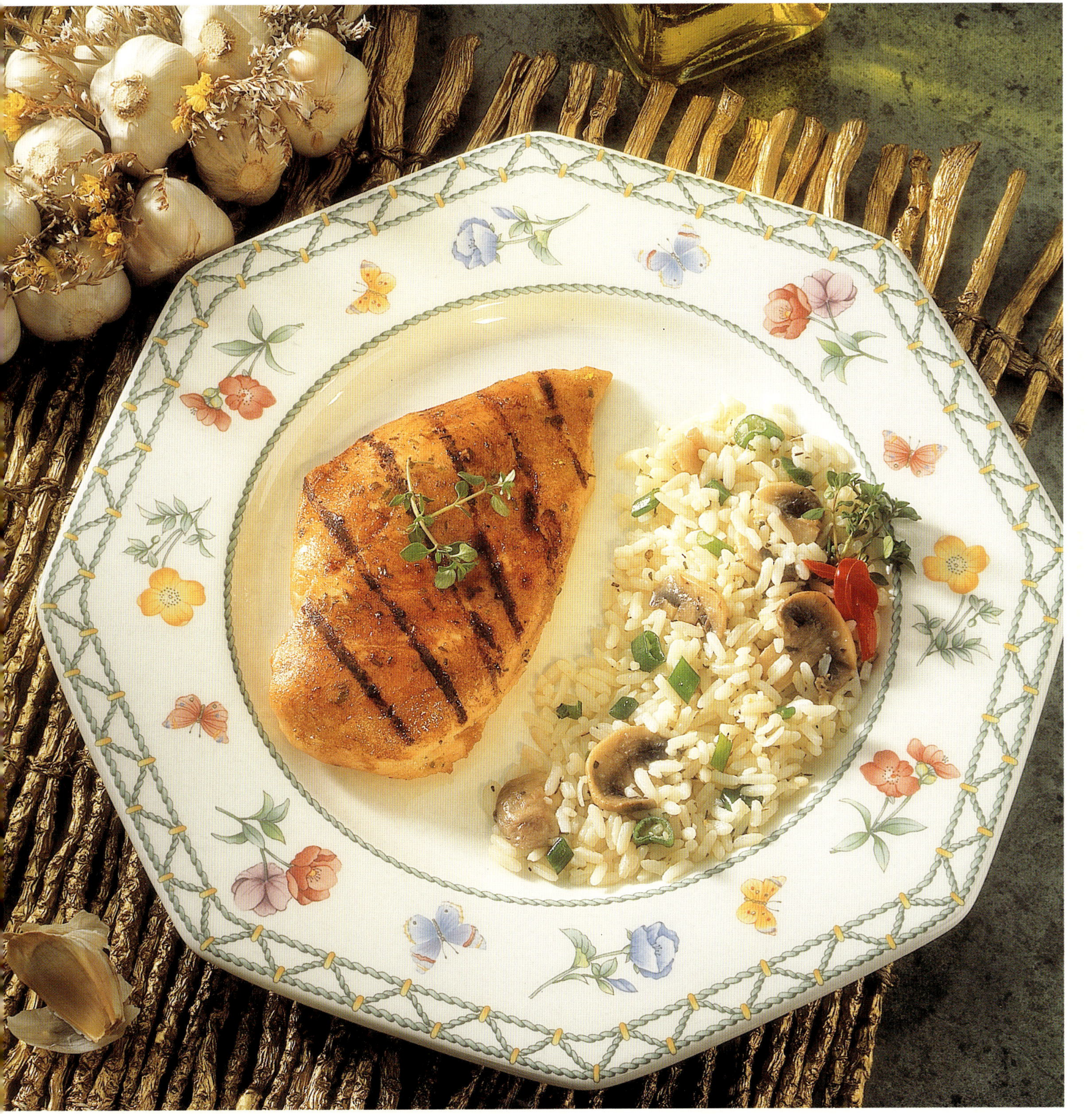

Pollo Primavera

2 cucharadas de aceite*
6 mitades de pechuga de pollo, deshuesadas y sin piel, en trozos de 2.5 cm (unos 675 g de pollo)
1 diente de ajo machacado
3 tazas de floretes de brócoli
2 tazas de champiñón fresco rebanado
1 tomate rojo picado
1 paquete (225 g) de espagueti o linguine, cocido y bien escurrido
¾ de taza de queso parmesano rallado
1 cucharada de albahaca seca
½ cucharadita de sal
½ cucharadita de pimienta
¾ de taza de leche semidescremada evaporada

*Utilice su aceite preferido.

1. En una cacerola grande, caliente el aceite a fuego medio-alto. Agregue el pollo y el ajo; fríalos por 5 minutos o hasta que el pollo pierda su color rosado en el centro. Pase a un platón.

2. Ponga el brócoli, el champiñón y el tomate en la cacerola; cueza y revuelva de 3 a 5 minutos o hasta que el brócoli esté suave. Regrese el pollo a la cacerola para volver a calentarlo. Ponga la mezcla en un tazón grande. Añada el espagueti, el queso parmesano, la albahaca, la sal y la pimienta; revuelva para mezclar bien. Vierta la leche y revuelva un poco. Sirva de inmediato en platos extendidos cubiertos con hojas de espinaca, si lo desea.

rinde 6 porciones

Pollo Primavera

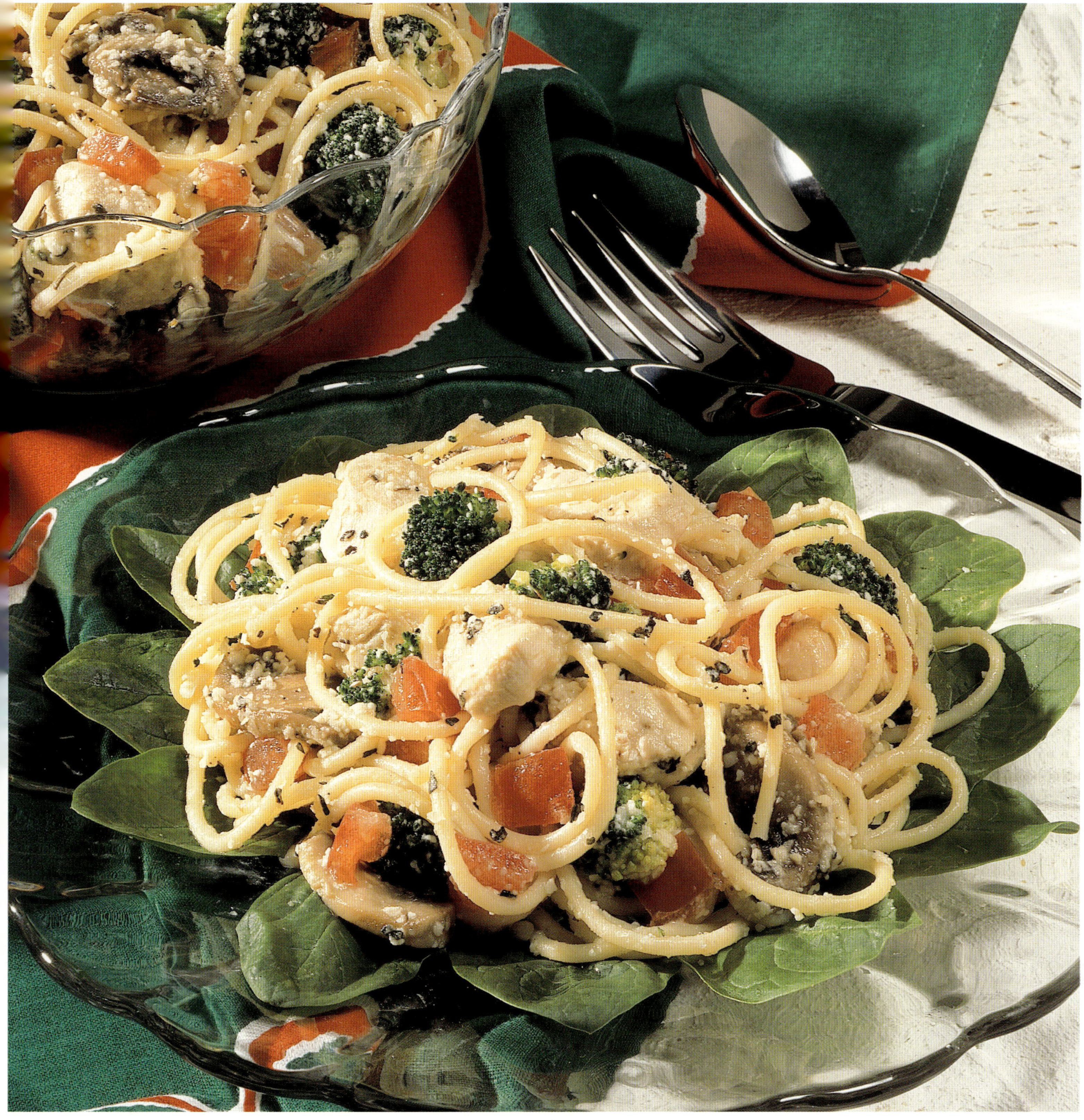

Rollos de Pollo con Pimiento

4 mitades de pechuga de pollo, deshuesadas y sin piel (unos 565 g)
1 taza de agua
½ cucharadita de cebolla en polvo
¼ de cucharadita de ajo en polvo
2 tazas de tiras de pimiento morrón rojo, amarillo y/o verde
1½ cucharaditas de aceite de oliva
¼ de cucharadita de orégano seco
¼ de cucharadita de tomillo seco
⅛ de cucharadita de pimienta negra
1 cucharada de queso romano rallado
1 cucharada de pan molido

Caliente el horno a 180 °C. Con el lado plano del mazo para carne, aplane las pechugas entre dos hojas de papel encerado, hasta que midan .5 cm de grosor. Guarde el pollo en el refrigerador hasta que vaya a emplearlo.

En una cacerola chica, mezcle el agua, la cebolla en polvo y el ajo en polvo; ponga a hervir a fuego alto. Agregue el pimiento; vuelva a hervir. Reduzca el fuego a medio-bajo y cueza, tapado, de 2 a 3 minutos o hasta que el pimiento esté suave. Escúrralo.

En un recipiente chico, mezcle ½ cucharadita de aceite, el orégano, el tomillo y la pimienta negra. Distribuya la mezcla sobre un lado de las pechugas aplanadas; coloque encima el pimiento. Enrolle las pechugas; afiáncelas con palillos de madera o con agujas de metal para brocheta. Ponga el pollo, con la unión hacia abajo, en un refractario cuadrado de 20 cm sin engrasar. Barnice el pollo con el aceite restante.

En una taza chica, mezcle el queso romano con el pan molido; espolvoree sobre el pollo. Hornee, sin tapar, de 20 a 25 minutos o hasta que el pollo esté dorado y haya perdido su color rosado en el centro. Antes de servir, retire los palillos.

rinde 4 porciones

Pollo Toscano

    1 pollo (de 1.125 a 1.350 kg) en piezas
    1 pimiento morrón mediano rojo o verde, cortado en tiras
    1 lata (135 g) de champiñones rebanados, escurridos
    1 sobre de sopa de cebolla en polvo
420 g de tomate rojo pelado y picado, conserve el jugo
    ½ taza de jugo de naranja o agua
    2 cucharadas de azúcar morena
    1 cucharada de aceite de oliva o vegetal (opcional)

1. Caliente el horno a 220 °C. En un refractario de 33×23 cm, acomode el pollo, el pimiento y el champiñón.

2. En un recipiente mediano, mezcle el resto de los ingredientes; vierta sobre el pollo.

3. Hornee, sin tapar, por 50 minutos o hasta que el pollo pierda su color rosado.

rinde 4 porciones

Rapidísimo Pollo Cacciatore

4 muslos de pollo, deshuesados y sin piel
2 cucharadas de mantequilla o margarina
1 frasco (400 ml) de salsa para espagueti con trozos de tomate, sin carne
1 lata (70 g) de champiñones rebanados, escurridos
½ taza de pimiento morrón verde picado
¼ de taza de vino tinto seco
1 paquete (250 g) de fettuccine fresco refrigerado, cocido y escurrido

Corte los muslos a lo largo en 3 piezas. En una sartén grande, derrita la mantequilla a fuego medio. Agregue el pollo; cuézalo de 8 a 10 minutos o hasta que pierda su color rosado en el centro. Añada el resto de los ingredientes, excepto el fettuccine. Cueza y revuelva hasta que esté bien caliente. Sirva sobre el fettuccine.

rinde 4 pociones

tiempo de preparación: 15 minutos

Guiso de Pollo Toscano

```
   2 cucharadas de aceite de oliva o aceite vegetal
450 g de pechugas de pollo, deshuesadas y sin piel, en cubos de 2.5 cm
   2 dientes de ajo finamente picados
   4 papas (patatas) medianas, en cubos de 1.5 cm (unas 4 tazas)
   1 pimiento morrón rojo mediano, en trozos grandes
   1 frasco (de 730 a 840 ml) de salsa tradicional para pasta
450 g de ejotes (judías verdes) frescos o congelados, cortados en trozos
   1 cucharadita de albahaca seca machacada
     Sal y pimienta negra molida al gusto
```

En una sartén de 30 cm de diámetro, caliente el aceite a fuego medio-alto y cueza el pollo con el ajo hasta que el pollo pierda su color rosado. Retire el pollo.

En la misma sartén, agregue las papas y el pimiento. Cueza por 5 minutos a fuego medio; revuelva de vez en cuando. Incorpore el resto de los ingredientes. Hierva a fuego alto. Reduzca el fuego a bajo y deje cocer, tapado, durante 35 minutos o hasta que las papas estén suaves; revuelva de vez en cuando. Regrese el pollo a la sartén y deje que se caliente de nuevo.
rinde 6 porciones

Pollo Cacciatore con Salsa

```
   1 cucharada de aceite de oliva
900 g de muslos de pollo, deshuesados y sin piel
   1 frasco (de 730 a 840 ml) de salsa tradicional para pasta
   1 lata (180 g) de champiñones rebanados, escurridos
 ½ cucharadita de tomillo seco machacado (opcional)
```

Si lo desea, sazone el pollo con sal y pimienta. En una cacerola de 6 litros, caliente el aceite a fuego medio-alto y dore el pollo en dos tandas. Agregue la salsa para pasta, el champiñón y el tomillo. Ponga a hervir a fuego alto; una vez que hierva, reduzca el fuego a bajo y deje cocer, tapado, por 10 minutos o hasta que el pollo pierda su color rosado en el centro; revuelva de vez en cuando. Sirva, si lo desea, sobre pasta cocida caliente.
rinde 4 porciones

Guiso de Pollo Toscano

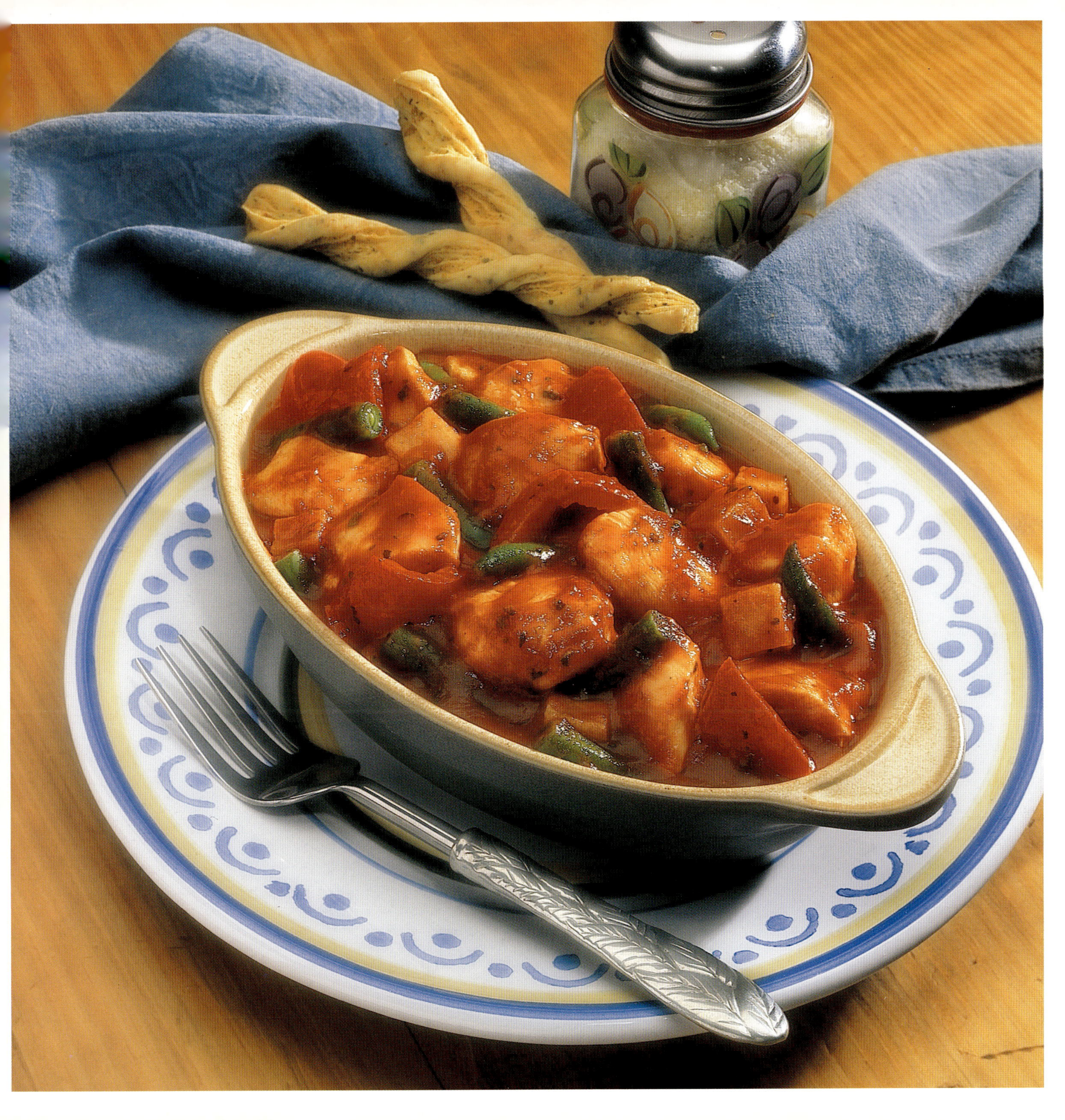

Escalopes de Pollo con Salsa de Limón y Alcaparras

450 g de pechugas de pollo, deshuesadas y sin piel
3 cucharadas de harina de trigo
¼ de cucharadita de pimienta negra
¼ de cucharadita de chile en polvo
½ taza de consomé de pollo sin grasa
1 cucharada de jugo de limón
1 cucharada de alcaparras escurridas
½ cucharadita de aceite de oliva

1. Ponga las pechugas, 1 a la vez, entre dos hojas de papel encerado. Aplánelas hasta que midan .5 cm de grosor. En un plato, mezcle 2 cucharadas de harina con la pimienta y el chile en polvo. Cubra ligeramente ambos lados de las pechugas con la mezcla.

2. Mezcle el consomé con el jugo de limón, la harina restante y las alcaparras.

3. Rocíe una sartén grande con aceite en aerosol; caliente a fuego medio-alto. Ponga el pollo en una capa; cueza por 1½ minutos. Voltéelo; cueza de 1 a 1½ minutos o hasta que el pollo pierda su color rosado en el centro. Repita el procedimiento con el resto del pollo (barnice la sartén con ¼ de cucharadita de aceite cada vez que añada pollo, para evitar que se pegue). Si cuece más de 2 tandas, reduzca el fuego a medio para evitar que se queme el pollo.

4. Revuelva la mezcla de consomé y vierta en la sartén. Deje que hierva de 1 a 2 minutos o hasta que se espese. Sirva de inmediato sobre el pollo.

rinde 4 porciones

Nota

La alcaparra es el botón de la flor del arbusto de la alcaparra; tiene el tamaño de un chícharo chico. Se cultiva principalmente en América Central y en el Mediterráneo. La alcaparra da un sabor acre a salsas y dips. Por lo general, estos botones verdes se venden en salmuera; puede encontrarlos en la sección de condimentos de los supermercados.

Escalopes de Pollo con
Salsa de Limón y Alcaparras

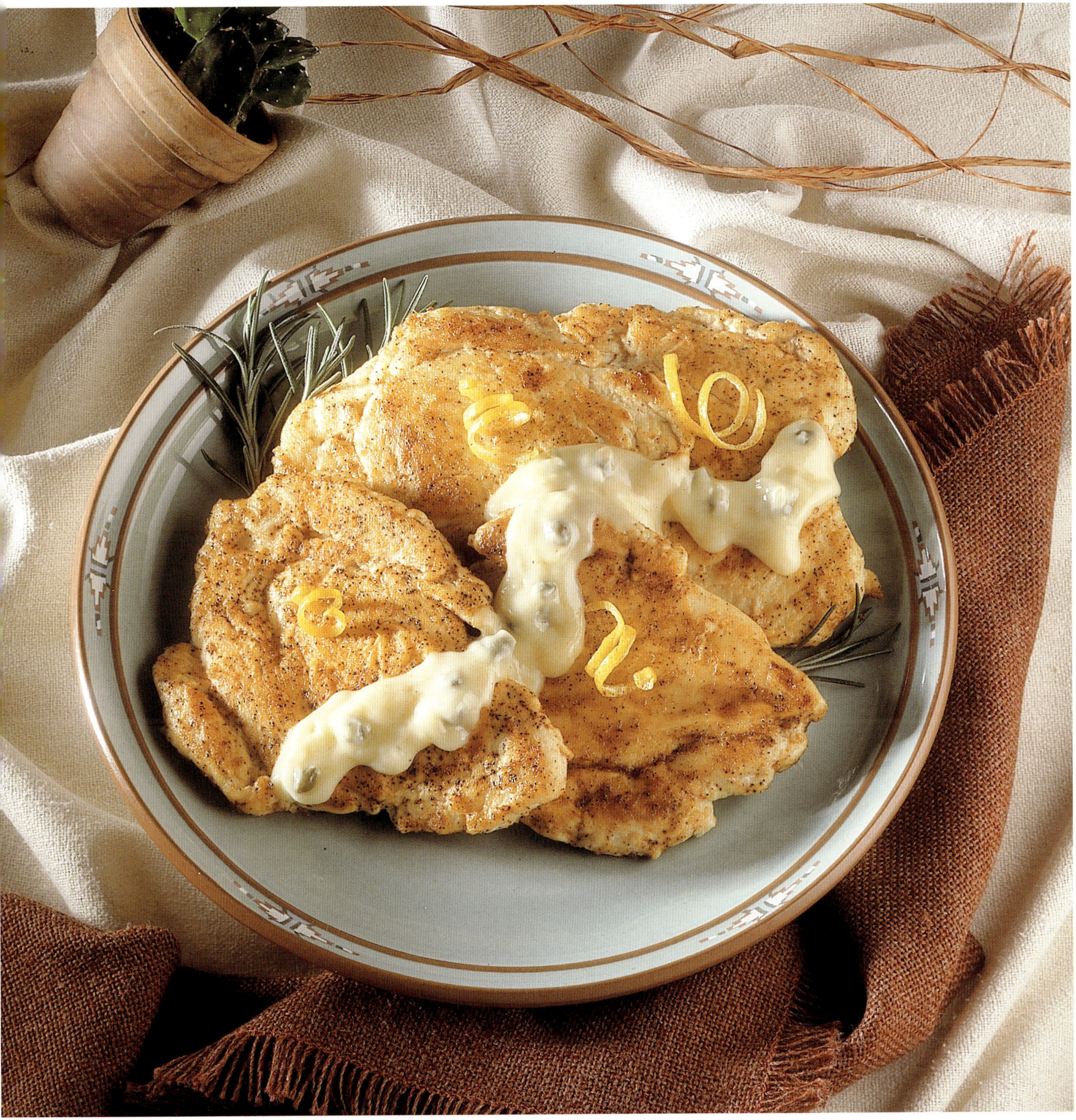

Pollo Rustigo

    4 mitades de pechuga de pollo, deshuesadas y sin piel
285 g de champiñones frescos rebanados
    ¾ de taza de consomé de pollo
    ¼ de taza de vino tinto seco o agua
    3 cucharadas de mostaza oscura
    2 tomates rojos medianos, sin semillas y picados grueso
    1 frasco (400 g) de corazones de alcachofa, escurridos y cortados en cuartos
    2 cucharaditas de fécula de maíz

1. Sazone el pollo con sal y pimienta. En una sartén grande con recubrimiento antiadherente, caliente *1 cucharada de aceite* a fuego medio-alto. Fría el pollo por 5 minutos o hasta que esté dorado por ambos lados. Quítelo de la sartén.

2. En la misma sartén, caliente *1 cucharada de aceite*. Agregue los champiñones y cuézalos durante 5 minutos o hasta que estén suaves. Incorpore el consomé, el vino y la mostaza. Regrese el pollo a la sartén; añada los tomates y los corazones de alcachofa. Caliente hasta que hierva; luego, reduzca el fuego a medio-bajo. Cueza, tapado, por 10 minutos o hasta que el pollo pierda su color rosado en el centro.

3. Mezcle la fécula de maíz con *1 cucharada de agua fría*; vierta en la sartén. Caliente hasta que hierva. Cueza y revuelva, a fuego alto, por 1 minuto o hasta que la salsa se espese. Sirva con lengüita de pasta cocida caliente, si lo desea.   *rinde 4 porciones*

consejo: Para quitarles las semillas a los tomates, córtelos por la mitad a lo ancho. Con suavidad, exprima las mitades de tomate hasta que salgan las semillas.

tiempo de preparación: 10 minutos
tiempo de cocción: 21 minutos

Pollo Rustigo

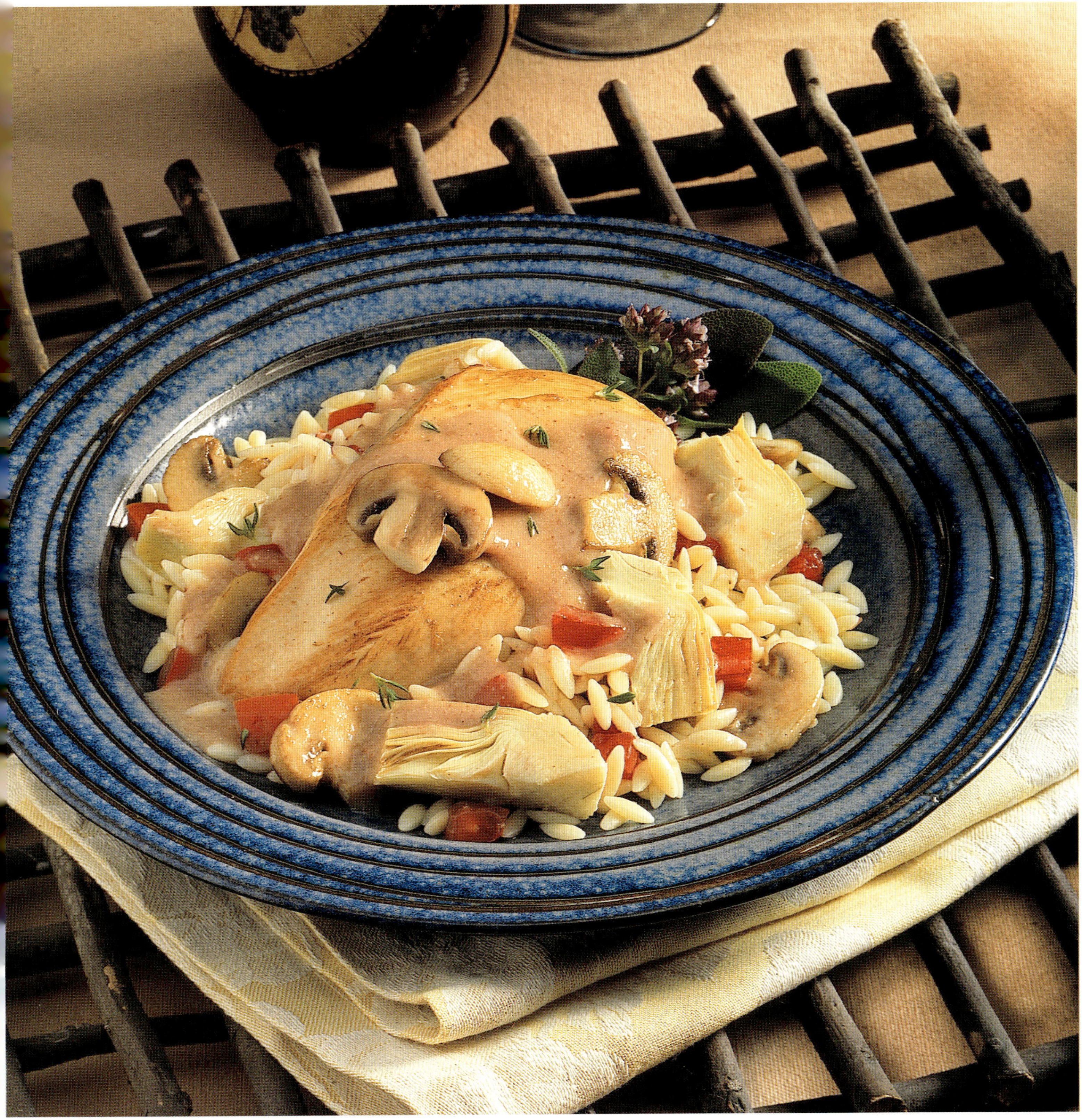

Pollo Florentino

4 mitades de pechuga de pollo, deshuesadas y sin piel (180 g)
½ cucharadita de sal
½ cucharadita de pimienta negra recién molida
½ taza de pan molido sazonado a la italiana
1 huevo, separado
1 bolsa (285 g) de espinaca picada, descongelada y bien escurrida
⅛ de cucharadita de nuez moscada
2 cucharadas de aceite de oliva
4 rebanadas de queso mozzarella
1 taza de salsa para espagueti de tomate rojo con albahaca o salsa marinara, caliente

1. Sazone el pollo con sal y pimienta. Ponga el pan molido en un plato. Bata la clara de huevo en un recipiente poco profundo. Sumerja las pechugas de pollo en la clara de huevo; deje que escurra el exceso. Cubra ligeramente con el pan molido; presione un poco el pan para que se adhiera bien. (En este momento puede tapar y refrigerar el pollo hasta por 4 horas antes de cocerlo.)

2. Mezcle la espinaca con la yema de huevo y la nuez moscada. En una sartén grande (con tapa), caliente el aceite a fuego medio-alto. Añada el pollo; cuézalo por 3 minutos de cada lado o hasta que se dore. Reduzca el fuego a bajo. Encima de cada pechuga, distribuya ¼ de la mezcla de espinaca y 1 rebanada de queso. Tape la sartén y continúe cociendo durante 6 minutos o hasta que el pollo pierda su color rosado en el centro. Sirva la salsa de espagueti sobre el pollo.

rinde 4 porciones

tiempo de preparación: 15 minutos
tiempo de cocción: 12 minutos

Pollo Florentino

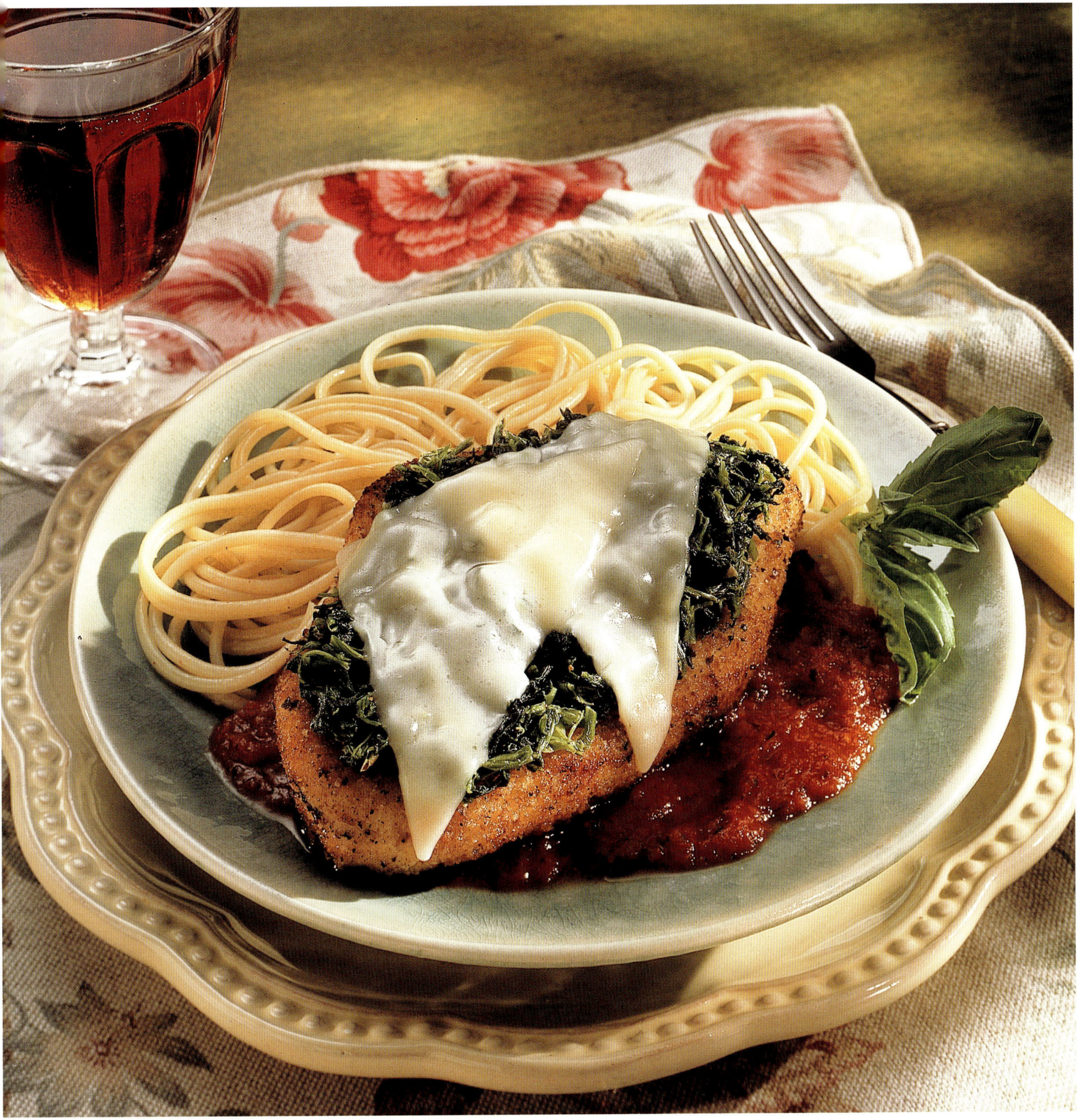

Pollo con Pimiento, Calabacita y Tomate sobre Pelo de Ángel

½ taza de tomates rojos deshidratados (envasados sin aceite)
3 cucharadas de harina de trigo
¼ de cucharadita de sal
¼ de cucharadita de pimienta roja molida
450 g de piezas de pollo, cortadas en trozos de 1.5 cm
1 cucharada de aceite de oliva
2 dientes de ajo machacados
¼ de taza de vermouth seco
1 lata (420 g) de tomate rojo picado estilo italiano
2 calabacitas chicas rebanadas
1 pimiento morrón rojo grande, cortado en tiras
1 pimiento morrón amarillo grande, cortado en tiras
1 cucharada de tomillo fresco o 1 cucharadita de tomillo seco
½ taza de agua
225 g de pasta pelo de ángel sin cocer

1. En un recipiente chico, ponga el tomate deshidratado; cúbralo con agua y déjelo remojar de 5 a 10 minutos o hasta que se suavice. Escúrralo y córtelo en tiras.

2. Combine la harina, la sal y la pimienta roja en un recipiente mediano; revuelva bien. Agregue el pollo y cúbralo uniformemente. En una sartén grande con recubrimiento antiadherente, caliente el aceite de oliva a fuego medio-alto. Añada el pollo; cueza, sin revolver, de 3 a 4 minutos o hasta que se dore. Voltee el pollo; déjelo cocer por 3 minutos más.

3. Incorpore el ajo; cueza y revuelva por 1 minuto. Vierta el vermouth; revuelva para desprender los residuos adheridos a la sartén. Ponga el tomate, el tomate rehidratado, la calabacita, los pimientos, el tomillo y el agua; deje que hierva. Tape; reduzca el fuego a bajo y deje cocer durante 5 minutos o hasta que la calabacita esté suave; revuelva de vez en cuando. Consérvelo caliente.

4. Cueza la pasta siguiendo las instrucciones de la envoltura, omita la sal; escúrrala. Pásela a un platón. Vierta la salsa sobre la pasta; adorne con ramas de tomillo, si lo desea.

rinde 6 porciones

Rápido Pollo a la Parmesana

285 g de hamburguesas de pollo empanizadas y fritas o unos 400 g de piezas de pollo empanizadas fritas
1 frasco (840 ml) de salsa tradicional para pasta
2 cucharadas de queso parmesano rallado
½ taza de queso mozzarella rallado (60 g)
4 tazas de espagueti cocido y caliente (unos 225 g sin cocer)

1. En un refractario de 2 litros, acomode las hamburguesas. Báñelas con ¼ *de taza* de la salsa para pasta. Espolvoree con los quesos parmesano y mozzarella.

2. Hornee a 200 °C durante 15 minutos o hasta que el pollo esté caliente y se funda el queso.

3. Caliente el resto de la salsa. Sirva la salsa con el pollo y el espagueti.   *rinde 4 porciones*

instrucciones para microondas: En un refractario para microondas de 2 litros, acomode las hamburguesas. Hornee a temperatura ALTA durante 4 minutos (3 minutos para pollo refrigerado). Bañe cada hamburguesa con ¼ *de taza* de salsa para pasta, *1 cucharadita* de queso parmesano y *2 cucharadas* de queso mozzarella. Hornee por 2 minutos más o hasta que la salsa esté caliente y se funda el queso.

nuggets a la parmesana: Sustituya las hamburguesas de pollo por una bolsa (300 a 390 g) de nuggets de pollo empanizados cocidos, congelados o refrigerados. En un refractario para microondas de 2 litros, acomode los nuggets. Hornéelos a temperatura ALTA por 3 ½ minutos (2½ minutos si están refrigerados). Vierta equitativamente la salsa para pasta sobre los nuggets; espolvoréelos con los quesos. Hornee durante 2 minutos más o hasta que la salsa esté caliente y se funda el queso.

tiempo de preparación: 5 minutos
tiempo de cocción: 15 minutos

Pechugas de Pollo a la Italiana

    450 g de salchicha italiana
      1 taza de champiñones frescos rebanados
      1 diente de ajo machacado
      3 latas (225 g) de salsa de tomate rojo
      1 lata (180 g) de puré de tomate rojo
   1½ cucharaditas de sazonador italiano
      4 mitades de pechuga de pollo, deshuesadas y sin piel
      1 taza (120 g) de queso mozzarella rallado
        Pasta cocida caliente

Caliente el horno a 180 °C. En una sartén grande, desmenuce la salchicha; fríala a fuego medio hasta que se dore; revuelva de vez en cuando. Retire la salchicha. Agregue los champiñones y el ajo a la grasa de la sartén; cueza y revuelva hasta que estén suaves. Incorpore la salchicha, la salsa de tomate, el puré y el sazonador. Deje que hierva. Reduzca el fuego a bajo; deje cocer por 15 minutos para que se mezclen los sabores. Mientras tanto, acomode el pollo en un refractario engrasado de 28×18 cm. Vierta la salsa de tomate sobre el pollo; cúbralo con papel de aluminio. Hornee durante 40 minutos; descubra, espolvoree el queso y hornee por 5 minutos más. Sirva sobre la pasta. Refrigere el sobrante.

rinde 4 porciones

Pechugas de Pollo a la Italiana

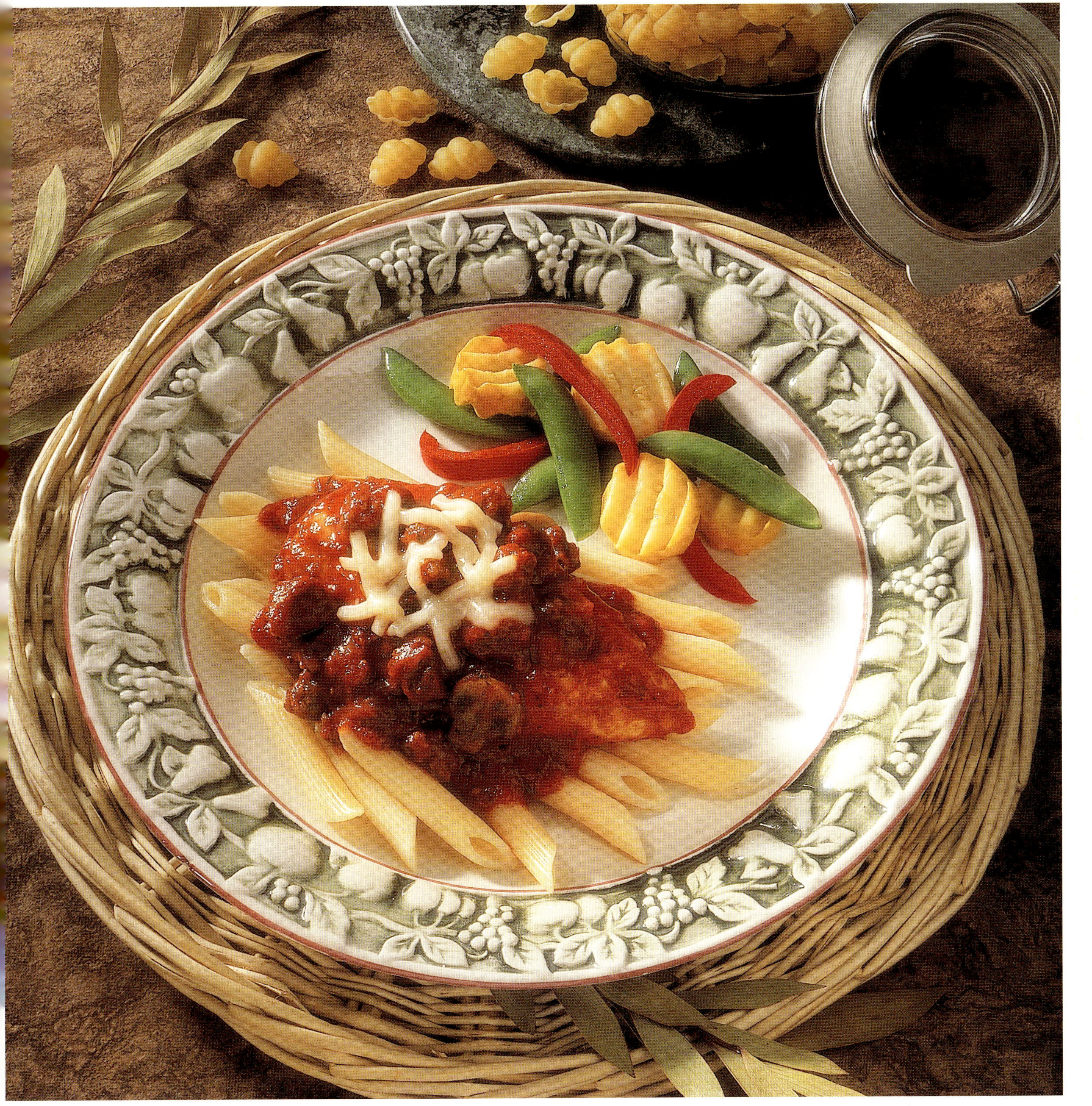

Pollo Cacciatore

225 g de tallarín seco
1 lata (435 g) de salsa de tomate rojo estilo italiano con trozos
1 taza de pimiento morrón verde picado
1 taza de cebolla rebanada
1 taza de champiñones rebanados
4 mitades de pechugas de pollo, deshuesadas y sin piel (450 g)

1. Cueza el tallarín siguiendo las instrucciones de la envoltura; escúrralo.

2. Mientras se cuece el tallarín, combine la salsa de tomate, el pimiento, la cebolla y los champiñones en un recipiente para microondas. Tape sin apretar con envoltura de plástico o papel encerado; hornee en el microondas a temperatura ALTA de 6 a 8 minutos; revuelva a la mitad del tiempo de cocción.

3. Mientras se cuece la salsa, rocíe una sartén grande con aceite en aerosol y caliente a fuego medio-alto. Cueza las pechugas de 3 a 4 minutos de cada lado o hasta que se doren un poco.

4. Agregue la salsa a la sartén; sazone con sal y pimienta al gusto. Reduzca el fuego a medio y deje cocer de 12 a 15 minutos. Sirva sobre el tallarín. *rinde 4 porciones*

tiempo de preparación y cocción: 30 minutos

Pollo Cacciatore

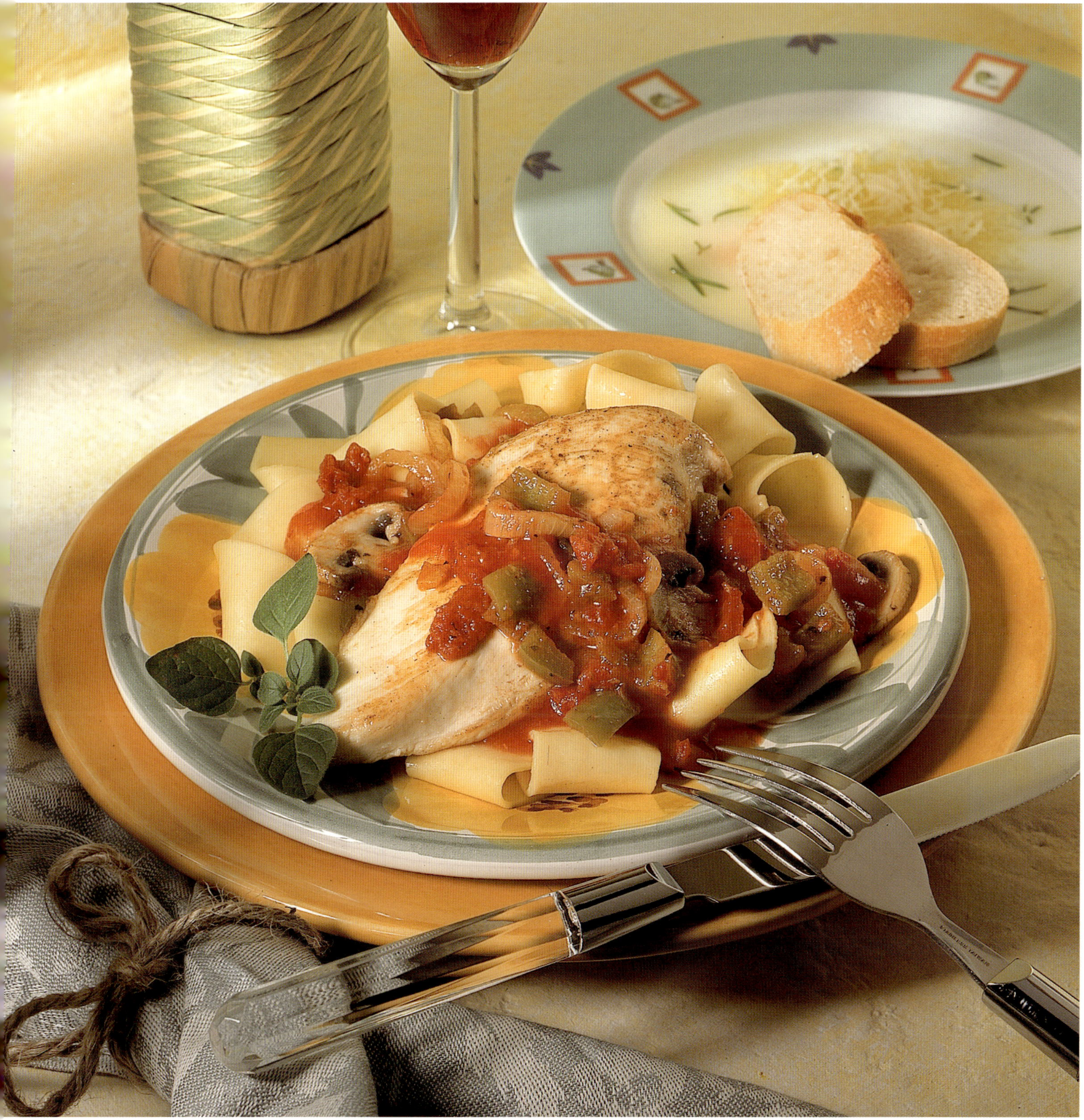

Pollo alla Firènze

   2 tazas más 2 cucharadas de jerez seco
   3 pechugas de pollo enteras, abiertas y con hueso
   3 cucharadas de aceite de oliva
   2 dientes de ajo machacados
   3 tazas de hojas de espinaca fresca, cortadas en tiras delgadas
   2 tazas de champiñones picados grueso
   1 taza de zanahoria rallada
  ⅓ de taza de cebollín rebanado
     Sal y pimienta al gusto
1½ tazas de aderezo italiano para ensalada
   1 taza de pan molido sazonado a la italiana
  ⅓ de taza de queso romano rallado
     Espárragos cocidos al vapor
     Ramas de perejil y tiras de zanahoria, para adornar

1. En un recipiente grande poco profundo, vierta 2 tazas de jerez; agregue el pollo y voltéelo para bañarlo. Tape y marine por 3 horas en el refrigerador.

2. En una sartén grande, caliente el aceite a fuego medio. Añada el ajo, la espinaca, el champiñón, la zanahoria rallada, el cebollín, la sal, la pimienta y el jerez restante. Cueza y revuelva de 3 a 5 minutos o hasta que la espinaca esté completamente suave; deje enfriar.

3. Vierta el aderezo en otro recipiente poco profundo.

4. En un tercer recipiente poco profundo, mezcle el pan molido con el queso romano.

5. Caliente el horno a 190 °C.

6. Saque el pollo de la marinada y deséchela. Haga un corte lateral profundo en cada pechuga, en donde originalmente se unían. Rellene con la mezcla de espinaca. Afiance las bolsas con palillos de madera para encerrar el relleno.

7. Sumerja las pechugas en el aderezo; quite el exceso. Póngalas sobre la mezcla de pan molido y cúbralas con cucharadas de la misma mezcla. Ponga el pollo en una capa en un refractario engrasado de 33×23 cm. Bañe con el aderezo restante. Tape; hornee por 15 minutos. Destape y hornee durante 10 minutos más o hasta que el pollo esté suave. Retire el palillo. Acompañe con los espárragos. Adorne, si lo desea. *rinde 6 porciones*

Pollo alla Firènze

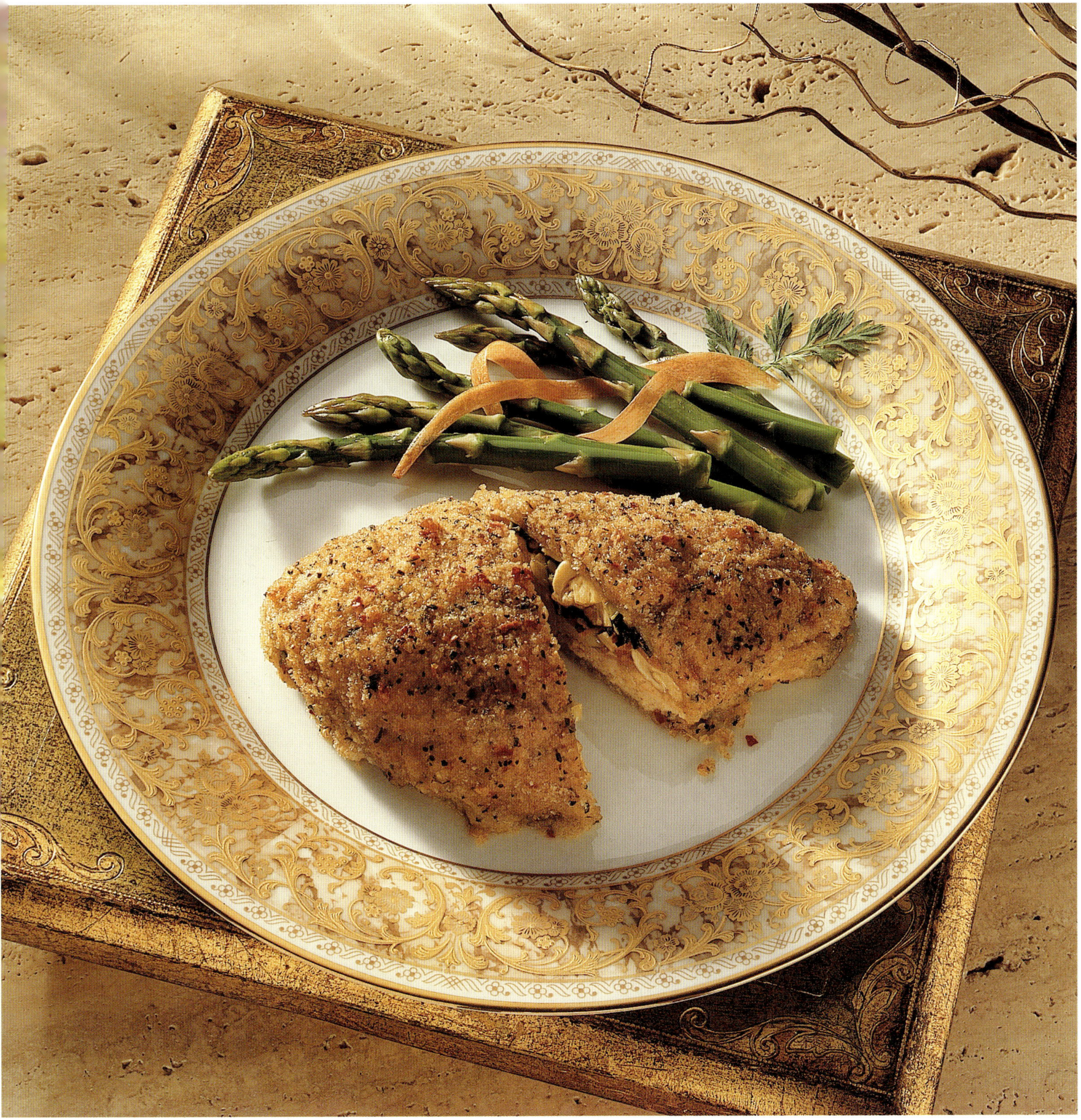

Escalopes de Pavo

450 g de rebanadas de pavo o 4 mitades de pechuga de pollo, deshuesadas y sin piel (unos 450 g)
2 cucharadas de harina de trigo
1½ cucharaditas de sal sazonada
1 cucharadita de lemon pepper (especia)
3 cucharadas de aceite de oliva
1 pimiento morrón mediano verde, cortado en tiras
1 taza de calabaza almizclera (butternut) o de calabacita, en rebanadas
½ taza de champiñones frescos rebanados
1 cucharadita de fécula de maíz
½ cucharadita de ajo en polvo con perejil
¼ de taza de vino blanco seco
⅓ de taza de consomé de pollo
1 cucharada más 1½ cucharaditas de jugo de limón

Ponga el pavo entre dos hojas de papel encerado; aplánelo hasta que mida .5 cm de grosor. En una bolsa grande de plástico, mezcle la harina con ¾ de cucharadita de sal sazonada y el lemon pepper. Meta el pavo en la bolsa, unas cuantas rebanadas a la vez; cierre la bolsa y sacuda hasta cubrir bien. En una sartén grande, caliente 2 cucharadas de aceite; agregue el pavo y fríalo durante unos 5 minutos de cada lado o hasta que pierda su color rosado en el centro. Retire de la sartén; consérvelo caliente. En la misma sartén, caliente el aceite restante. Incorpore el pimiento, la calabacita y el champiñón; cueza hasta que el pimiento esté suave; reduzca el fuego a bajo. En un recipiente chico, mezcle la fécula de maíz, el ajo en polvo y la sal sazonada restante; revuelva bien. Vierta el vino, el consomé y el jugo de limón; coloque en la sartén. Aumente el fuego a medio-alto hasta que empiece a hervir; revuelva sin cesar. Deje cocer por 1 minuto. Adorne, si lo desea.

rinde 4 porciones

sugerencia para servir: Acomode las verduras y el pavo o pollo en un platón, y báñelos con la salsa.

Escalopes de Pavo

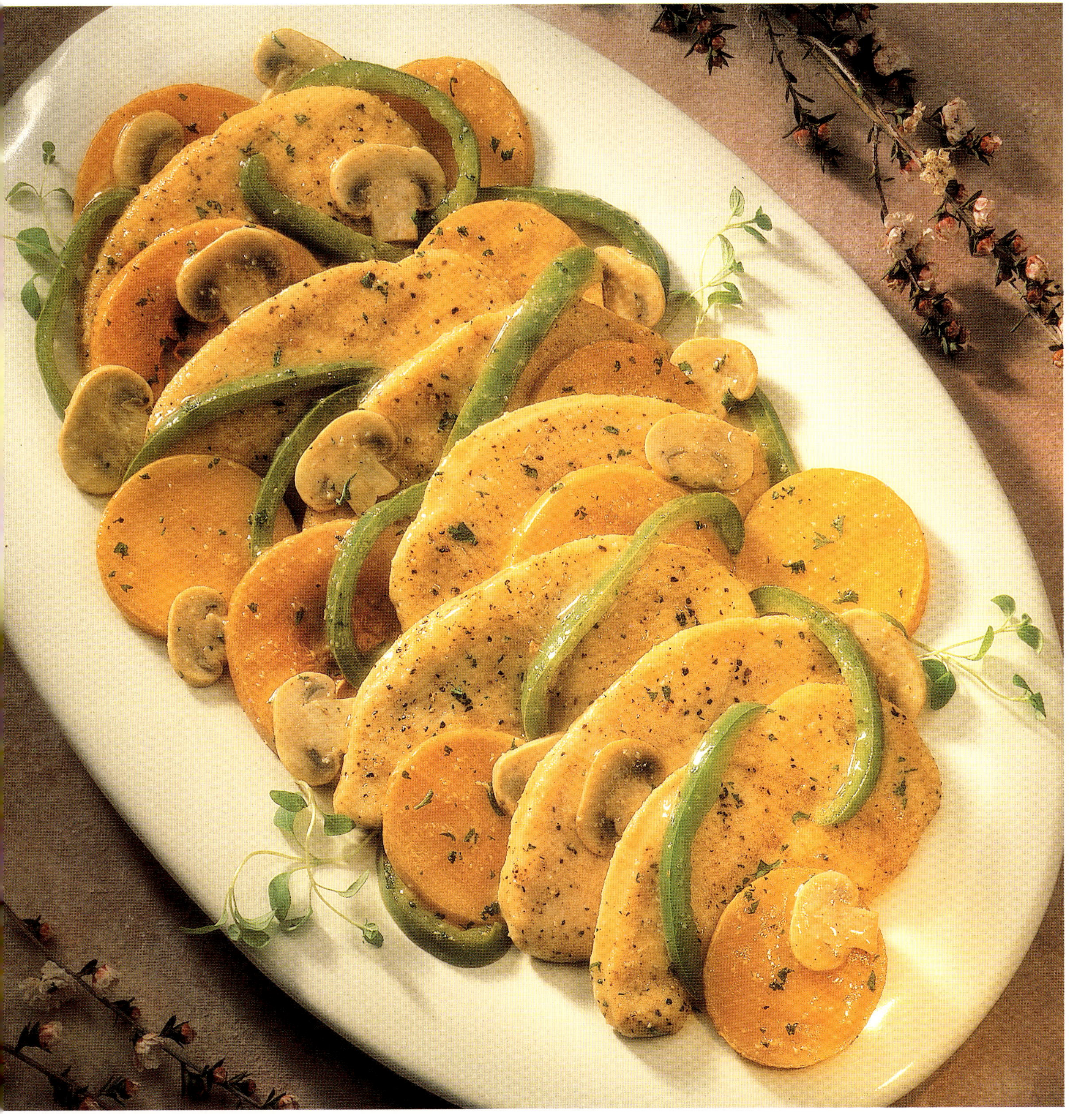

Salchicha Italiana con Papas Vesubio

  1 paquete de salchicha italiana dulce de pavo
  4 papas (patatas) blancas, cortadas a lo largo en rebanadas
  2 cucharadas de aceite de oliva
  ½ cucharadita de pimienta negra molida grueso
420 ml de consomé de pollo
  6 dientes de ajo machacados
  ½ taza de vino blanco seco
  6 cucharadas de perejil fresco picado
  2 cucharadas de queso parmesano rallado
    Sal

Ase las salchichas siguiendo las instrucciones de la envoltura. En un recipiente grande, mezcle las papas, el aceite y la pimienta. Rocíe con aceite en aerosol una sartén grande con recubrimiento antiadherente; agregue las papas y déjelas cocer por 15 minutos. Incorpore el consomé de pollo y el ajo; cueza, tapado, durante 10 minutos o hasta que las papas estén suaves. Añada el vino y el perejil; cueza, sin tapar, por 5 minutos. Espolvoree con el queso parmesano. Sazone con sal al gusto. Sirva con la salchicha asada. *rinde 6 porciones*

tiempo de preparación: 30 minutos

Milanesas de Pavo

450 g de rebanadas delgadas de pechuga de pavo o pollo
    Sal y pimienta molida al gusto
  ½ taza de pan molido sazonado a la italiana
  ½ taza de queso parmesano rallado
  1 huevo grande batido con 1 cucharadita de agua
  2 a 3 cucharadas de aceite de oliva

Sazone el pavo con sal y pimienta. Sobre papel encerado, mezcle el pan molido con el queso parmesano. Sumerja las rebanadas de pavo en la mezcla de huevo y cúbralas con el pan molido. En una sartén grande con recubrimiento antiadherente, caliente el aceite a fuego medio-alto. Agregue el pavo y saltéelo por 3 minutos de cada lado, hasta que esté dorado y bien cocido. *rinde 4 porciones*

Polenta con Pavo y Champiñones

450 g de champiñones frescos surtidos (como shiitake, crimini y botón), rebanados
1 cucharada de estragón machacado
1 cucharadita de sal
¼ de cucharadita de pimienta negra
3 cucharadas de aceite de oliva
2 tazas de pavo cocido en trozos
2 tazas de leche
1 taza de harina de maíz amarilla
½ taza de queso parmesano rallado
Ramas de estragón fresco para adornar

1. En una sartén de 30 cm de diámetro a fuego medio-alto, saltee los champiñones, el estragón machacado, ½ cucharadita de sal y la pimienta en el aceite caliente, hasta que los champiñones estén dorados, durante unos 10 minutos.

2. Agregue el pavo y ⅓ de taza de agua; revuelva para desprender los trozos dorados adheridos a la sartén. Conserve caliente.

3. Mientras tanto, en una cacerola de 3 litros, ponga 1⅓ tazas de leche y la sal restante; agregue poco a poco y bata la harina de maíz hasta que se suavice. En una cacerola de 2 litros, caliente a fuego alto la leche restante y 2 tazas de agua hasta que hierva; incorpore batiendo en la mezcla de harina de maíz. Caliente hasta que hierva a fuego medio-alto; bata. Reduzca el fuego a bajo; cueza y revuelva hasta que espese. Añada el queso parmesano.

4. Sirva la polenta y ponga encima el pavo con champiñones. Adorne con ramas de estragón.

rinde 8 porciones de entremés o 4 de plato principal

Nota

La polenta, platillo importante en la cocina del norte de Italia, se prepara con harina de maíz. La harina se cuece con agua hasta que tiene una consistencia espesa que se prueba con cuchara. Se sirve como cereal caliente o como guarnición con mantequilla y, en ocasiones, espolvoreada con queso parmesano. En esta receta acompaña al pavo con champiñones.

Piccata de Pavo

⅓ de taza de harina de trigo
½ cucharadita de sal
½ cucharadita de pimienta negra
1 pechuga de pavo deshuesada (450 g), en 4 rebanadas
3 cucharadas de aceite de oliva
1½ tazas de champiñón fresco rebanado
2 dientes de ajo machacados
½ taza de consomé de pollo
2 cucharadas de jugo de limón
½ cucharadita de orégano seco
3 cucharadas de piñones
2 cucharadas de perejil fresco picado

1. En una bolsa de plástico, combine la harina, la sal y la pimienta. Meta el pavo; sacuda la bolsa para cubrir el pavo.

2. En una sartén grande, caliente 2 cucharadas de aceite a fuego medio-alto. Agregue el pavo; fríalo por 3 minutos de cada lado o hasta que esté dorado y pierda su color rosado en el centro. Retire de la sartén y pase a un platón. Cúbralo con papel de aluminio y consérvelo caliente.

3. Vierta el aceite restante en la sartén; caliéntelo a fuego medio-alto. Añada el champiñón y el ajo; fríalos durante 2 minutos. Incorpore el consomé, el jugo de limón y el orégano. Deje que hierva; reduzca el fuego a medio. Deje cocer, sin tapar, por 3 minutos.

4. Vierta la salsa sobre el pavo. Coloque encima los piñones y el perejil. Sirva de inmediato.

rinde 4 porciones

sugerencia para servir: Acompañe con pilaf de arroz, rebanadas de tomate rojo, pan con ajo y, de postre, helado de caramelo.

tiempo de preparación y cocción: 20 minutos

Piccata de Pavo

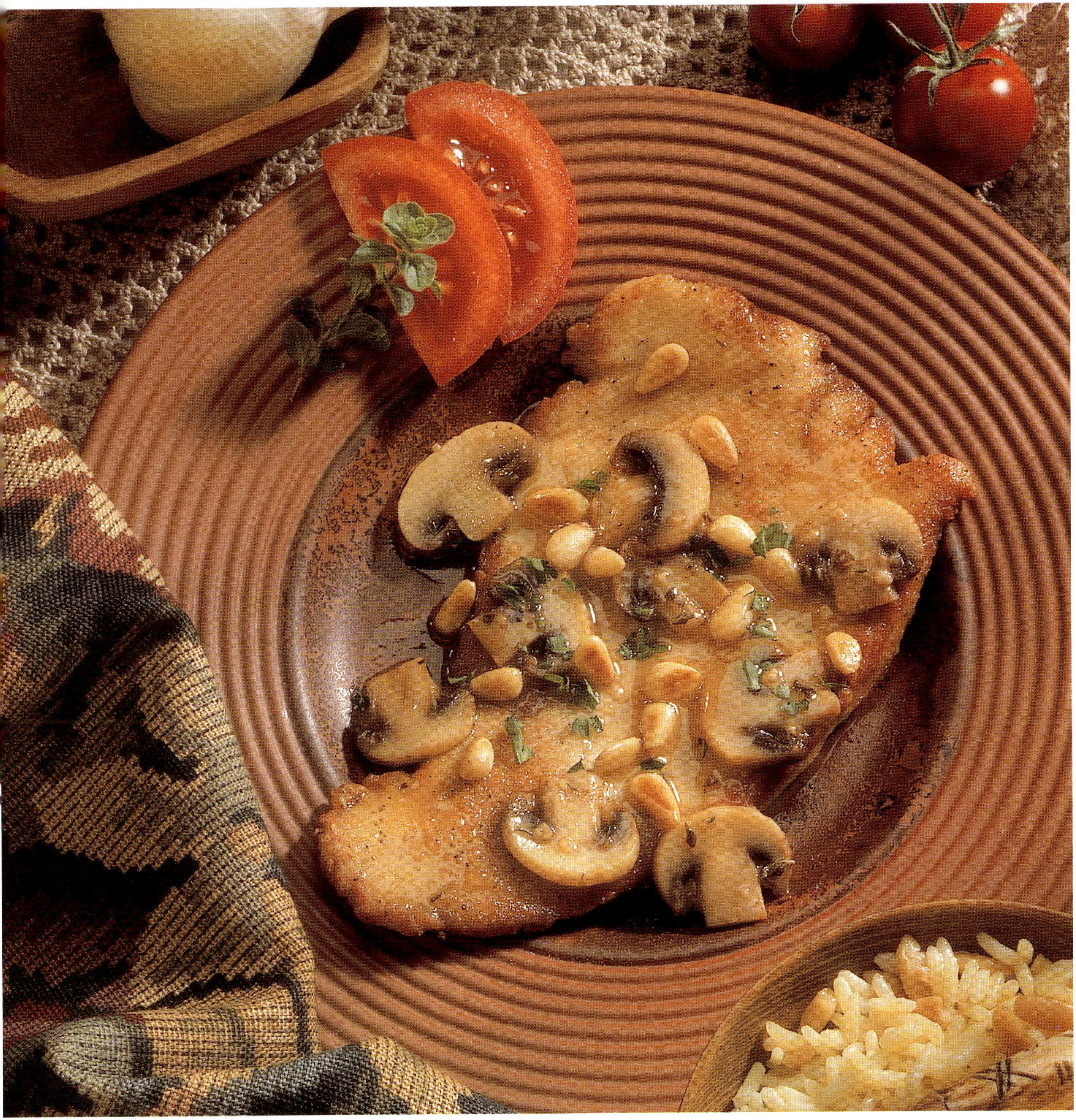

PESCADOS Y MARISCOS

Camarones con Pimiento

   2 cucharadas de aceite de oliva o aceite vegetal
  ½ taza de cebolla cortada en cubos
   1 diente de ajo grande machacado
   1 pimiento morrón verde chico, cortado en tiras
   1 pimiento morrón amarillo chico, cortado en tiras
225 g de camarón mediano, pelado y desvenado
   1 lata (420 g) de tomate rojo picado y sazonado con hierbas italianas, conserve el jugo
   2 cucharadas de perejil picado o 2 cucharaditas de perejil seco
   1 cucharada de jugo de limón
  ½ cucharadita de sal

1. En una sartén grande, caliente el aceite a fuego medio-alto. Agregue la cebolla y el ajo; saltéelos por 1 minuto.

2. Añada los pimientos; saltéelos durante 2 minutos. Incorpore el camarón y cuézalo por 2 minutos o hasta que se torne rosado.

3. Coloque el tomate con su jugo, el perejil, el jugo de limón y la sal; cueza de 2 a 3 minutos o hasta que esté bien caliente. Sirva sobre pasta cocida caliente, si lo desea.

rinde 4 porciones

Camarones con Pimiento

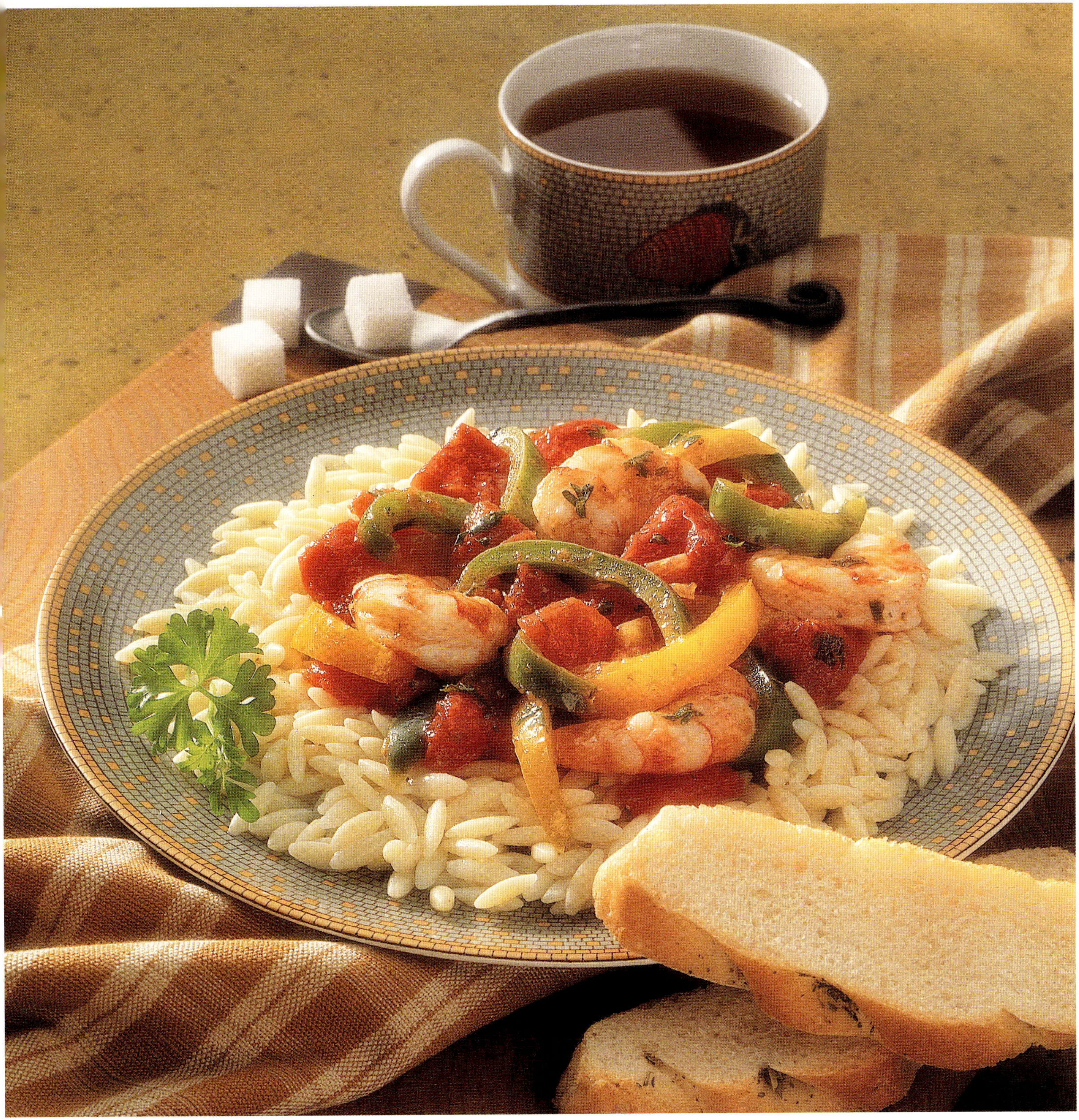

Pelo de Ángel con Salsa de Mariscos

    225 g de pescado de carne blanca y firme, como lobina, pescado monje o mero
    2 cucharaditas de aceite de oliva
    ½ taza de cebolla picada
    2 dientes de ajo machacados
    1.350 kg de tomate rojo, sin semillas y picado
    ¼ de taza de albahaca fresca picada
    2 cucharadas de orégano fresco picado
    1 cucharadita de pimienta roja machacada
    ½ cucharadita de azúcar
    2 hojas de laurel
    225 g de vieiras de bahía u ostiones sin concha
    225 g de pasta pelo de ángel sin cocer
    2 cucharadas de perejil fresco picado

Corte el pescado en trozos de 1.5 cm. En una sartén grande con recubrimiento antiadherente, caliente el aceite a fuego medio; agregue la cebolla y el ajo; fríalos por 3 minutos o hasta que la cebolla esté suave. Reduzca el fuego a bajo; añada el tomate, la albahaca, el orégano, la pimienta roja, el azúcar y las hojas de laurel. Cueza, sin tapar, durante 15 minutos; revuelva de vez en cuando.

Incorpore el pescado y las vieiras, cuézalos, sin tapar, de 3 a 4 minutos o hasta que el pescado se desmenuce con facilidad cuando lo pique con un tenedor y las vieiras estén opacas. Retire y deseche las hojas de laurel. Ponga a un lado la salsa de mariscos. Cueza la pasta siguiendo las instrucciones de la envoltura. Escúrrala bien y colóquela en un platón grande; agregue la salsa de mariscos y revuelva bien. Espolvoree encima el perejil. *rinde 6 porciones*

Nota

Hay dos variedades comunes de vieiras. Las de bahía, por lo general, son más caras que las de mar, que son unas tres veces más grandes. Una alternativa es cortar las vieiras de bahía en mitades o en tercios.

Pelo de Ángel con Salsa de Mariscos

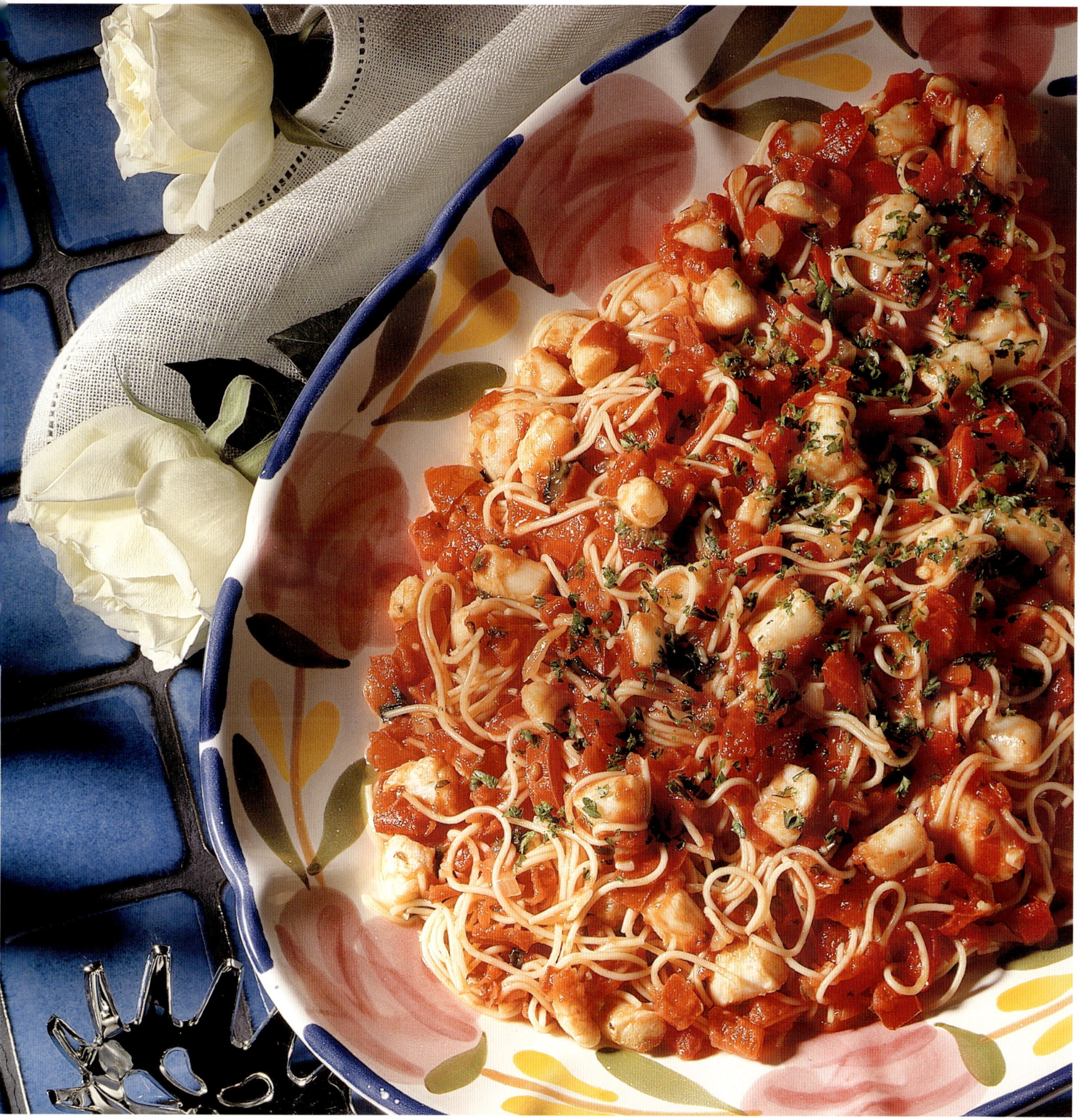

Huachinango Horneado

¼ de taza de margarina o mantequilla suavizada
1 cucharada de vino blanco
1½ cucharaditas de ajo machacado
½ cucharadita de ralladura de cáscara de limón
⅛ de cucharadita de pimienta negra
675 g de filetes de huachinango, roughy anaranjado o mero (de unos 120 a 150 g cada uno)

1. Caliente el horno a 230 °C. En un recipiente chico, mezcle la margarina, el vino, el ajo, la ralladura de limón y la pimienta; revuelva para mezclarlos.

2. Ponga el pescado en un molde para hornear forrado con papel de aluminio. Vierta encima la margarina sazonada. Hornee de 10 a 12 minutos o hasta que el pescado se desmenuce con facilidad cuando lo pique con un tenedor.   *rinde 4 porciones*

sugerencia para servir: Coloque el pescado sobre ensalada verde. O, en el molde, como guarnición, ponga zanahoria, calabacita y pimiento morrón, cortados en tiras del tamaño de un cerillo.

tiempo de preparación y cocción: 12 minutos

Nota

El huachinango, el roughy anaranjado y el mero son pescados de carne firme de sabor suave. La piel del mero tiene un sabor muy fuerte; siempre quítela antes de cocerlo.

Huachinango Horneado

206

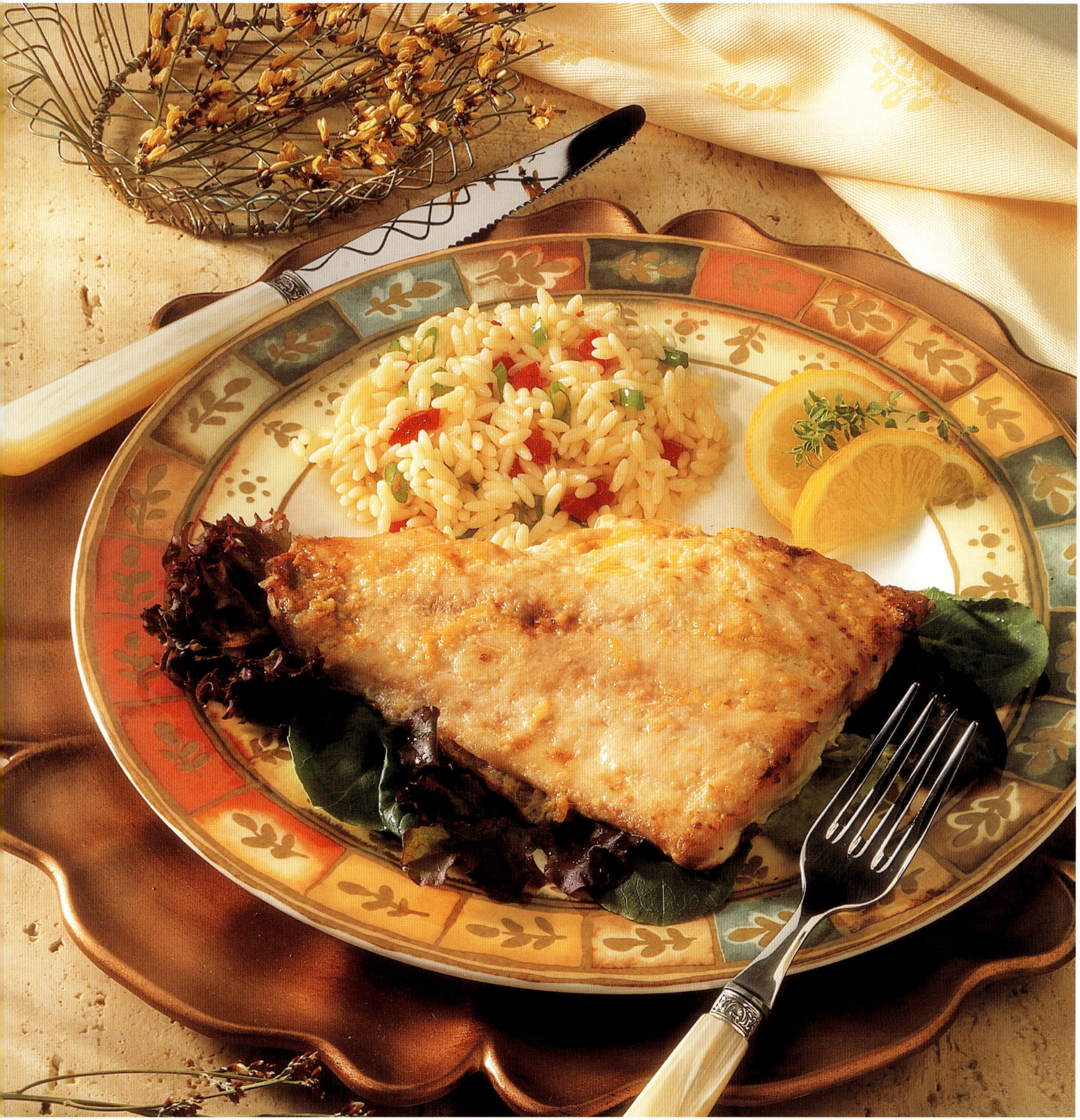

Salsa Roja de Almejas con Verduras

2 tazas de champiñón fresco rebanado
420 g de tomate cocido sin sal, conserve el jugo
1 taza de pimiento morrón verde picado
1 lata (225 ml) de puré de tomate rojo sin sal
½ taza de cebolla picada
1½ cucharaditas de albahaca seca
¾ de cucharadita de ajedrea seca
½ cucharadita de pimienta negra
1 calabaza amarilla chica, en rebanadas y a la mitad
2 latas (de 195 g cada una) de almejas picadas y escurridas, conserve el líquido
2 cucharadas de fécula de maíz
3 tazas de espagueti cocido caliente

En una cacerola grande, mezcle el champiñón, el tomate con su jugo, el pimiento morrón, el puré de tomate, la cebolla, la albahaca, la ajedrea y la pimienta. Hierva a fuego medio-alto. Reduzca el fuego a medio; tape y deje cocer de 5 a 6 minutos o hasta que las verduras estén suaves.

Incorpore la calabaza y la almeja. En un recipiente chico, revuelva ½ taza del líquido de las almejas con la fécula de maíz. Vierta en la cacerola. Cueza y revuelva a fuego medio hasta que hierva y se espese. Cueza por 2 minutos más. Sirva sobre el espagueti.

rinde 4 porciones

Salsa Roja de Almejas con Verduras

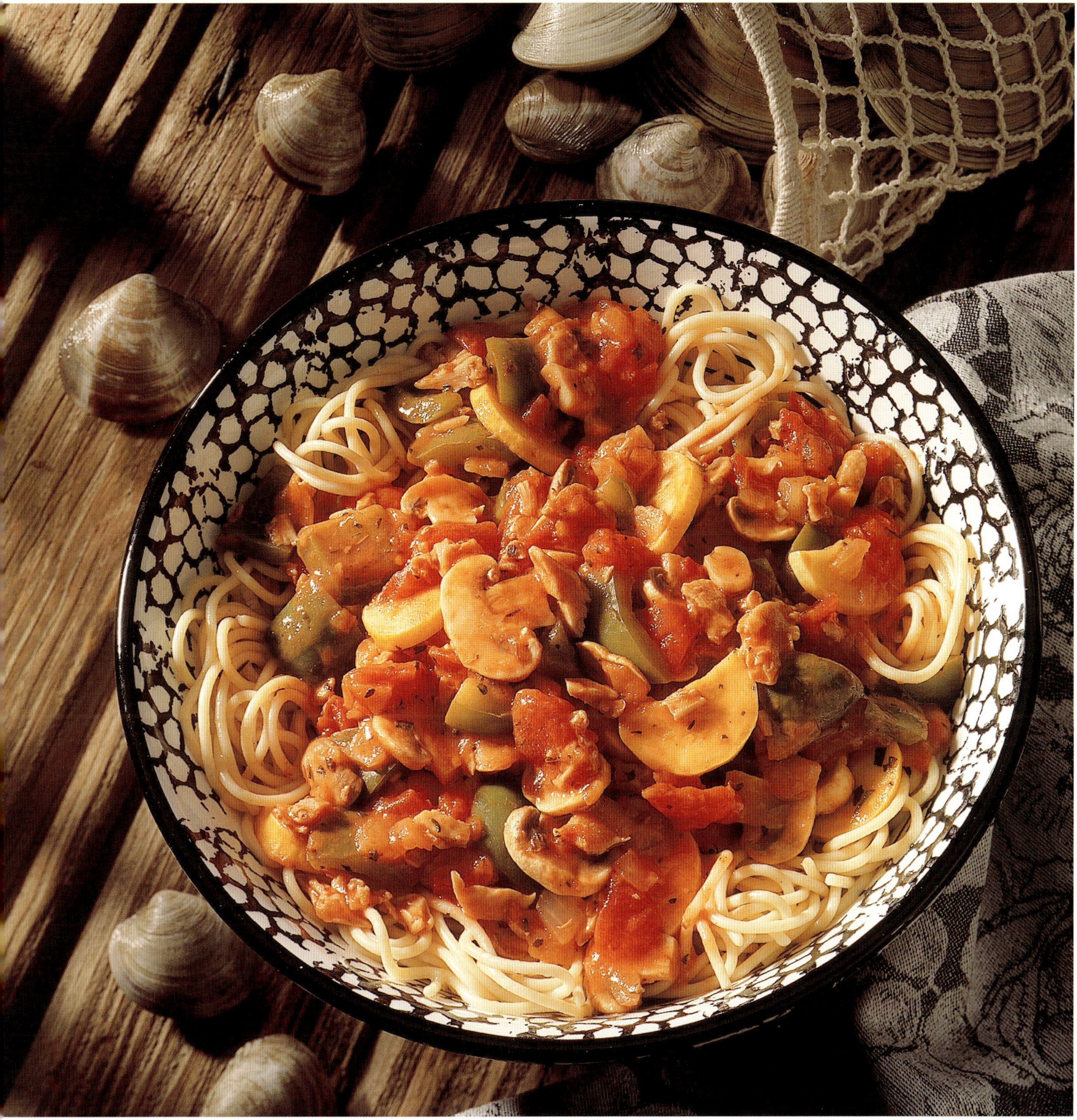

Fettuccine Milanés con Camarón

   120 g de fettuccine de huevo o de espinaca
   225 g de camarón mediano, pelado y desvenado
       1 diente de ajo machacado
       1 cucharada de aceite de oliva
   420 g de tomate rojo picado grueso
       ½ taza de crema batida
       ¼ de taza de cebollín rebanado

1. Cueza la pasta siguiendo las instrucciones de la envoltura; escúrrala.

2. Caliente el aceite en una sartén grande; fría el camarón y el ajo a fuego medio-alto hasta que el camarón esté rosado y opaco.

3. Incorpore el tomate; deje cocer por 5 minutos. Agregue la crema y el cebollín; caliente bien. *No deje que hierva.* Sirva sobre la pasta caliente.   *rinde de 3 a 4 porciones*

tiempo de preparación y cocción: 20 minutos

Nota

Para desvenar los camarones, con un cuchillo para pelar, haga un corte poco profundo a lo largo del dorso del camarón y desprenda la vena. (Es más fácil hacerlo debajo del chorro del agua.) La vena de los camarones grandes y gigantes es arenosa; retírela siempre. La vena de los camarones medianos y chicos no es tan arenosa; no es necesario retirarla a menos que quiera dar una presentación más elegante.

Camarón a la Italiana

225 g de camarón sin cocer, pelado y desvenado
¼ de taza más 1 cucharada de aceite*
3 cucharadas de vino blanco seco
½ cucharadita de ralladura de cáscara de limón
1 cucharada de jugo de limón
½ cucharadita de albahaca seca
½ cucharadita de orégano seco
1 diente de ajo machacado
¼ de cucharadita de sal
⅛ de cucharadita de pimienta
2 gotas de salsa picante
¾ de taza de arroz sin cocer
1½ tazas de agua
2 tomates rojos, cortados en trozos de 1.5 cm
¼ de taza de perejil fresco picado
2 cebollines enteros rebanados

*Utilice su aceite preferido.

1. Ponga el camarón en un tazón mediano de vidrio o de acero inoxidable.

2. En un recipiente con tapa hermética, ponga ¼ de taza de aceite, el vino, la ralladura de limón, el jugo de limón, la albahaca, el orégano, el ajo, la sal, la pimienta y la salsa picante; agite bien. Reserve 1 cucharada de la mezcla. Vierta el resto de la mezcla sobre el camarón. Revuelva para bañarlo y refrigérelo por 30 minutos; revuelva una vez.

3. En una cacerola mediana a fuego medio-alto, caliente la cucharada de marinada que reservó. Agregue el arroz y fríalo por 1 minuto. Vierta el agua sobre el arroz; revuelva. Deje que hierva; luego, reduzca el fuego a bajo, tape y deje cocer de 15 a 20 minutos o hasta que esté suave. Retírelo del fuego y espónjelo con un tenedor. Incorpore el tomate y tápelo.

4. En una sartén grande, caliente a fuego alto el aceite restante. Escurra el camarón y póngalo en la sartén. Sofríalo durante 1 minuto o hasta que se torne rosado.

5. Pase el arroz a un platón. Coloque la mezcla de camarón sobre el arroz; espolvoree encima el perejil y el cebollín. Sazone con sal y pimienta adicional, si lo desea. *rinde 4 porciones*

Risotto con Camarón

 1 sobre (145 g) de arroz con salsa cremosa (sabor Risotto Milanés)
 1 bolsa (de 400 a 450 g) de camarón cocido congelado
 1 bolsa (285 g) de verdura mixta congelada
 2 cucharaditas de queso parmesano rallado

- En una cacerola de 4 litros, prepare el arroz siguiendo las instrucciones de la envoltura. Durante los últimos 10 minutos de cocción, agregue el camarón y las verduras congeladas.

- Espolvoree con el queso.

rinde 4 porciones

sugerencia para servir: Acompañe con pan de ajo y ensalada verde.

tiempo de preparación: 5 minutos
tiempo de cocción: 15 minutos

Pescado con Linguine Alfredo

 1 cucharada de margarina o mantequilla
 1 cebolla mediana picada (más o menos ½ taza)
 1 lata (300 ml) de crema condensada de champiñón con ajo asado
 ½ taza de leche
 1 taza de tomate rojo picado
 450 g de pescado blanco firme (bacalao, merluza o hipogloso), en trozos de 5 cm
 4 tazas de linguine cocido caliente (unos 225 g sin cocer)

1. En una sartén mediana a fuego medio-alto, caliente la margarina. Agregue la cebolla y sofríala hasta que se suavice.

2. Añada la crema, la leche y el tomate; deje que hierva. Incorpore el pescado; reduzca el fuego a bajo y cueza por 10 minutos o hasta que el pescado se desmenuce con facilidad cuando lo pique con un tenedor. Sirva sobre el linguine.

rinde 4 porciones

tiempo de preparación y cocción: 20 minutos

Risotto con Camarón

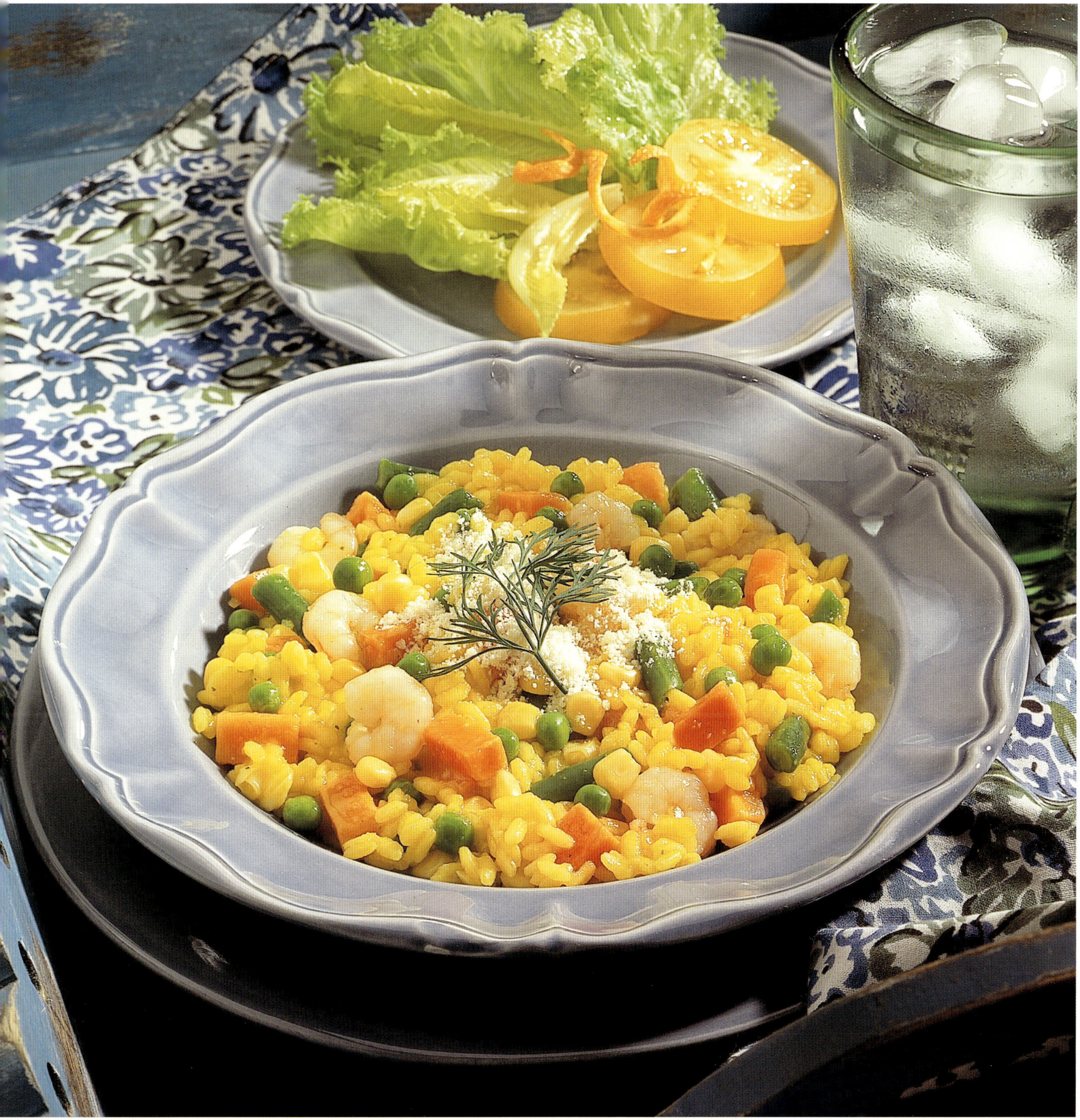

Mariscos Primavera

- ⅓ de taza de aceite de oliva
- 1 cebolla mediana picada
- 4 cebollines enteros picados
- 3 dientes de ajo machacados
- 3 zanahorias en tiras julianas
- 1 calabacita en tiras julianas
- 1 pimiento morrón rojo y uno amarillo chicos, en tiras
- 90 g de tirabeques (vainas)
- ⅓ de taza de champiñones rebanados
- 225 g de camarón mediano, pelado y desvenado
- 225 g de vieiras
- ⅔ de taza de jugo de almeja embotellado
- ⅓ de taza de vino blanco seco
- 1 taza de crema espesa
- ½ taza de queso parmesano recién rallado
- ⅔ de taza de carne de cangrejo desmenuzada
- 2 cucharadas de jugo de limón
- 2 cucharadas de perejil fresco picado
- ¼ de cucharadita de albahaca
- ¼ de cucharadita de orégano
- Pimienta negra al gusto
- 1 paquete (225 g) de linguine, cocido y escurrido

En una sartén grande, caliente el aceite a fuego medio-alto. Agregue las cebollas y el ajo; fríalos hasta que estén suaves. Añada el resto de las verduras y reduzca el fuego a medio-bajo; tape. Deje cocer hasta que las verduras estén suaves; revuelva de vez en cuando. Retire las verduras de la sartén. Ponga el camarón y las vieiras en la sartén; cueza y revuelva hasta que el camarón se torne rosado y las vieiras se opaquen. Retire de la sartén. Conserve el líquido en la sartén y vierta el jugo de almeja y el vino; deje que hierva. Incorpore la crema y el queso parmesano; reduzca el fuego. Deje cocer por 3 minutos hasta que se espese; revuelva sin cesar. Regrese las verduras y los mariscos a la sartén. Deje que se calienten; revuelva de vez en cuando. Agregue el resto de los ingredientes, excepto el linguine. Coloque el linguine en un platón grande y ponga encima los mariscos; revuelva un poco para bañar el linguine.

rinde 6 porciones

Mariscos Primavera

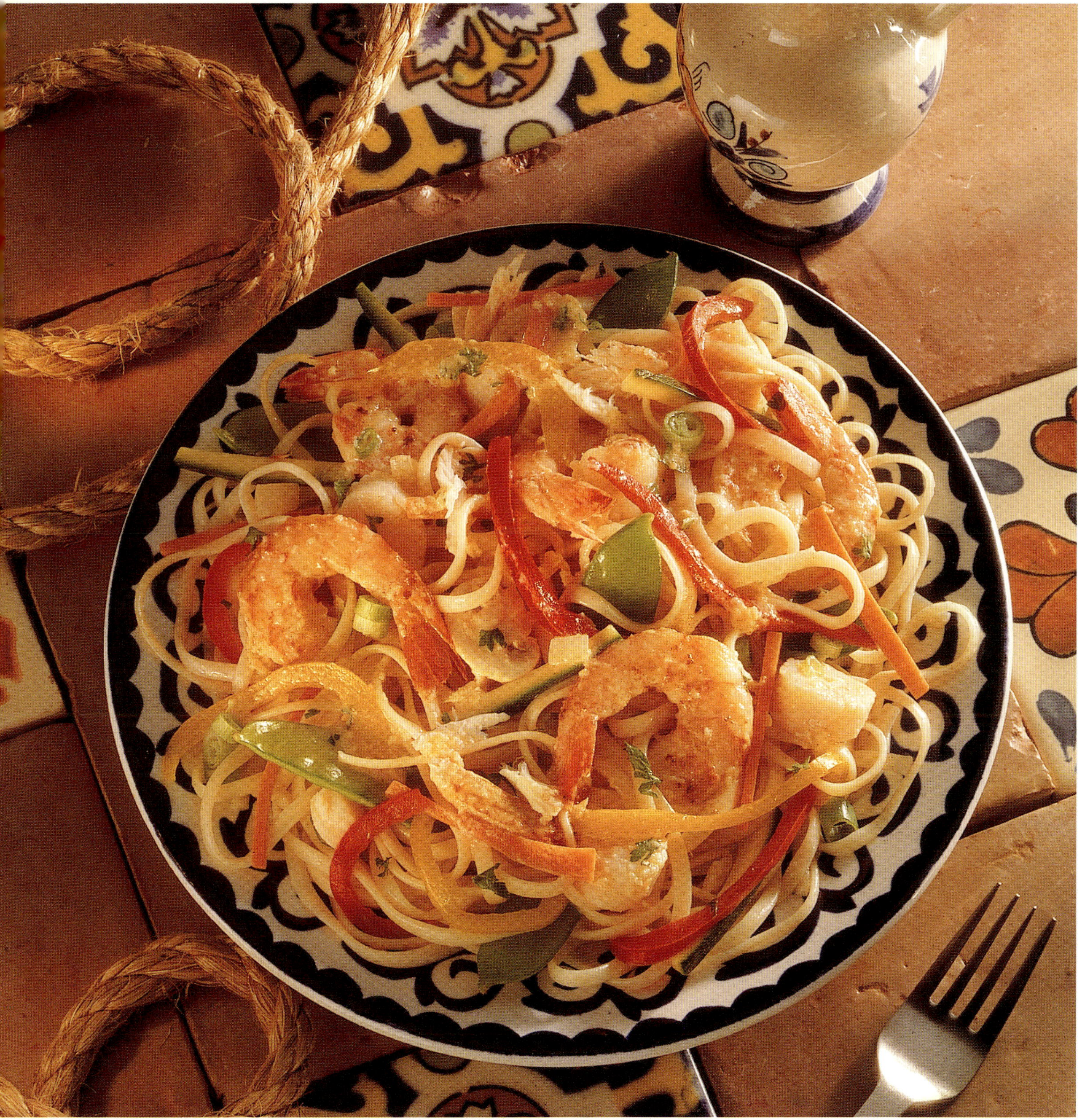

Linguine con Salsa Blanca de Almeja

   2 cucharadas de aceite*
   2 dientes de ajo machacados
   2 latas (de 145 g cada una) de almeja picada, sin escurrir
   ½ taza de perejil fresco picado
   ¼ de taza de vino blanco seco o jugo de almeja
   1 cucharadita de albahaca seca
450 g de linguine cocido (sin sal ni grasa), bien escurrido

Utilice su aceite preferido.

1. En una sartén mediana, caliente el aceite y el ajo a fuego medio.

2. Escurra las almejas; conserve el líquido. Ponga el líquido y el perejil en la sartén; reduzca el fuego a bajo y deje cocer por 3 minutos; revuelva de vez en cuando.

3. Agregue las almejas, el vino y la albahaca. Deje cocer durante 5 minutos; revuelva de vez en cuando. Sirva sobre el linguine caliente; revuelva un poco para bañarlo.

rinde 8 porciones

Salmón Escalfado a la Italiana

   1 cucharada de aceite de oliva o aceite vegetal
   1 diente grande de ajo machacado
   ¼ de taza de vino blanco seco o consomé de pollo
   4 filetes de salmón (de 180 g)
   1 lata (420 g) de tomate rojo picado y sazonado con hierbas italianas, con su jugo
   2 cucharadas de albahaca fresca picada (opcional)

Caliente el aceite en una sartén grande. Agregue el ajo y saltéelo por 30 segundos. Vierta el vino y deje que hierva. Ponga el salmón; tape. Reduzca el fuego a medio; deje cocer durante 6 minutos. Añada el tomate con su jugo; deje cocer por 2 minutos o hasta que el salmón se desmenuce con facilidad cuando lo pique con un tenedor. Espolvoree la albahaca justo antes de servir, si lo desea.

rinde 4 porciones

Salmón Escalfado a la Italiana

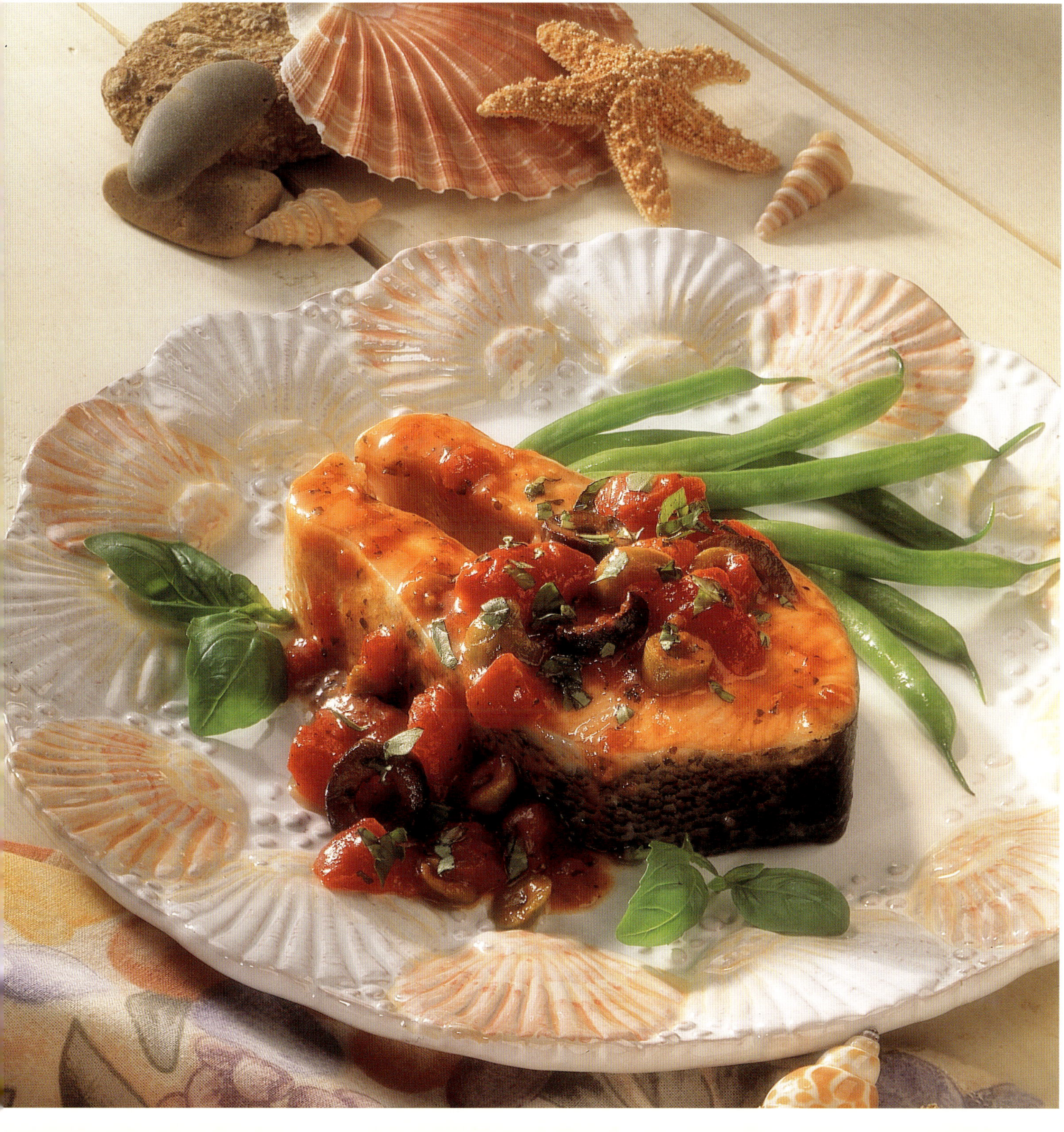

Camarón a la Puttanesca

225 g de linguine, capellini o espagueti, sin cocer
1 cucharada de aceite de oliva
360 g de camarón mediano, pelado y desvenado
4 dientes de ajo machacados
¾ de cucharadita de hojuelas de pimienta roja
1 taza de cebolla finamente picada
420 g de tomate rojo cocido sin sal, con su jugo
2 cucharadas de puré de tomate rojo
2 cucharadas de aceitunas kalamata o negras, sin hueso y picadas
1 cucharada de alcaparras escurridas
¼ de taza de albahaca o perejil fresco picado

1. Cueza el linguine siguiendo las instrucciones de la envoltura, omita la sal. Escúrralo.

2. Mientras tanto, en una sartén grande con recubrimiento antiadherente, caliente el aceite a fuego medio-alto. Agregue el camarón, el ajo y la pimienta; fría de 3 a 4 minutos o hasta que se opaque el camarón. Con una espumadera, pase la mezcla a un tazón.

3. Ponga la cebolla en la misma sartén; cuézala a fuego medio por 5 minutos, revuelva de vez en cuando. Añada el tomate con su jugo, el puré de tomate, las aceitunas y las alcaparras; deje cocer, sin tapar, durante 5 minutos.

4. Regrese la mezcla de camarón a la sartén; deje calentar por 1 minuto. Incorpore la albahaca; deje cocer durante 1 minuto. Ponga el linguine en un platón grande; distribuya encima la mezcla de camarón.

rinde 4 porciones

Nota

Las kalamata son aceitunas griegas. Tienen forma almendrada con un color púrpura oscuro. Vienen en salmuera de vinagre de vino y tienen un rico sabor afrutado. Por lo general, estas aceitunas se venden sin hueso.

Camarón a la Puttanesca

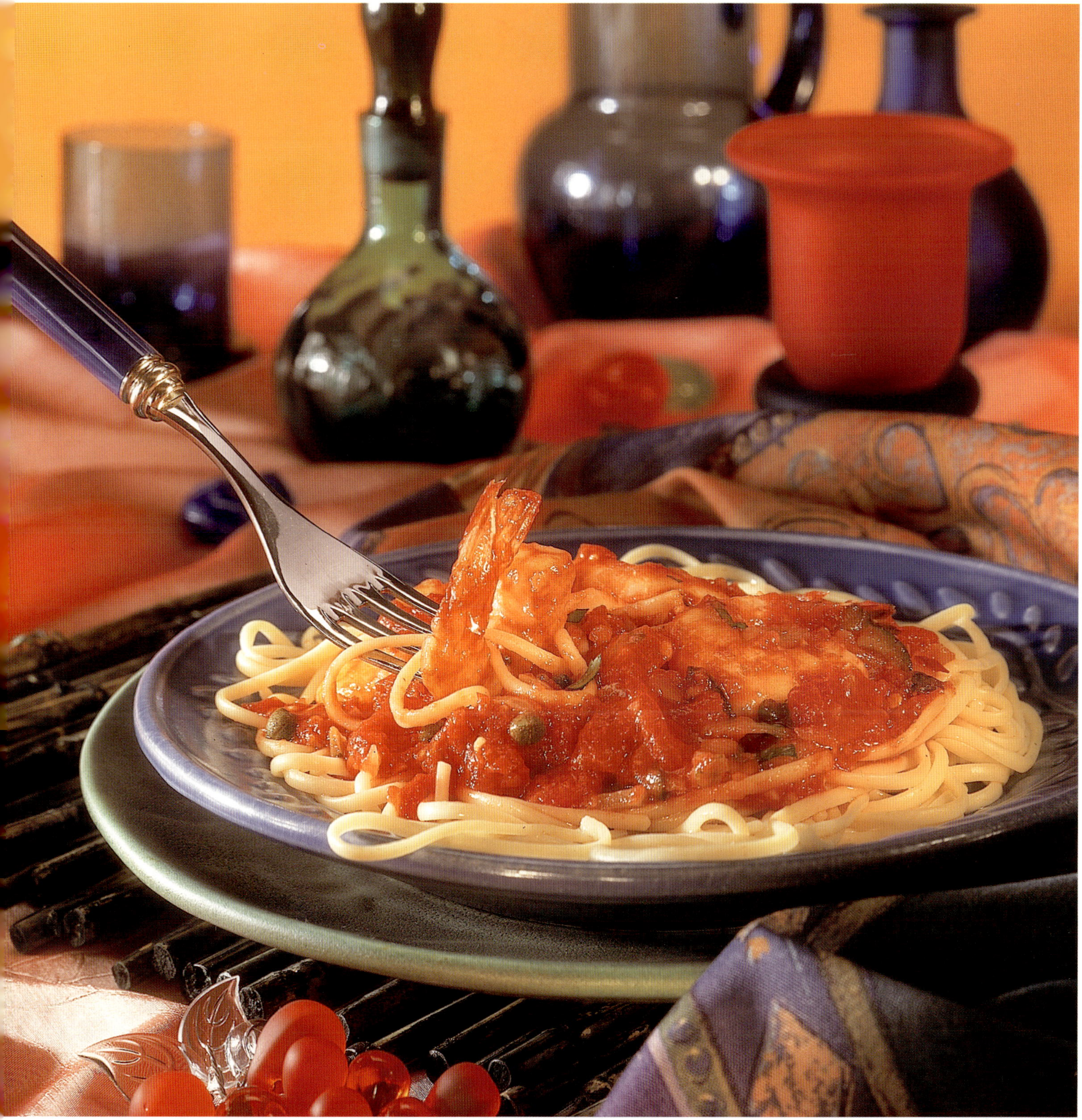

Lasaña Cremosa Alfredo de Cangrejo

1 frasco (450 ml) de salsa Alfredo clásica
435 g de queso ricotta
450 g de imitación de carne de cangrejo, en trozos de un bocado
1 cebollín picado (opcional)
¼ de cucharadita de pimienta blanca molida
⅛ de cucharadita de nuez moscada molida (opcional)
9 tiras de lasaña, cocidas y escurridas
2 tazas de queso mozzarella rallado (unos 225 g)
2 cucharadas de queso parmesano rallado

1. Caliente el horno a 180 °C. En un recipiente mediano, mezcle ½ taza de la salsa Alfredo, el queso ricotta, la carne de cangrejo, el cebollín, la pimienta y la nuez moscada.

2. En un refractario de 33×23 cm, distribuya ½ taza de salsa. Acomode 3 tiras de lasaña a lo largo sobre la salsa. Distribuya encima la mitad de la mezcla de queso ricotta; corone uniformemente con ¾ de taza de queso mozzarella. Repita las capas, y termine con la pasta. Vierta encima la salsa restante; después, espolvoree el queso mozzarella restante y el queso parmesano.

3. Cubra con papel de aluminio y hornee por 40 minutos. Retire el papel y continúe horneando durante 10 minutos o hasta que el queso se funda y esté ligeramente dorado. Deje reposar por 10 minutos antes de servir. Adorne, si lo desea, con cebollín picado adicional.

rinde 8 porciones

tiempo de preparación: 20 minutos
tiempo de cocción: 50 minutos

Nota

El queso ricotta es parecido al queso cottage, pero es más suave, rico y seco. Al igual que muchos ingredientes que se utilizan en la cocina italiana, éste es económico y se encuentra con facilidad.

Camarón Asado a la Italiana

⅓ de taza de aceite de oliva extravirgen
¼ de taza de vinagre balsámico
1 sobre de aderezo italiano en polvo
450 g de camarón mediano limpio
2 pimientos morrones verdes, cortados en trozos de 4 cm
2 cucharadas de albahaca picada

MEZCLE el aceite de oliva, el vinagre y el aderezo en polvo en una vinagrera o en un tazón chico, según las instrucciones del sobre de aderezo. Ponga el camarón en un recipiente poco profundo y vierta el aderezo; tape. Refrigere durante varias horas o por toda la noche para que se marine. Escurra y deseche la marinada.

ENSARTE alternadamente el camarón y el pimiento en agujas para brocheta. Póngalas en la parrilla aceitada directamente sobre el carbón.

ASE de 5 a 6 minutos de cada lado o hasta que el camarón se torne rosado. Espolvoree con la albahaca.

rinde 4 porciones

tiempo de preparación: 10 minutos más el tiempo de marinado
tiempo de asado: 12 minutos

Nota

El vinagre balsámico se elabora con uvas blancas dulces. Es caro debido a que se debe añejar durante varios años para que desarrolle su característico sabor dulce y delicado. Utilice cantidades reducidas para dar sabor a ensaladas y platillos cocidos. Puede sustituirlo por cualquier vinagre de vino.

Linguine con Salsa Marinara de Almeja al Pesto

   1 cucharadita de aceite vegetal
   ¼ de taza de chalote picado
   3 dientes de ajo finamente picados
   2 latas (de 180 g cada una) de almejas picadas
   1⅓ tazas de Salsa Marinara (receta más adelante)
   2 cucharadas de salsa pesto
   ¼ de cucharadita de pimienta roja machacada
   225 g de linguine sin cocer
   ¼ de taza de perejil fresco picado

En una cacerola grande con recubrimiento antiadherente, caliente el aceite a fuego medio. Agregue el chalote y el ajo; tape y deje cocer por 2 minutos. Escurra las almejas; reserve ½ taza del líquido. Añada la almeja a la cacerola y el líquido que reservó, la Salsa Marinara, el pesto y la pimienta roja. Cueza por 10 minutos; revuelva con frecuencia. Cueza el linguine siguiendo las instrucciones de la envoltura; omita la sal. Escúrrala. Sirva la salsa equitativamente sobre cada porción; corone con el perejil. Adorne con rebanadas de limón y perejil adicional, si lo desea. *rinde 4 porciones*

Salsa Marinara

   1½ cucharadas de aceite de oliva
   3 dientes de ajo machacados
   840 g de tomate picado, conserve el jugo
   ¼ de taza de puré de tomate rojo
   2 cucharaditas de albahaca seca
   ½ cucharadita de azúcar
   ¼ de cucharadita de sal
   ¼ de cucharadita de hojuelas de pimienta roja

En una cacerola grande, caliente el aceite a fuego medio. Agregue el ajo; fríalo por 3 minutos. Incorpore el resto de los ingredientes. Ponga a hervir. Reduzca el fuego a bajo; deje cocer, sin tapar, durante 10 minutos. *rinde unas 3½ tazas*

Linguine con Salsa Marinara de Almeja al Pesto

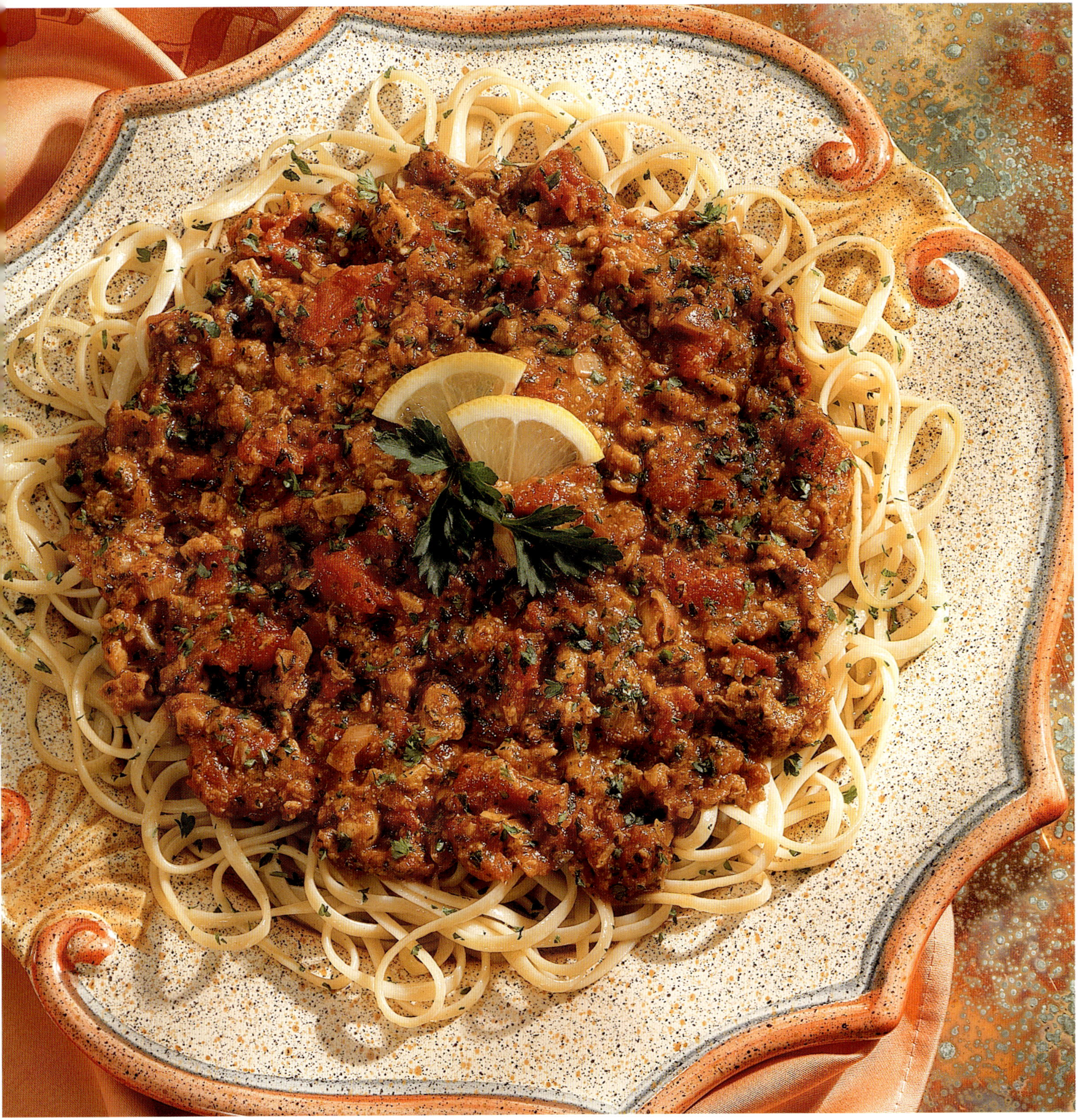

Risotto de Orzo con Camarón y Verdura

    Aceite en aerosol
1 calabacita cortada por la mitad y en rebanadas
2 cucharaditas de ralladura de cáscara de limón
1 taza de champiñones rebanados
½ taza de cebolla picada
2 dientes de ajo
¾ de cucharadita de salvia seca
¼ a ½ cucharadita de tomillo seco
1¼ tazas de orzo (lengüita de pasta) sin cocer
840 ml de consomé de pollo sin grasa
225 g de camarón pelado y desvenado
¾ de taza de chícharos (guisantes) descongelado
¼ de taza de queso parmesano rallado
    Sal y pimienta negra

1. Rocíe una cacerola grande con aceite en aerosol. Caliente a fuego medio. Agregue la calabacita y la ralladura de limón; cueza y revuelva de 2 a 3 minutos o hasta que la calabacita esté suave. Retire de la cacerola.

2. Agregue el champiñón, la cebolla, el ajo, la salvia y el tomillo a la cacerola; cueza y revuelva de 2 a 3 minutos o hasta que la cebolla esté suave. Incorpore la pasta; fríala hasta que esté dorada.

3. En una cacerola mediana, ponga a hervir el consomé de pollo. Vierta el consomé en la pasta, ½ taza a la vez. Revuelva sin cesar hasta que el consomé se absorba antes de agregar la siguiente ½ taza. Continúe cociendo de 10 a 15 minutos o hasta que la pasta esté suave.

4. Durante la última mitad del tiempo de cocción, incorpore el camarón y el chícharo; añada la calabacita durante los 2 o 3 minutos finales del tiempo de cocción. Espolvoree el queso; sazone con sal y pimienta.

rinde 4 porciones de plato principal

Risotto de Orzo con Camarón y Verdura

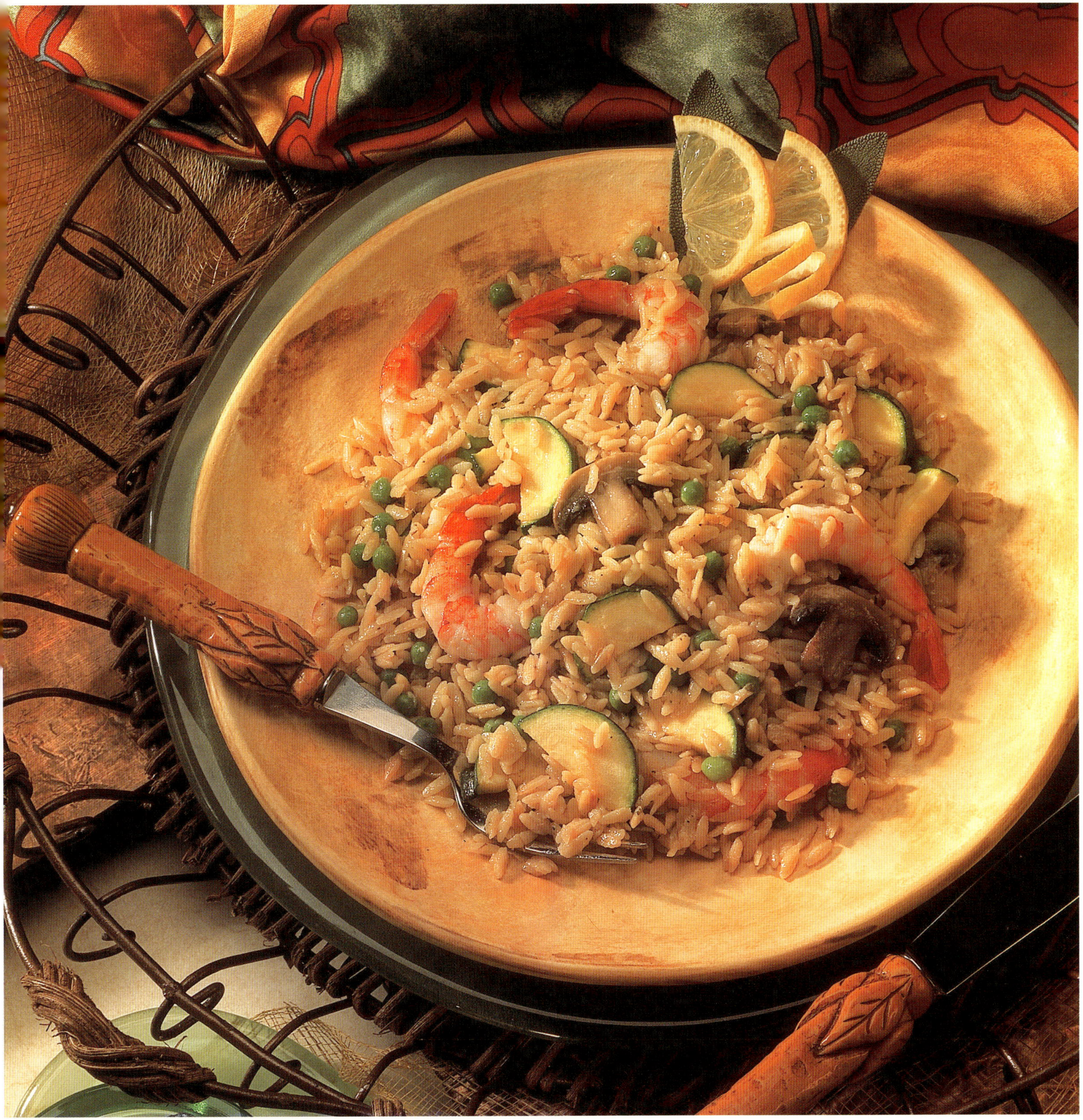

Huachinango con Alcachofas al Horno

　　Jugo de 2 limones
3 alcachofas grandes
8 cucharadas de aceite de oliva
2 dientes de ajo machacados
1 huachinango o corvina, entero (unos 900 g), limpio y sin escamas, pero con la cabeza y la cola intactas
　　Sal y pimienta negra al gusto
3 ramas chicas de romero fresco
1 cucharada de perejil fresco finamente picado

En un recipiente grande, vierta la mitad del jugo de limón y las mitades de limón exprimidas. Rellene el recipiente hasta la mitad con agua fría. Conserve el resto del jugo de limón. Para preparar las alcachofas, doble hacia atrás las hojas exteriores oscuras y ábralas hasta la base. Continúe abriendo las hojas hasta la mitad de la base donde las hojas están amarillas. Corte 4 cm de la parte superior de las alcachofas; recorte los tallos dejándolos a 2.5 cm. Desprenda las hojas verdes estropajosas del tallo y de la base. Corte las alcachofas a lo largo (desde la parte superior) en cuatro; ponga los cuartos en el agua con limón para evitar que se decoloren.

Trabaje con un cuarto de alcachofa a la vez. Retire las hojas chicas con forma de corazón del centro; deténgalas con los dedos, jálelas y tuérzalas. Con una cuchara, retire la parte vellosa. Corte los cuartos de alcachofa a lo largo en rebanadas delgadas. Regréselos rápidamente al agua con limón. Repita el paso 3 con el resto de las alcachofas. Escurra las rebanadas de alcachofa. En una sartén grande a fuego medio, caliente 6 cucharadas de aceite. Agregue la alcachofa y el ajo. Tape; cueza por 5 minutos o hasta que estén suaves; revuelva de vez en cuando.

Caliente el horno a 220 °C. Enjuague el pescado; séquelo dándole palmaditas con toallas de papel. Sazone el pescado por dentro y por fuera con sal y pimienta. Acomódelo en un molde para hornear. Rellene el pescado con tantas rebanadas de alcachofa como sea necesario y 1 rama de romero. Acomode el resto de las rebanadas de alcachofa y las ramas de romero restantes alrededor del pescado.

Combine el jugo de limón que conservó con el aceite restante y el perejil; rocíe la mezcla sobre el pescado. Hornee por 30 minutos o hasta que el pescado se desmenuce cuando lo pique con un tenedor; rocíe de vez en cuando con los jugos del molde.　　*rinde 4 porciones*

Huachinango con Alcachofas al Horno

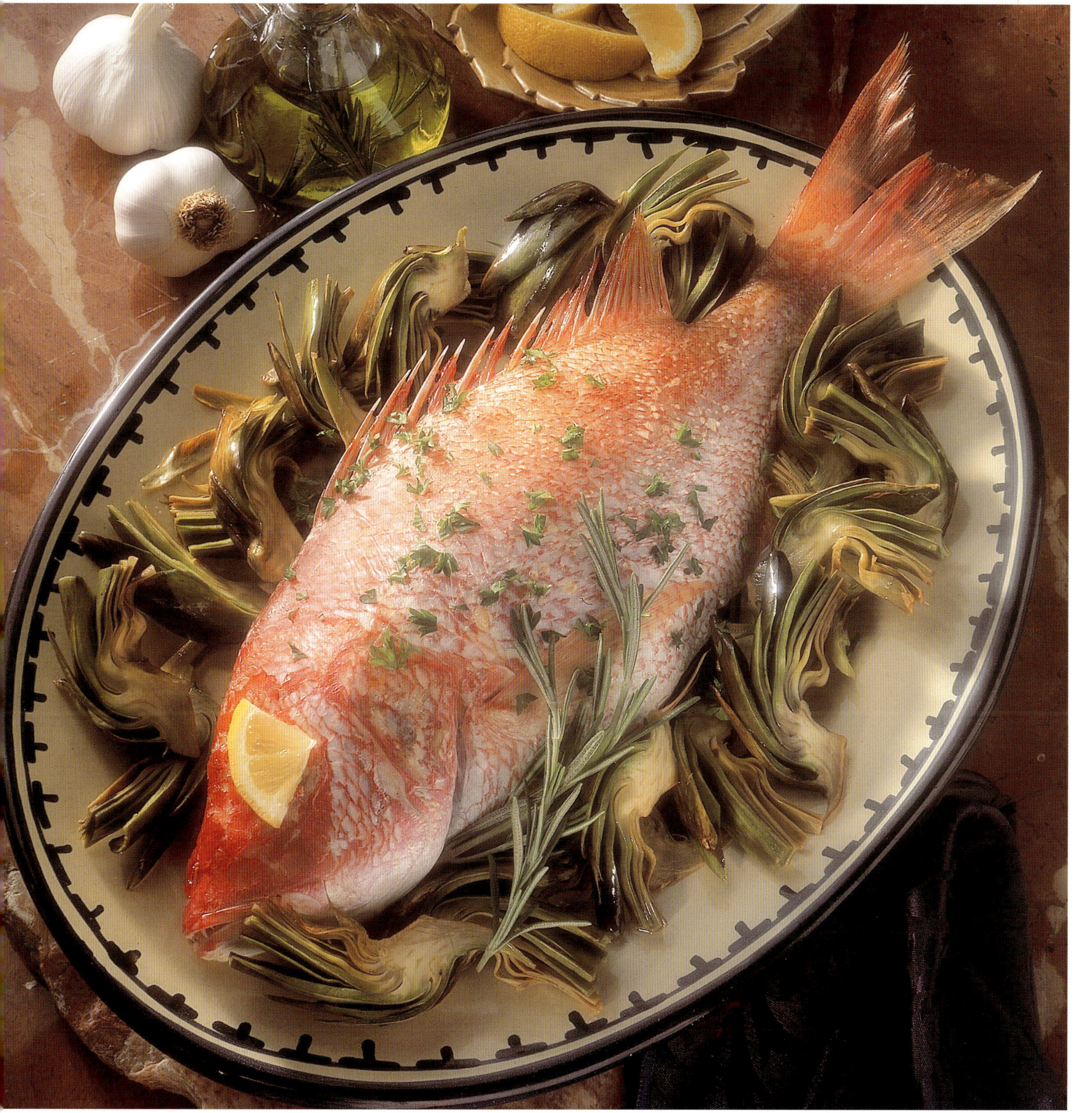

Pescado Milanés

⅓ de taza más 2 cucharadas de aceite de oliva
2 cucharadas de jugo de limón
½ cucharadita de sal
 Pizca de pimienta
1 cebolla chica finamente picada
450 g de filetes de lenguado o merluza (de 4 a 8 filetes)
2 huevos
1 cucharada de leche
½ taza de harina de trigo
¾ de taza de pan molido
¼ de taza más 2 cucharadas de mantequilla o margarina
1 diente de ajo machacado
1 cucharada de perejil fresco picado
 Rama de tomillo fresco para adornar
 Rebanadas de limón (opcional)

Para marinar, bata ⅓ de taza de aceite, el jugo de limón, la sal y la pimienta en un recipiente chico; incorpore la cebolla. Vierta la marinada en un refractario de vidrio de 33×23 cm. Enjuague el pescado; séquelo dándole palmaditas con toallas de papel. Acomode el pescado en el refractario; báñelo bien con la marinada. Tape; marine en el refrigerador por 1 hora; voltee el pescado de vez en cuando. En un recipiente poco profundo, mezcle los huevos con la leche; revuelva bien. Ponga la harina y el pan molido en platos separados. Saque el pescado de la marinada; séquelo con toallas de papel. Deseche la marinada.

Enharine el pescado por ambos lados; después, sumérjalo en el huevo y, por último, empanícelo. Presione el pan molido con firmeza en el pescado para que se adhiera. Póngalo sobre papel encerado; refrigérelo durante 15 minutos. En una sartén grande con recubrimiento antiadherente, caliente el aceite restante y 2 cucharadas de mantequilla a fuego medio hasta que se derrita y burbujee; agregue el pescado, fríalo de 2 a 3 minutos de cada lado hasta que se desmenuce con facilidad con un tenedor y esté ligeramente dorado. Ponga en un platón caliente. Derrita la mantequilla restante en una sartén mediana a fuego medio. Añada el ajo; fríalo de 1 a 2 minutos hasta que la mantequilla se torne café claro; incorpore el perejil. Vierta la mantequilla sobre el pescado. Adorne, si lo desea. Sirva de inmediato con las rebanadas de limón.

rinde 4 porciones

Pescado Milanés

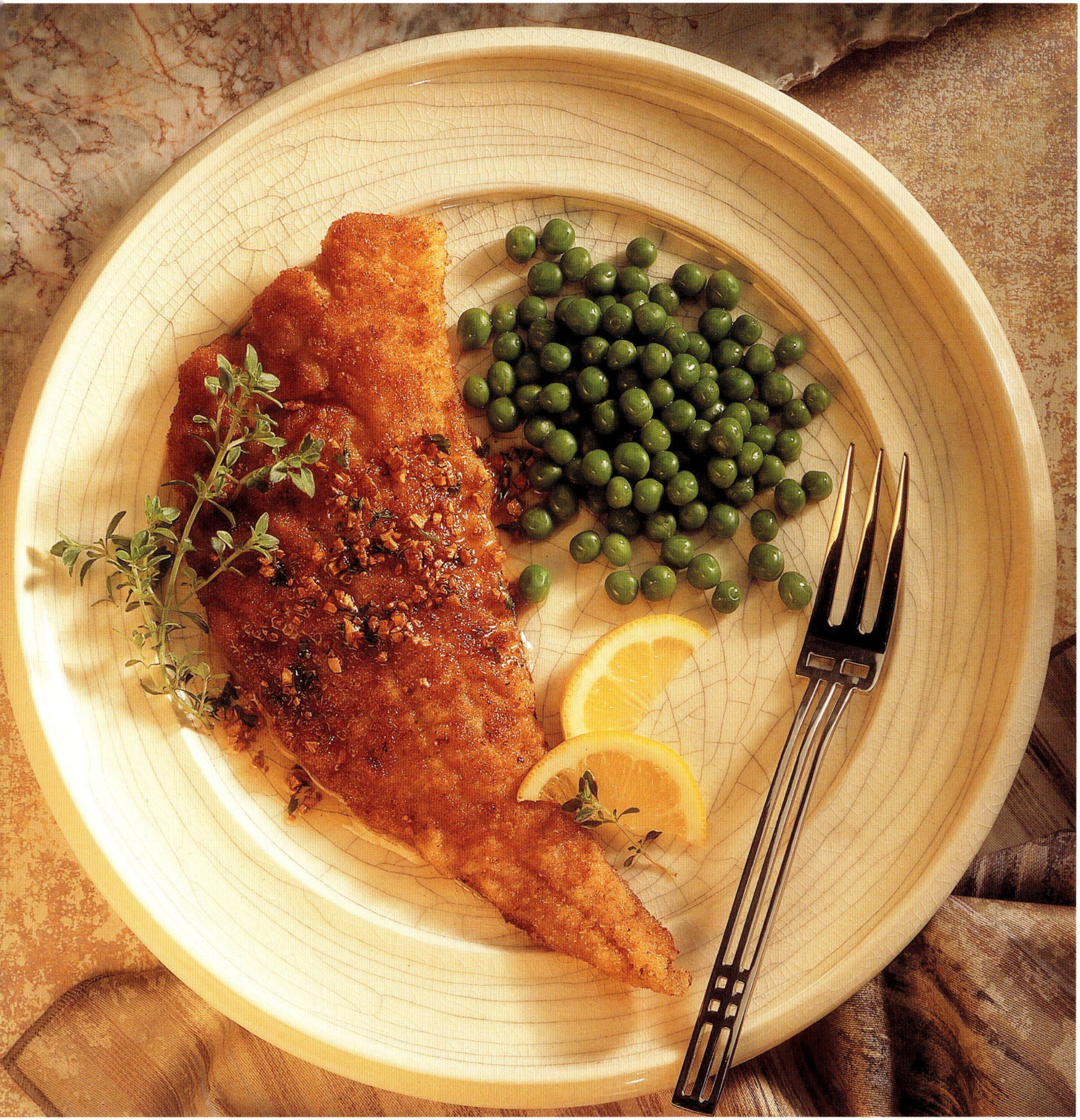

Delicioso Camarón con Pasta

450 g de camarón grande limpio
1 taza de aderezo italiano sin grasa
2 tazas de champiñones rebanados
1 cebolla chica en rebanadas delgadas
1 lata (400 g) de corazones de alcachofa, escurridos y cortados por la mitad
1 cucharada de perejil fresco picado
1 paquete (250 g) de pasta, de cualquier variedad, cocida como indica el paquete y escurrida
¼ de taza de queso parmesano rallado

CUEZA el camarón con ½ taza del aderezo en una sartén grande, a fuego medio-alto, por 2 minutos.

AGREGUE el champiñón, la cebolla, los corazones de alcachofa y el perejil. Continúe cociendo hasta que el camarón se torne rosado y las verduras estén suaves.

MEZCLE con la pasta cocida caliente y el aderezo restante. Espolvoree con el queso.

rinde 6 porciones

variante: Si quiere una versión más condimentada, prepare el aderezo con aceite de oliva y vinagre balsámico.

variante: Prepare como se indica, pero sustituya el camarón por vieiras.

variante: Prepare como se indica, pero sustituya la pasta por arroz blanco caliente.

tiempo de preparación: 10 minutos
tiempo de cocción: 15 minutos

Delicioso Camarón con Pasta

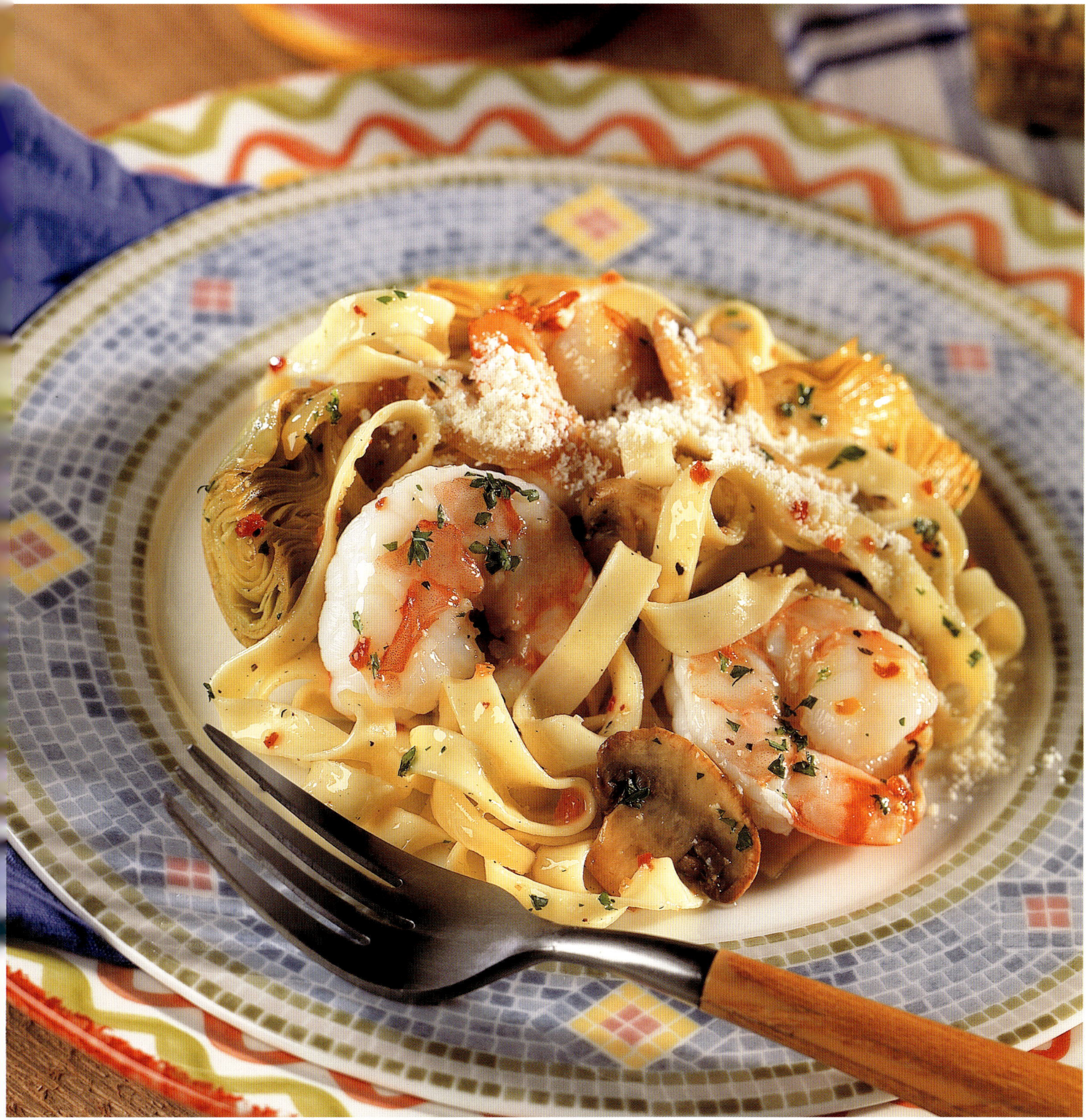

ENTRADAS SIN CARNE

Fusilli con Salsa de Tomates

½ taza (1 barra) de margarina
1 cebolla mediana picada
2 dientes de ajo finamente picados (opcional)
675 g de tomate cherry rojo o amarillo, cortados por la mitad
⅓ de taza de albahaca fresca picada
450 g de fusilli (espirales de pasta) o de linguine, cocido y escurrido
Queso parmesano rallado

En una sartén de 30 cm con recubrimiento antiadherente, derrita la mantequilla a fuego medio; fría la cebolla, revolviendo de vez en cuando, durante 2 minutos o hasta que esté suave. Incorpore el ajo y el tomate; cueza por 5 minutos o hasta que el tomate esté suave, pero sin perder su forma. Deje que la salsa se espese un poco. Incorpore la albahaca y sazone, si lo desea, con sal y pimienta negra molida.

En un platón grande, revuelva la pasta con la salsa y espolvoree con el queso.

rinde 4 porciones

Fusilli con Salsa de Tomates

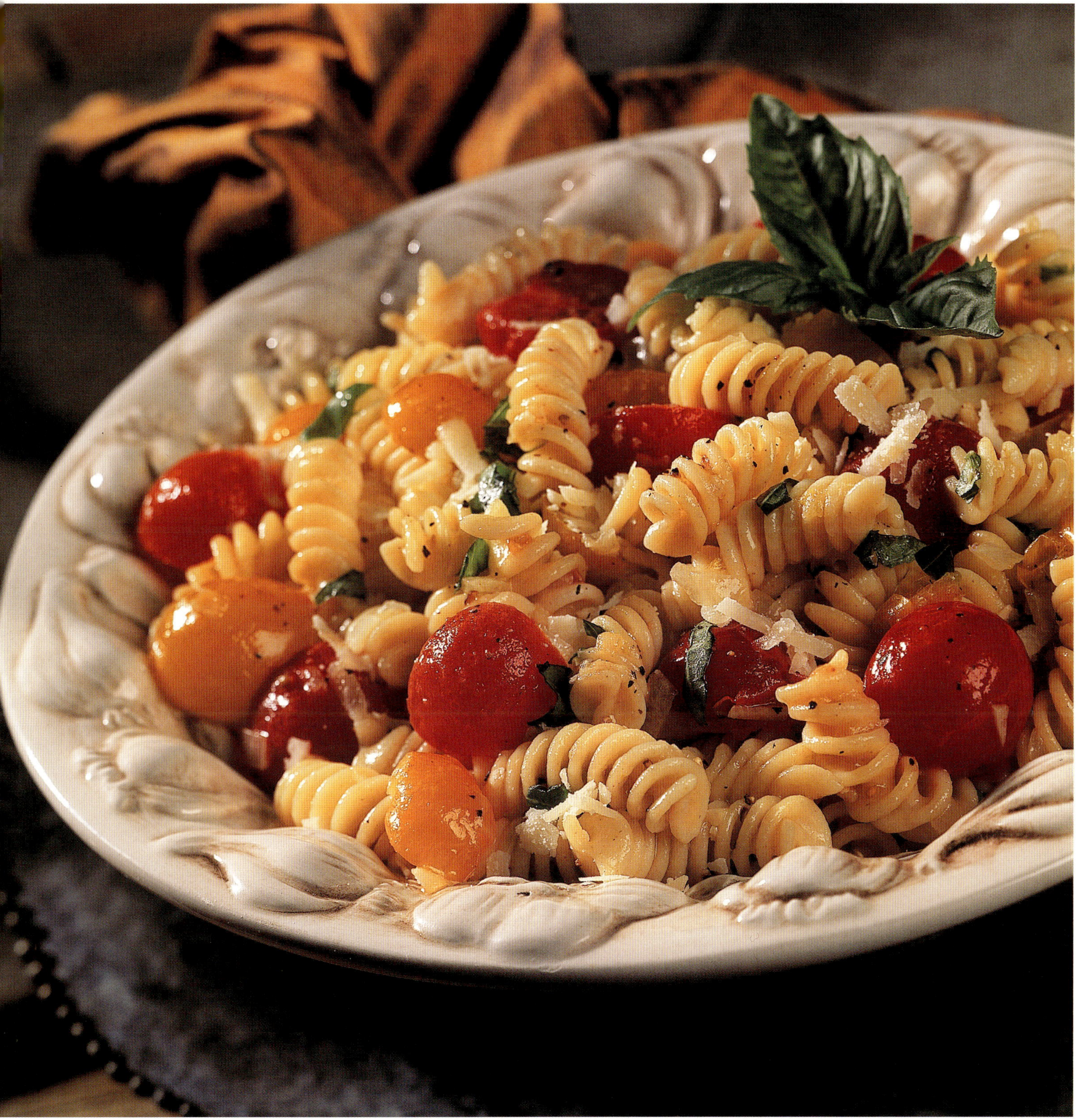

Cuadros de Polenta con Salsa de Tomate

      2 cucharadas de mantequilla
      ½ taza de pimiento morrón verde picado
      ½ taza de cebolla picada
      2 dientes de ajo machacados
      4 tazas de leche
      ½ cucharadita de sal
      ¼ de cucharadita de pimienta de Cayena
      1 taza de harina de maíz amarilla
      ½ taza de queso parmesano rallado
      1 frasco (840 g) de salsa para espagueti con verdura
    1½ tazas (180 g) de queso provolone rallado

1. En una cacerola mediana, derrita la mantequilla a fuego medio. Agregue el pimiento, la cebolla y el ajo; fríalos por 5 minutos o hasta que las verduras estén suaves. Con una espumadera, sáquelas de la cacerola.

2. En una olla grande a fuego medio-alto, hierva la leche, la sal y la pimienta de Cayena. Mientras bate vigorosamente la leche, añada la harina de maíz en un chorro muy delgado, pero constante. *No permita que se formen grumos.* Reduzca el fuego a bajo.

3. Cueza, sin tapar, de 40 a 60 minutos hasta que la polenta esté muy espesa; revuelva con frecuencia. (La polenta estará lista cuando, al poner en el centro una cuchara de madera, ésta se sostenga verticalmente.) Incorpore a la olla el pimiento y el queso parmesano; revuelva para mezclar.

4. Rocíe un refractario de 33×23×5 cm con aceite en aerosol. Distribuya allí la polenta. Tápela y déjela reposar a temperatura ambiente por 6 horas o hasta que esté completamente fría y firme. Caliente el horno a 180 °C. Corte la polenta en 24 cuadros y vierta encima la salsa para espagueti.

5. Hornee de 20 a 25 minutos hasta que burbujee la salsa alrededor del refractario. Retire del horno. Espolvoree con el queso provolone.

6. Hornee de 2 a 3 minutos más, justo hasta que el queso se funda. Deje reposar por 5 minutos. Con una espátula de metal, afloje las orillas de la polenta. Con la espátula, saque con cuidado los pedazos de polenta. Adorne a su gusto.

rinde de 6 a 8 porciones

Cuadros de Polenta con Salsa de Tomate

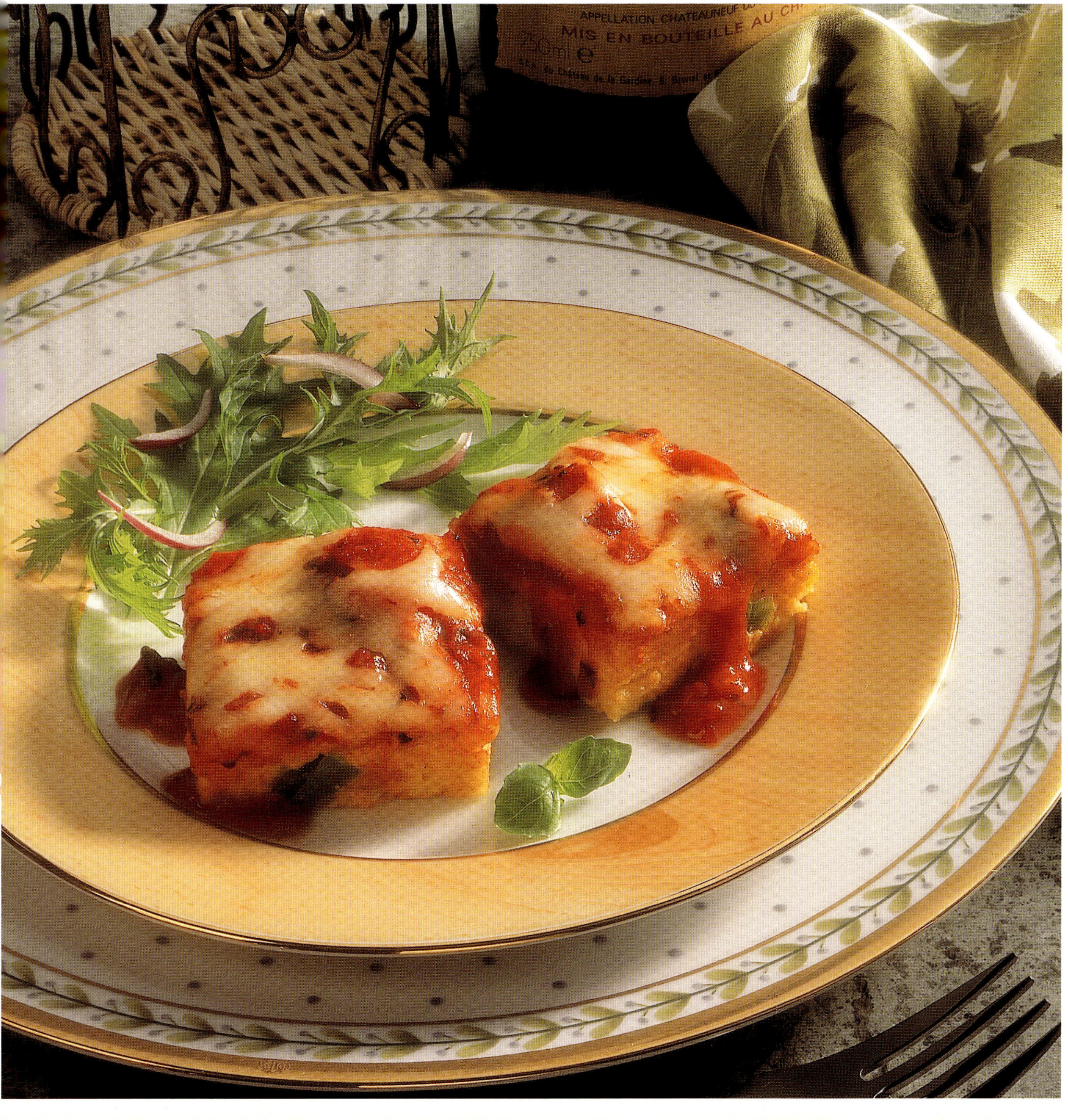
APPELLATION CHATEAUNEUF
MIS EN BOUTEILLE AU
750ml e

Pesto Clásico con Linguine

340 g de linguine sin cocer
2 cucharadas de mantequilla o margarina
¼ de taza más 1 cucharada de aceite de oliva
2 cucharadas de piñones
1 taza de albahaca fresca, enjuagada, escurrida y sin tallo
2 dientes de ajo
¼ de cucharadita de sal
¼ de taza de queso parmesano recién rallado
1½ cucharadas de queso romano recién rallado
Hojas frescas de albahaca para adornar

1. Cueza el linguine siguiendo las instrucciones de la envoltura; escúrralo. Colóquelo en un platón grande y mézclelo con la mantequilla; consérvelo caliente.

2. En una cacerola chica o en una sartén, caliente 1 cucharada de aceite a fuego medio-bajo. Agregue los piñones; fríalos de 30 a 45 segundos hasta que estén un poco dorados; sacuda la cacerola sin cesar. Sáquelos con una espumadera; escúrralos sobre toallas de papel.

3. En el procesador de alimentos o en la licuadora, ponga los piñones dorados, las hojas de albahaca, el ajo y la sal. Con el procesador encendido, agregue el aceite restante en un chorro delgado, uniforme y lento hasta que se mezcle bien y los piñones estén finamente picados.

4. Ponga el pesto en un recipiente chico. Incorpore los quesos parmesano y romano.*

5. En un recipiente grande, combine el linguine caliente con mantequilla y la salsa al pesto; revuelva para cubrir bien. Adorne, si lo desea. Sirva de inmediato.

rinde 4 porciones (más o menos ¾ de taza de salsa al pesto)

*En este momento puede guardar la salsa al pesto en un recipiente hermético; vierta una capa delgada de aceite de oliva sobre el pesto y tápelo. Refrigere hasta por 1 semana. Déjelo que tome la temperatura ambiente. Continúe como se indica en el paso 5.

Pesto Clásico con Linguine

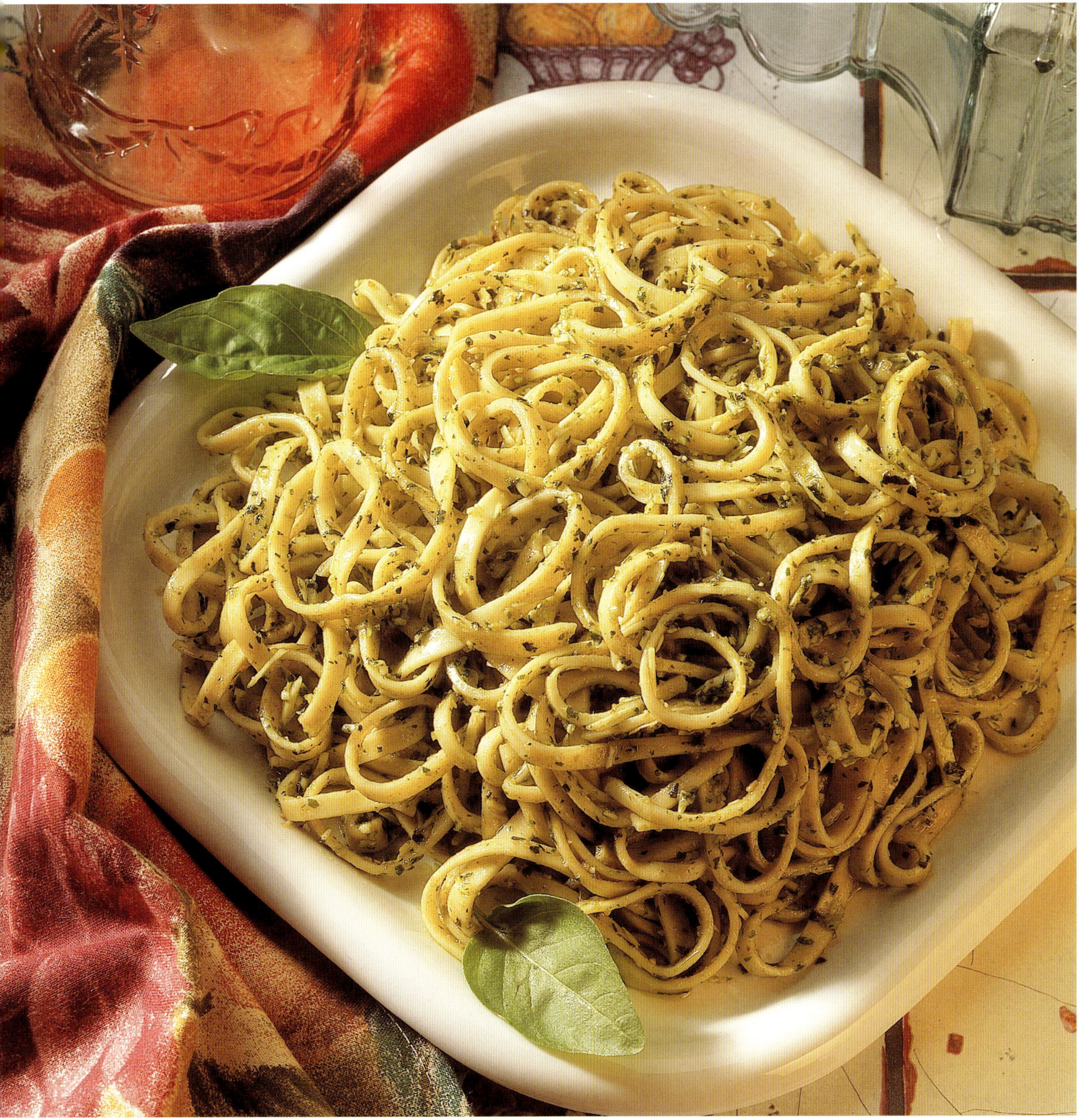

Pasta con Salsa de Tomate y Hierbas

   450 g de pluma de pasta sin cocer
     4 tomates rojos grandes maduros, pelados y sin semillas*
   ½ taza de puré de tomate rojo
   ¼ de taza de aceite de oliva
     1 a 2 cucharadas de jugo de limón
     2 cucharaditas de perejil fresco picado o 1 cucharadita de perejil seco
     1 cucharadita de romero, orégano o tomillo picado o 1 cucharadita de sazonador italiano en polvo
       Sal y pimienta negra recién molida
       Queso parmesano rallado

*Para que la salsa quede con trozos de tomate, conserve 1 tomate pelado y sin semillas. Píquelo finamente y después incorpórelo a la salsa.

Cueza la pasta siguiendo las instrucciones de la envoltura, hasta que esté al dente (suave, pero firme); escúrrala y póngala en un recipiente grande. En la licuadora o en el procesador de alimentos, licue los tomates; luego agregue el puré de tomate. Con el motor encendido, vierta lentamente el aceite de oliva. Incorpore el jugo de limón, el perejil y las hierbas. Licue un poco más a velocidad alta. Vierta la salsa sobre la pasta caliente o a temperatura ambiente. Sazone con sal y pimienta al gusto. Espolvoree con el queso parmesano.   *rinde 4 porciones*

Pasta con Salsa de Tomate y Hierbas

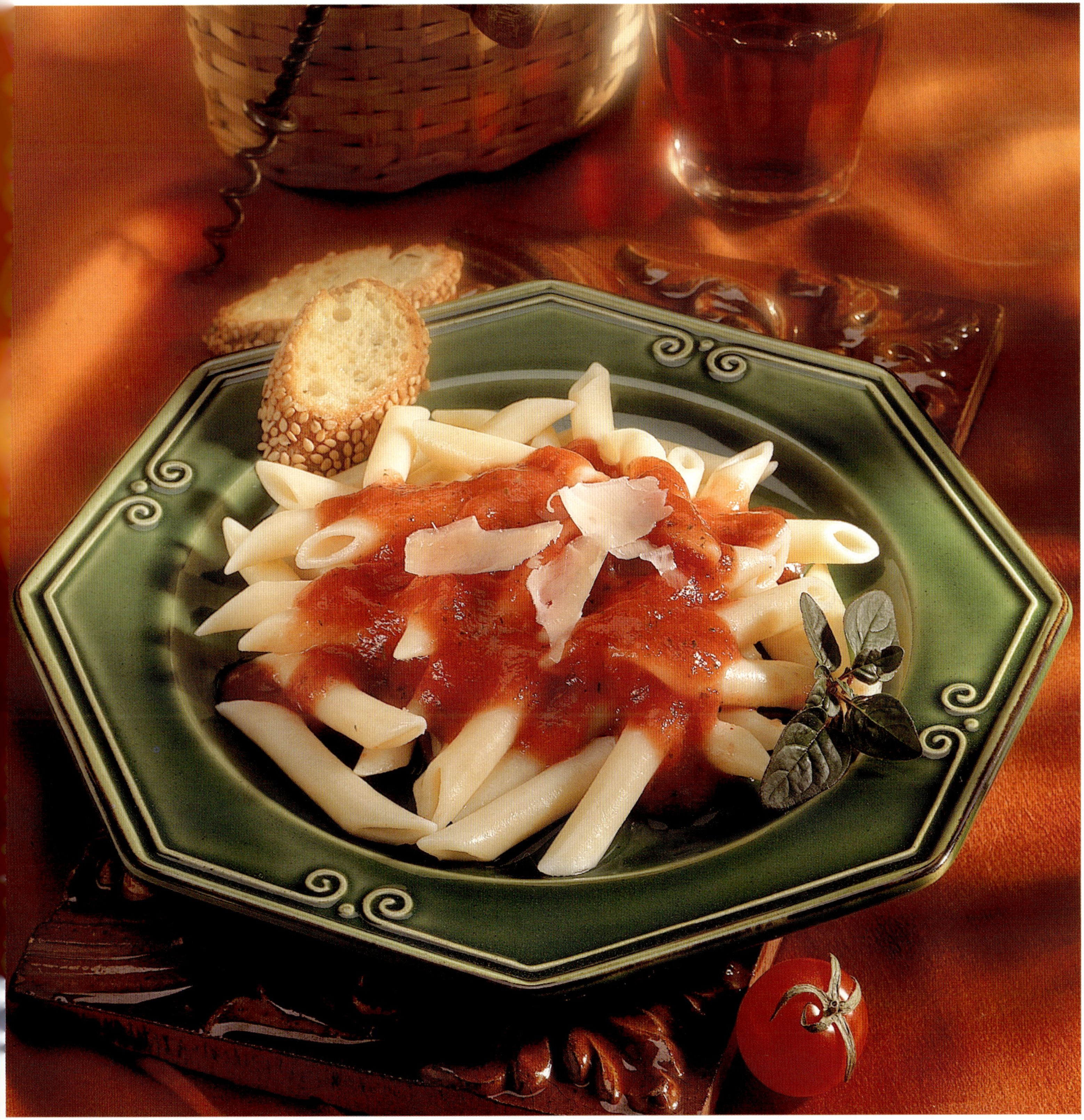

Pizza Romana

1 taza de agua
2 cucharadas de aceite de cacahuate (maní)
1½ cucharaditas de sal
3 tazas de harina para pan
1 cucharada de azúcar
2 cucharaditas de levadura para pan

CUBIERTA
435 g de tomate rojo machacado
½ taza de queso romano recién rallado
1 cucharada de aceite de cacahuate (maní)
1 cucharadita de mejorana seca
⅛ de cucharadita de pimienta negra molida
2 tazas de champiñones frescos rebanados

En una olla para hacer pan, coloque el agua, el aceite, la sal, la harina, el azúcar y la levadura en el orden que sugiera el fabricante. Seleccione el ciclo de masa/manual. Cuando el ciclo de mezclado termine (antes de que comience el horneado), saque la masa del aparato y póngala sobre una superficie ligeramente aceitada. Si es necesario, amase con suficiente harina para hacer más manejable la masa.

Divida la masa a la mitad. Con cada mitad, forme una bola; extiéndalas para obtener dos círculos de 30 cm de diámetro. Póngalos sobre dos charolas para hornear engrasadas; forme la orilla pellizcando la masa. Pique la masa con un tenedor; déjala reposar por 10 minutos. Mientras tanto, en un recipiente mediano, mezcle todos los ingredientes de la cubierta, excepto el champiñón.

Hornee parcialmente la base a 230 °C durante 8 minutos. Retire las bases de las charolas; póngalas a enfriar sobre una rejilla de alambre. Distribuya uniformemente la mezcla sobre las pizzas. Acomode encima los champiñones y hornee sobre la rejilla del horno a 230 °C de 12 a 14 minutos o hasta que estén bien cocidas. Déjalas enfriar un poco; córtelas en rebanadas y sirva.

rinde 2 pizzas (de 30 cm)

Moños al Horno en Salsa de Champiñón

    1 cucharadita de aceite de oliva o aceite vegetal
285 g de champiñones rebanados
    1 cebolla grande en rebanadas delgadas
    ⅛ de cucharadita de pimienta negra molida
    1 frasco (450 ml) de salsa Alfredo con queso parmesano
225 g de moños de pasta, cocidos y escurridos
    1 cucharada de queso parmesano rallado
    1 cucharada de pan molido (opcional)

1. Caliente el horno a 200 °C. En una sartén con recubrimiento antiadherente de 25 cm de diámetro, caliente el aceite a fuego medio, y cueza el champiñón, la cebolla y la pimienta; revuelva con frecuencia durante 10 minutos o hasta que las verduras estén doradas; vierta la salsa Alfredo.

2. En un refractario de 2 litros, revuelva la mezcla de salsa con la pasta caliente. Espolvoree con el queso combinado con el pan molido. Cubra con papel de aluminio y hornee por 20 minutos. Quite el papel y hornee durante 5 minutos más. *rinde 6 porciones*

tiempo de preparación: 10 minutos
tiempo de cocción: 35 minutos

Manicotti Relleno de Espinaca

  1 bolsa (285 g) de espinaca congelada
  8 conchas manicotti sin cocer
1½ cucharaditas de aceite de oliva
  1 cucharadita de romero seco
  1 cucharadita de salvia seca
  1 cucharadita de orégano seco
  1 cucharadita de tomillo seco
  1 cucharadita de ajo picado
1½ tazas de tomate rojo picado
  ½ taza de queso ricotta
  ½ taza de pan de trigo entero recién molido
  2 claras de huevo ligeramente batidas
    Anillos de pimiento morrón amarillo y ramas de salvia para adornar

1. Cueza la espinaca siguiendo las instrucciones de la bolsa. Póngala en un colador para que se escurra. Déjela reposar hasta que esté lo suficientemente fría como para manejarla. Exprima la espinaca con las manos para eliminar el exceso de agua.

2. Cueza la pasta según las instrucciones de la envoltura; escúrrala. Enjuáguela bajo el chorro del agua hasta que esté lo suficientemente fría como para manejarla; escúrrala.

3. Caliente el horno a 180 °C. En una cacerola chica, caliente el aceite a fuego medio; fría el romero, la salvia, el orégano, el tomillo y el ajo, durante 1 minuto. *No deje que se doren las hierbas.* Agregue el tomate; reduzca el fuego a bajo, deje cocer, sin tapar, por 10 minutos, revuelva de vez en cuando.

4. En un recipiente, combine la espinaca con el queso y el pan molido. Incorpore las claras de huevo. Con una cuchara, rellene el manicotti con la mezcla.

5. En un refractario de 33×23 cm, vierta un tercio de la salsa de tomate. Acomode el manicotti y vierta encima el resto de la salsa de tomate. Cubra con papel de aluminio.

6. Hornee por 30 minutos o hasta que burbujee. Adorne, si lo desea.   *rinde 4 porciones*

Manicotti Relleno de Espinaca

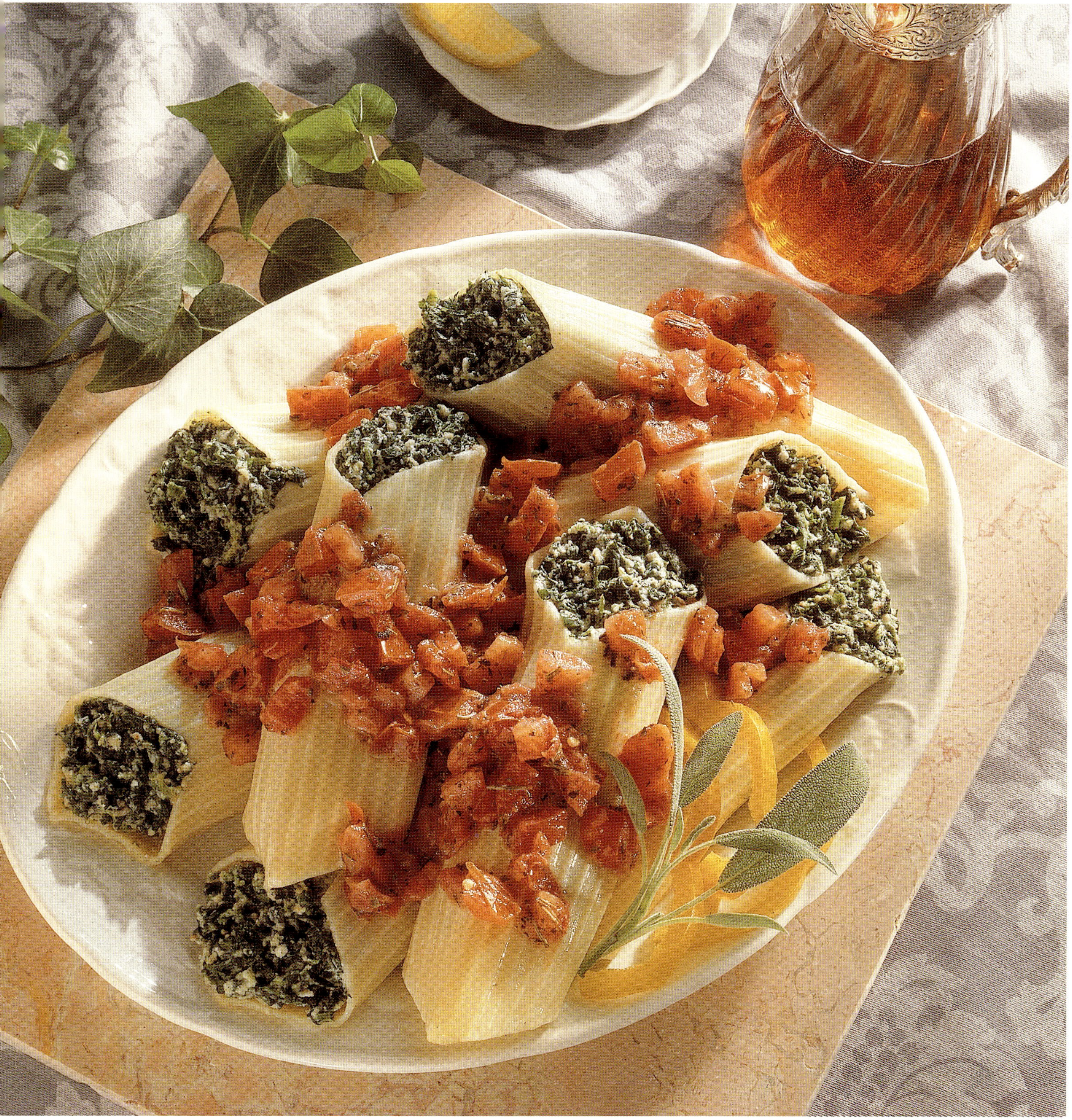

Risotto a la Milanesa

¼ de cucharadita de hilos de azafrán, pulverizados
3½ a 4 tazas de consomé de pollo
7 cucharadas de mantequilla o margarina
1 cebolla grande picada
1½ tazas de arroz arborio o blanco de grano corto, sin cocer
½ taza de vino blanco seco
½ cucharadita de sal
Pizca de pimienta
¼ de taza de queso parmesano recién rallado

Ponga el azafrán en una taza medidora. En una cacerola chica, hierva el consomé; reduzca el fuego a bajo. Vierta ½ taza de consomé en el azafrán para que se disuelva. Conserve caliente el resto del consomé. En una cacerola de 2½ litros, a fuego medio, derrita 6 cucharadas de mantequilla. Agregue la cebolla y fríala por 5 minutos o hasta que esté suave. Incorpore el arroz; fríalo durante 2 minutos. Añada el vino, la sal y la pimienta; cueza, sin tapar, de 3 a 5 minutos hasta que se evapore el vino; revuelva de vez en cuando. Mida ½ taza de consomé caliente; vierta sobre el arroz. Reduzca el fuego a medio-bajo. Cueza y revuelva hasta que se absorba el consomé. Repita el procedimiento, agregando ½ taza de consomé 3 veces más, cociendo y revolviendo hasta que se absorba el consomé. Ponga el consomé condimentado con azafrán en el arroz y cueza hasta que se absorba. Continúe agregando el consomé restante, ½ taza a la vez; cueza y revuelva hasta que el arroz esté suave, pero firme, y su consistencia sea ligeramente cremosa. (Quizás no sea necesario utilizar todo el consomé. El tiempo total de cocción del arroz será de unos 20 minutos.) Retire el arroz del fuego. Incorpore la mantequilla restante y el queso. Adorne, si lo desea. Sirva de inmediato.

rinde de 6 a 8 porciones

Nota

El azafrán, la especia más cara del mundo, da sabor y tiñe los alimentos. Para obtener el color amarillo puede utilizar cúrcuma, pero no hay nada que sustituya el sabor.

Risotto a la Milanesa

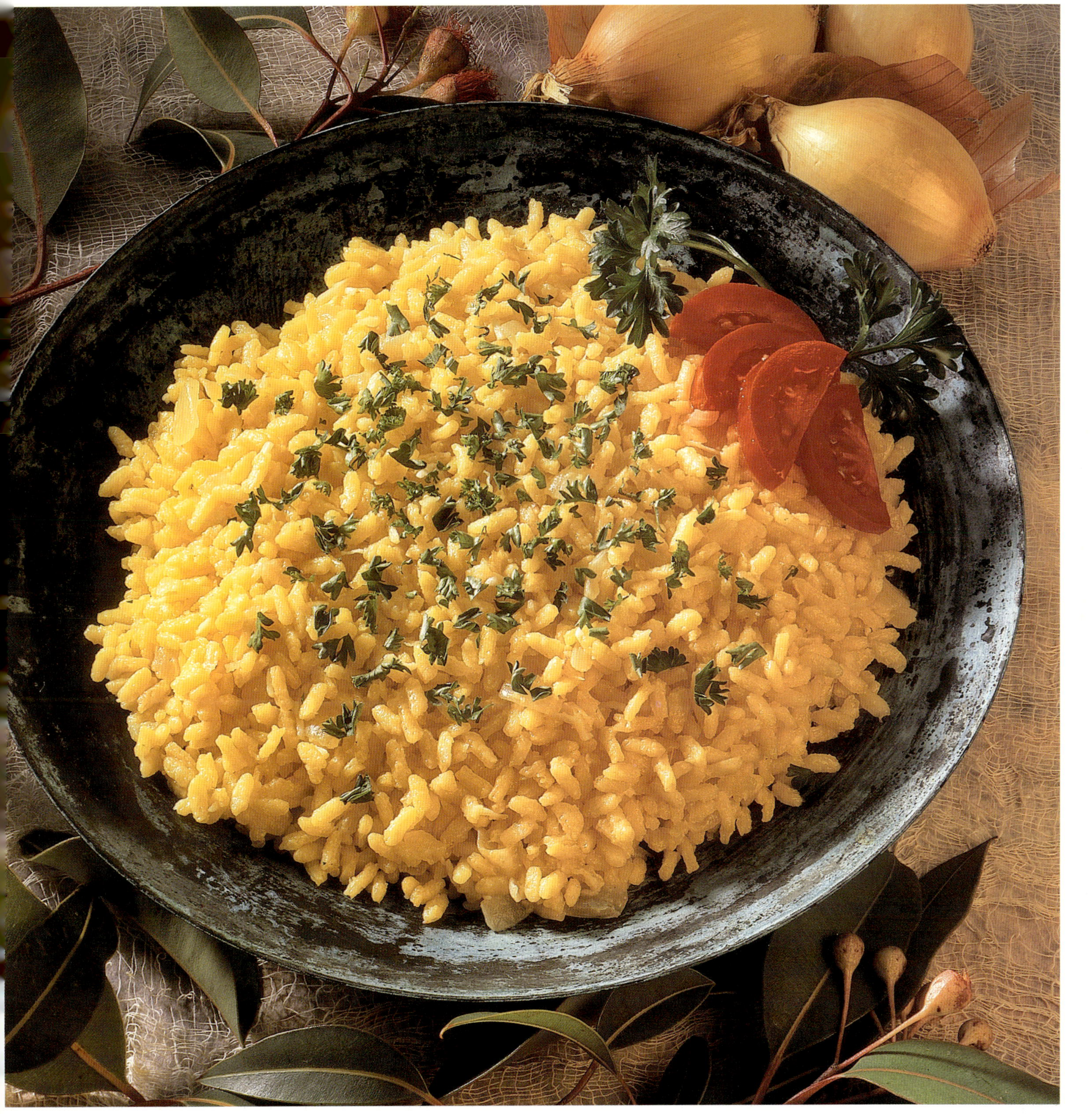

Ravioles con Tomate al Pesto

120 g de ravioles de queso, congelados
1¼ tazas de tomate rojo picado grueso
¼ de taza de albahaca fresca
2 cucharaditas de piñones
2 cucharaditas de aceite de oliva
¼ de cucharadita de sal
⅛ de cucharadita de pimienta negra
1 cucharada de queso parmesano rallado

1. Cueza los ravioles siguiendo las instrucciones de la envoltura; escúrralos.

2. Mientras tanto, en el procesador de alimentos, ponga el tomate, la albahaca, los piñones, el aceite, la sal y la pimienta; procese pulsando el botón de encendido/apagado, justo hasta que los ingredientes estén picados. Sirva sobre los ravioles. Espolvoree con el queso.

rinde 2 porciones

Pasta a la Puttanesca

3 cucharadas de aceite de oliva o aceite vegetal
2 dientes de ajo, finamente picados
1 frasco (de 730 a 840 g) de salsa tradicional para pasta
¼ de taza de aceitunas envasadas en aceite, sin hueso y picadas
1 cucharada de alcaparras enjuagadas
½ cucharadita de orégano seco machacado
¼ de cucharadita de hojuelas de pimienta roja machacadas
450 g de pluma de pasta, cocida y escurrida

En una sartén de 30 cm de diámetro, caliente el aceite a fuego bajo y fría el ajo durante 30 segundos. Incorpore el resto de los ingredientes, excepto la pasta. Cueza, sin tapar, por 15 minutos; revuelva de vez en cuando. Sirva la salsa sobre la pasta caliente. Si lo desea, adorne con perejil picado.

rinde 8 porciones

Ravioles con Tomate al Pesto

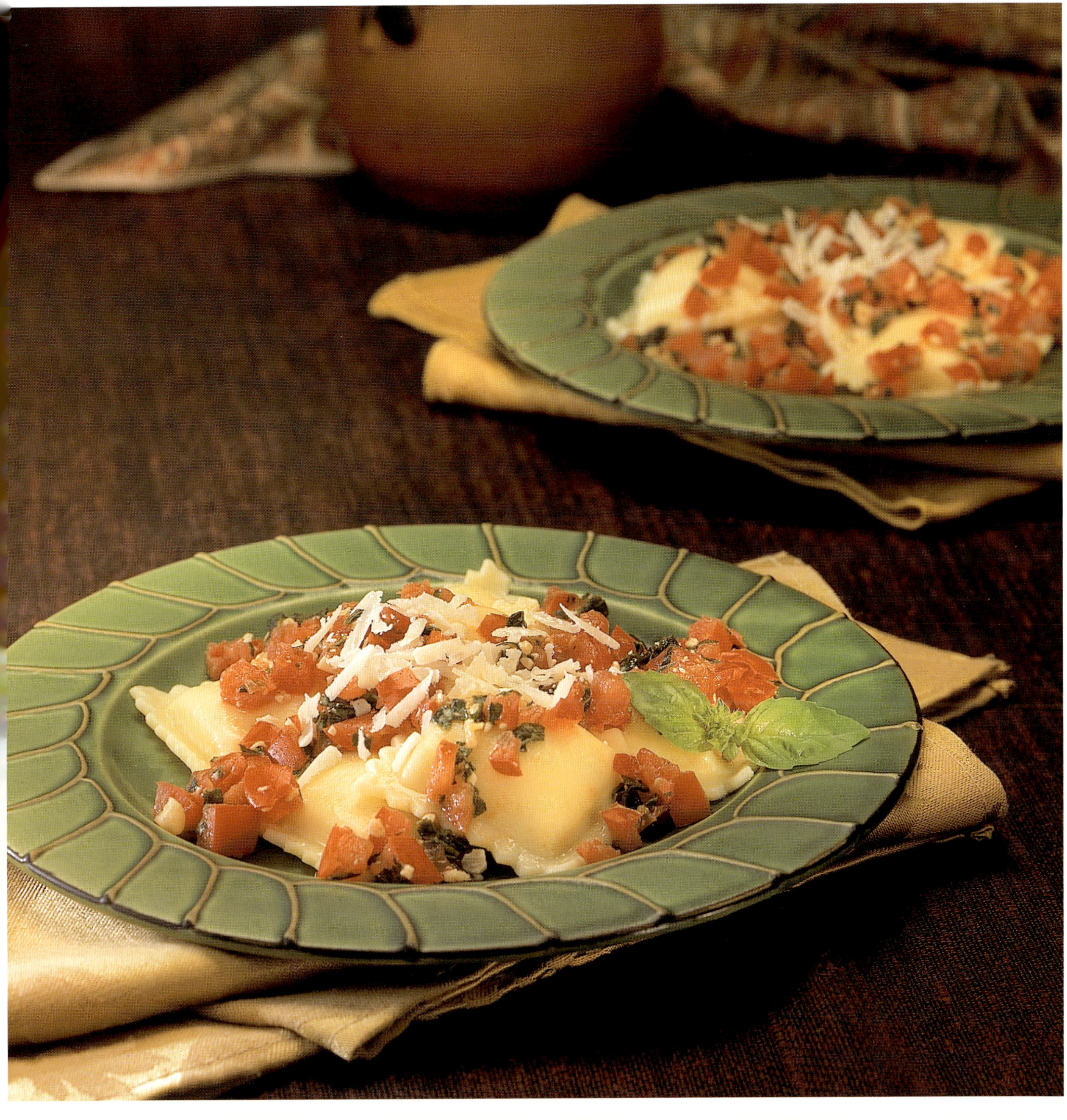

Pasta Tricolor

1 paquete (450 g) de pasta tricolor
2 tazas de chícharos (guisantes) congelados
2 tomates rojos picados o 1 pimiento morrón rojo picado
1 taza de queso mozzarella rallado
⅓ de taza, o al gusto, de salsa al pesto

• En una cacerola grande, cueza la pasta siguiendo las instrucciones de la envoltura. Durante los últimos 5 minutos de cocción, agregue el chícharo; pase a un colador y enjuague debajo del chorro de agua.

• En un recipiente grande, mezcle la pasta, el chícharo, el tomate rojo y el queso. Incorpore la salsa al pesto.   *rinde 4 porciones*

tiempo de preparación: 5 minutos
tiempo de cocción: 10 minutos

Tortellini con Pesto Cremoso

2 tazas de hojas de albahaca fresca
1 taza de perejil
⅓ de taza de aderezo italiano
½ taza de crema batida o crema espesa
¼ de taza de queso parmesano rallado
⅛ de cucharadita de pimienta negra molida
2 paquetes (435 g) de tortellini congelado, cocido y escurrido

En el procesador de alimentos o en la licuadora, procese la albahaca con el perejil hasta que estén picados. Mientras los muele, agregue gradualmente el aderezo italiano, la crema, el queso y la pimienta a través del tubo alimentador, hasta que se mezclen. Revuelva la salsa con el tortellini caliente. Si lo desea, sirva con más queso, sal y pimienta al gusto. Puede coronar con piñones tostados.   *rinde unas 6 porciones*

Pasta Tricolor

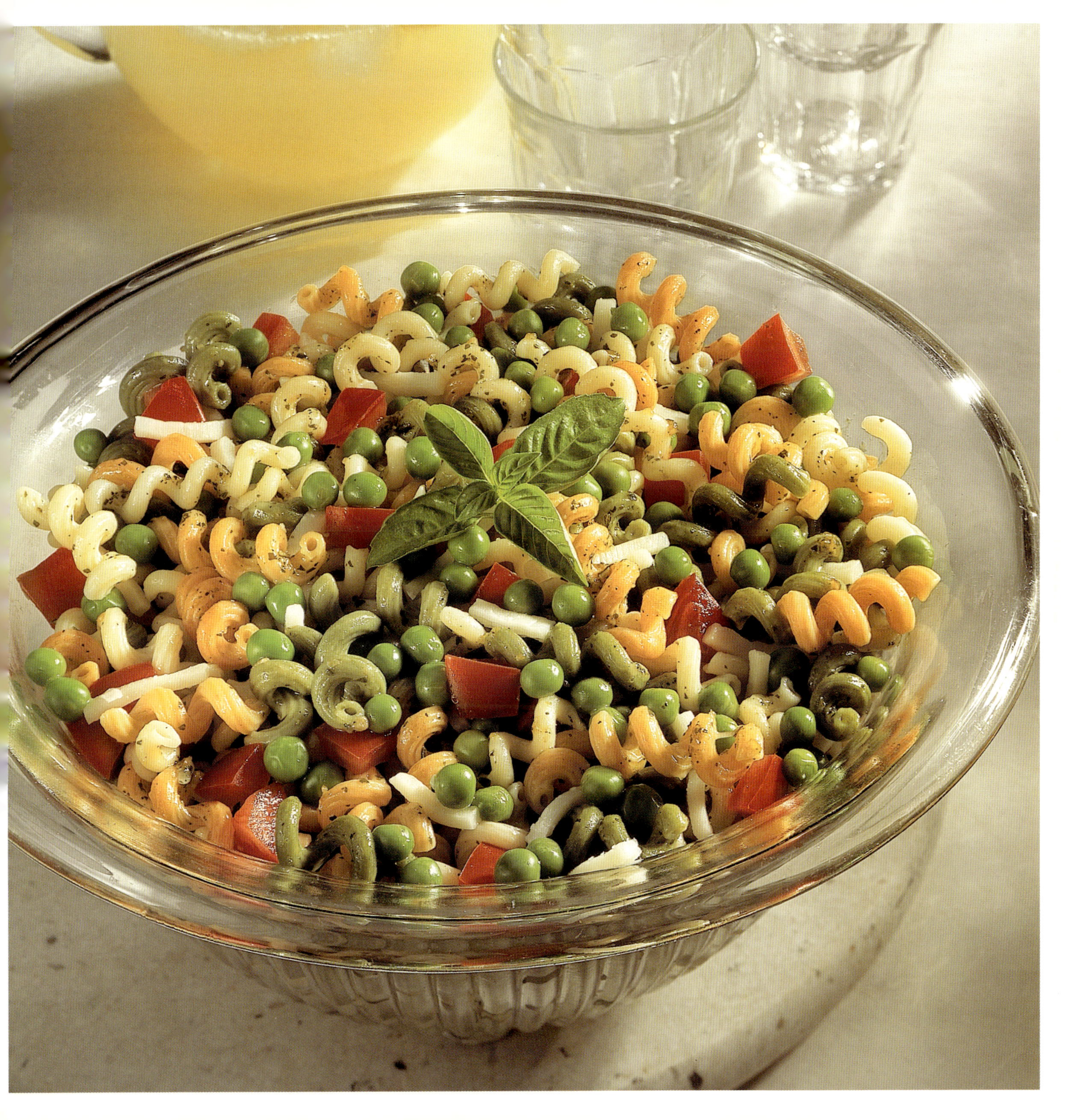

Conchas Rellenas de Cuatro Quesos

    12 conchas gigantes de pasta, sin cocer
  435 g de queso ricotta bajo en grasa
     1 taza (120 g) de queso provolone rallado
    ¼ de taza (30 g) de queso parmesano rallado
     1 huevo
    ¼ de taza de perejil fresco picado
     1 cucharadita de albahaca seca
    ¼ de cucharadita de ajo seco machacado
       Pizca de sal y pimienta negra
    1½ tazas de salsa para espagueti con trozos de tomate
    ½ taza (60 g) de queso mozzarella rallado

1. Cueza las conchas siguiendo las instrucciones de la envoltura, de 10 a 12 minutos. Enjuáguelas y escúrralas.

2. En un recipiente mediano, combine los quesos ricotta, provolone y parmesano, el huevo, el perejil, la albahaca, el ajo, la sal y la pimienta. Revuelva hasta que estén bien mezclados.

3. En un molde cuadrado de 20 cm, distribuya ½ taza de salsa para espagueti. Rellene las conchas con la mezcla de queso ricotta; acomódelas en el molde y vierta encima la salsa para espagueti restante. Cubra, apretado, con papel de aluminio. Refrigere durante toda la noche.

4. Caliente el horno a 180 °C. Hornee, cubierto, por 30 minutos. Destape y continúe horneando de 15 a 20 minutos más o hasta que la salsa burbujee. Saque del horno y espolvoree con el queso mozzarella. Hornee de 1 a 2 minutos o hasta que el queso se funda. Sirva de inmediato.

rinde 4 porciones (12 conchas)

tiempo de anticipación: hasta 1 día antes de servir
tiempo final de preparación y cocción: 30 minutos

Conchas Rellenas de Cuatro Quesos

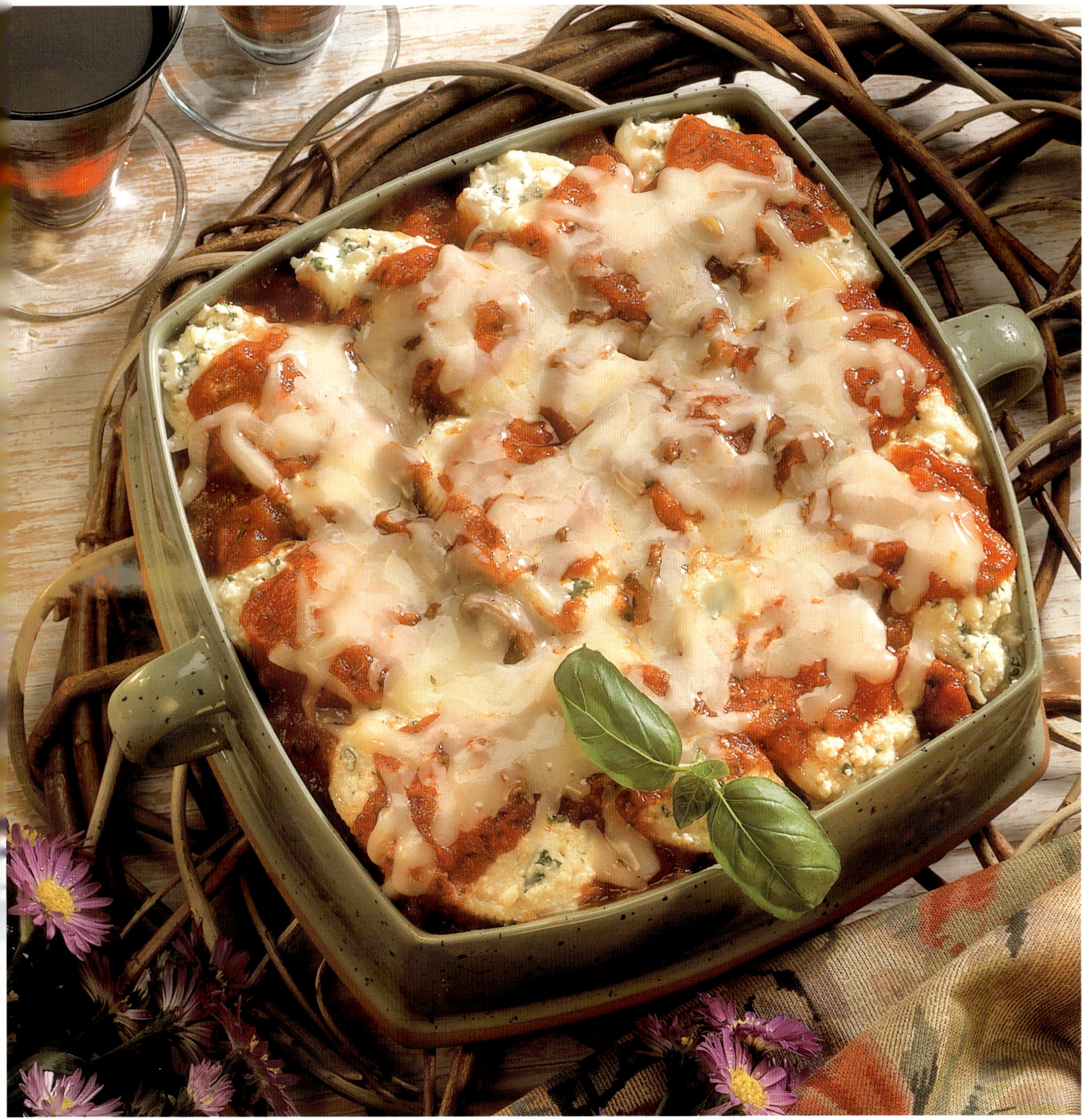

Rotelle con Salsa de Tomate y Albahaca

    1 taza de cebolla picada
    3 dientes de ajo machacados
    ¼ de cucharadita de pimienta negra molida
    ¼ de taza de margarina
    4 tomates rojos grandes, pelados, sin semillas y picados
    1 cucharada de albahaca seca o ¼ de taza de albahaca fresca picada
    1 cucharadita de azúcar
225 g de rotelle (ruedas de pasta), cocido y escurrido

1. En una sartén grande a fuego medio-alto, fría la cebolla, el ajo y la pimienta en la margarina hasta que la cebolla esté suave, durante unos 3 minutos.

2. Agregue el tomate, la albahaca y el azúcar; caliente hasta que hierva. Reduzca el fuego; tape y deje cocer de 15 a 20 minutos.

3. Vierta la salsa sobre la pasta caliente. Sirva de inmediato.　　　*rinde 6 porciones*

tiempo de preparación: 25 minutos
tiempo de cocción: 18 minutos
tiempo total: 43 minutos

Lasaña de Espinaca

    5 tiras de lasaña
      Aceite en aerosol
    2 tazas de champiñones rebanados
    1 taza de cebolla picada
    1 taza de pimiento morrón verde picado
    2 dientes de ajo machacados
    2 latas (de 225 g cada una) de puré de tomate rojo sin sal
    1 cucharadita de albahaca fresca picada o ¼ de cucharadita de albahaca seca
    1 cucharadita de orégano fresco picado o ¼ de cucharadita de orégano seco
    ¼ de cucharadita de pimienta roja molida
  1½ tazas de queso cottage bajo en grasa o queso ricotta light
    ¼ de taza de queso romano o parmesano, rallado
    2 claras de huevo batidas
    3 cucharadas de pan molido
    1 bolsa (285 g) de espinaca picada, descongelada y bien escurrida
    ¾ de taza (90 g) de queso mozzarella semidescremado rallado
    ¼ de taza de perejil fresco picado

Cueza la lasaña siguiendo las instrucciones de la envoltura; escúrrala. Enjuáguela bajo el chorro del agua y escúrrala.

Rocíe una sartén grande con aceite en aerosol. Agregue el champiñón, la cebolla, el pimiento y el ajo; cueza y revuelva a fuego medio hasta que las verduras estén suaves. Incorpore el puré de tomate, la albahaca, el orégano y la pimienta roja. Ponga a hervir a fuego medio-alto. Reduzca el fuego a medio-bajo y deje cocer, sin tapar, por 10 minutos; revuelva de vez en cuando.

Caliente el horno a 180 °C. En un recipiente mediano, mezcle los quesos cottage y romano, las claras de huevo y el pan molido; incorpore la espinaca. Corte las tiras de lasaña por la mitad a lo ancho. En un refractario cuadrado de 20 o 23 cm, sin engrasar, distribuya ½ taza de salsa. Acomode encima la mitad de las tiras, la mitad de la mezcla de espinaca y la mitad de la salsa restante. Repita las capas.

Tape y hornee durante 45 minutos o hasta que esté bien caliente. Espolvoree con el queso mozzarella. Hornee, sin tapar, de 2 a 3 minutos más o hasta que se funda el queso. Espolvoree el perejil. Deje reposar por 10 minutos antes de servir.   *rinde 4 porciones*

Pasta con Espinaca y Ricotta

225 g de rotini (tornillos de pasta) tricolor sin cocer
Aceite en aerosol
1 bolsa (285 g) de espinaca picada, descongelada y escurrida
2 cucharaditas de ajo machacado
1 taza de queso ricotta sin grasa o semidescremado
½ taza de agua
3 cucharadas de queso parmesano rallado

1. Cueza la pasta siguiendo las instrucciones de la envoltura; escúrrala.

2. Mientras se cuece la pasta, rocíe una cacerola con aceite en aerosol; caliente a fuego medio-bajo. Agregue la espinaca y el ajo; cueza y revuelva por 5 minutos. Incorpore el queso ricotta, el agua y la mitad del queso parmesano; sazone con sal y pimienta al gusto.

3. Añada la pasta a la cacerola; revuelva hasta que esté bien mezclada. Espolvoree con el queso parmesano restante.

rinde 4 porciones

Cacerola Primavera de Pasta al Horno

1 frasco (735 a 840 ml) de salsa tradicional para pasta
2 tazas de queso mozzarella rallado (unos 225 g)
½ taza de queso parmesano rallado
1 bolsa (450 g) de verduras estilo italiano, descongeladas
225 g de ziti (macarrón tubular) o pluma de pasta, cocida y escurrida

1. Caliente el horno a 180 °C. En un recipiente grande, mezcle la salsa para pasta, 1 taza de queso mozzarella y el queso parmesano. Incorpore las verduras y la pasta caliente.

2. Pase la pasta a un refractario de 2½ litros de capacidad; espolvoree con el queso mozzarella restante. Hornee, sin tapar, por 30 minutos o hasta que esté bien caliente.

rinde 6 porciones

tiempo de preparación: 10 minutos
tiempo de cocción: 30 minutos

Pasta con Espinaca y Ricotta

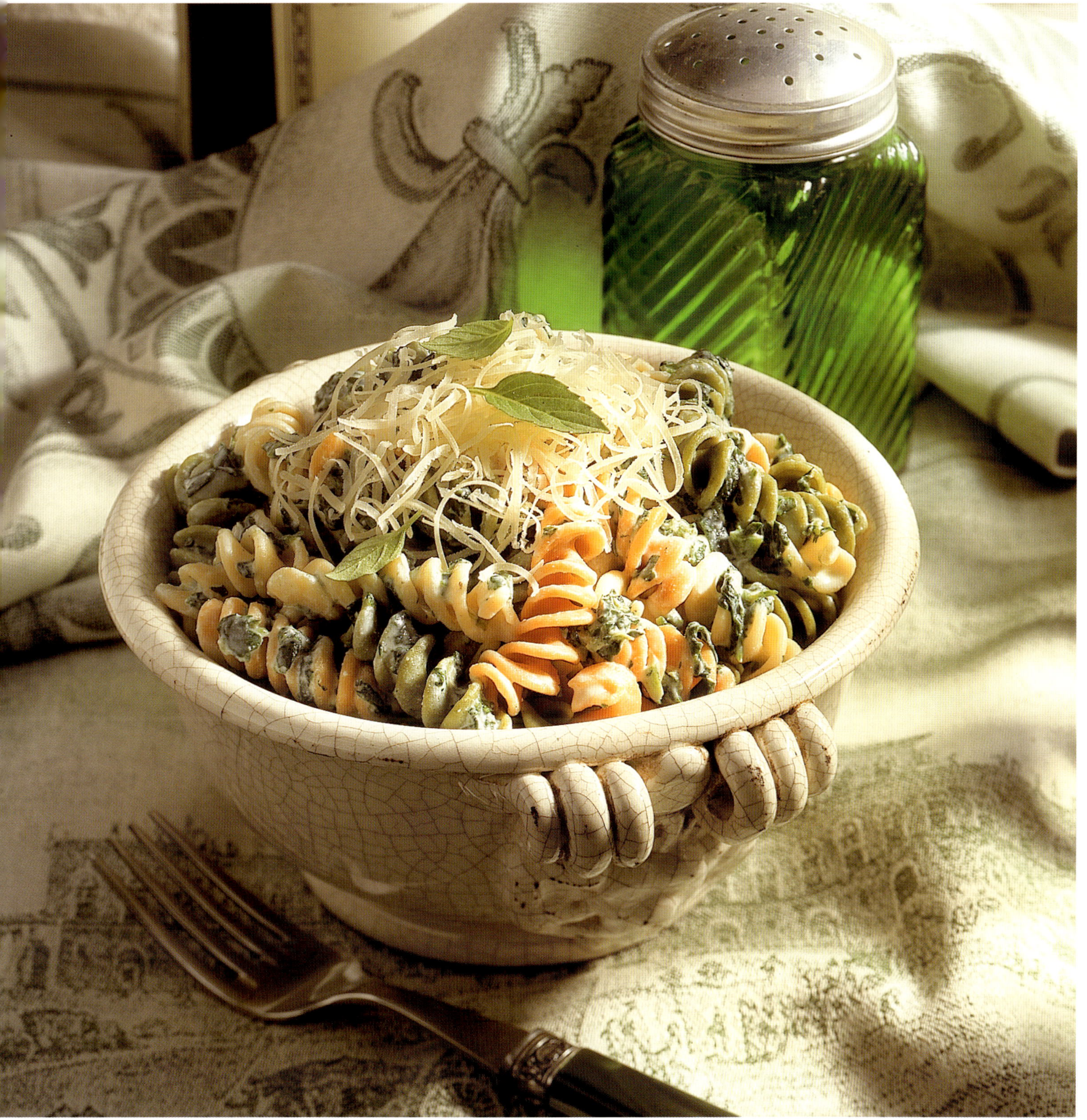

Pizzas Roma con Tomate

900 g de masa para pan descongelada
⅓ de taza de aceite de oliva
2 tazas de cebolla en rebanadas delgadas
2 dientes de ajo machacados
12 tomates rojos en rebanadas de .5 cm
1 cucharadita de albahaca seca
1 cucharadita de orégano seco
Pimienta negra
½ taza de queso parmesano rallado
1 lata (60 g) de aceitunas negras sin hueso, rebanadas y escurridas
Tiras de pimiento morrón verde y amarillo

Caliente el horno a 230 °C. Extienda la masa sobre una superficie ligeramente enharinada y corte dos círculos de 38 cm; ponga las bases de pizza en un molde para pizza de 38 cm de diámetro o en un molde de 38×25 cm. Doble hacia adentro las orillas para formar el borde; píquelas varias veces con un tenedor. Hornee las bases por 10 minutos. Sáquelas del horno.

Baje la temperatura del horno a 200 °C. En una sartén grande, caliente el aceite a fuego medio-alto. Añada la cebolla y el ajo; fríalos de 6 a 8 minutos o hasta que la cebolla esté suave. Distribuya la mezcla de cebolla (incluyendo el aceite de oliva) entre las dos bases. Encima, acomode equitativamente las rebanadas de tomate. Espolvoree cada pizza con ½ cucharadita de albahaca, ½ cucharadita de orégano y pimienta negra al gusto. Espolvoree cada pizza con ¼ de taza de queso parmesano y corónelas con las aceitunas y la cantidad de pimiento que guste. Hornee de 10 a 15 minutos o hasta que estén bien calientes.

rinde 2 pizzas (de 38 cm)

Pizza Roma con Tomate

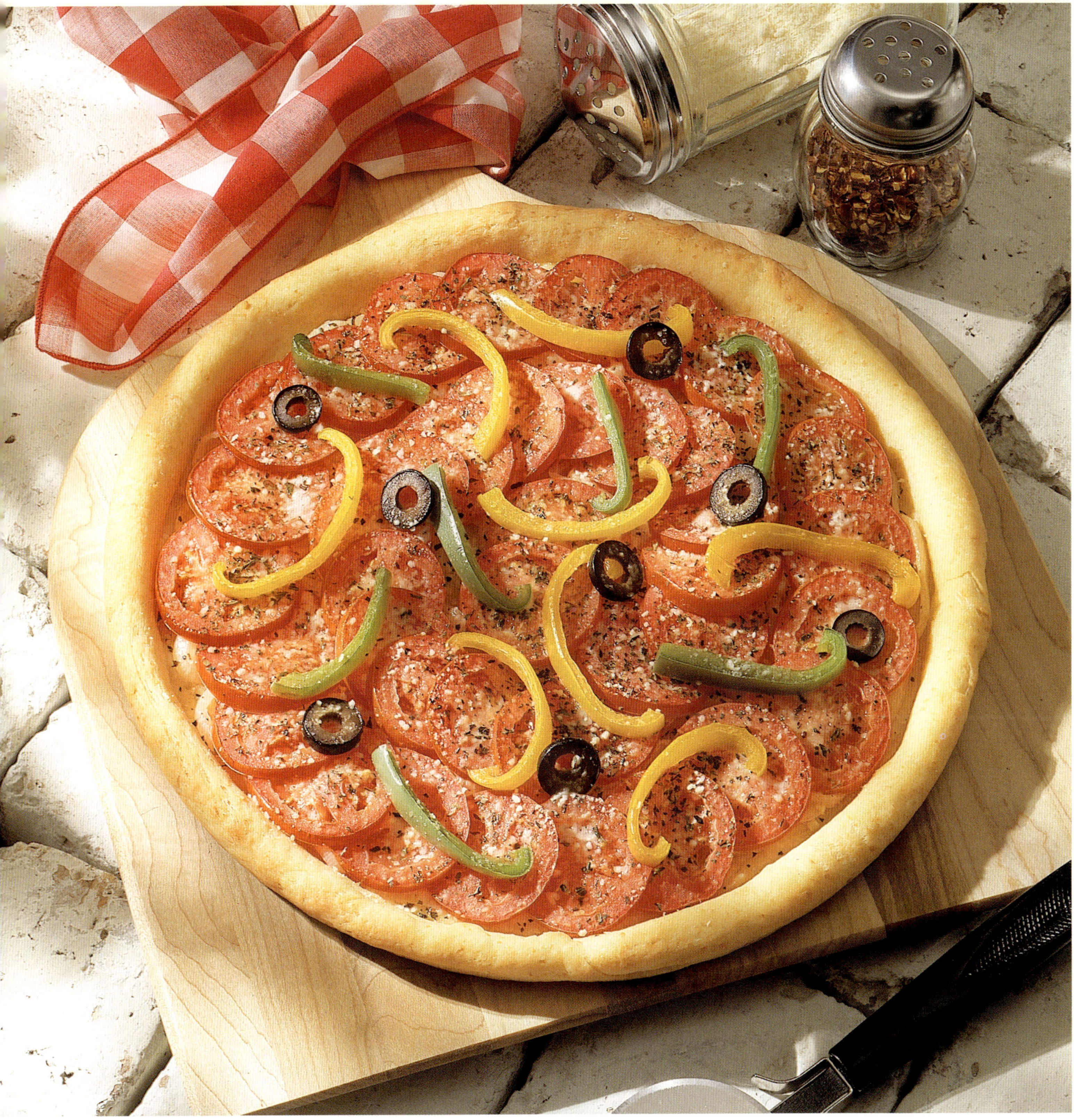

Fettuccine Caponata

    1 berenjena mediana (de unos 450 g), cortada en rebanadas de .5 cm
1¼ cucharaditas de sal
  ⅓ de taza de aceite de oliva
    1 pimiento morrón verde chico, sin corazón y rebanado
    1 cebolla mediana picada grueso
    2 dientes de ajo machacados
    3 tomates rojos medianos (unos 450 g), sin semillas y picados grueso
  ⅓ de taza de uvas pasa
  ⅓ de taza de mitades de aceitunas verdes sin hueso
  ¼ de taza de vinagre balsámico o de vino tinto
    2 cucharadas de alcaparras (opcional)
  ¼ de cucharadita de canela en polvo
  ¼ de cucharadita de pimienta negra
285 g de fettuccine fresco de espinaca, cocido, escurrido y caliente

Ponga las rebanadas de berenjena en un escurridor grande colocado sobre un tazón; espolvoréelas con 1 cucharadita de sal. Deje escurrir por 1 hora. Acomode la rejilla del horno en la posición más baja. Caliente el horno a 230 °C. Ponga en una capa las rebanadas de berenjena en una charola para horno o en un molde para niño envuelto (brazo gitano); barnice ambos lados con un poco de aceite. Hornee por 10 minutos o hasta que esté ligeramente dorada en la parte inferior. Voltee las rebanadas; hornee durante 5 minutos más o hasta que la parte superior esté ligeramente dorada y las rebanadas estén suaves.

En una sartén grande, caliente el aceite restante a fuego medio-alto. Añada el pimiento; fríalo por 5 minutos o hasta que se torne color verde brillante. Retire el pimiento. Incorpore la cebolla y el ajo a la sartén; fríalos durante 5 minutos o hasta que la cebolla esté suave. Ponga el tomate; las uvas pasa, las aceitunas, el vinagre, las alcaparras, la canela, la pimienta negra y la sal restante. Cueza hasta que se haya evaporado casi todo el líquido. Corte en cuartos las rebanadas de berenjena asadas; agregue a la mezcla de tomate. Añada el pimiento; cueza hasta que todo esté bien caliente. Sirva sobre el fettuccine. Adorne, si lo desea.

rinde 4 porciones

nota: La caponata es un platillo siciliano hecho con berenjena, que se puede servir frío como botana o sobre hojas de lechuga como ensalada. Aquí se presenta como salsa vegetariana para servir sobre pasta.

Fettuccine Caponata

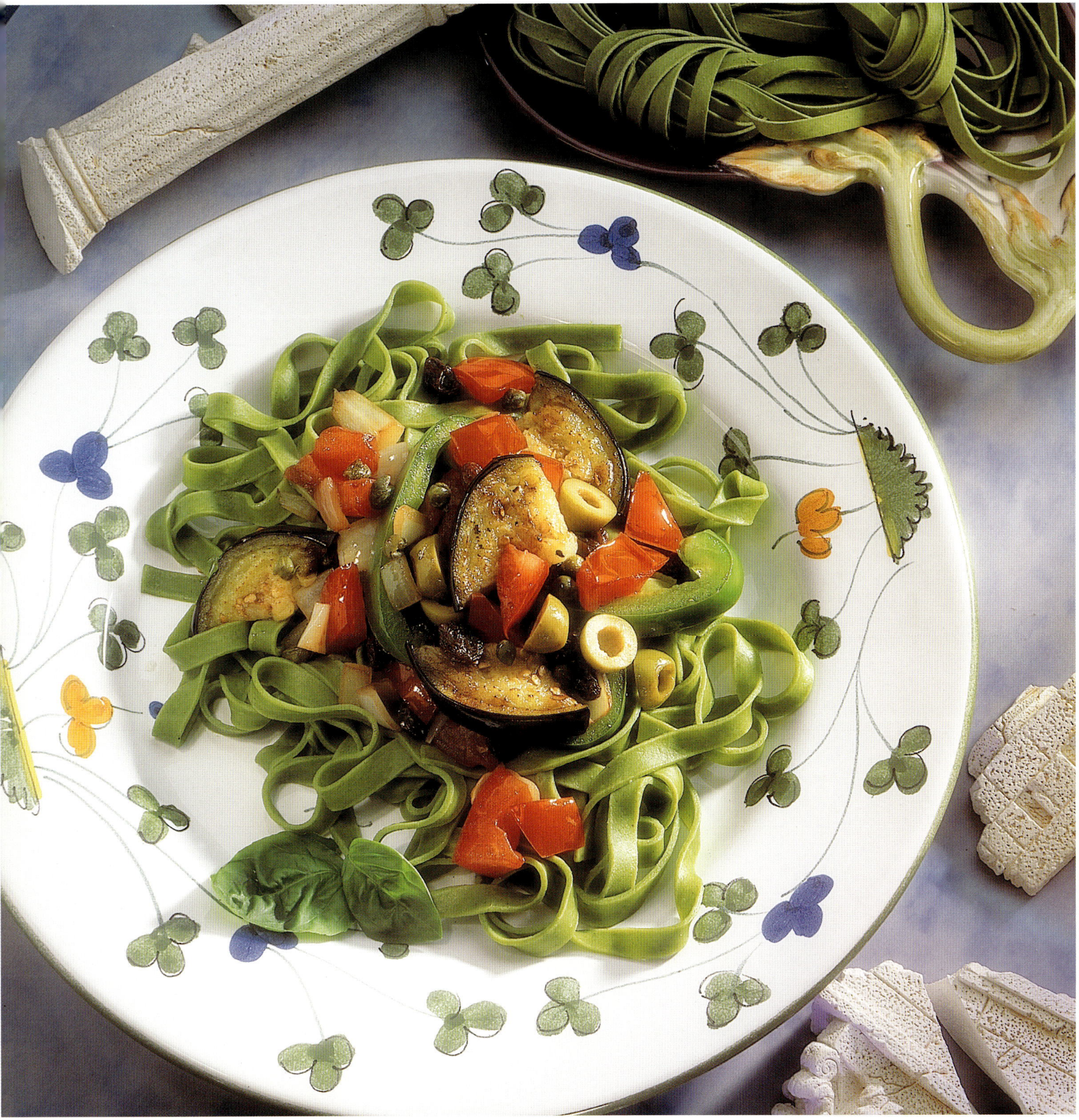

Lasaña de Calabacita

   8 tiras de lasaña sin cocer (de 5 cm de ancho)
   3 calabacitas medianas, en rebanadas delgadas
   1 lata (450 g) de tomate rojo cocido, sazonado con hierbas italianas
125 g de champiñón en rebanadas delgadas
   1 cebolla chica picada
   2 dientes de ajo machacados
   1 cucharadita de sazonador italiano en polvo
   ¼ de cucharadita de sal
   ⅛ de cucharadita de pimienta negra
   1 lata (180 g) de puré de tomate rojo
450 g de queso cottage de grumo chico
   6 huevos ligeramente batidos
   ¼ de taza de queso parmesano recién rallado
   2 tazas (225 g) de queso mozzarella rallado

1. Caliente el horno a 180 °C.

2. Cueza las tiras de lasaña siguiendo las instrucciones de la envoltura, hasta que estén suaves pero firmes. Escúrralas.

3. En una sartén grande, ponga la calabacita, el tomate, el champiñón, la cebolla, el ajo, el sazonador italiano, la sal y la pimienta. Cueza a fuego medio-alto de 5 a 7 minutos o hasta que la calabacita esté suave. Incorpore el puré de tomate; retire del fuego.

4. En un recipiente mediano, mezcle el queso cottage, los huevos y el queso parmesano; revuelva hasta que se incorporen.

5. En un refractario de 33×23 cm engrasado, acomode 4 tiras de lasaña; distribuya encima ½ de la mezcla de huevo. Cubra la mezcla con ½ de la mezcla de tomate; espolvoree con 1½ tazas de queso mozzarella. Repita las capas con el resto de los ingredientes, para terminar con ½ taza de queso mozzarella.

6. Hornee, tapado, por 30 minutos. Destape; hornee durante 10 minutos o hasta que esté bien caliente. Deje reposar por 10 minutos antes de servir.   *rinde de 8 a 10 porciones*

Lasaña de Calabacita

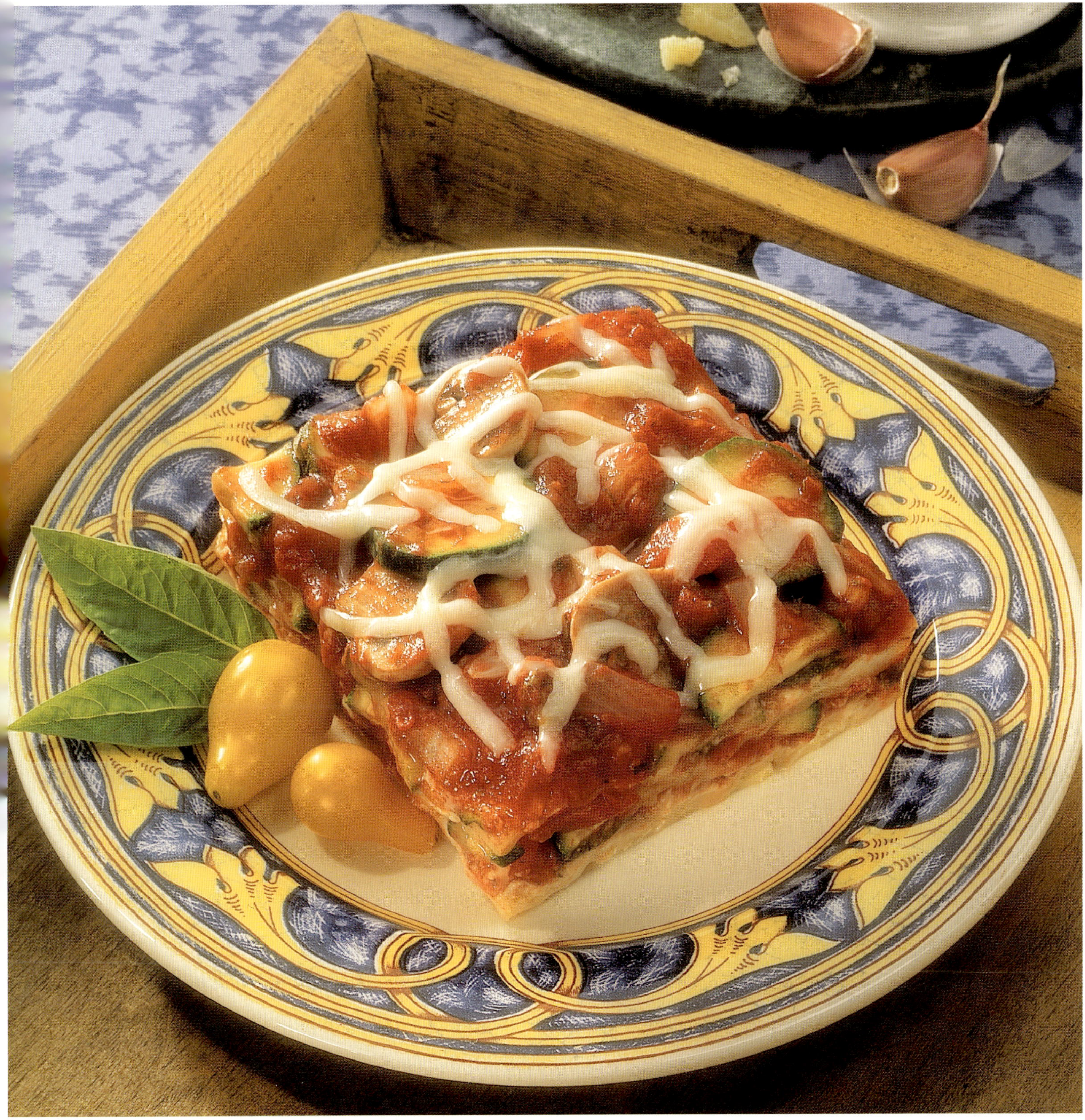

Rigatoni con Tomate

- 1 taza de rigatoni (pasta tubular estriada) o mostaccioli
- Aceite en aerosol
- ¼ de taza de cebollín rebanado
- 2 dientes de ajo machacados
- 1 taza de calabacita rebanada
- 1 cucharadita de albahaca fresca picada o ¼ de cucharadita de albahaca seca
- 1 cucharadita de mejorana fresca picada o ¼ de cucharadita de mejorana seca
- ⅛ de cucharadita de sal
- ⅛ de cucharadita de pimienta negra
- 1 taza de tomate rojo, sin semillas y picado grueso
- ¼ de taza (30 g) de queso feta desmenuzado o queso mozzarella semidescremado rallado

Cueza la pasta siguiendo las instrucciones de la envoltura; escúrrala.

Rocíe un wok o una sartén grande con aceite en aerosol; caliente a fuego medio-alto. Agregue la cebolla, el cebollín y el ajo; fríalos por 1 minuto. Añada la calabacita, la albahaca, la mejorana, la sal y la pimienta; cueza y revuelva de 2 a 3 minutos o hasta que la calabacita esté suave. Incorpore el tomate y la pasta; caliente bien.

Divida la pasta en cuatro platos extendidos y espolvoree con el queso.   *rinde 4 porciones*

Nota

El queso feta, queso griego de leche de cabra curado en salmuera, también es popular en Italia, Francia y Estados Unidos. Su sabor es intenso, fuerte y salado.

Rigatoni con Tomate

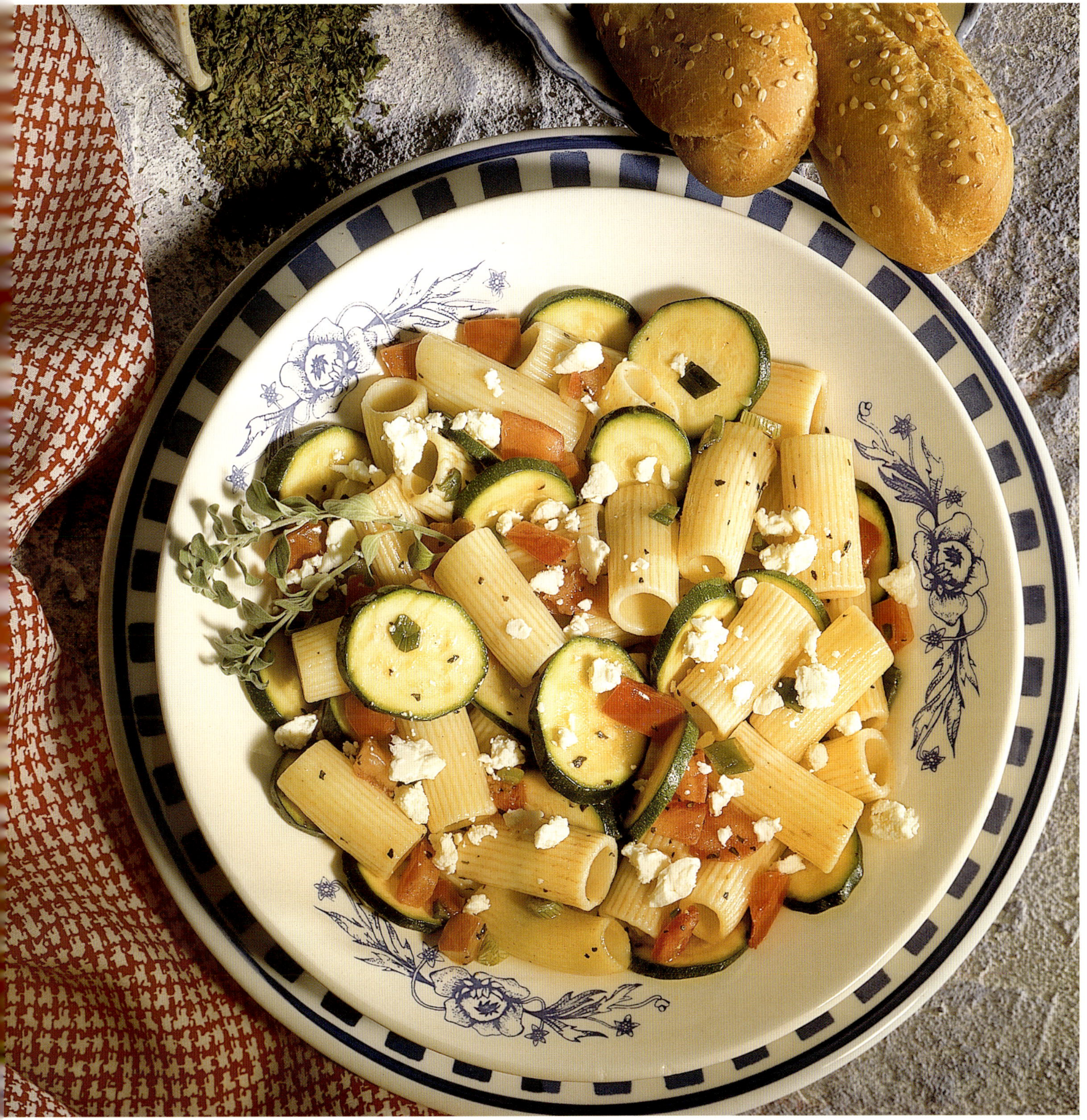

Frittata de Linguine

225 g de linguine
3 cucharadas de aceite de oliva
1 taza de zanahoria picada
¼ de taza de cebolla picada
2 dientes de ajo machacados
225 g de espárragos, en trozos de 2.5 cm
1 pimiento morrón rojo grande, cortado en cubos
1 tomate rojo mediano, sin semillas y picado
1 cucharadita de albahaca seca
1 cucharadita de mejorana seca
1 cucharadita de orégano seco
5 huevos batidos
¼ de taza de queso parmesano rallado
½ cucharadita de sal
¼ de cucharadita de pimienta negra

1. Cueza el linguine siguiendo las instrucciones de la envoltura. Escúrralo en un colador y póngalo en un recipiente grande.

2. En una sartén grande, caliente 1 cucharada de aceite a fuego medio; agregue la zanahoria, la cebolla y el ajo; cuézalos por 5 minutos o hasta que la zanahoria esté suave. Añada el espárrago, el pimiento, el tomate, la albahaca, la mejorana y el orégano; cueza y revuelva durante 5 minutos o hasta que el espárrago esté suave. Vierta las verduras en el recipiente con el linguine; revuelva.

3. En un tazón mediano, ponga los huevos y bátalos con un batidor de alambre hasta que estén espumosos. Incorpore el queso, la sal y la pimienta negra; vierta sobre la mezcla de linguine y revuelva.

4. En una sartén con recubrimiento antiadherente de 30 cm de diámetro, a fuego medio, caliente el aceite restante. Vierta la mezcla de linguine; distribuya uniformemente. Reduzca el fuego a bajo; cueza por 5 minutos o hasta que se dore el fondo. Ponga sobre la sartén un platón grande sin borde; pase la frittata al platón; deslice la frittata a la sartén. Cueza durante 5 minutos más o hasta que esté dorado el fondo y el huevo esté bien cocido. Deslice la frittata a un platón. Córtela en rebanadas.

rinde de 6 a 8 porciones

Frittata de Linguine

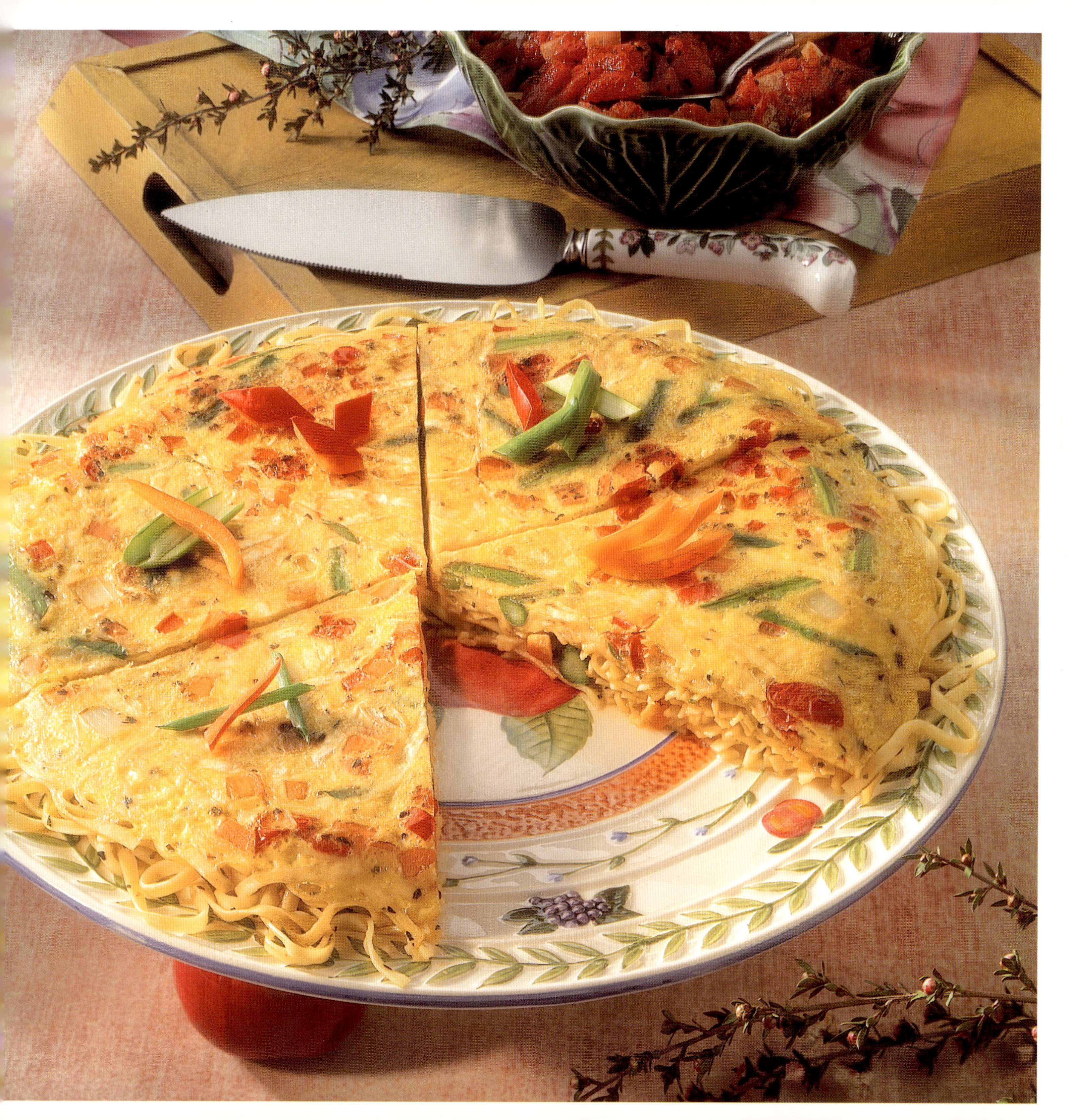

Cavatelli Toscano

450 g de cavatelli, pluma de pasta o ziti sin cocer
1½ tazas de tomate rojo picado, sin semillas
⅔ de taza de aceituna verde rellena de pimiento, picada
¼ de taza de alcaparras escurridas
2 cucharadas de aceite de oliva
2 cucharadas de queso parmesano rallado
2 cucharadas de vinagre balsámico o vinagre de vino tinto
½ cucharadita de pimienta negra
2 dientes de ajo machacados

1. Cueza la pasta siguiendo las instrucciones de la envoltura. Escúrrala.

2. En un recipiente mediano, mezcle el tomate, las aceitunas, las alcaparras, el aceite, el queso, el vinagre, la pimienta y el ajo. Incorpore la pasta y revuelva para bañarla. Sirva caliente o a temperatura ambiente.

rinde 5 porciones (de 2 tazas)

nota: La alcaparra es el botón de la flor del arbusto de la alcaparra; tiene el tamaño de un chícharo chico. Se cultiva principalmente en América Central y en el Mediterráneo. La alcaparra da un sabor acre a salsas y dips. Por lo general, estos botones verdes se venden en salmuera; puede encontrarlos en la sección de condimentos de los supermercados.

Risotto Clásico

420 ml de consomé de pollo
2 tazas de agua
¼ de taza de margarina
1 cebolla chica picada
1 diente de ajo finamente picado
1 taza de arroz arborio o de grano largo, sin cocer
¼ de taza de vino blanco seco o consomé de pollo
¼ de taza de queso parmesano rallado
1 cucharada de perejil fresco finamente picado (opcional)

continúa en la página 267

Risotto Clásico, continuación

En una cacerola de 2 litros, hierva el consomé y el agua.

En otra cacerola de 2 litros, derrita la mantequilla a fuego medio-alto, y fría la cebolla y el ajo, revolviendo de vez en cuando, durante 2 minutos o hasta que la cebolla esté suave. Incorpore el arroz sin cocer y fríalo, revolviendo de vez en cuando, por 2 minutos o hasta que esté dorado. Vierta el vino y cueza por 1 minuto o hasta que se absorba el líquido. Reduzca el fuego a bajo y agregue el consomé caliente, ½ taza a la vez, revolviendo sin cesar, hasta que se absorba el líquido y el arroz esté ligeramente cremoso y apenas suave. Espolvoree con el queso y el perejil.

rinde 4 porciones

Rollos de Pasta

1 sobre (40 g) de salsa para espagueti con especias y sazonadores
1 lata (180 g) de puré de tomate rojo
2¼ tazas de agua
2 cucharadas de mantequilla o aceite vegetal
2 tazas de queso cottage o ricotta
1 taza (120 g) de queso mozzarella rallado
¼ de taza de queso parmesano rallado
2 huevos ligeramente batidos
½ a 1 cucharadita de sal de ajo
½ cucharadita de albahaca seca machacada (opcional)
225 g de tiras de lasaña, cocidas y escurridas

En una cacerola mediana, prepare la salsa para espagueti siguiendo las instrucciones del sobre; utilice el puré de tomate, el agua y la mantequilla. En un recipiente grande, combine el resto de los ingredientes, excepto la pasta; revuelva bien. Distribuya ¼ de taza de la mezcla de queso a lo largo de cada tira de lasaña; enrolle. En un refractario para microondas, acomode los rollos, con la unión hacia abajo; cúbralos con envoltura de plástico y haga unas perforaciones para ventilar. Hornee en el microondas, a temperatura ALTA, de 6 a 7 minutos o hasta que el queso comience a fundirse. Vierta la salsa sobre los rollos y hornee a temperatura ALTA durante 1 minuto más, si es necesario, para calentar la salsa.

rinde 6 porciones

sugerencia para servir: Espolvoree con queso parmesano adicional. Adorne con hojas de albahaca frescas.

Fettuccine con Queso Gorgonzola y Tomate

225 g de fettuccine de espinaca o tricolor, sin cocer
1 taza de queso cottage bajo en grasa
½ taza de yogur natural sin grasa
½ taza (60 g) de queso gorgonzola desmenuzado
⅛ de cucharadita de pimienta blanca
2 tazas de tomate rojo deshidratado (120 g seco), cortado en tiras

1. Cueza la pasta siguiendo las instrucciones de la envoltura. Escúrrala bien y tápela para conservarla caliente.

2. En el procesador de alimentos o en la licuadora, ponga el queso cottage y el yogur; procese hasta que se mezclen. Vierta la mezcla en una cacerola chica y caliéntela a fuego bajo. Agregue el queso gorgonzola y la pimienta blanca; revuelva hasta que el queso se funda.

3. Ponga la pasta en un platón; agregue el tomate. Vierta la mezcla de queso sobre la pasta; revuelva bien. Adorne a su gusto. Sirva de inmediato. *rinde 4 porciones*

Pasta y Champiñones Portobello con Salsa

1 cucharada de margarina o mantequilla
2 champiñones portobello medianos, sin tallo y picados grueso
1 cucharada de vinagre balsámico
1 frasco (735 a 840 ml) de salsa para pasta
¼ de cucharadita de pimienta negra en polvo
450 g de pluma de pasta o ziti (macarrón tubular), cocida y escurrida

En una sartén de 30 cm de diámetro, derrita la margarina a fuego medio. Cueza el champiñón por 7 minutos o hasta que esté suave; revuelva de vez en cuando. Incorpore el vinagre y cueza, moviendo sin cesar, durante 1 minuto. Incorpore la salsa para pasta y la pimienta; cueza, sin tapar, revolviendo de vez en cuando, por 15 minutos. Sirva sobre la pasta caliente y espolvoree, si lo desea, con queso parmesano recién rallado. *rinde 8 porciones*

Fettuccine con Queso Gorgonzola y Tomate

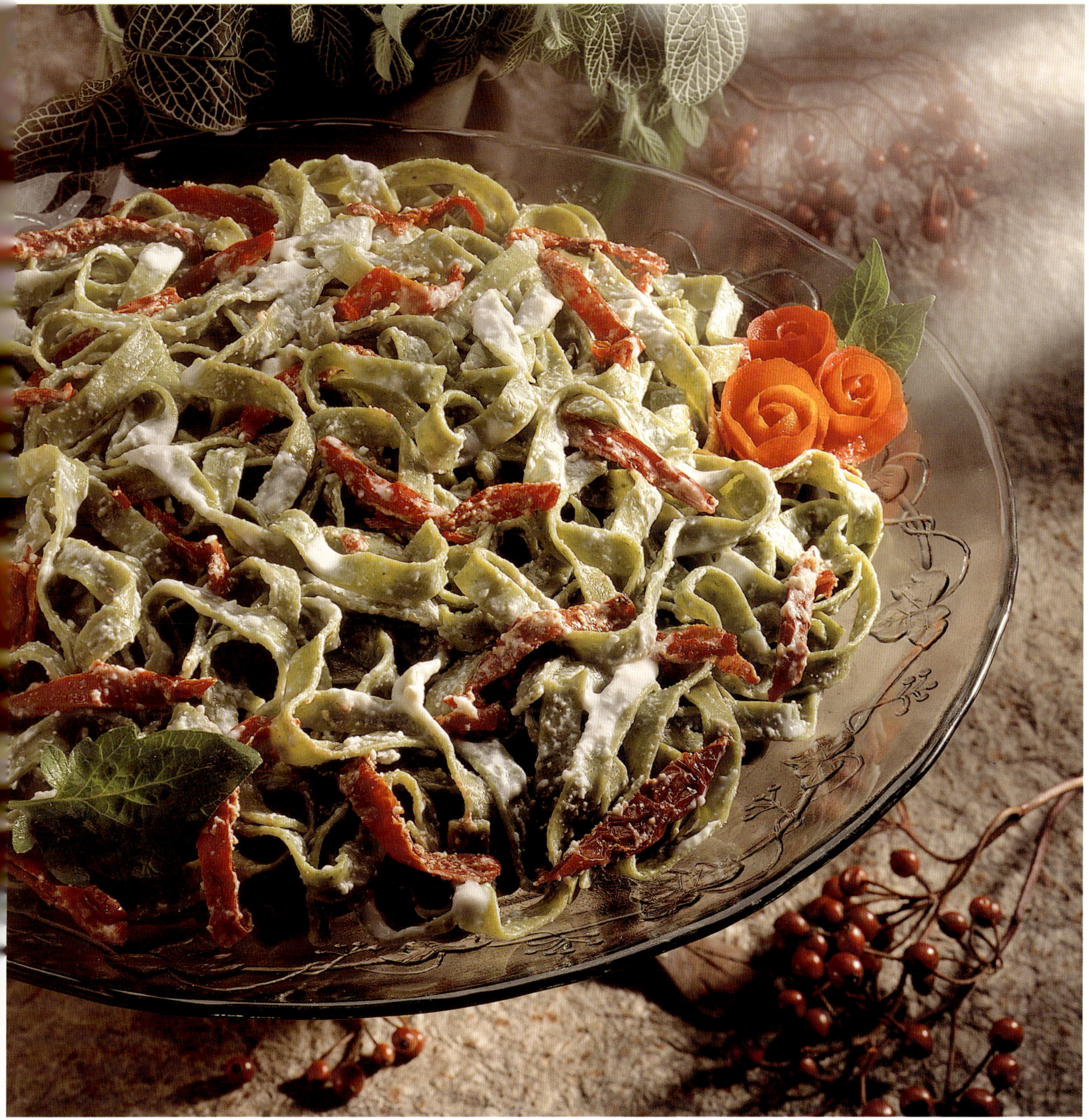

Pasta Primavera

225 g de pasta farfale sin cocer
2 calabacitas medianas (unos 450 g)
3 cucharadas de aceite vegetal con sabor a ajo asado
1 pimiento morrón rojo en rebanadas delgadas
½ taza de albahaca fresca, picada grueso
½ taza de queso parmesano rallado

1. Cueza la pasta; escúrrala y póngala en un platón grande.

2. Mientras se cuece la pasta, corte la calabacita por la mitad a lo largo; luego córtela a lo ancho en rebanadas delgadas.

3. En una sartén grande, caliente el aceite a fuego medio-alto. Agregue la calabacita y el pimiento; cueza de 3 a 4 minutos hasta que las verduras estén suaves; revuelva con frecuencia.

4. Sirva la calabacita y la albahaca sobre la pasta; revuelva con suavidad hasta que se mezclen. Sazone con sal y pimienta negra al gusto. Espolvoree con el queso. *rinde 4 porciones*

Pasta al Pesto

1 taza de albahaca fresca
1 taza de queso parmesano rallado
⅓ de taza de aceite de oliva
¼ de taza de piñones
2 dientes de ajo machacados
225 g de pasta radiatore, cocida y escurrida
1 taza de aceitunas negras sin hueso, cortadas por la mitad
1 taza de tomate rojo, sin semillas y picado

PONGA la albahaca, ¾ de taza de queso, el aceite, los piñones y el ajo en el recipiente del procesador de alimentos con la cuchilla de acero; tape y procese hasta suavizar.

REVUELVA la mezcla de albahaca con la pasta, las aceitunas y el tomate. Espolvoree con el queso restante. *rinde 4 porciones*

Pasta Primavera

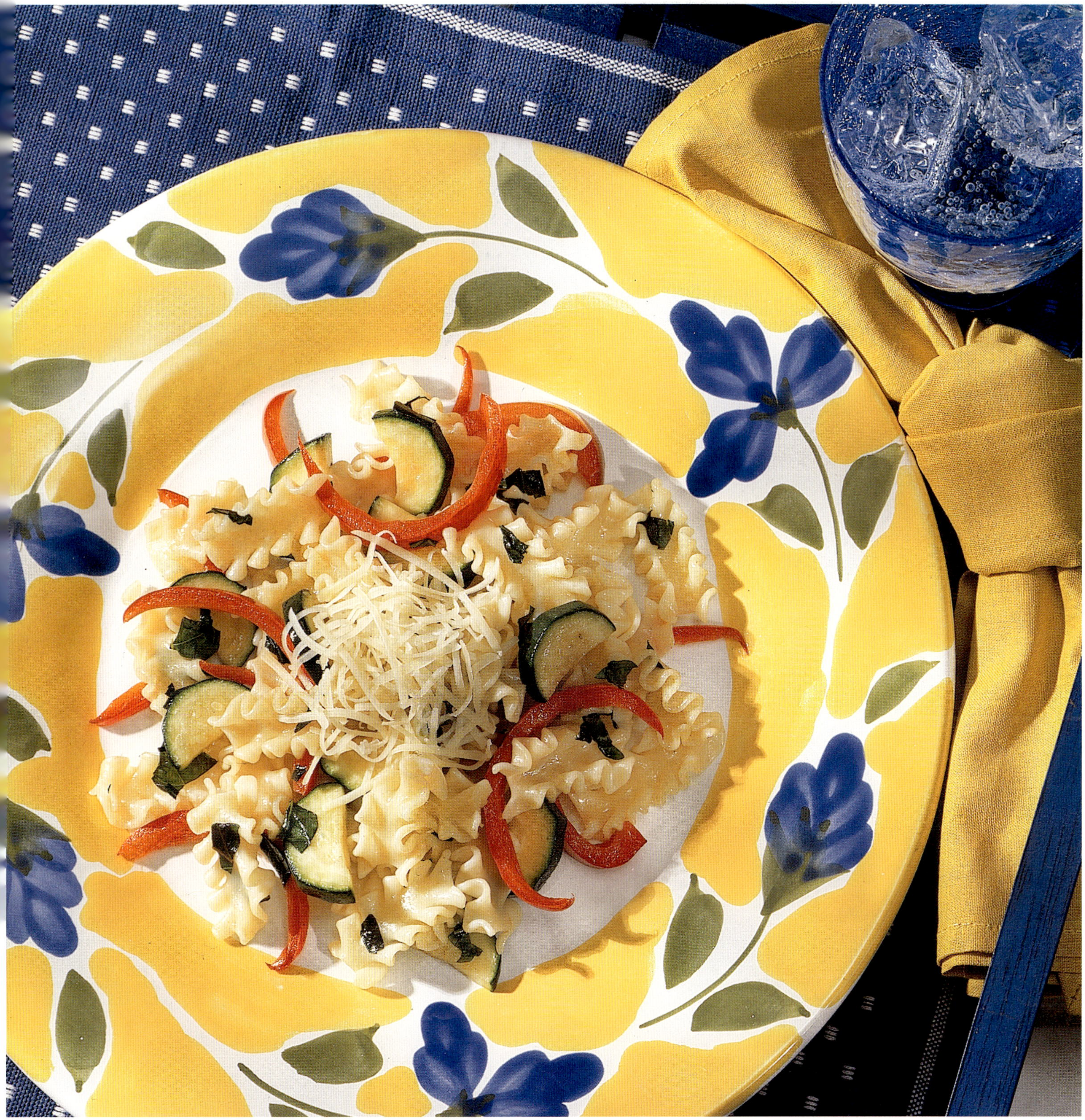

Polenta Parmesana

4 tazas de consomé de pollo
1¼ tazas de harina de maíz amarilla
1 cebolla chica picada
4 dientes de ajo machacados
1 cucharada de romero fresco machacado o 1 cucharadita de romero seco
½ cucharadita de sal
6 cucharadas de queso parmesano rallado
1 cucharada de aceite de oliva

1. Rocíe con aceite en aerosol un refractario de 28×18 cm, así como un lado de una hoja de papel encerado de 18 cm. En una cacerola mediana, mezcle el consomé de pollo con la harina de maíz, la cebolla, el ajo, el romero y la sal. Tape y ponga a hervir a fuego alto. Reduzca el fuego a medio y deje cocer de 10 a 15 minutos o hasta que la mezcla tenga la consistencia de puré de papa espeso. Retire del fuego e incorpore el queso.

2. Distribuya uniformemente la polenta en el refractario; ponga el papel encerado, con el lado aceitado hacia abajo, sobre la polenta y aplánelo. (Si la superficie está grumosa, es probable que se pegue a la parrilla del asador.) Déjela enfriar sobre una rejilla de alambre por 15 minutos o hasta que esté firme. Retire el papel encerado; corte en 6 cuadros. Saque los cuadros del refractario.

3. Para evitar que se pegue, rocíe la parrilla del asador con aceite en aerosol. Encienda el carbón. Con la mitad del aceite, barnice la parte superior de los cuadros. Ase con el lado aceitado hacia abajo, con el asador tapado, de 6 a 8 minutos o hasta que estén dorados. Barnícelos con el aceite restante y voltéelos con delicadeza. Ase de 6 a 8 minutos más o hasta que estén dorados. Sirva calientes.

rinde 6 porciones

Polenta Parmesana

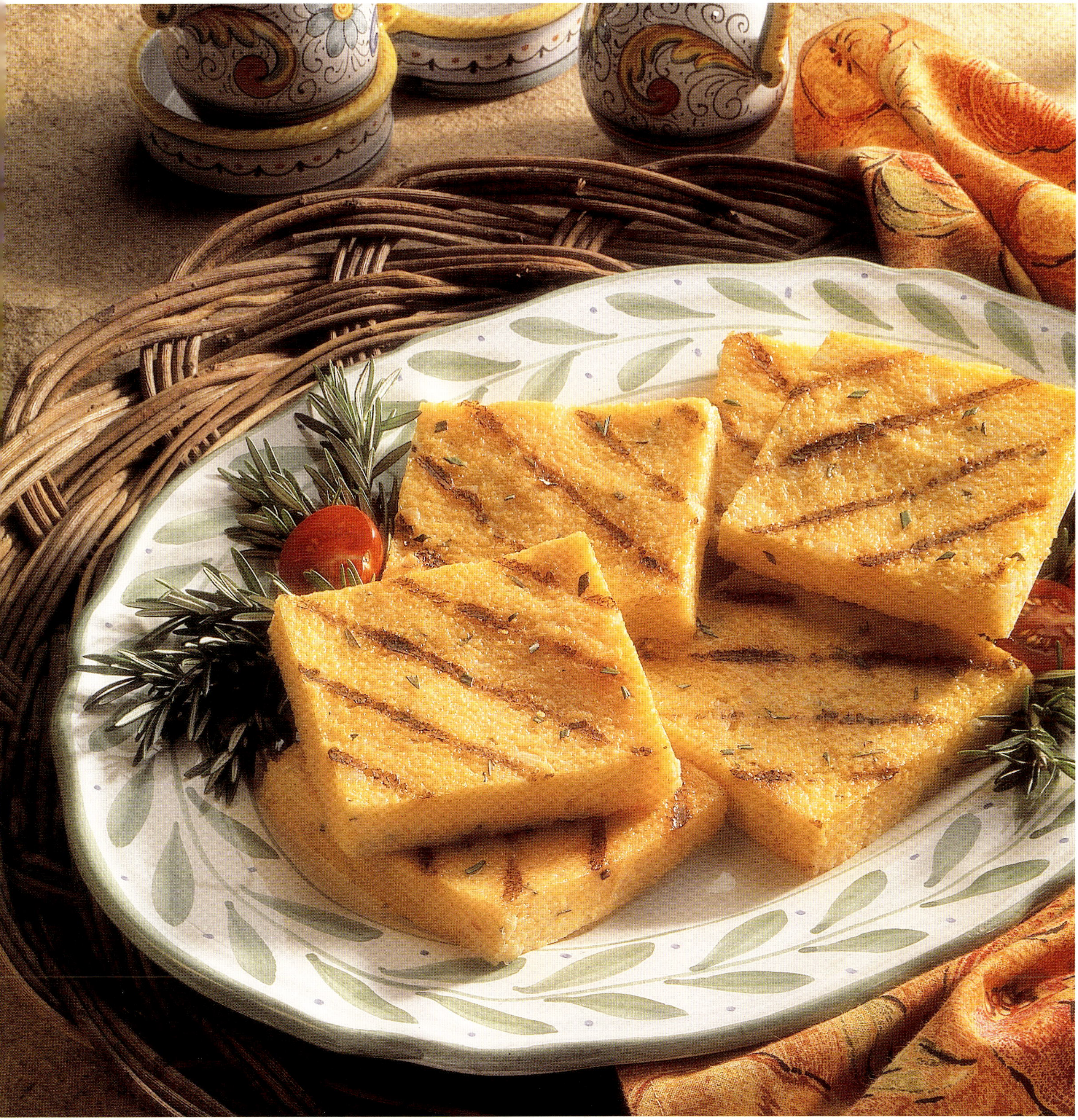

Risotto con Verduras

    2 tazas de floretes de brócoli
    1 taza de calabacita finamente picada
    1 taza de calabaza amarilla finamente picada
    1 taza de pimiento morrón rojo finamente picado
2½ tazas de consomé de pollo
    1 cucharada de aceite de oliva extravirgen
    2 cucharadas de cebolla finamente picada
    ½ taza de arroz arborio u otro arroz de grano corto
    ¼ de taza de vino blanco seco o agua
    ⅓ de taza de queso parmesano recién rallado

1. Cueza al vapor el brócoli, la calabacita, la calabaza amarilla y el pimiento durante 3 minutos o justo hasta que estén suaves. Enjuague con agua fría; escurra.

2. En una cacerola chica, ponga a calentar el consomé; consérvelo caliente a fuego bajo. En una cacerola grande, caliente el aceite a fuego medio-alto. Agregue la cebolla; reduzca el fuego a medio y fría durante unos 5 minutos o hasta que esté acitronada. Incorpore el arroz; báñelo bien con el aceite. Vierta el vino; cueza y revuelva hasta que esté casi seco. Agregue ½ taza de consomé caliente; cueza y revuelva hasta que el consomé se absorba. Continúe agregando consomé, ½ taza a la vez; deje que se absorba antes de agregar más; revuelva con frecuencia. (El tiempo de cocción total para que se absorba el consomé es de 20 minutos.)

3. Retire del fuego e incorpore el queso. Añada las verduras cocidas y revuelva bien. Sirva de inmediato. *rinde 6 porciones*

Nota

El arborio es un arroz italiano de grano corto con un alto contenido de almidón. Tradicionalmente se utiliza para preparar risotto, debido a que produce una textura cremosa. Si no lo encuentra, sustitúyalo por un arroz de grano corto y no por arroz de grano largo.

Risotto con Verduras

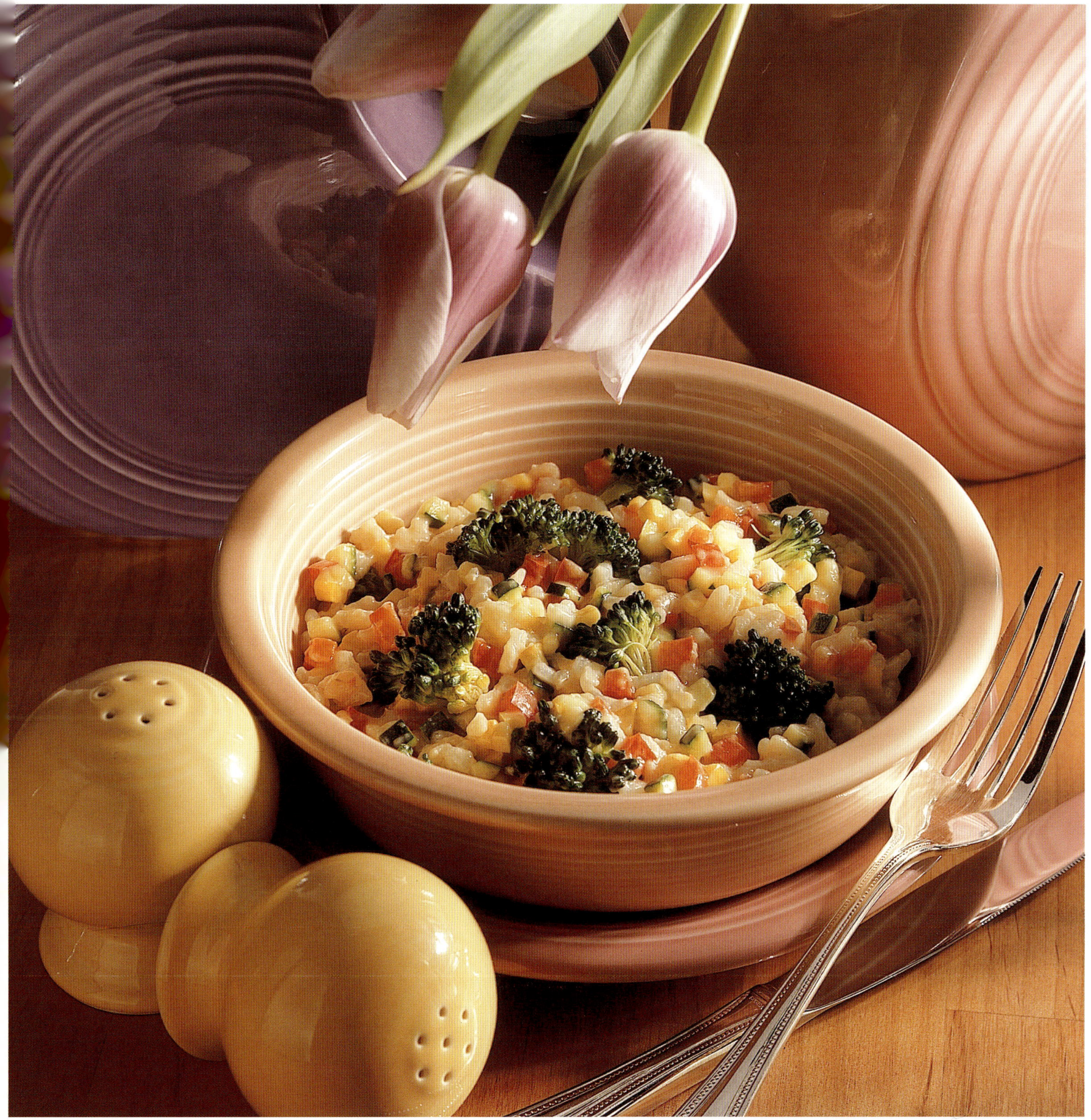

Tortellini con Pesto y Tomate

  2 paquetes (de 250 g cada uno) de tortellini de tres quesos, refrigerado
¼ de taza de almendra rallada o nuez
10 tomates deshidratados envasados en aceite
½ taza de hojas de perejil fresco, picadas grueso
¼ de taza de albahaca fresca, picada grueso
¼ de taza (30 g) de queso parmesano rallado
  3 dientes de ajo
  2 cucharaditas de aceite de oliva

1. Cueza la pasta siguiendo las instrucciones de la envoltura.

2. Mientras tanto, en una sartén, tueste la almendra a fuego bajo, de 3 a 4 minutos o hasta que se dore un poco; revuelva con frecuencia. Retire la almendra de la sartén; deje enfriar.

3. En el procesador de alimentos o en la licuadora, ponga el tomate, la almendra, el perejil, la albahaca, el queso parmesano, el ajo y el aceite; procese hasta que se incorporen. (Si el pesto queda muy seco, agregue un poco del agua caliente en que coció la pasta, 1 cucharadita a la vez, hasta que tenga la consistencia deseada.)

4. En un platón, mezcle el tortellini con el pesto; revuelva para bañar la pasta. Adorne con hojas de albahaca fresca, si lo desea. *rinde 6 porciones*

Para darle un toque especial, espolvoree el tortellini con hojas frescas de albahaca.

tiempo de preparación y cocción: 20 minutos

Tortellini con Pesto y Tomate

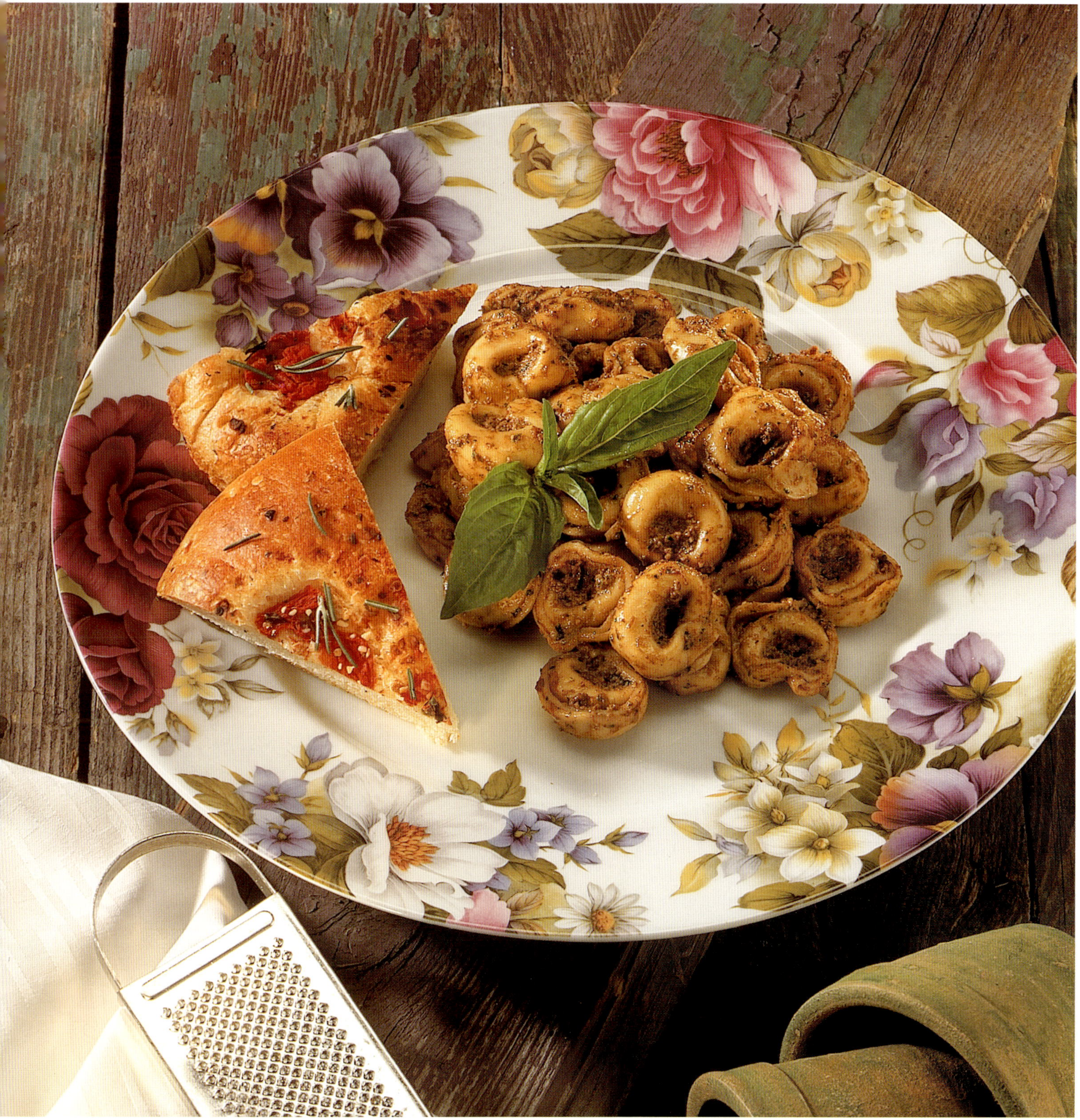

Calzone de Verduras

    450 g de masa para pan congelada
      1 bolsa (285 g) de brócoli picado, descongelado y enjuagado
      1 taza (225 g) de queso ricotta
      1 taza (125 g) de queso provolone rallado grueso
      1 diente de ajo machacado
    ¼ de cucharadita de pimienta negra
      1 huevo
      1 cucharada de agua
      1 frasco de salsa para espagueti
        Queso parmesano rallado

Deje que esponje la masa. Mezcle el brócoli, los quesos ricotta y provolone, el ajo y la pimienta. Golpee la masa; póngala sobre una superficie poco enharinada. Divídala en 4 porciones iguales. Extienda cada porción y forme círculos de 20 cm de diámetro. Ponga más o menos ¼ de taza de la mezcla de queso sobre la mitad de los círculos, dejando libres 2.5 cm de la orilla. Doble la masa cubriendo el relleno; forme un medio círculo; presione las orillas con los dientes de un tenedor para sellarla.

En un recipiente chico, bata el huevo con el agua. Barnice cada calzone con la mezcla de huevo. Póngalos sobre una charola para hornear engrasada. Hornee a 180 °C por 30 minutos o hasta que estén dorados y esponjen. Páselos a una rejilla y déjelos enfriar durante 10 minutos. Caliente la salsa para espagueti y vierta encima. Espolvoree con el queso parmesano.

rinde 4 porciones

Linguine con Espárragos y Queso Asiago

    450 g de espárragos, en trozos de 2.5 cm
    450 g de linguine cocido, partido por la mitad
      1 cucharada de mantequilla o margarina
      1 taza (120 g) de queso asiago desmenuzado o queso parmesano rallado
    ½ taza de crema agria
    ½ taza de rebanadas de aceituna negra sin hueso

En una olla grande, vierta 3 litros de agua; tape y hierva a fuego alto. Meta los espárragos en el agua hirviente; déjelos cocer de 1 a 2 minutos o hasta que estén suaves. Con una espumadera, retire los espárragos; enjuáguelos bajo el chorro del agua y escúrralos.

continúa en la página 279

Linguine con Espárragos y Queso Asiago, continuación

Agregue el linguine al agua hirviente; cuézalo siguiendo las instrucciones de la envoltura hasta que esté al dente. Escúrralo.

En un recipiente grande, combine el linguine con la mantequilla; revuelva un poco para que la mantequilla se derrita. Añada los espárragos, el queso, la crema agria y las aceitunas; revuelva con delicadeza para bañarlo y para que el queso se funda. Sazone con sal y pimienta al gusto. Sirva de inmediato.   *rinde 4 porciones*

tiempo de preparación y cocción: 30 minutos

Ravioles sin Carne al Horno

 4 tazas de berenjena finamente picada
 ½ taza de cebolla picada
 ¼ de taza de zanahoria picada
 ¼ de apio picado
 3 cucharadas de aceite de oliva
 2 latas (225 g) de puré de tomate rojo sin sal
420 g de tomates rojos machacados
 ½ cucharadita de azúcar
 ⅛ de cucharadita de pimienta
 1 paquete (510 g) de ravioles grandes congelados, cuézalos siguiendo las instrucciones de la envoltura

1. Caliente el horno a 190 °C.

2. En una cacerola, saltee la berenjena, la cebolla, la zanahoria y el apio en el aceite caliente, hasta que estén suaves.

3. Incorpore el puré de tomate, el tomate, el azúcar y la pimienta. Deje cocer, sin tapar, por 10 minutos; revuelva de vez en cuando.

4. En un refractario de 33×23×5 cm, distribuya *1½ tazas* de la mezcla de tomate; corone con la mitad de los ravioles y *la mitad* de la salsa *restante*. Repita las capas.

5. Hornee, sin tapar, durante 30 minutos o hasta que burbujee.   *rinde 6 porciones*

Fettuccine con Tres Pimientos

   1 pimiento morrón verde mediano, cortado en tiras
   1 pimiento morrón rojo mediano, cortado en tiras
   1 pimiento morrón amarillo mediano, cortado en tiras
   2 dientes de ajo machacados
   ¼ de taza de margarina
   1 taza de consomé de pollo
   ½ taza de mostaza Dijon
   1 paquete (360 g) de fettuccine, cocido y escurrido

1. En una cacerola a fuego medio, ponga la margarina y fría los pimientos durante unos 2 minutos hasta que estén suaves; sáquelos de la sartén.

2. En la misma cacerola, vierta el consomé y la mostaza; caliente hasta que hierva; reduzca la flama. Deje cocer, revolviendo de vez en cuando, durante 3 a 4 minutos o hasta que se espese un poco.

3. Regrese los pimientos a la cacerola; deje que se calienten. Revuelva con el fettuccine caliente y sirva de inmediato.

rinde 4 porciones

tiempo de preparación: 15 minutos
tiempo de cocción: 15 minutos
tiempo total: 30 minutos

Fettuccine con Tres Pimientos

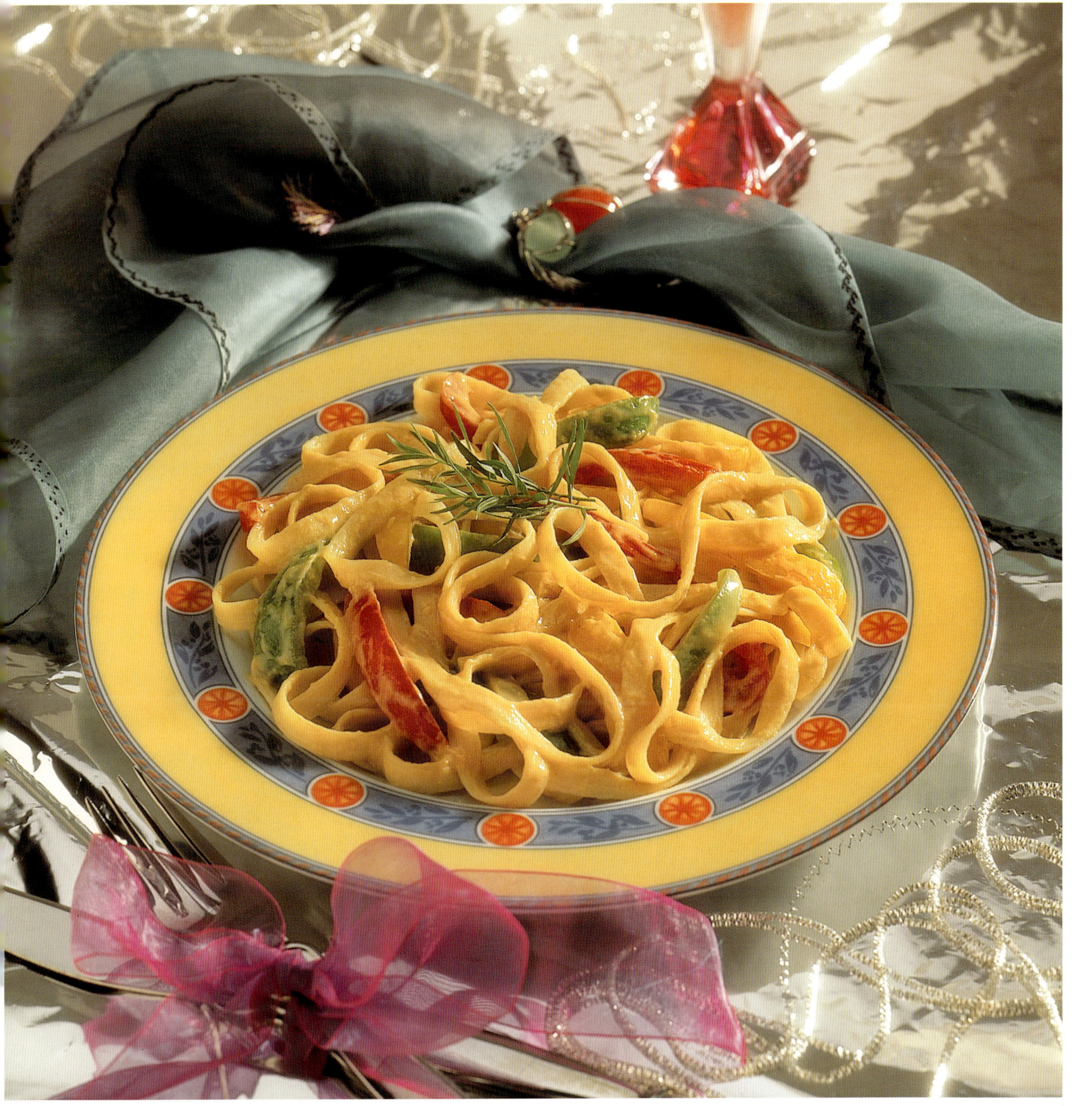

Pizza de Cuatro Quesos

1 base para pizza (de 30 cm)
½ taza de salsa para pizza o marinara
120 g de queso provolone rallado grueso o en rebanadas delgadas
1 taza (120 g) de queso mozzarella normal o ahumado, rallado
60 g de queso asiago o brick, en rebanadas delgadas
¼ de taza de queso parmesano o romano recién rallado

1. Caliente el horno a 230 °C.

2. Ponga la base para pizza sobre una charola y encima distribuya uniformemente la salsa para pizza.

3. Coloque encima los quesos provolone, mozzarella, asiago y parmesano.

4. Hornee por 14 minutos o hasta que la base esté dorada y se fundan los quesos.

5. Corte en rebanadas; sirva de inmediato.

rinde 4 porciones

sugerencia para servir: Acompañe con ensalada verde.

tiempo de preparación y cocción: 26 minutos

Pizza de Cuatro Quesos

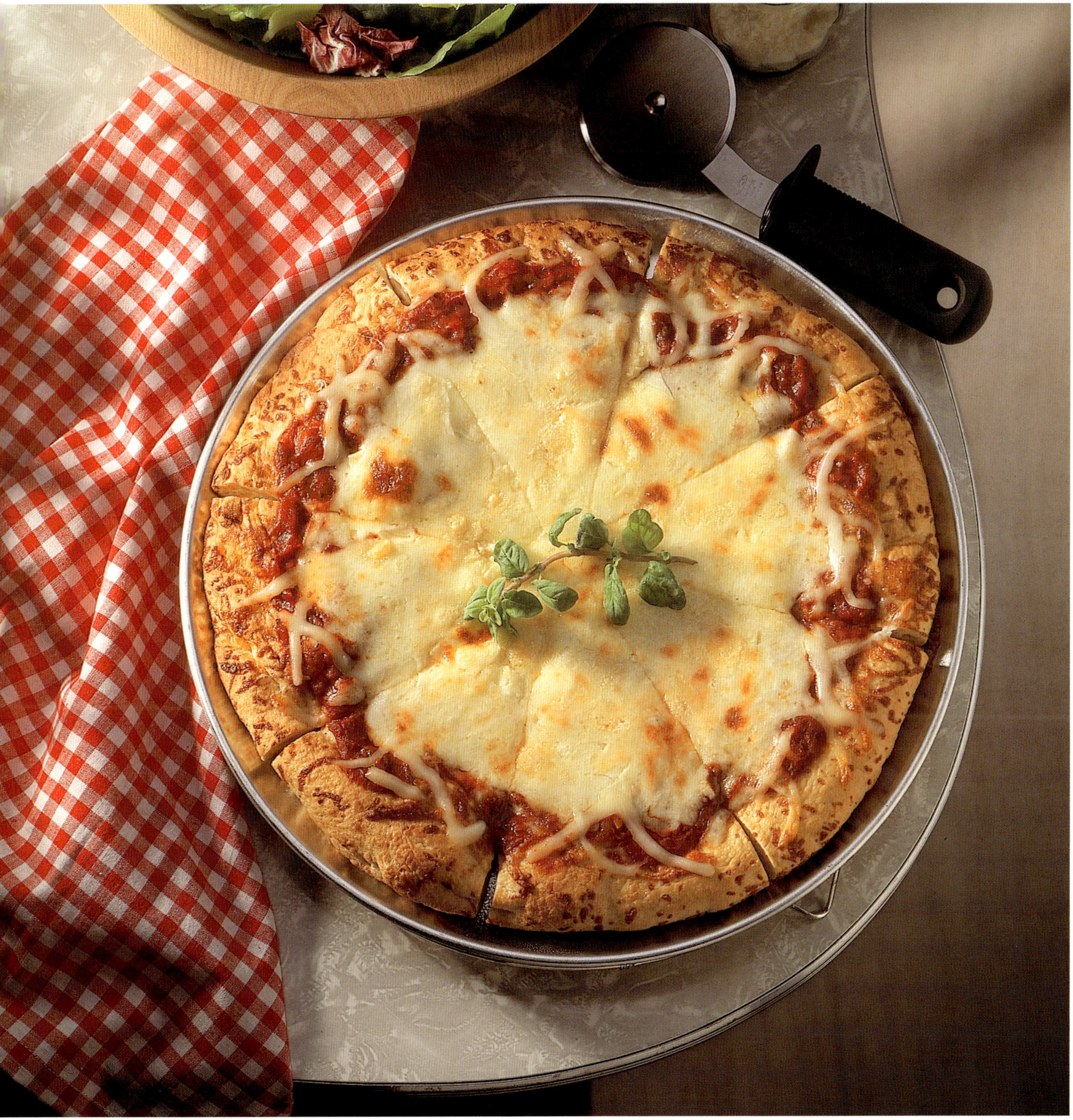

Nutritivo Fettuccine Primavera

   1 lata (300 ml) de crema de pollo condensada, sin grasa
   1/3 de taza de leche sin grasa (descremada)
   2 dientes de ajo machacados
   1/2 cucharadita de sal
   1/2 cucharadita de sazonador italiano en polvo
   1/8 de cucharadita de semillas de hinojo machacadas
     Aceite en aerosol
   4 tazas de verduras frescas (pimientos, calabacita, zanahoria, espárragos) o verduras descongeladas, rebanadas
   1 taza de tomate rojo picado grueso
   4 tazas de fettuccine cocido y caliente

En un recipiente chico, mezcle la crema, la leche, el ajo, la sal, el sazonador italiano y las semillas de hinojo. Con el aceite en aerosol, rocíe una sartén grande con recubrimiento antiadherente; saltee las verduras a fuego medio de 4 a 5 minutos.* Vierta la mezcla de crema; deje cocer de 3 a 4 minutos. Agregue el tomate y revuelva para mezclarlo. Sirva sobre el fettuccine caliente. *rinde 6 porciones*

*En este momento puede agregar 225 g de pollo, salchicha de pavo o camarón, cocidos.

Nutritivo Fettuccine Primavera

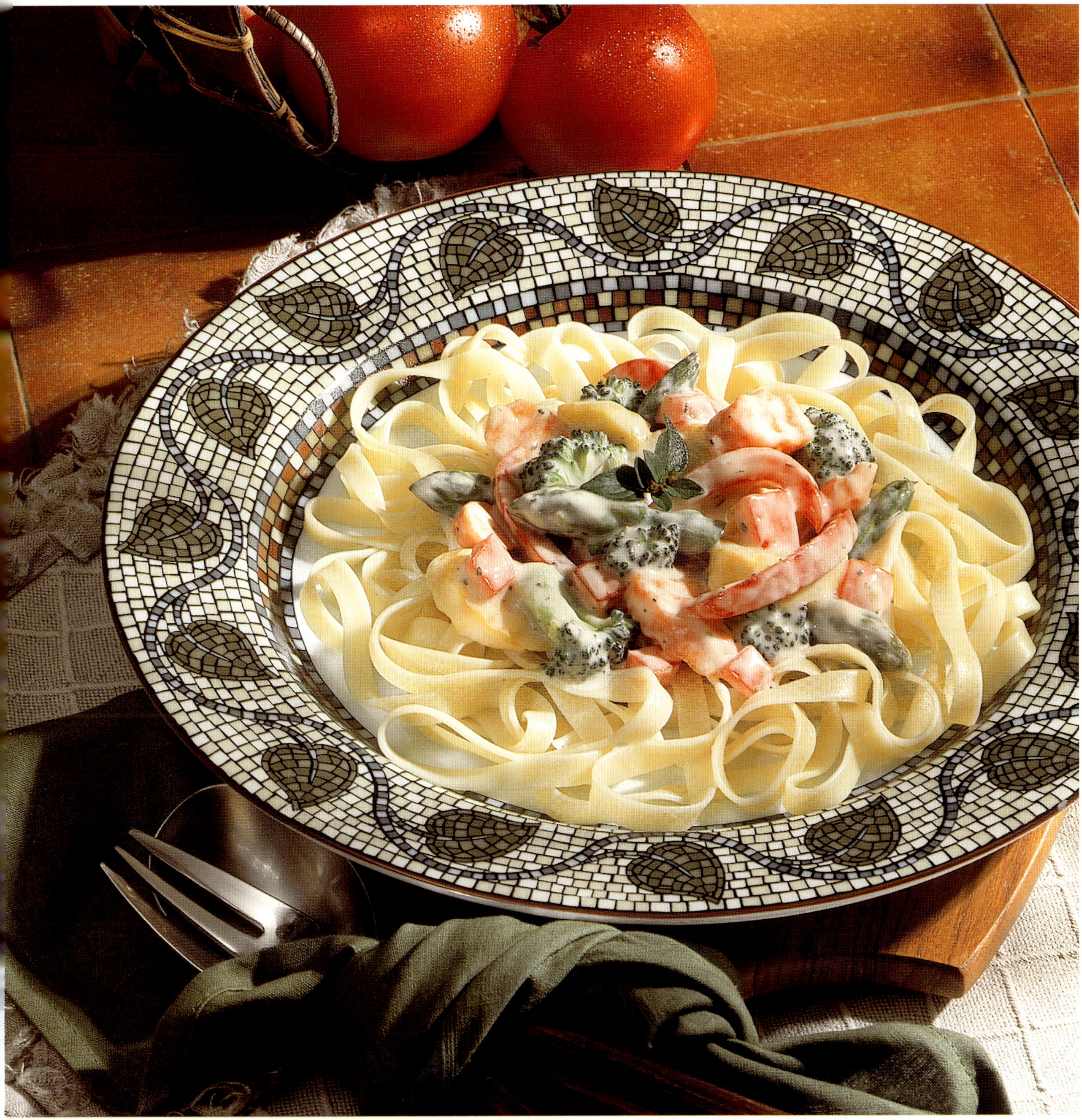

GUARNICIONES

Verduras Marinadas con Limón e Hinojo

1 taza de agua
2 zanahorias medianas, cortadas diagonalmente en rebanadas de 1.5 cm de grosor
1 taza de champiñones enteros chicos
1 pimiento morrón chico, rojo o verde, en trozos de 1.5 cm
3 cucharadas de jugo de limón
1 cucharada de azúcar
1 cucharada de aceite de oliva
1 diente de ajo machacado
½ cucharadita de semillas de hinojo machacadas
½ cucharadita de albahaca seca
¼ de cucharadita de pimienta negra

En una cacerola chica, hierva el agua a fuego alto. Agregue la zanahoria, deje que vuelva a hervir y reduzca el fuego a medio-bajo. Tape y deje cocer por 5 minutos o hasta que esté suave. Escúrrala y déjela enfriar.

En una bolsa grande de plástico, meta la zanahoria, el champiñón y el pimiento. En un recipiente chico, mezcle el jugo de limón, el azúcar, el aceite, el ajo, las semillas de hinojo, la albahaca y la pimienta negra; revuelva y vierta sobre las verduras. Cierre bien la bolsa; agítela para bañar las verduras. Marine en el refrigerador de 8 a 24 horas; voltee la bolsa de vez en cuando. Escurra las verduras y deseche la marinada. Ponga las verduras en un platón.

rinde 4 porciones

Verduras Marinadas
con Limón e Hinojo

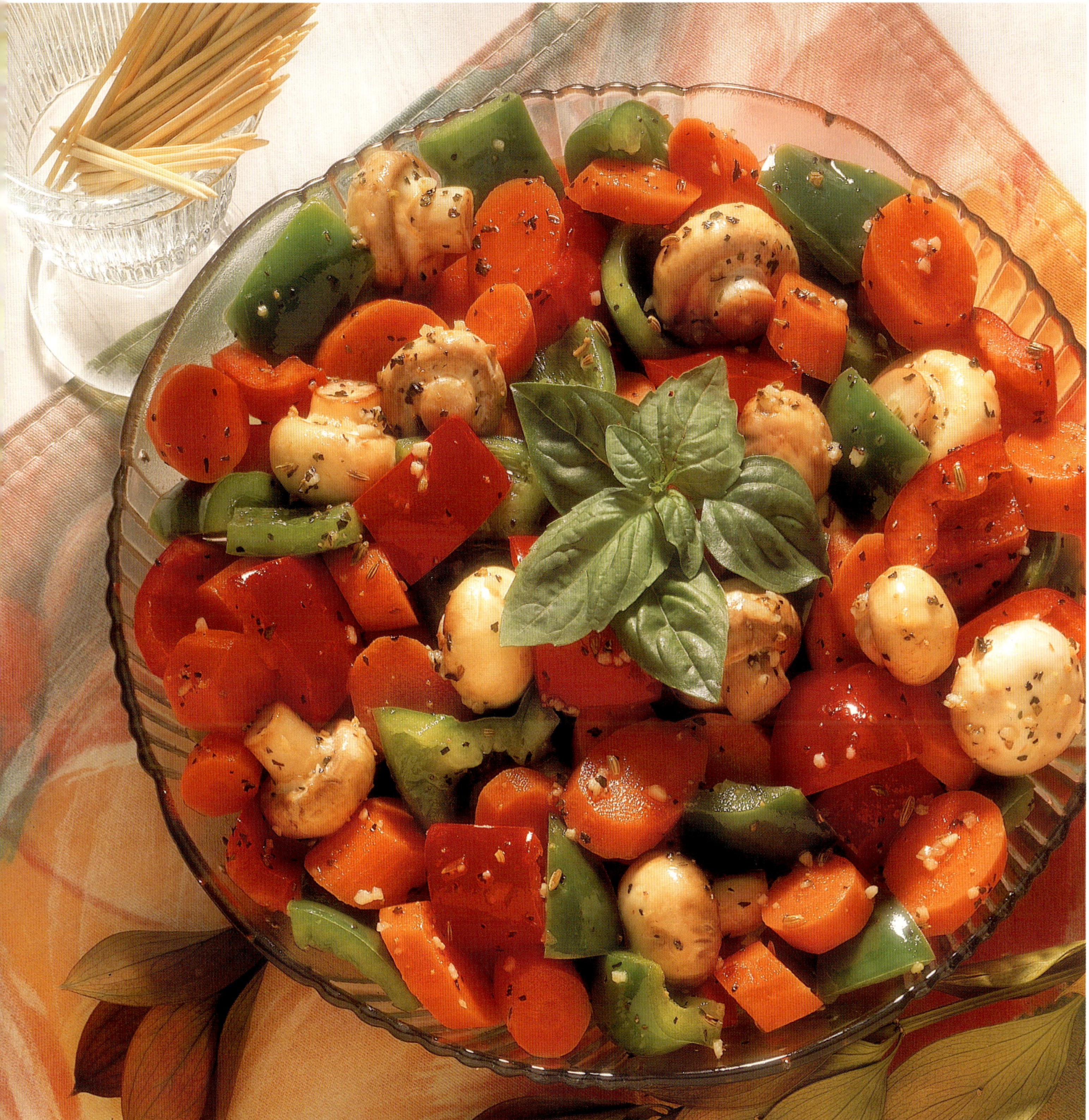

Risotto con Tomate al Horno

1 frasco (450 ml) de salsa para espagueti
400 ml de consomé de pollo
2 tazas de calabacita cortada por la mitad y en rebanadas
1 lata (120 g) de champiñones rebanados
1 taza de arroz arborio
2 tazas (225 g) de queso mozzarella rallado

Caliente el horno a 180 °C. Rocíe un molde de 3 litros con aceite en aerosol.

Ponga en el molde la salsa para espagueti, el consomé, la calabacita, el champiñón y el arroz; revuelva.

Hornee, sin tapar, por 30 minutos. Retire del horno y revuelva. Tape y hornee de 15 a 20 minutos más o hasta que el arroz esté suave. Retire del horno; espolvoree uniformemente con el queso. Hornee, sin tapar, durante 5 minutos o hasta que el queso se funda.

rinde 6 porciones

Ejotes con Albahaca

450 g de ejotes (judías verdes), con los extremos recortados
1 cucharadita de aceite de oliva extravirgen
2 cucharadas de albahaca fresca picada o 2 cucharaditas de albahaca seca

1. Cueza los ejotes al vapor durante 5 minutos o hasta que estén suaves. Enjuáguelos bajo el chorro del agua; escúrralos.

2. Justo antes de servir, en una sartén grande con recubrimiento antiadherente, caliente el aceite a fuego medio-bajo. Agregue la albahaca y fríala por 1 minuto; después añada los ejotes. Cueza hasta que estén bien calientes. Adorne con albahaca fresca adicional, si lo desea. Sirva de inmediato.

rinde 6 porciones

consejo del cocinero: Cuando compre ejotes, elija los de un color verde vivo y que no tengan magulladuras. Las vainas deben estar bien formadas y delgadas, con semillas chicas. Compre ejotes de tamaño similar para que su cocción sea uniforme; evite los ejotes magullados o largos.

Risotto con Tomate al Horno

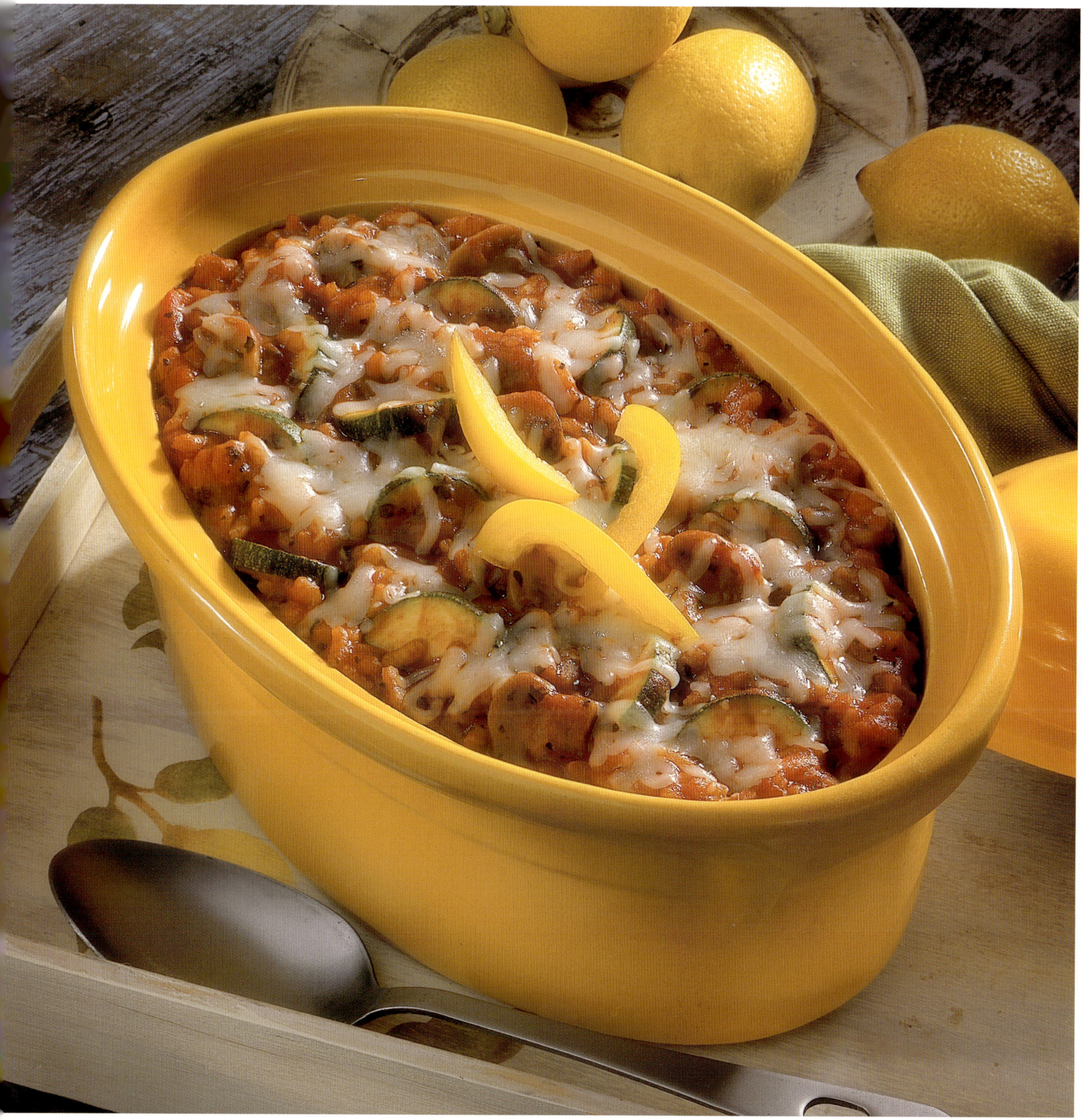

Alcachofas Rellenas con Pimiento

    4 alcachofas grandes, sin las hojas exteriores
  ¼ de taza de jugo de limón
    2 cucharaditas de aceite de oliva
  ½ taza de cebolla picada
    2 dientes de ajo machacados
  ½ taza de pimiento morrón rojo, cortado en cubos
  ½ taza de pimiento morrón amarillo, cortado en cubos
  ½ taza de pan de trigo entero recién molido
    2 cucharadas de perejil fresco picado
    2 cucharaditas de orégano seco
  ⅛ de cucharadita de pimienta negra
420 g de tomate rojo pelado sin sal
    2 cucharadas de queso parmesano recién rallado

1. Caliente el horno a 180 °C. Recorte 2.5 cm de la parte superior y de la base de cada alcachofa. Remoje las alcachofas en el jugo de limón para evitar que se oscurezcan.

2. En una olla grande, ponga a hervir 5 tazas de agua a fuego alto. Reduzca el fuego a bajo; agregue las alcachofas y cuézalas por 30 minutos. Escúrralas y déjelas enfriar un poco. Córtelas por la mitad a lo largo; desprenda y deseche el centro de las alcachofas.

3. En una sartén chica con recubrimiento antiadherente, caliente el aceite a fuego medio. Agregue la cebolla y el ajo; fría de 3 a 4 minutos o hasta que la cebolla esté suave. Retire del fuego; incorpore el pimiento morrón, el pan molido, el perejil, el orégano y la pimienta negra. Rellene las alcachofas con la mezcla.

4. Con aceite en aerosol, rocíe un refractario cuadrado de 23 cm. Acomode las alcachofas rellenas.

5. Ponga los tomates en el procesador de alimentos o en la licuadora y muélalos. Vierta sobre las alcachofas y encima espolvoree el queso parmesano. Tape y hornee durante 30 minutos o hasta que estén un poco doradas.

rinde 4 porciones

Alcachofas Rellenas con Pimiento

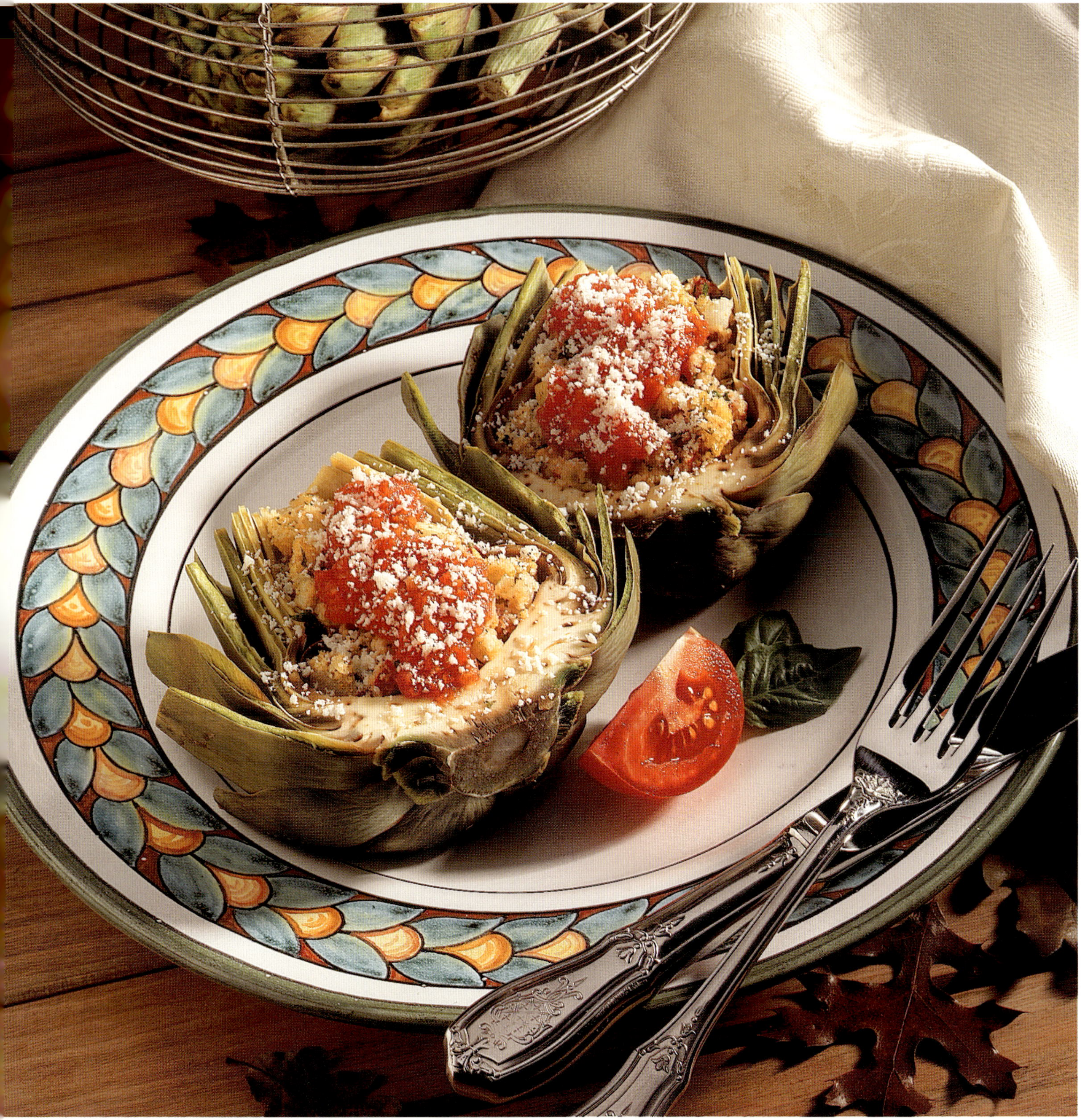

Ejotes Italianos

½ taza de agua
450 g de ejotes (judías verdes) enteros
½ taza de queso mozzarella sin grasa, cortado en cubos (de .5 cm)
½ taza de tomate rojo, sin semillas y picado
⅓ de taza de aderezo italiano sin grasa

HIERVA el agua en una cacerola mediana. Agregue los ejotes; cuézalos por 2 minutos o hasta que estén suaves; escúrralos.

INCORPORE el queso, el tomate y el aderezo; sirva caliente. *rinde 6 porciones*

tiempo de preparación: 5 minutos
tiempo de cocción: 10 minutos

Tomate y Mozzarella Marinados

1 taza de albahaca fresca picada
450 g de tomate rojo italiano, rebanado
225 g de queso mozzarella fresco, en rebanadas
¼ de taza de aceite de oliva
3 cucharadas de chalote fresco picado
2 cucharadas de vinagre de vino tinto
2 cucharaditas de azúcar
½ cucharadita de orégano seco
½ cucharadita de pimienta sazonada
½ cucharadita de ajo en polvo con perejil
Hojas de albahaca fresca (opcional)

En una bolsa grande de plástico, mezcle todos los ingredientes, excepto las hojas de albahaca; revuelva bien. Marine en el refrigerador durante 30 minutos por lo menos. Para servir, acomode el tomate y las rebanadas de queso en un platón. Adorne con las hojas de albahaca, si lo desea. *rinde de 4 a 6 porciones*

sugerencia para servir: Acompañe emparedados de pollo a la parrilla o sírvala como un delicioso entremés italiano.

Ejotes Italianos

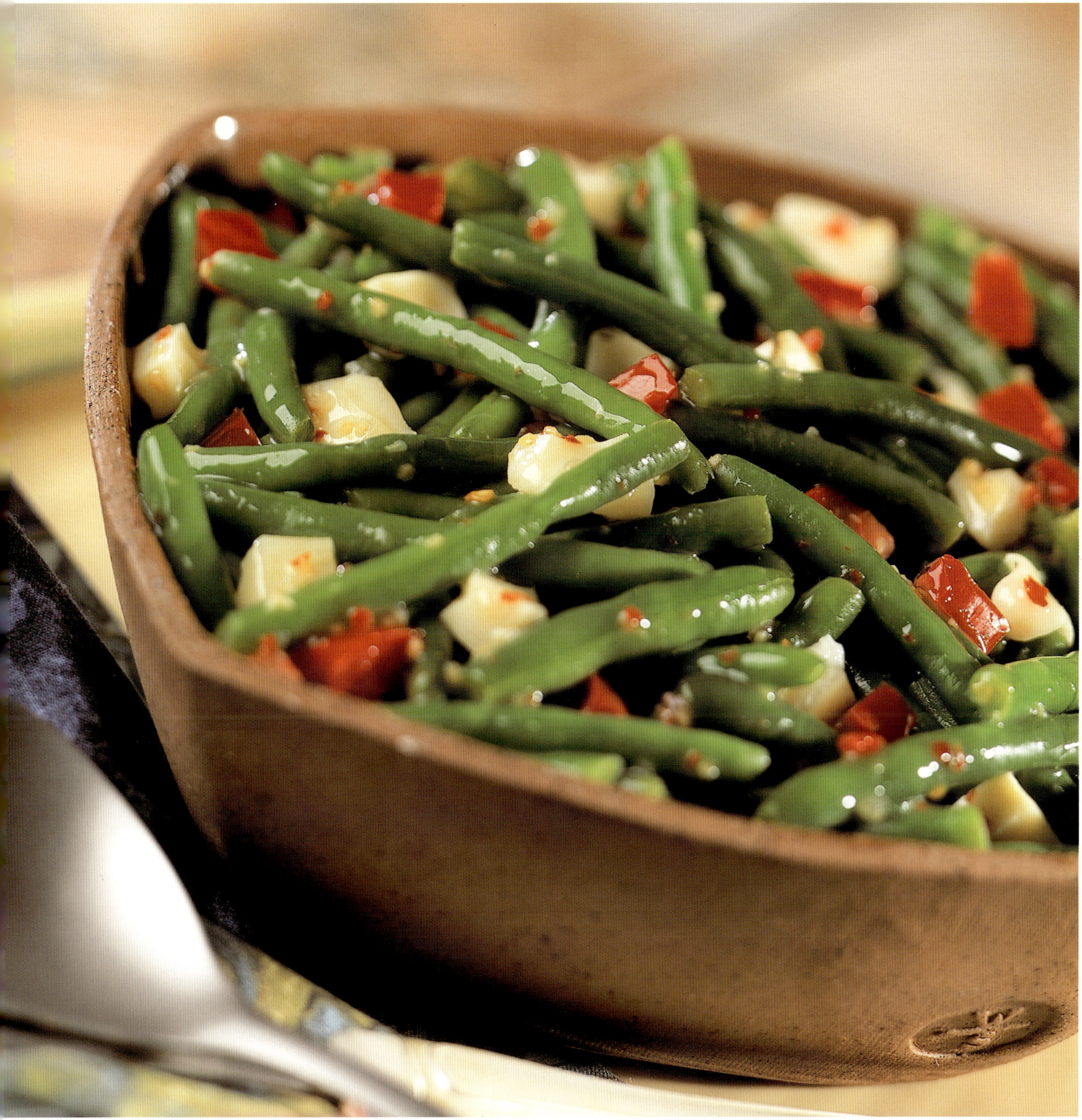

Berenjenas Rebozadas

    1 berenjena mediana (unos 450 g)
    1 cucharadita de sal
180 g de queso mozzarella
    ½ cucharadita de levadura activa en polvo
1½ tazas de agua caliente (de 40 a 45 °C)
    2 tazas de harina de trigo
    ⅛ de cucharadita de pimienta negra
4½ cucharadas de aceite de oliva
    2 cucharadas de albahaca machacada o ½ cucharadita de albahaca seca
    1 clara de huevo

Enjuague la berenjena; córtela a lo ancho en rebanadas de .5 cm de grosor. Póngalas en un colador grande sobre un recipiente; espolvoréelas con sal y déjelas escurrir por 1 hora. Corte el queso en rebanadas de 3 mm de grosor. Recorte las rebanadas de queso al mismo tamaño que las rebanadas de berenjena. Envuélvalas con plástico.

En un recipiente mediano, ponga el agua caliente y espolvoree la levadura; revuelva hasta que se disuelva. Incorpore 1½ tazas de la harina y la pimienta; bata hasta que se incorporen. Deje reposar la masa durante 30 minutos a temperatura ambiente. Enjuague la berenjena y escúrrala bien; séquela con toallas de papel. En una sartén grande a fuego medio-alto, caliente 1½ cucharadas de aceite de oliva; agregue tantas rebanadas de berenjena en una sola capa como quepan, sin amontonarlas. Fríalas por 2 minutos de cada lado hasta que estén un poco doradas. Sáquelas con una espátula ranurada; escúrralas sobre toallas de papel. Repita el procedimiento con el aceite de oliva y la berenjena restantes.

Espolvoree las rebanadas de queso con la albahaca y acomódelas entre 2 rebanadas de berenjena; presiónelas. En un plato extendido, ponga la harina restante. Espolvoree un poco de harina sobre las tortas de berenjena. En una cacerola grande, caliente 3.5 cm de aceite vegetal hasta que alcance 180 °C. Ajuste el fuego para conservar esa temperatura. En el tazón chico de la batidora eléctrica, bata la clara de huevo a velocidad alta hasta que se formen picos rígidos; incorpore de manera envolvente en la pasta. Sumerja en la pasta las tortas de berenjena, 1 a la vez; con suavidad, retire el exceso. Fría las tortas en el aceite, 3 a la vez, durante 2 minutos de cada lado hasta que estén doradas. Retire con una espumadera; escúrralas sobre toallas de papel. Sírvalas calientes. Adorne, si lo desea.

rinde de 4 a 6 porciones

Berenjenas Rebozadas

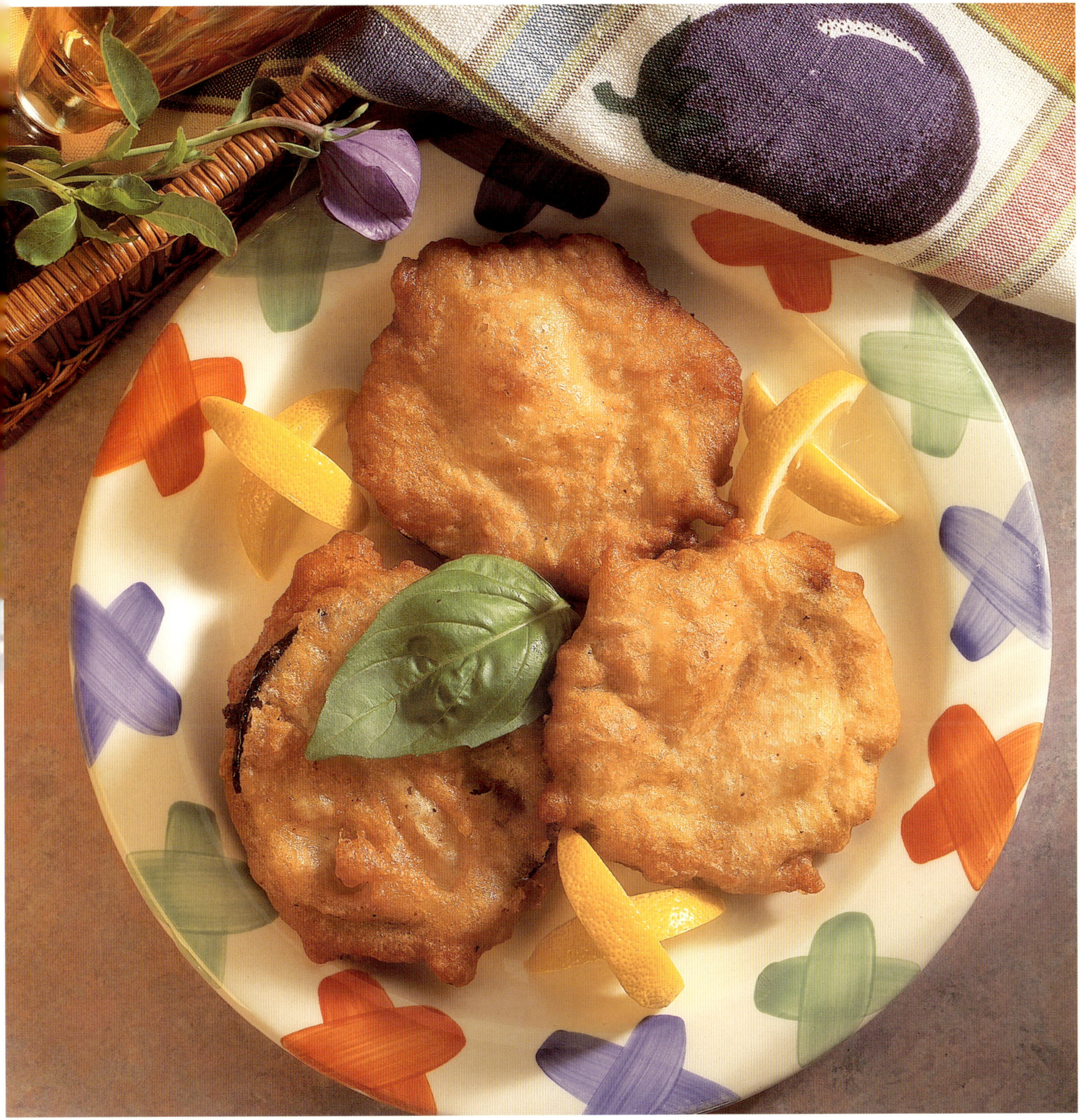

Calabacita y Tomate al Horno

  450 g de berenjena picada grueso
    2 tazas de calabacita rebanada
    2 tazas de champiñón rebanado
    2 cucharaditas de aceite de oliva
    ½ taza de cebolla picada
    ½ taza de hinojo fresco picado (opcional)
    2 dientes de ajo machacados
  420 g de tomate rojo sin sal
    1 cucharada de puré de tomate rojo sin sal
    2 cucharaditas de albahaca seca
    1 cucharadita de azúcar

1. Caliente el horno a 180 °C. Acomode la berenjena, la calabacita y el champiñón en un refractario cuadrado de 23 cm.

2. En una sartén chica, caliente el aceite a fuego medio. Agregue la cebolla, el hinojo, si lo desea, y el ajo; fría de 3 a 4 minutos o hasta que la cebolla esté suave. Añada el tomate picado con su jugo, el puré de tomate, la albahaca y el azúcar. Cueza y revuelva por unos 4 minutos o hasta que la salsa se espese.

3. Vierta la salsa sobre las verduras. Tape y hornee durante 30 minutos. Deje enfriar un poco antes de servir. Adorne a su gusto.

rinde 6 porciones

Nota

La berenjena occidental es una verdura que está disponible todo el año; su mejor época es en agosto y septiembre. La berenjena italiana es una versión miniatura de la berenjena occidental; su cáscara es más delgada y carnosa. No es tan común como la occidental. Búsquela en supermercados grandes, en mercados de especialidades o en mercados.

Calabacita y Tomate al Horno

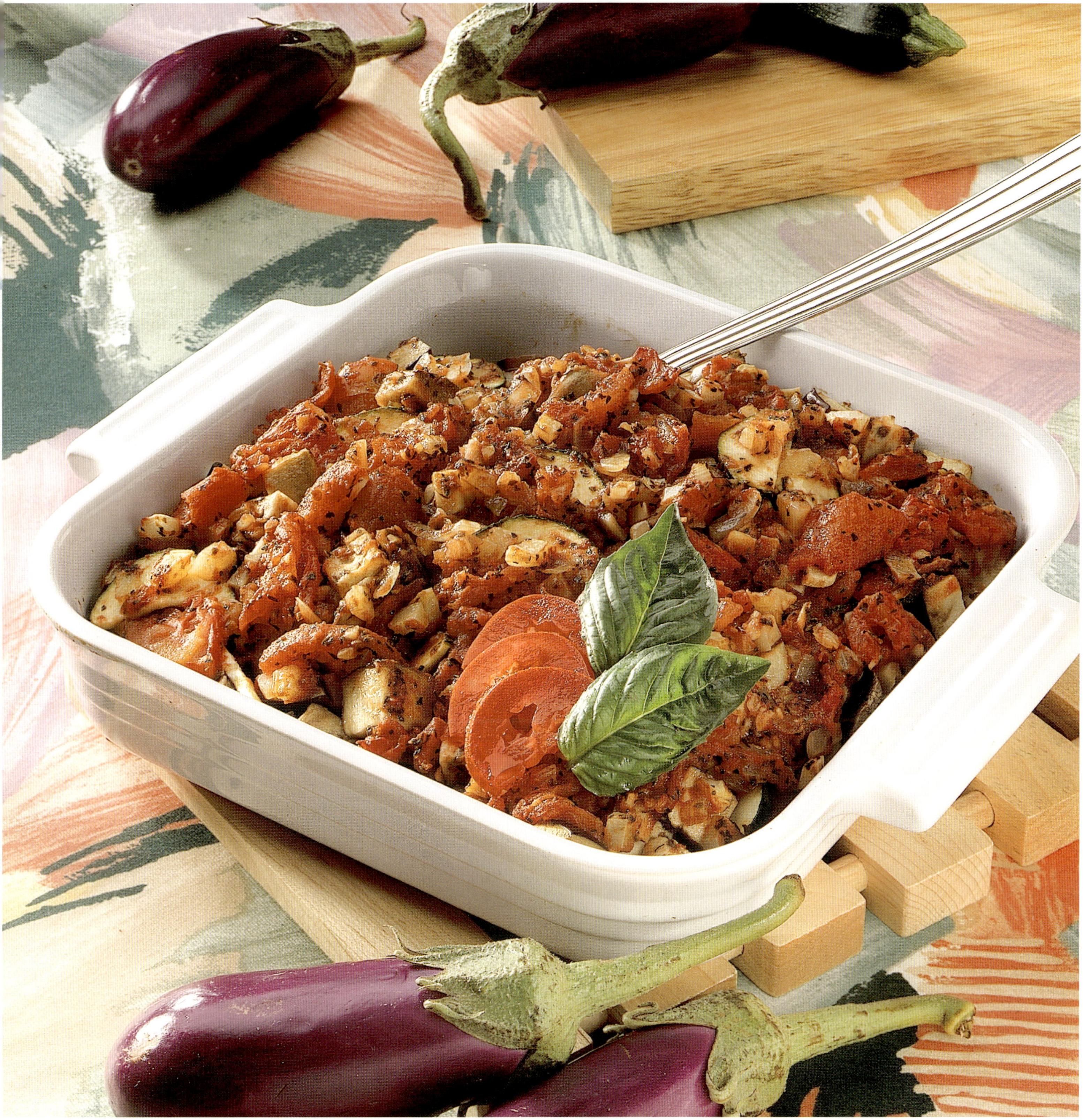

Corazones de Alcachofa con Salsa Marinara

   450 g de alcachofas miniatura (unas 12)
     1 mitad de limón
     2 cucharadas de aceite de oliva
    ½ taza de cebolla picada
     1 diente de ajo machacado
    ½ taza de consomé de pollo
     1 taza de salsa marinara o para espagueti
    ¼ de taza de queso parmesano recién rallado
       Rebanadas de limón y hojas de alcachofa para adornar

1. Para preparar las alcachofas, enjuáguelas bajo el chorro del agua. Doble hacia atrás las hojas exteriores y despréndalas hasta la base. Continúe abriendo las hojas hasta que la mitad superior de las hojas se vea verde, y la mitad inferior, amarilla.

2. Recorte las puntas fibrosas verdes de las hojas, paralelamente a la base. Recorte el tallo al nivel de la base. Corte a la mitad de la parte superior, hasta la base. Para evitar que se decoloren, frote los extremos con limón.

3. En una sartén grande, caliente el aceite a fuego medio-alto. Fría los corazones de alcachofa, la cebolla y el ajo de 5 a 10 minutos hasta que la cebolla esté dorada. Agregue el consomé; tape y deje que hierva a fuego alto; reduzca la flama y deje cocer de 10 a 14 minutos. Destape; deje cocer hasta que el líquido se evapore.

4. Caliente el asador eléctrico. En un molde cuadrado de 20 cm para horno o en 4 platos individuales que pueda usar en el asador, distribuya la salsa marinara. Acomode sobre la salsa los corazones de alcachofa con el lado cortado hacia abajo; espolvoree con el queso. Dórelas en el asador durante unos 5 minutos o hasta que la salsa esté bien caliente y se funda el queso. Adorne, si lo desea. Sirva de inmediato.

rinde 4 porciones

Brócoli con Tomate a la Italiana

    4 tazas de floretes de brócoli
    ½ taza de agua
    ½ cucharadita de sazonador italiano en polvo
    ½ cucharadita de hojuelas de perejil seco
    ¼ de cucharadita de sal (opcional)
    ⅛ de cucharadita de pimienta negra
    2 tomates rojos medianos, en rebanadas
    ½ taza de queso mozzarella semidescremado, rallado

INSTRUCCIONES PARA HORNO DE MICROONDAS

En una cacerola de 2 litros para horno de microondas, ponga el brócoli y el agua; tape y hornee en el microondas a temperatura ALTA (100%) de 5 a 8 minutos o hasta que esté suave. Escurra. Incorpore el sazonador italiano, el perejil, la sal, la pimienta y el tomate rojo. Hornee, sin tapar, a temperatura ALTA (100%) de 2 a 4 minutos o hasta que el tomate esté caliente. Espolvoree con el queso y regrese al horno por 1 minuto más o hasta que el queso se funda.
rinde 6 porciones

Calabacita Parmesana

    2 cucharadas de aceite de oliva
    2 calabazas medianas, en tiras julianas
    1 cebolla morada chica en rebanadas delgadas
180 g de champiñones frescos rebanados (unas 2 tazas)
    ¼ de taza de hojas de albahaca fresca picadas
    ½ cucharadita de ajo en polvo con perejil
    ½ cucharadita de sal sazonada
    ⅓ de taza de queso parmesano recién rallado

Caliente el aceite en una sartén mediana; agregue el resto de los ingredientes, excepto el queso. Cueza por 3 minutos o hasta que la calabaza esté suave. Justo antes de servir, espolvoree con el queso parmesano.
rinde 4 porciones

Pimientos y Cebollas Asados

    Aceite de oliva en aerosol
2 pimientos morrones verdes medianos
2 pimientos morrones rojos medianos
2 pimientos morrones amarillos medianos
4 cebollas chicas
1 cucharadita de sazonador de hierbas italianas
½ cucharadita de albahaca seca
¼ de cucharadita de comino molido

1. Caliente el horno a 190 °C. Rocíe con el aceite en aerosol un molde para niño envuelto (brazo gitano) de 38×25 cm. Corte los pimientos en trozos de 3.5 cm. Corte las cebollas en cuartos. Ponga las verduras en el molde y rocíelas con aceite en aerosol. Hornee por 20 minutos; revuelva. Espolvoree con las hierbas, la albahaca y el comino.

2. Aumente la temperatura del horno a 220 °C. Hornee durante 20 minutos o hasta que las orillas estén oscuras y las verduras estén suaves. *rinde 6 porciones*

Ejotes con Piñones

450 g de ejotes (judías verdes), con los extremos recortados
2 cucharadas de mantequilla o margarina
2 cucharadas de piñón
Sal
Pimienta

En una olla de 3 litros, ponga 2.5 cm de agua y cueza los ejotes, con la olla tapada, de 4 a 8 minutos o hasta que estén suaves; escúrralos. En una sartén grande, a fuego medio, derrita la mantequilla; agregue los piñones; fríalos, revolviendo con frecuencia, hasta que estén dorados. Añada los ejotes; revuelva un poco para bañarlos con la mantequilla. Sazone con sal y pimienta al gusto. *rinde 4 porciones*

Pimientos y Cebollas Asados

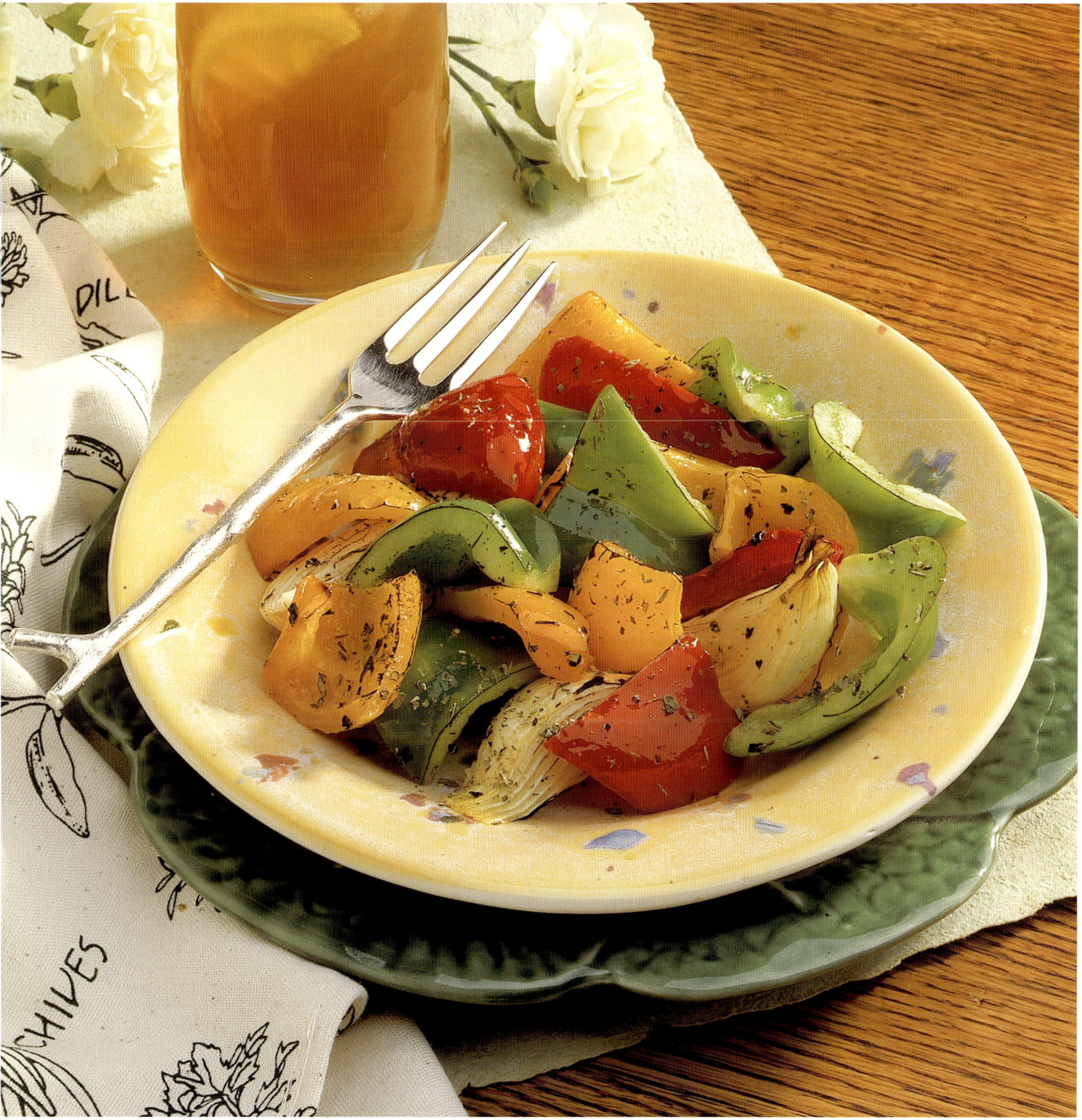
CHIVES

Cacerola de Brócoli

- 2 rebanadas de pan blanco del día anterior, molido grueso (más o menos 1¼ tazas)
- ½ taza de queso mozzarella rallado (unos 60 g)
- 2 cucharadas de perejil fresco picado (opcional)
- 2 cucharadas de aceite de oliva o aceite vegetal
- 1 diente de ajo finamente picado
- 6 tazas de floretes de brócoli y/o de coliflor
- 1 sobre de sopa de cebolla en polvo
- 1 taza de agua
- 1 tomate rojo grande picado

1. En un recipiente chico, mezcle el pan molido con el queso, el perejil, 1 cucharada de aceite y el ajo.

2. En una cacerola de 30 cm de diámetro, a fuego medio, caliente el aceite restante y fría el brócoli, revolviendo con frecuencia, durante 2 minutos.

3. Incorpore la sopa disuelta en el agua. Deje que hierva a fuego alto. Reduzca el fuego a bajo y deje cocer, sin tapar, revolviendo de vez en cuando, durante 8 minutos o hasta que el brócoli esté casi suave. Agregue el tomate y deje cocer por 2 minutos.

4. Pase las verduras a un refractario de 1½ litros de capacidad; corone con la mezcla de pan molido. Ase durante 1½ minutos o hasta que el pan esté dorado y se funda el queso.

rinde 6 porciones

Cacerola de Brócoli

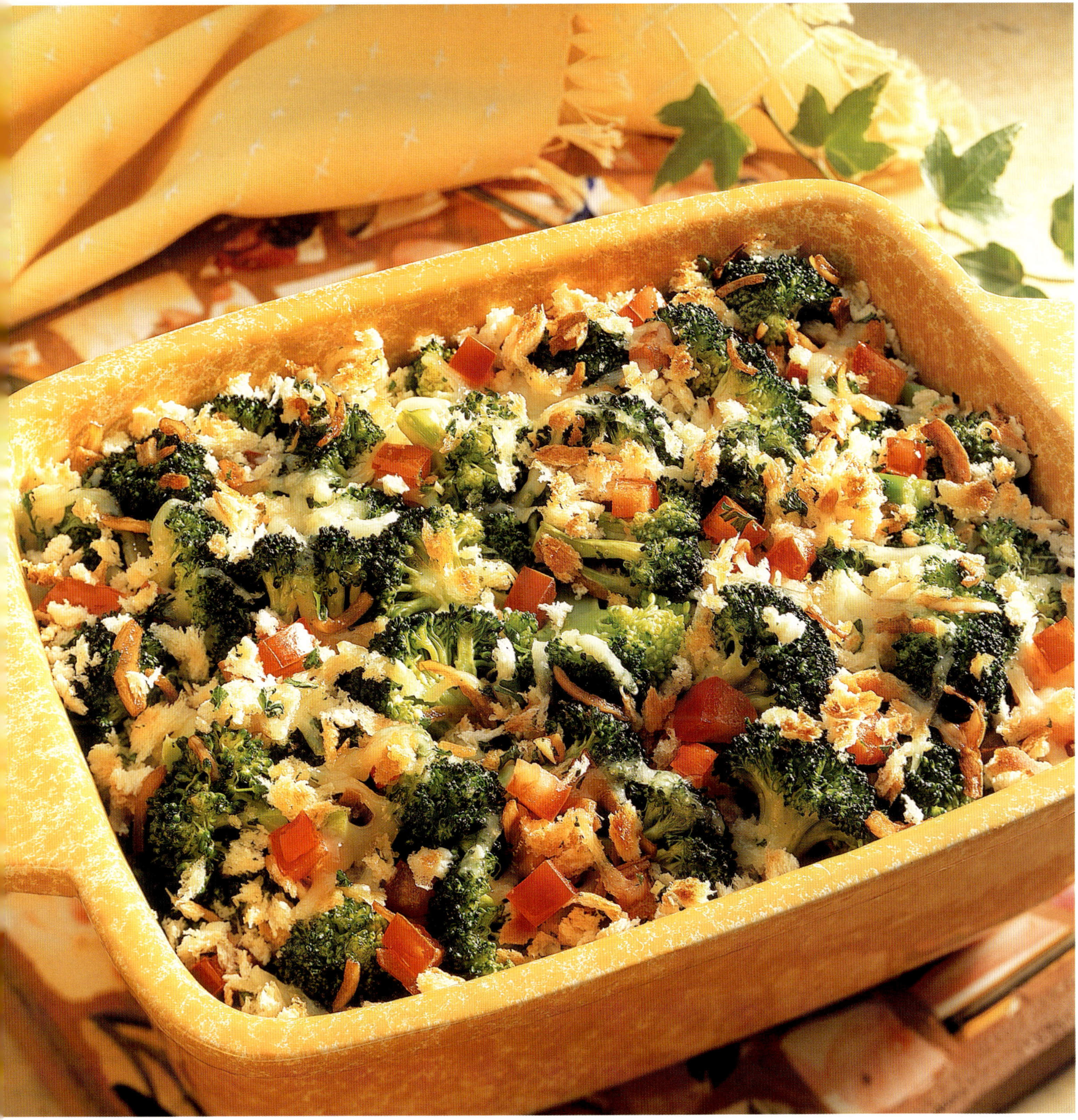

Fettuccine de Espinaca con Verduras

   6 tomates rojos deshidratados
90 g de fettuccine florentino de espinaca o fettucine de espinaca, sin cocer
   1 cucharada de aceite de oliva
¼ de taza de cebolla picada
¼ de taza de pimiento morrón rojo rebanado
   1 diente de ajo machacado
½ taza de champiñón rebanado
½ taza de espinaca picada grueso
¼ de cucharadita de sal
¼ de cucharadita de nuez moscada molida
⅛ de cucharadita de pimienta negra

1. En un recipiente chico, ponga los tomates deshidratados y cúbralos con agua hirviente. Déjelos reposar de 10 a 15 minutos o hasta que estén suaves. Escúrralos y deseche el líquido. Córtelos en tiras.

2. Cueza la pasta siguiendo las instrucciones de la envoltura. Escúrrala.

3. En una sartén grande con recubrimiento antiadherente, caliente el aceite a fuego medio. Agregue la cebolla, el pimiento y el ajo; fría por 3 minutos o hasta que las verduras estén suaves. Añada el champiñón y la espinaca; cueza y revuelva durante 1 minuto. Incorpore el tomate, la pasta, la sal, la nuez moscada y la pimienta negra; cueza y revuelva de 1 a 2 minutos o hasta que estén bien calientes. Adorne a su gusto. *rinde 6 porciones*

Fettuccine de Espinaca con Verduras

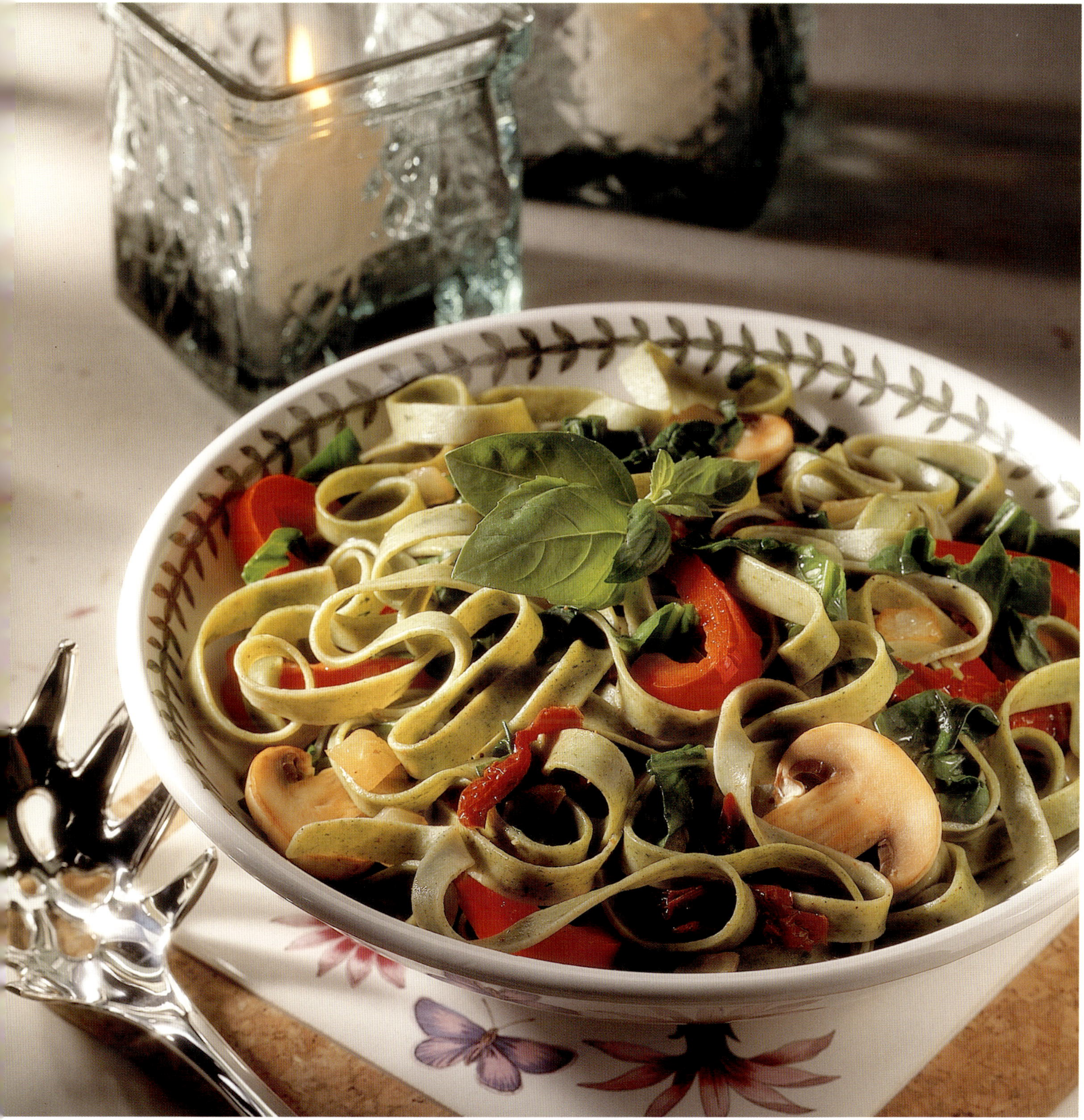

Linguine con Brócoli y Coliflor

    2 cucharadas de aceite de oliva o aceite vegetal
    2 tazas de floretes de brócoli
    2 tazas de floretes de coliflor
    3 dientes de ajo machacados
    2 latas (420 g) de tomate rojo, cortado en cubos y sazonado con hierbas italianas, conserve el jugo
    1 cucharadita de sal
    ¼ de cucharadita de hojuelas de pimienta roja machacada
    ½ taza de jerez seco o consomé de pollo
450 g de linguine seco, cocido, escurrido y caliente
    ½ taza (60 g) de queso romano rallado
    ½ taza de cilantro finamente picado

1. Caliente el aceite en una sartén grande; agregue el brócoli, la coliflor y el ajo; saltéelos por 3 minutos. Añada el tomate con su jugo, la sal y la pimienta roja.

2. Ponga a hervir. Reduzca el fuego; deje cocer, sin tapar, durante 20 minutos, revolviendo de vez en cuando.

3. Vierta el jerez; cueza por 3 minutos. En un recipiente grande, ponga la pasta y vierta encima la mezcla de verduras; espolvoree con el queso y el cilantro; revuelva para bañar la pasta.

rinde 8 porciones

Cacerola de Pasta

    2 cucharadas de margarina o mantequilla
    1 diente de ajo, finamente picado
    1½ tazas de orzo (lengüita de pasta) sin cocer
    1 sobre de sopa de cebolla o sopa de champiñón con cebolla en polvo
    3¼ tazas de agua
180 g de champiñón shiitake o blanco, rebanado
    ¼ de taza de perejil picado

continúa en la página 307

Cacerola de Pasta, continuación

En una cacerola de 3 litros, derrita la margarina a fuego medio; fría el ajo y la pasta, revolviendo sin cesar, durante 2½ minutos o hasta que estén dorados. Incorpore la sopa disuelta en el agua. Deje que hierva a fuego alto. Reduzca el fuego a bajo y cueza, sin tapar, por 10 minutos. Agregue los champiñones; *no revuelva*. Deje cocer, tapado, durante 10 minutos. Incorpore el perejil. Vierta en un platón. (El líquido no se absorbe totalmente.) Deje reposar por 10 minutos o hasta que se absorba el líquido.

rinde unas 10 porciones (de ½ taza)

deliciosa cacerola de pasta: Aumente el agua a 4 tazas y utilice sopa de ajo con hierbas en polvo.

Orzo con Espinaca y Pimiento

120 g de orzo (lengüita de pasta) sin cocer
　Aceite en aerosol
　1 cucharadita de aceite de oliva
　1 pimiento morrón rojo mediano, cortado en cubos
　3 dientes de ajo machacados
　1 bolsa (285 g) de espinaca picada, descongelada y exprimida
　¼ de taza de queso parmesano rallado
　½ cucharadita de orégano o albahaca fresca machacada (opcional)
　¼ de cucharadita de lemon pepper (especia)

1. Cueza la pasta siguiendo las instrucciones de la envoltura; escúrrala bien.

2. Con el aceite en aerosol, rocíe una sartén grande con recubrimiento antiadherente. Caliente la sartén a fuego medio-alto; agregue el aceite e incline la sartén para cubrir bien el fondo. Añada el pimiento y el ajo; fríalos de 2 a 3 minutos o hasta que los pimientos estén suaves. Incorpore la pasta y la espinaca; revuelva hasta que se mezclen y se calienten. Retire del fuego e incorpore el queso parmesano, el orégano, si lo desea, y el lemon pepper. Adorne a su gusto.

rinde 6 porciones

Pasta con Delicioso Pesto de Tomate

- 1 frasco (225 g) de tomates rojos deshidratados, envasados en aceite, sin escurrir
- ⅓ de taza de mostaza oscura
- ¼ de taza de queso parmesano rallado
- 2 cucharadas de piñones o almendras, rallados
- 1 cucharada de salsa roja picante
- 1 diente de ajo picado grueso
- 1 paquete (450 g) de moños de pasta sin cocer

1. En la licuadora o en el procesador de alimentos, mezcle los tomates rojos deshidratados con su aceite, 1 taza de agua, la mostaza, el queso parmesano, los piñones, la salsa roja y el ajo. Tape y licue hasta que se incorporen.

2. Cueza la pasta siguiendo las instrucciones de la envoltura; escúrrala bien. Póngala en un platón grande y vierta encima la salsa; revuelva bien para bañar la pasta. Sirva caliente o a temperatura ambiente. *rinde 6 porciones de guarnición (2 tazas de pesto)*

nota: Si le gusta el sabor de la salsa al pesto, agregue ¼ de taza de mostaza Dijon a 1 taza de pesto; obtendrá un delicioso dip o crema para untar.

tiempo de preparación: 15 minutos
tiempo de cocción: 10 minutos

Pasta con Delicioso Pesto de Tomate

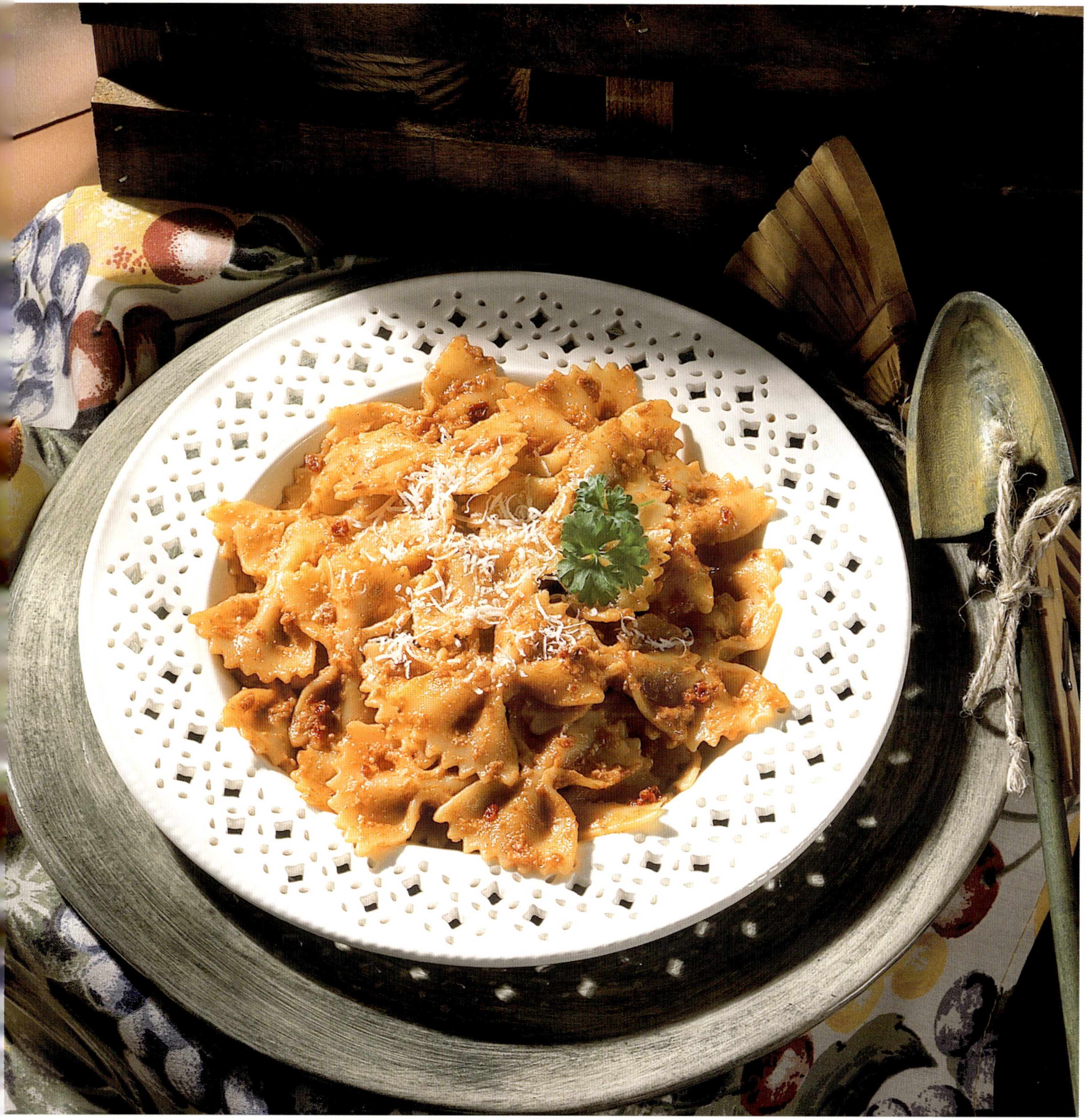

Risotto Estilo Primavera

- 1 cucharada de aceite de oliva
- 1 calabacita chica rebanada
- 1 cebolla mediana rebanada
- ½ pimiento morrón rojo, sin semillas y en tiras delgadas
- 3 champiñones rebanados
- ½ taza de arroz de grano largo sin cocer
- ¼ de taza de vino blanco seco
- 1 taza de consomé de pollo
- 1¾ tazas de agua
- 2 cucharadas de queso parmesano rallado
- Sal y pimienta negra recién molida

En una cacerola o en una sartén grande, caliente el aceite de oliva a fuego medio; agregue la calabacita, la cebolla, el pimiento y el champiñón. Fría y revuelva de 5 a 7 minutos o hasta que la calabacita esté suave. Retire las verduras. Agregue el arroz y el vino; revuelva hasta que se absorba el vino. Vierta el consomé de pollo; deje cocer, sin tapar, revolviendo con frecuencia, hasta que se absorba. Añada 1 taza de agua; cueza, sin tapar, revolviendo a menudo, hasta que se absorba. Agregue el agua restante. Deje cocer, sin tapar, revolviendo con frecuencia, hasta que se absorba. (El tiempo total de cocción será de unos 25 minutos, hasta que el arroz esté suave y la mezcla esté cremosa.) Incorpore las verduras y el queso parmesano. Sazone con sal y pimienta negra al gusto. *rinde 4 porciones*

Risotto Estilo Primavera

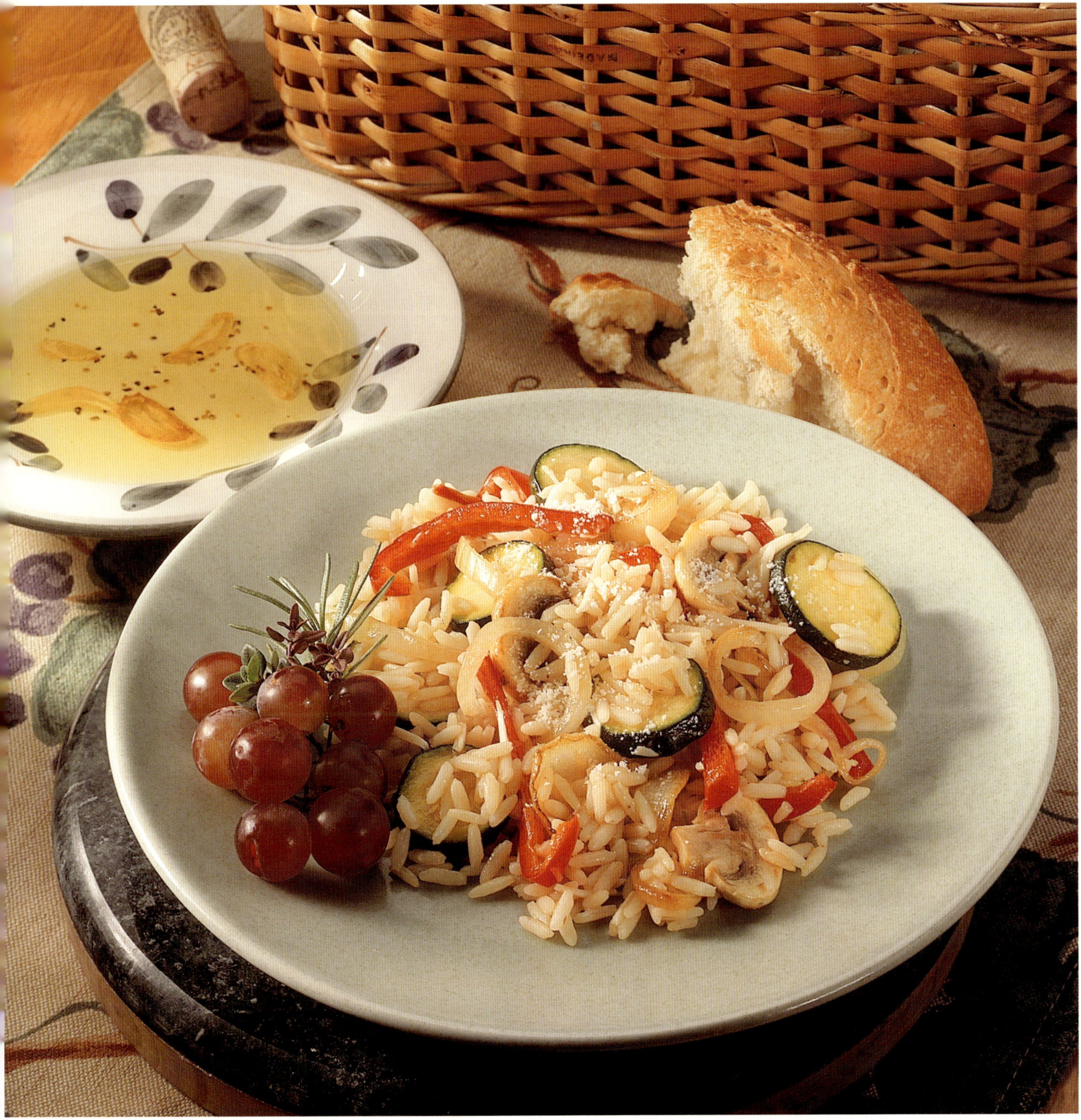

Antipasto de Arroz

 1 taza de arroz
420 ml de consomé de pollo
 1 lata (400 g) de corazones de alcachofa, escurridos y cortados en cuartos
 1 frasco (210 g) de pimiento morrón asado, escurrido y picado
 ½ taza de jugo de verduras
 1 cucharadita de albahaca machacada
 1 cucharadita de orégano machacado
 ½ cucharadita de sal (opcional)
 2 cucharadas de perejil picado
 ½ cucharadita de pimienta
 ¼ de taza de queso parmesano rallado

En una sartén grande, a fuego medio, mezcle todos los ingredientes, excepto el queso parmesano. Ponga a hervir; reduzca el fuego y deje cocer, tapado, por 20 minutos. Retire del fuego y espolvoree con el queso parmesano. *rinde 6 porciones*

Nota

El pimiento morrón asado, que es dulce y no picante, está disponible en frascos en la sección de verduras enlatadas o en la de alimentos italianos de los supermercados. El asado le da al pimiento un sabor único. Si desea asar los pimientos en casa, consulte la nota de la página 318.

Arroz Napolitano

2 bolsas de arroz integral
1 cucharada de margarina baja en calorías
1 pimiento morrón verde grande, picado
1 diente de ajo machacado
1 lata (420 g) de tomate rojo estilo italiano
1 sobre (20 g) de aderezo italiano en polvo
1 taza (120 g) de queso mozzarella rallado
½ taza de aceitunas negras sin hueso, rebanadas (opcional)

Cueza el arroz siguiendo las instrucciones de la bolsa.

En una sartén grande, derrita la margarina a fuego medio-alto. Agregue el pimiento y el ajo; fríalos hasta que el pimiento esté suave. Añada el tomate picado y el aderezo. Deje que hierva. Reduzca el fuego a bajo; deje cocer por 10 minutos; revuelva de vez en cuando. Incorpore el arroz. Corone con el queso. Acomode las aceitunas, si lo desea.

rinde 8 porciones

Risotto de Espinaca y Champiñón

Aceite de oliva en aerosol
225 g de champiñones rebanados
2 cucharaditas de albahaca seca
2 cucharaditas de ajo machacado
¼ de cucharadita de pimienta negra
400 ml de consomé de pollo sin grasa
1½ tazas de arroz arborio sin cocer
1 lata (300 ml) de crema de champiñón condensada, sin diluir
1⅔ tazas de agua
3 tazas de hojas de espinaca picadas
6 cucharadas de nuez picada, tostada
¼ de taza de queso parmesano rallado

1. Rocíe una cacerola de 3 litros con aceite en aerosol; caliente a fuego alto. Agregue el champiñón, la albahaca, el ajo y la pimienta; cueza y revuelva de 3 a 4 minutos o hasta que el champiñón esté suave.

2. Incorpore el consomé, el arroz, la sopa y el agua; cueza y revuelva hasta que se mezclen bien y comience a hervir. Reduzca el fuego a bajo; tape. Deje cocer por 12 minutos, revolviendo dos veces durante la cocción, o hasta que el arroz esté apenas suave pero firme al morderlo.

3. Incorpore la espinaca; tape y deje reposar de 5 a 7 minutos o hasta que la espinaca se cueza.

4. Antes de servir, espolvoree con la nuez y el queso.   *rinde 8 porciones (de 1 taza)*

Risotto de Espinaca y Champiñón

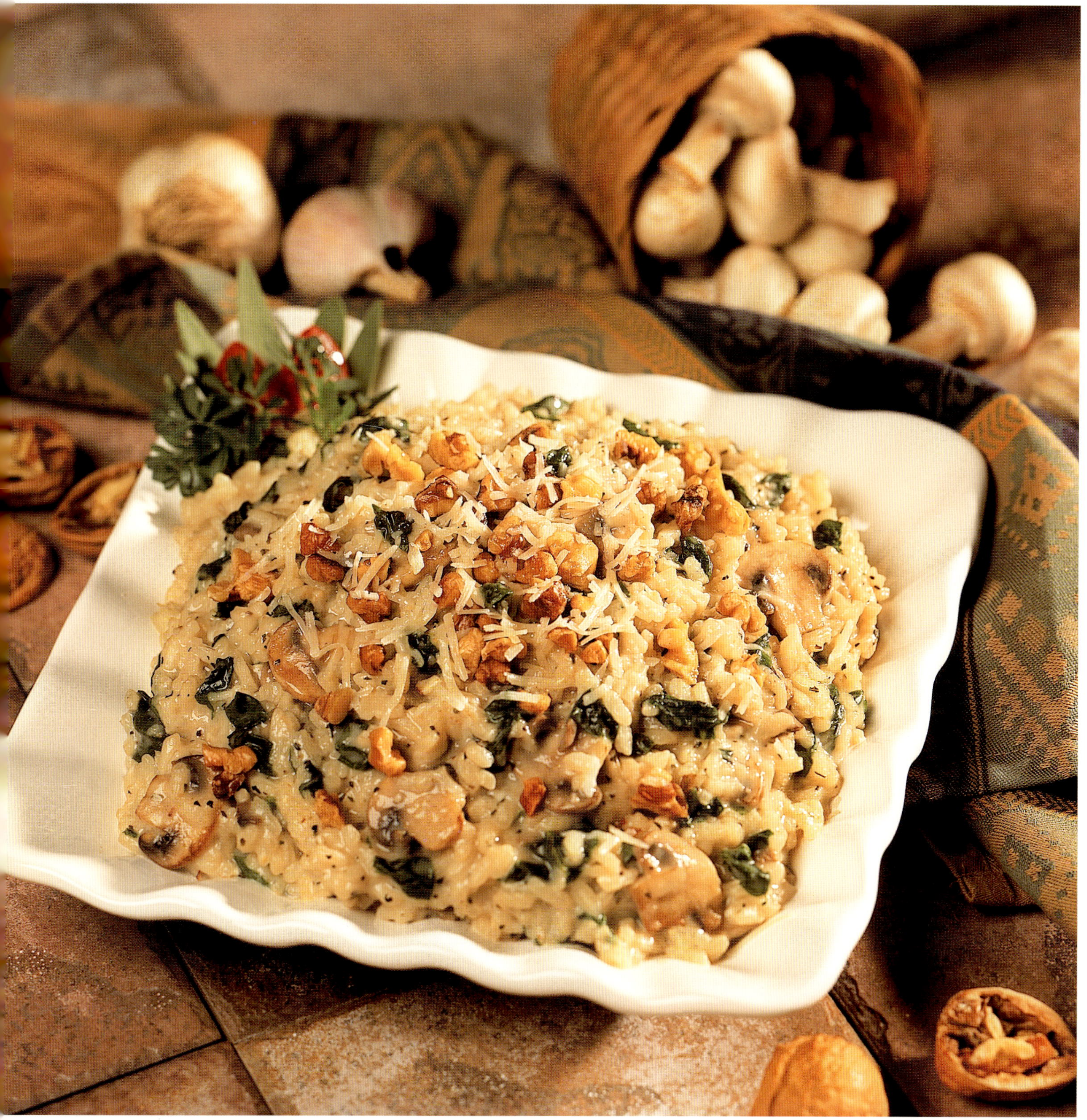

Ragoût de Champiñón con Polenta

  15 g de champiñón porcini seco
  ½ taza de agua hirviente
400 ml de caldo de verduras
  ½ taza de harina de maíz amarilla
  1 cucharada de aceite de oliva
  ⅓ de taza de chalote rebanado o cebollín picado
120 g de diferentes champiñones exóticos frescos rebanados o de champiñón cremini rebanado
  4 dientes de ajo machacados
420 g de tomate rojo cortado en cubos, conserve el jugo
  ¼ de cucharadita de hojuelas de pimienta roja
  ¼ de taza de albahaca o perejil, frescos, picados
  ½ taza de queso parmesano sin grasa, rallado

1. Remoje el champiñón porcini en el agua hirviente por 10 minutos.

2. Mientras tanto, en un recipiente grande que pueda meter al horno de microondas, ponga el caldo de verduras con la harina de maíz y revuelva. Cubra con papel encerado; hornee en el microondas, a temperatura ALTA, por 5 minutos. Revuelva bien; cueza a temperatura ALTA de 3 a 4 minutos más o hasta que la polenta esté bien espesa. Revuelva de nuevo; tape.

3. En una sartén grande con recubrimiento antiadherente, caliente el aceite a fuego medio-alto. Agregue el chalote; fríalo por 3 minutos. Añada el champiñón fresco y el ajo; fría de 3 a 4 minutos. Incorpore el tomate con su jugo y las hojuelas de pimienta roja.

4. Escurra el champiñón porcini; agregue el líquido a la sartén. Si los champiñones son grandes, córtelos en trozos de 1.5 cm; agréguelos a la sartén. Deje que hierva a fuego alto. Reduzca el fuego a medio; deje cocer, sin tapar, por 5 minutos o hasta que se espese un poco. Incorpore la albahaca.

5. Sirva la polenta en 4 platos; corone con la mezcla de champiñón. Espolvoree con el queso.

rinde 4 porciones

Ragoût de Champiñón con Polenta

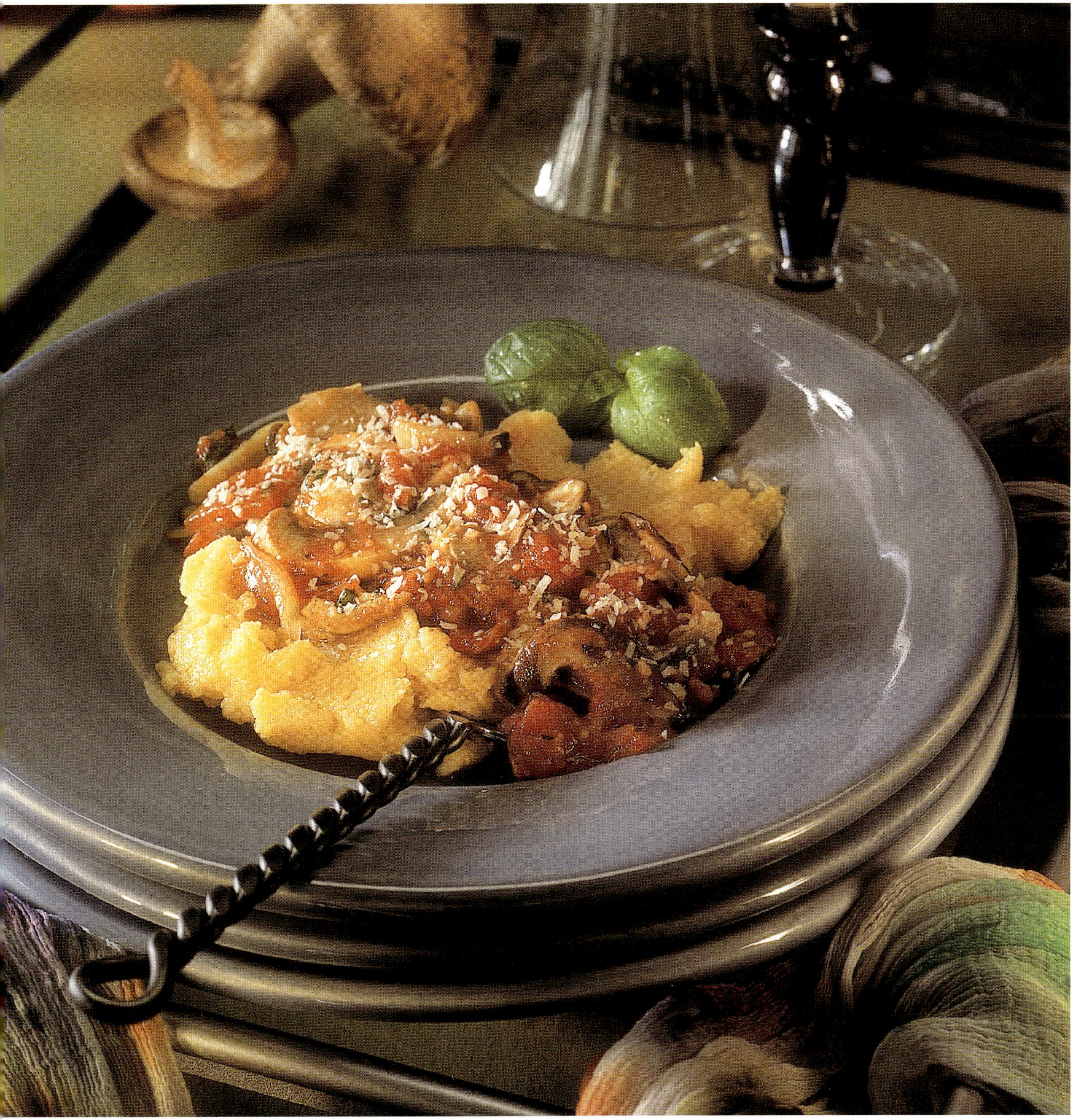

Triángulos de Polenta

½ taza de granos de maíz
1½ tazas de consomé de pollo
2 dientes de ajo machacados
½ taza (60 g) de queso feta desmenuzado
1 pimiento morrón rojo, asado, pelado y finamente picado

Mezcle los granos de maíz con ½ taza de consomé de pollo; revuelva bien. En una cacerola grande, vierta el consomé restante; ponga a hervir. Agregue el ajo y los granos remojados; revuelva bien y vuelva a hervir. Reduzca el fuego a bajo; tape y cueza por 20 minutos. Retire del fuego; añada el queso feta; mueva hasta que el queso se derrita completamente. Incorpore el pimiento; revuelva bien.

Rocíe un molde cuadrado de 20 cm con aceite en aerosol. Vierta la mezcla de maíz; presione los granos uniformemente en el molde con los dedos húmedos. Refrigere hasta que se enfríe.

Rocíe con aceite en aerosol la parrilla del asador. Prepare el asador para cocción directa. Saque la polenta del molde y córtela sobre una tabla para picar en cuadros de 5 cm. Corte cada cuadro diagonalmente en 2 triángulos.

Ponga los triángulos de polenta sobre la parrilla. Ase por 1 minuto o hasta que la parte inferior esté un poco dorada. Voltee los triángulos y áselos hasta que estén dorados y suaves. Sirva calientes o a temperatura ambiente.

rinde 8 porciones

Nota

Para asar pimientos, póngalos en un asador forrado con papel de aluminio; ase durante 15 minutos o hasta que estén quemados por todos lados; voltéelos cada 5 minutos. Meta los pimientos en una bolsa de papel; ciérrela y deje que reposen por 15 minutos antes de pelarlos. Quedarán adheridos a los pimientos algunos pedacitos de piel quemada.

Triángulos de Polenta

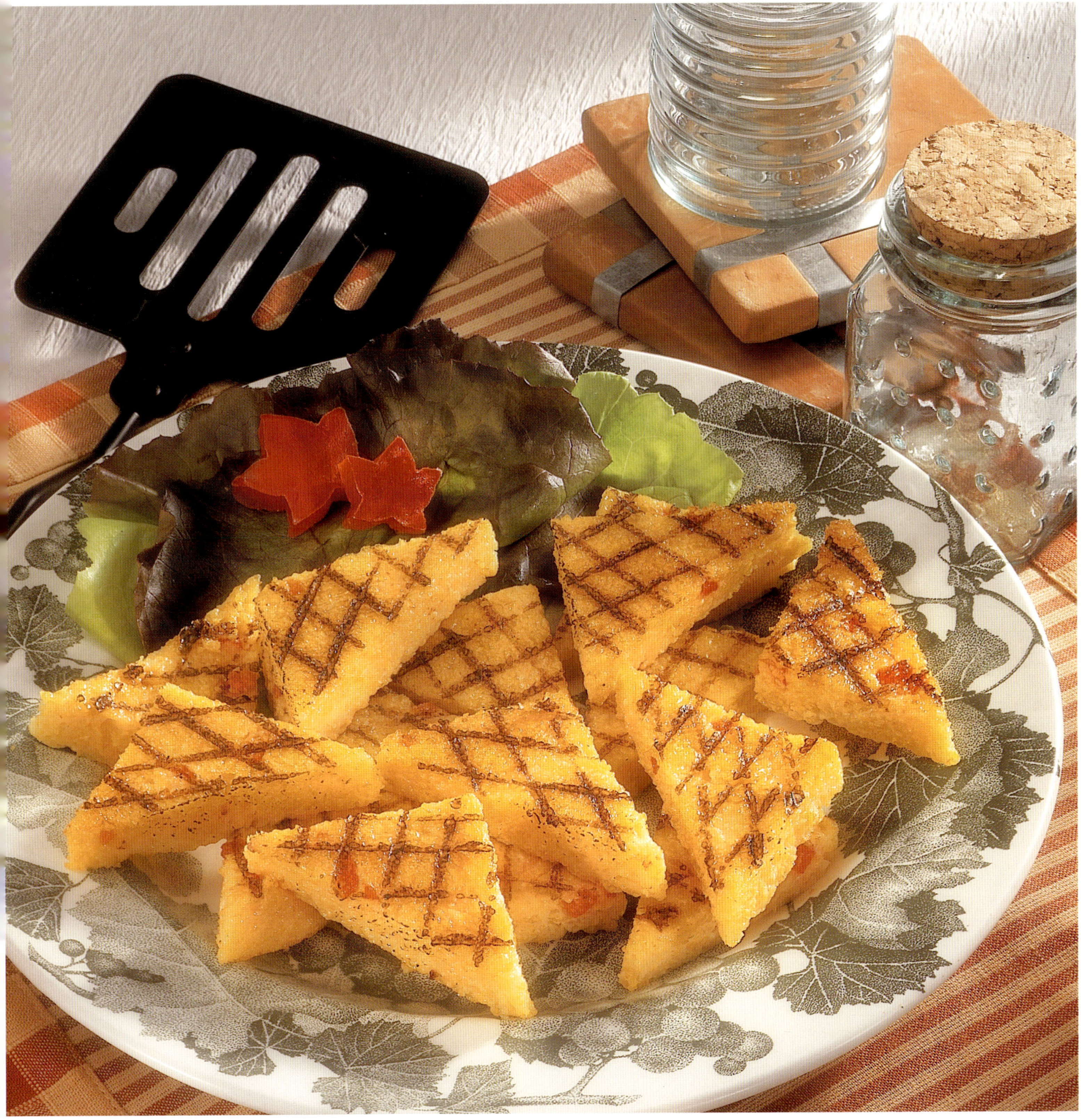

Polenta con Verduras en Salsa

400 ml de consomé de pollo
1½ tazas de agua
1 taza de harina de maíz amarilla
2 cucharaditas de aceite de oliva
360 g de diferentes verduras, como floretes de brócoli, pimiento morrón, cebolla morada, calabacita y zanahoria, en tiras julianas
2 cucharaditas de ajo fresco o embotellado, machacado
2 tazas de salsa para pasta de tomate rojo con albahaca
½ taza de queso asiago rallado
¼ de taza de albahaca picada (opcional)

1. Para preparar la polenta, bata el consomé de pollo con el agua y la harina de maíz en un recipiente para horno de microondas. Cubra con papel encerado; hornee en el microondas a temperatura ALTA por 5 minutos. Revuelva bien; hornee a temperatura ALTA de 4 a 5 minutos más o hasta que la polenta esté bien espesa. Revuelva de nuevo; tápela y consérvela caliente.

2. Mientras tanto, en una sartén grande y profunda con recubrimiento antiadherente, caliente el aceite a fuego medio. Añada las verduras y el ajo; cueza y revuelva por 5 minutos. Vierta la salsa para pasta; reduzca el fuego, tape y deje cocer de 5 a 8 minutos o hasta que las verduras estén suaves.

3. Sirva la polenta en platos extendidos; vierta encima la salsa con verduras. Espolvoree el queso y la albahaca; si lo desea.

rinde 4 porciones

tiempo de preparación: 5 minutos
tiempo de cocción: 15 minutos

Polenta con Verduras en Salsa

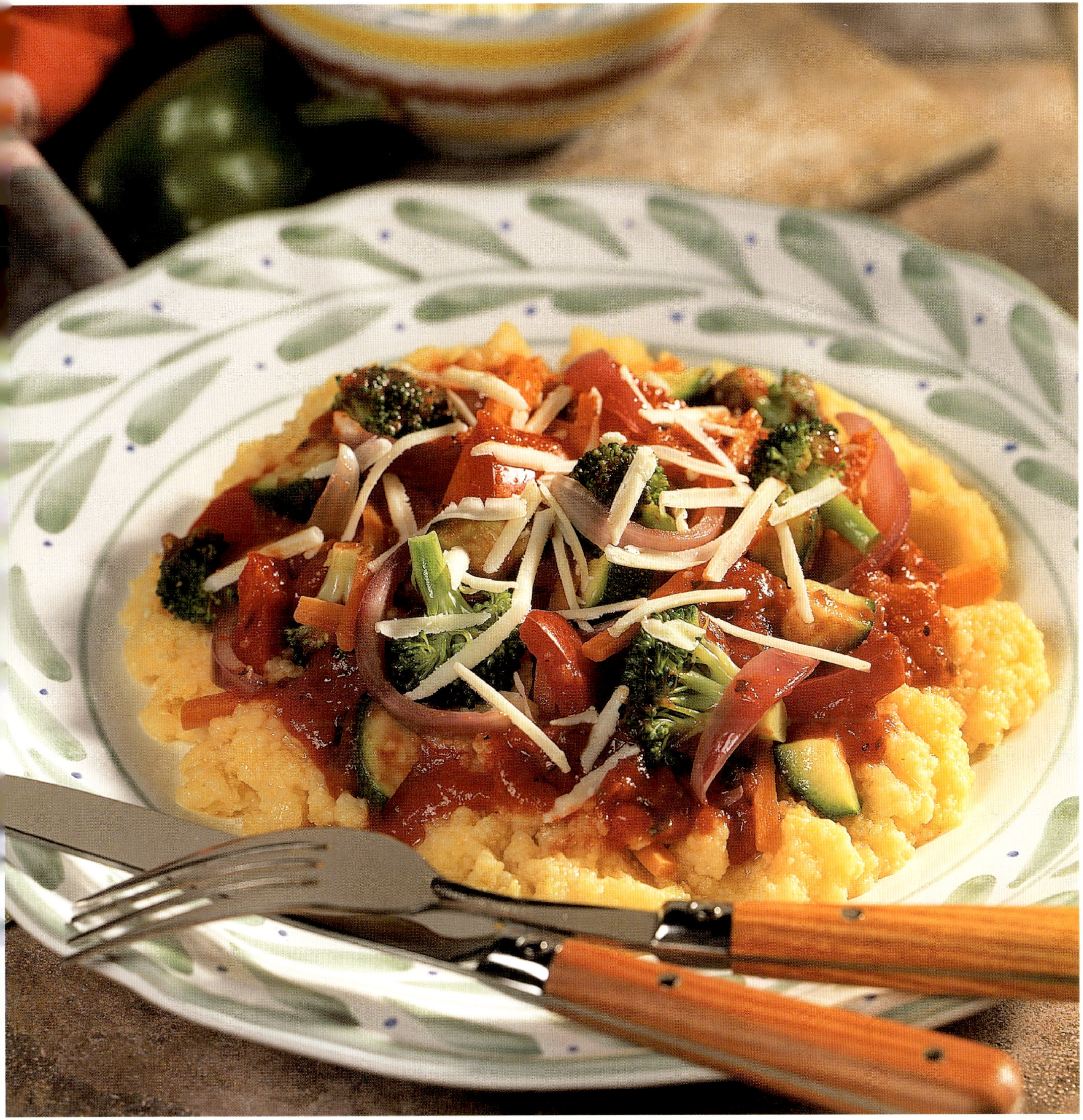

Ñoquis de Espinaca

2 bolsas (285 g) de espinaca picada congelada
1 taza de queso ricotta
2 huevos
⅔ de taza de queso parmesano recién rallado (unos 60 g)
3 cucharadas más 1 taza de harina de trigo
½ cucharadita de sal
⅛ de cucharadita de pimienta negra
⅛ de cucharadita de nuez moscada molida
3 cucharadas de mantequilla o margarina derretida

1. Cueza la espinaca siguiendo las instrucciones de la bolsa. Escúrrala bien; déjela enfriar. Exprímala lo más que pueda y póngala en un recipiente mediano. Incorpore el queso ricotta. Agregue los huevos; revuelva bien. Añada ⅓ de taza de queso parmesano, 3 cucharadas de harina, la sal, la pimienta y la nuez moscada; revuelva. Tape y refrigere por 1 hora.

2. En un molde poco profundo, distribuya la harina restante. Para formar ñoquis ovalados, compacte una cucharada abundante de la mezcla de espinaca entre una cuchara y su mano; póngala sobre la harina. Repita el procedimiento con el resto de la mezcla de espinaca.

3. Ruede los ñoquis sobre la harina para cubrirlos uniformemente; quite el exceso de harina. En una olla grande con agua hirviente con sal, ponga de 8 a 12 ñoquis; reduzca el fuego a medio.

4. Cueza, sin tapar, por 5 minutos o hasta que los ñoquis se inflen ligeramente y estén firmes al tacto. Sáquelos con una espumadera; escúrralos sobre toallas de papel. De inmediato, páselos a un refractario poco profundo engrasado. Vuelva a calentar el agua hasta que hierva; repita el procedimiento con los ñoquis restantes en tandas de 8 a 12. Acomódelos en una sola capa en el refractario.

5. Caliente el asador eléctrico. Unte los ñoquis con la mantequilla; espolvoree con el queso parmesano restante. Ase los ñoquis a 13 cm de la fuente de calor de 2 a 3 minutos, hasta que se funda el queso y se doren ligeramente. Sirva de inmediato. Adorne, si lo desea.

rinde de 4 a 6 porciones (unos 24 ñoquis)

Focaccia de Tomate y Alcachofa

1 caja (450 g) de harina para bollos
2 cucharadas de salvado
1¼ tazas de agua caliente
4 cucharaditas de aceite de oliva
1 taza de cebolla en rebanadas delgadas
2 dientes de ajo machacados
120 g de tomates deshidratados, rehidratados* y cortados en tiras
1 taza de corazones de alcachofa rebanados
1 cucharada de romero fresco machacado
2 cucharadas de queso parmesano recién rallado

*Para rehidratar los tomates deshidratados, simplemente póngalos en un tazón chico a prueba de calor y vierta 1 taza de agua hirviente. Déjelos en remojo de 5 a 10 minutos hasta que estén suaves; escúrralos bien.

1. Caliente el horno a 200 °C.

2. En un tazón grande, mezcle los ingredientes en polvo y el sobre de levadura de la harina para bollos. Agregue el salvado; revuelva bien. Incorpore el agua caliente y 2 cucharaditas de aceite. Amase la masa durante unos 5 minutos o hasta que se incorporen los ingredientes.

3. Con aceite en aerosol, rocíe un molde de 40×30 cm o un molde para pizza de 35 cm de diámetro. Presione la masa en el fondo del molde. Cúbrala y déjela esponjar por 15 minutos.

4. En una sartén mediana a fuego bajo, caliente 1 cucharadita de aceite. Añada la cebolla y el ajo, fríalos de 2 a 3 minutos hasta que la cebolla esté suave. Barnice la superficie de la masa con el aceite restante. Corone la masa con la mezcla de cebolla, el tomate, la alcachofa y el romero. Espolvoree con el queso parmesano.

5. Hornee de 25 a 30 minutos hasta que se dore un poco en la parte superior. Para servir, corte en cuadros.

rinde 16 porciones

POSTRES

Tiramisú de Frambuesa y Limón

2 cajas (de 225 g cada una) de queso crema sin grasa, suavizado
6 sobres de edulcorante artificial *o* el equivalente de ¼ de taza de azúcar
1 cucharadita de vainilla
⅓ de taza de agua
1 caja (8 g) de gelatina sabor limón, sin azúcar
2 tazas de crema batida sin grasa, descongelada
½ taza de jalea de frambuesa roja de pura fruta
¼ de taza de agua
2 cucharadas de vino marsala
2 cajas (de 90 g cada una) de soletas
450 g de frambuesa fresca o descongelada, sin endulzar

1. En el tazón grande de la batidora eléctrica, combine el queso crema, el edulcorante artificial y la vainilla; bata a velocidad alta hasta que se incorporen.

2. En un recipiente chico para horno de microondas, ponga el agua y espolvoree la gelatina; meta al microondas a temperatura ALTA de 30 segundos a 1 minuto o hasta que el agua hierva y se disuelva la gelatina. Deje enfriar un poco.

3. Vierta la gelatina sobre la mezcla de queso; bata por 1 minuto. Añada la crema batida; bata durante 1 minuto más; limpie la pared del tazón.

4. En un recipiente chico, bata la jalea con el agua y el vino marsala hasta que se incorporen. Reserve 2 cucharadas de esta mezcla. En un refractario de vidrio de 28×18 cm, distribuya uniformemente ⅓ de taza de la mezcla de jalea.

5. Parta las soletas por la mitad; acomode la mitad de ellas en el refractario. Distribuya uniformemente la mitad de la mezcla de queso sobre las soletas; acomode encima 1 taza de frambuesas. Ponga las soletas restantes; unte el resto de la jalea. Corone con la mezcla de queso restante. Tape y refrigere durante 2 horas por lo menos. Antes de servir, acomode el resto de las frambuesas y rocíe las 2 cucharadas de jalea que reservó. *rinde 12 porciones*

Tiramisú de Frambuesa y Limón

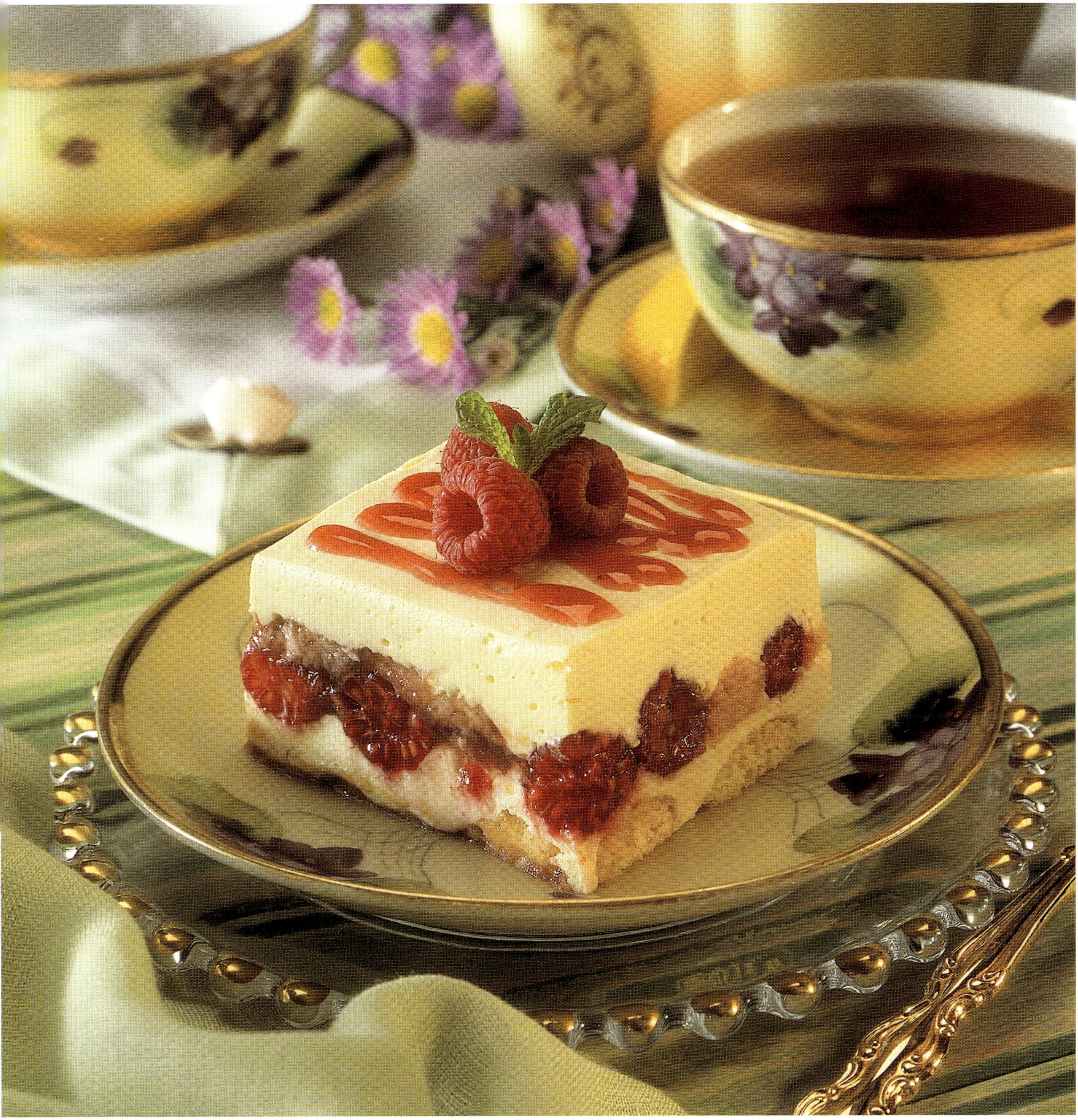

Caffé en Forchetta

 2 tazas de leche descremada
 2 taza de sustituto de huevo sin colesterol
 ½ taza de azúcar
 2 cucharadas de café instantáneo sabor moka, sin endulzar
   Chocolate rallado o 6 granos de café cubiertos con chocolate (opcional)

1. Caliente el horno a 160 °C.

2. En un tazón mediano, mezcle todos los ingredientes, excepto el chocolate rallado. Bata hasta que se disuelva el café instantáneo y la mezcla esté espumosa. Vierta en 6 moldes individuales para natilla. Ponga los moldes sobre un molde de 33×23 cm. Vierta agua caliente hasta la mitad de la altura de los moldes.

3. Hornee de 55 a 60 minutos o hasta que, al insertar entre el centro y la orilla un cuchillo, éste salga limpio. Sirva tibio o a temperatura ambiente. Adorne con el chocolate rallado o con los granos de café cubiertos con chocolate, si lo desea. *rinde 6 porciones*

nota: Es una nueva manera de disfrutar su café después de comer. Traducido literalmente del italiano, Caffé en Forchetta significa "café en tenedor"; no obstante, es mejor utilizar una cuchara para saborear este delicioso postre cremoso.

Caffé en Forchetta

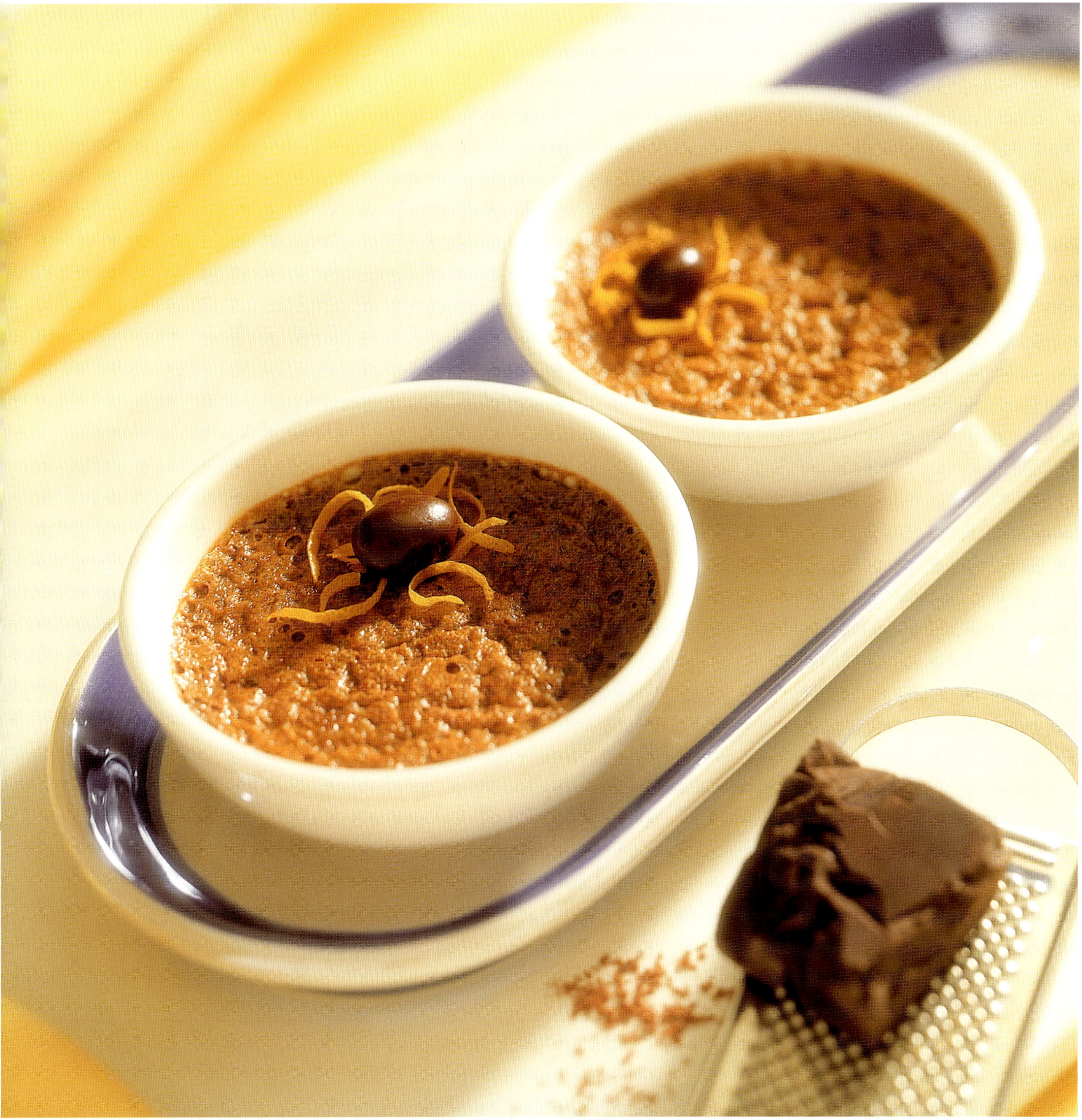

Tiramisú

2 cajas (de 90 g cada una) de soletas partidas horizontalmente por la mitad
¾ de taza de café exprés*
2 cucharadas de licor de café o brandy (opcional)
1 caja (225 g) de queso crema suavizado
2 cucharadas de azúcar
⅓ de taza de crema agria
½ taza de crema batida
2 cucharadas de cocoa sin endulzar en polvo
Rizos de chocolate y hojas de menta (opcional)

*Utilice café exprés recién preparado, café exprés instantáneo en polvo preparado según las instrucciones del frasco o 2 cucharaditas de café instantáneo en polvo disuelto en ¾ de taza de agua caliente.

Ponga las soletas en una charola para horno, sin cubrir, durante 8 horas o por toda la noche para que se sequen. O séquelas en el horno de microondas: colóquelas en un platón y hornee a temperatura MEDIA-ALTA (70%) por 1 minuto; voltéelas. Hornee a temperatura MEDIA-ALTA de 1 a 1½ minutos o hasta que se sequen.

En un recipiente chico, combine el café con el licor, si lo desea. Remoje en el café la mitad de las soletas; acomódelas en un refractario de 2 litros.

Con la batidora eléctrica a velocidad media, bata el queso crema con el azúcar hasta que esponje; añada la crema agria; bata hasta que se incorpore. Ponga la crema batida; bata hasta que se mezcle. Unte la mitad de la mezcla de queso sobre las galletas.

Ponga 1 cucharada de cocoa en un colador fino. Espolvoree sobre la capa de queso.

Remoje en el café las demás galletas. Acomódelas sobre la mezcla de queso.

Distribuya la mezcla de queso restante sobre las galletas y espolvoree encima 1 cucharada de cocoa. Refrigere, tapado, durante 4 horas o por toda la noche. Adorne con los rizos de chocolate y las hojas de menta, si lo desea.

rinde 6 porciones

Tiramisú

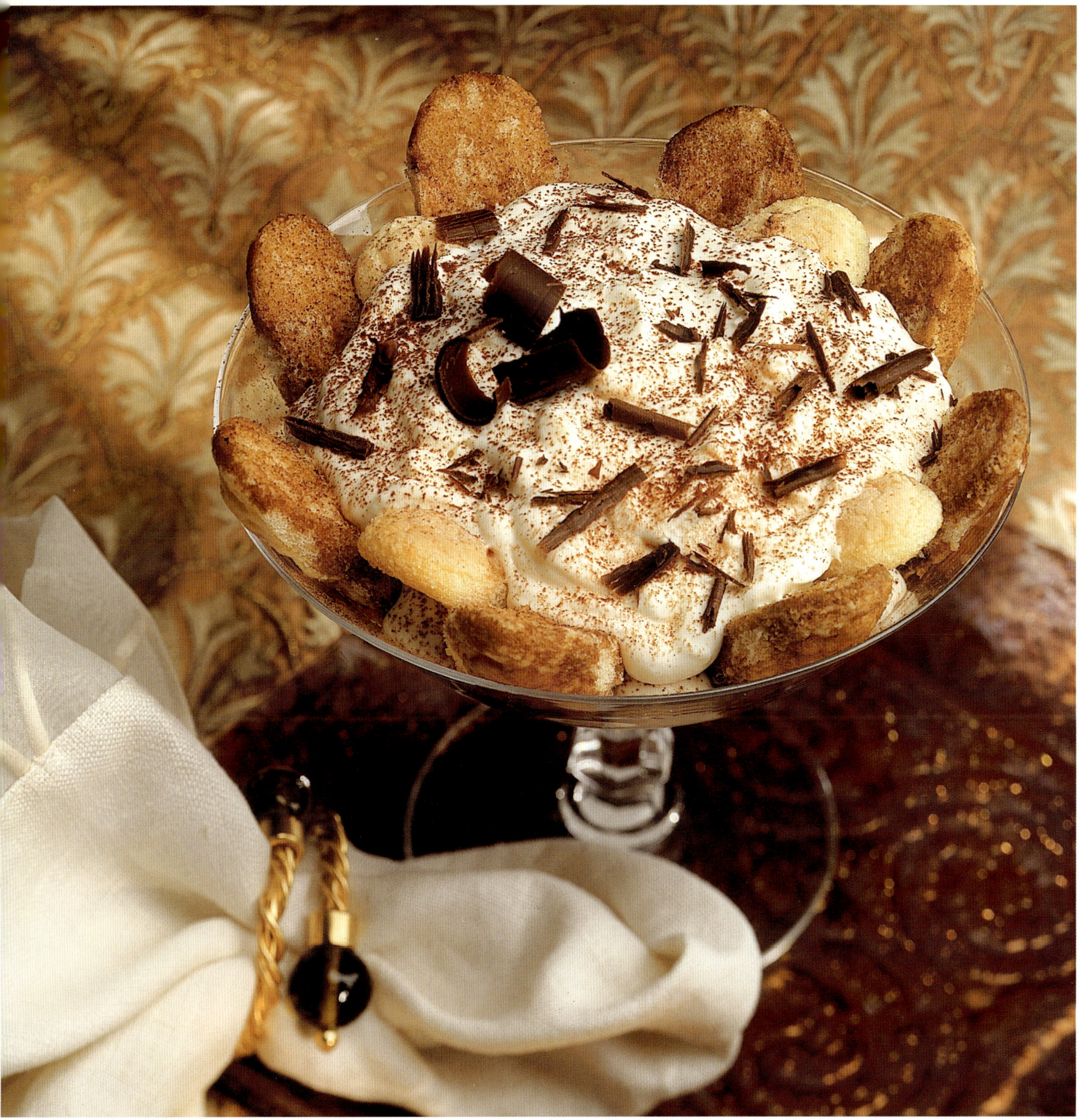

Raspado de Naranja con Tomillo en Tacitas de Galleta

2½ tazas de jugo de naranja recién exprimido
½ taza de jugo de limón recién exprimido
¼ de taza de azúcar
1 cucharadita de tomillo fresco finamente picado
6 Tacitas de Galleta de Anís con Limón (receta más adelante)

En un recipiente, combine los jugos, el azúcar y el tomillo; revuelva hasta que se disuelva el azúcar. Congele hasta que casi esté firme, más o menos durante 1 hora. Bata con un batidor de alambre para romper los cristales de hielo. Repita el procedimiento de congelamiento y bata de 2 a 3 veces hasta que el hielo esté firme y granulado. Mientras tanto, prepare las Tacitas de Galleta de Anís con Limón. Para servir, ponga ½ taza de raspado en cada tacita de galleta.   *rinde 6 porciones*

Tacitas de Galleta de Anís con Limón

3 cucharadas de harina de trigo
3 cucharadas de azúcar
2 cucharadas de margarina derretida
1 clara de huevo
1 cucharadita de ralladura de cáscara de limón
¼ de cucharadita de extracto de anís
¼ de taza de almendra rallada

Caliente el horno a 190 °C. Ponga la harina, el azúcar, la margarina, la clara de huevo, la ralladura de limón y el extracto de anís en el procesador de alimentos; procese hasta que se incorporen. Con aceite en aerosol, rocíe la base de 6 moldes para natilla y 2 charolas para horno. Vierta sobre las charolas 1 cucharada de la pasta; extiéndala con una espátula de hule para formar un círculo de 12 cm de diámetro. Repita el procedimiento hasta obtener 6 círculos. En el centro de cada círculo, espolvoree 2 cucharaditas de almendra. Hornee de 3 a 4 minutos o hasta que se doren las orillas. Ponga una galleta en cada uno de los moldes aceitados, con la almendra hacia adentro. Presione las galletas contra la pared del molde para formar las tacitas. Deje que se enfríen.   *rinde 6 tacitas de galleta*

Raspado de Naranja con Tomillo en
Tacitas de Galleta

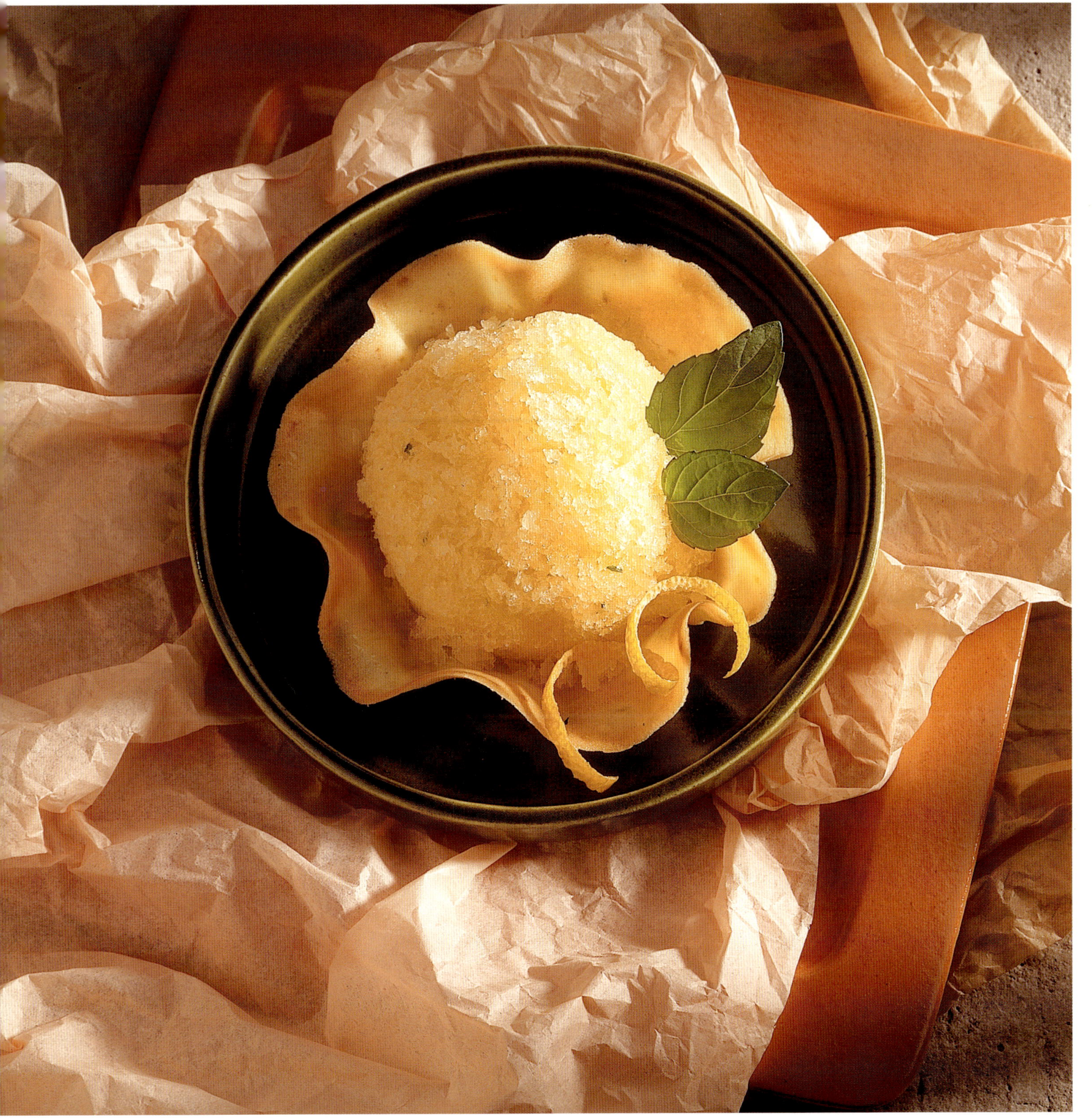

Cannoli

    18 a 20 Tubos Cannoli para Rellenar (receta más adelante)
900 g de queso ricotta
1½ tazas de azúcar glass cernida
  2 cucharaditas de canela molida
  ¼ de taza de cáscara de naranja confitada, picada
  1 cucharadita de ralladura de cáscara de limón
    Azúcar glass
 60 g de chocolate semiamargo, finamente picado
    Tiras de cáscara de naranja y hojas de menta fresca para adornar

1. Prepare los Tubos Cannoli para Rellenar.

2. Para preparar el relleno, ponga el queso en el tazón grande de la batidora eléctrica y bátalo a velocidad media hasta que se suavice. Agregue el azúcar glass y la canela; bata a velocidad alta por 3 minutos. Añada la cáscara de naranja y la ralladura de limón; mezcle bien. Tape y refrigere hasta el momento de servir.

3. Para rellenar los tubos, coloque el relleno de queso en una duya con una punta larga. Rellene cada tubo con ¼ de taza del relleno.*

4. Ruede los cannoli rellenos sobre azúcar glass adicional para cubrirlos. Remoje los extremos de los tubos en el chocolate. Acomode los tubos sobre un platón. Adorne, si lo desea.

rinde de 18 a 20 tubos

*No rellene los cannoli con anticipación, porque la pasta se ablanda.

Tubos Cannoli para Rellenar

1¾ tazas de harina de trigo
  2 cucharadas de azúcar granulada
  1 cucharadita de ralladura de cáscara de limón
  2 cucharadas de mantequilla fría
  1 huevo
  6 cucharadas de vino marsala
    Aceite vegetal

continúa en la página 333

Cannoli, continuación

1. En un recipiente mediano, mezcle la harina, el azúcar y la ralladura de limón; agregue la mantequilla y córtela con 2 cuchillos o con un mezclador para masa, hasta que la mezcla asemeje migajas finas. En un recipiente chico, bata el huevo con el vino marsala; vierta sobre la harina. Revuelva con un tenedor hasta formar una bola. Divida la masa a la mitad; forme dos cuadrados de 2.5 cm de grosor. Envuélvalos con plástico y refrigérelos durante 1 hora por lo menos.

2. En una cacerola grande, vierta 3.5 cm de aceite y caliéntelo hasta que alcance una temperatura de 160 °C. Trabaje con una sección de masa a la vez; extiéndala en una superficie ligeramente enharinada hasta que mida 1.5 mm de grosor. Corte la masa en 9 o 10 rectángulos (de 10×8 cm).

3. Enrolle cada rectángulo alrededor de un molde de metal engrasado para cannoli o de un cannelloni de pasta sin cocer. Barnice un extremo del rectángulo con un poco de agua; traslape sobre el otro extremo y presiónelo con firmeza para sellar.

4. Fría, 2 o 3 tubos a la vez, de 1 a 1½ minutos hasta que estén un poco dorados; voltéelos una vez. Sáquelos de la cacerola con unas pinzas y escúrralos sobre toallas de papel.

5. Déjelos enfriar hasta que pueda manejarlos. Con cuidado, saque el tubo frito del molde o de la pasta; deje que se enfríe completamente. Repita el procedimiento con la otra mitad de la masa.

rinde de 18 a 20 tubos

Tortoni

1½ tazas de leche y crema a partes iguales o leche fría
1 caja (para 4 porciones) de budín instantáneo sabor pistache
2 tazas de crema batida descongelada
½ taza de cerezas picadas
¼ de taza de chispas de chocolate semiamargo

En un tazón mediano, vierta la leche con crema. Agregue el budín en polvo. Bata con un batidor de alambre durante 2 minutos. Con cuidado, incorpore la crema batida, la cereza y las chispas; revuelva hasta que se mezclen. Sirva la mezcla en 10 tazas de papel para muffin.

Congele durante 3 horas o por toda la noche.

rinde 10 porciones

Macedonia

    Ralladura muy fina de la cáscara y el jugo de 1 limón
    Ralladura muy fina de la cáscara y el jugo de 1 lima
8 tazas de diferentes frutas de la estación, cortadas en cubos*
1 taza de vino espumoso dulce o jugo de naranja recién exprimido
¼ de taza de azúcar
¼ de taza de nuez o almendra picada grueso, tostada (opcional)

En la macedonia clásica son esenciales la manzana, la pera y el plátano. Agregue tantas frutas maduras de la estación como pueda; la clave está en la variedad. Cuando seleccione la fruta, trate de utilizar diferentes texturas; evitar usar fruta suave ya muy madura.

En una ensaladera grande, mezcle el jugo de limón con el jugo de lima. Agregue las frutas; revuelva para bañarlas con los jugos. En una taza medidora de 2 tazas de capacidad, mezcle el vino, el azúcar y las ralladuras de los cítricos; revuelva hasta que se disuelva el azúcar. Vierta sobre la fruta; revuelva un poco. Tape y refrigere por 1 hora. Justo antes de servir, espolvoree la nuez sobre la fruta, si lo desea. *rinde 8 porciones*

Budín de Arroz y Chabacano

2 bolsas de arroz
2 latas (de 360 ml cada una) de leche evaporada descremada
1 taza de azúcar
3 claras de huevo
1½ cucharaditas de vainilla
1 lata (450 g) de chabacano (albaricoque), escurrido y picado

Cueza el arroz siguiendo las instrucciones de la envoltura.

En una cacerola mediana, ponga el arroz, 2 tazas de leche y el azúcar; cueza a fuego medio durante unos 20 minutos, hasta que la mezcla espese y esté cremosa; revuelva sin cesar.

En un tazón mediano, bata las claras de huevo con la leche restante hasta que se incorporen. Vierta en la cacerola con el arroz. Reduzca el fuego a bajo; deje cocer de 3 a 4 minutos, revolviendo sin cesar, hasta que se espese. Incorpore la vainilla. Con suavidad, añada el chabacano; deje enfriar. Sirva tibio o frío. *rinde 8 porciones*

Macedonia

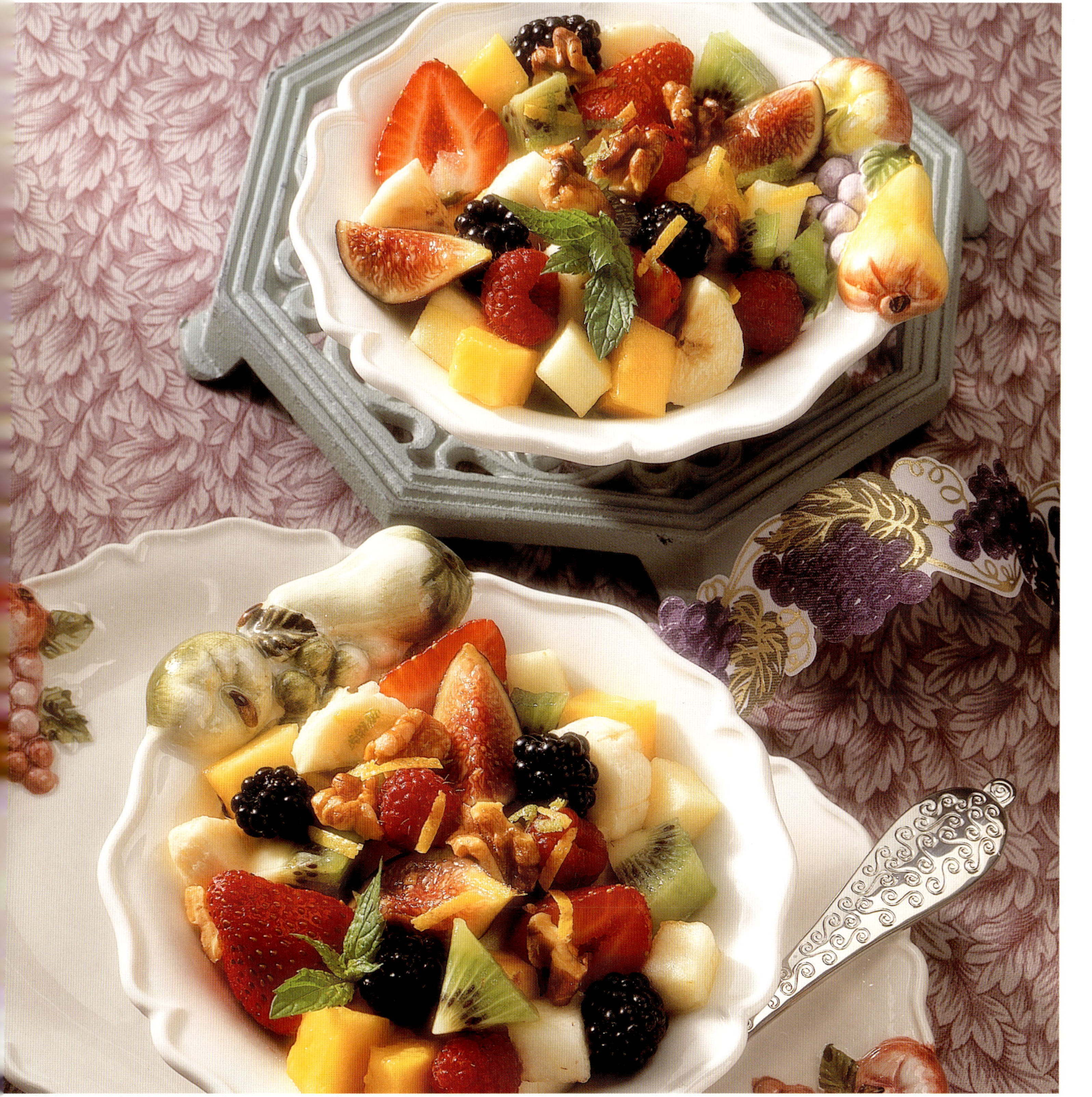

Postre Helado de Capuchino Cremoso

POSTRE
- 1 caja (225 g) de queso crema suavizado
- 1 lata (400 ml) de leche condensada endulzada
- ½ taza de jarabe de chocolate
- 1 cucharada de café instantáneo en polvo
- 1 cucharada de agua caliente
- 1½ tazas de crema batida descongelada
- 1 base para pay de galleta de chocolate molida (de 180 g)
- ¼ de taza de nuez picada y tostada

CUBIERTA
- Jarabe de chocolate adicional

1. Para el postre, bata el queso crema a velocidad media en el tazón grande de la batidora eléctrica, de 2 a 3 minutos o hasta que esponje. Agregue la leche condensada y ½ taza de jarabe; bata a velocidad baja hasta que se mezclen.

2. En un recipiente chico, disuelva el café en el agua caliente. Viértalo lentamente sobre el queso crema, sin dejar de revolver. Mezcle la crema batida de manera envolvente; vierta la mezcla sobre la base para pay. Espolvoree encima la nuez. Tape y congele por toda la noche.

3. Para completar la receta, deje reposar el postre en el refrigerador de 10 a 15 minutos antes de servirlo. Corte en rebanadas. Para adornarlo, báñelo con el jarabe adicional.

rinde 16 porciones

tiempo de preparación anticipada: 1 día o hasta 1 semana antes de servir
tiempo final de preparación/reposo: 15 minutos

Postre Helado de Capuchino Cremoso

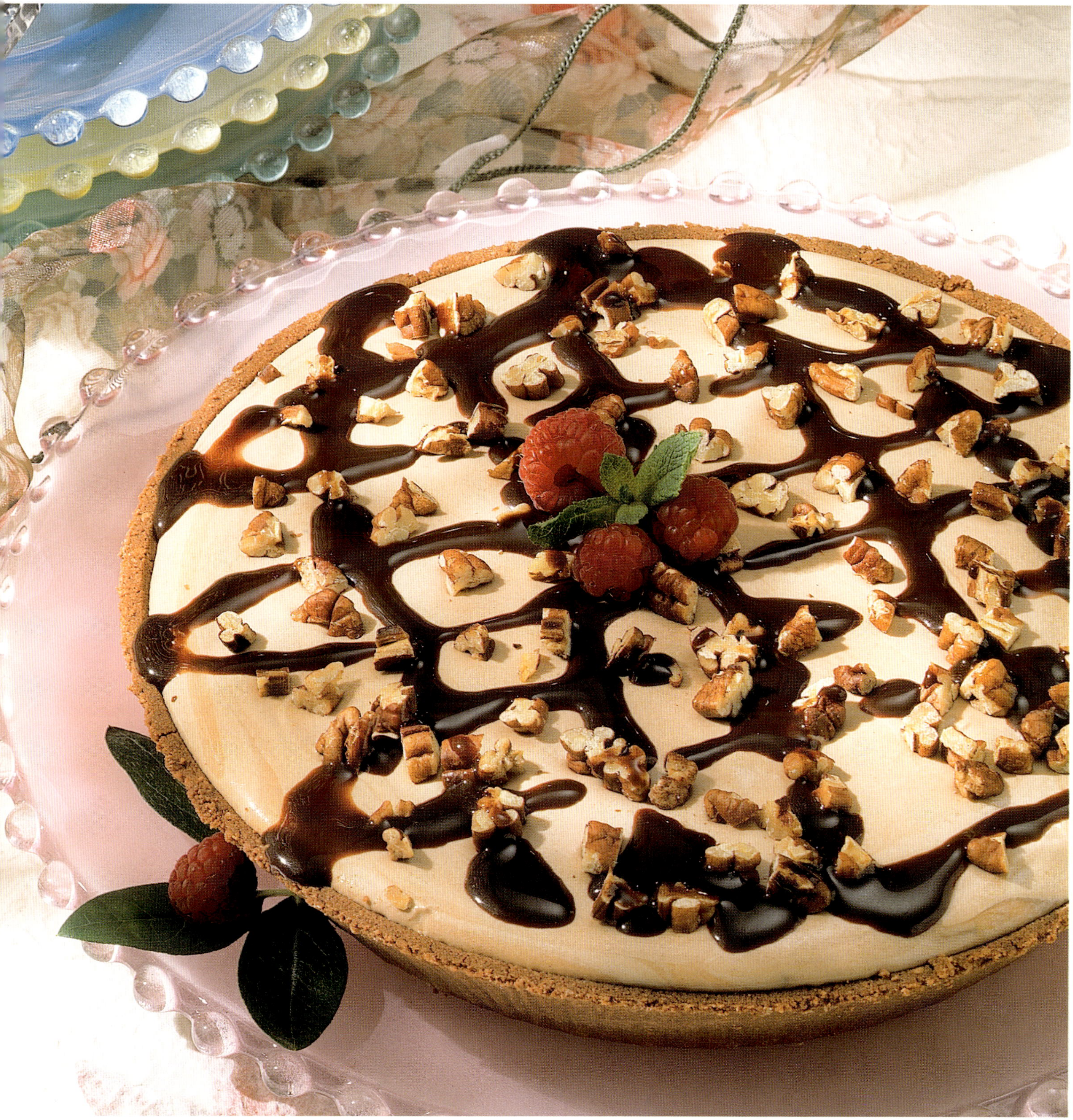

Budín de Arroz y Cereza

1½ tazas de leche
1 taza de arroz de grano largo, cocido
3 huevos batidos
½ taza de azúcar
½ cucharadita de extracto de almendra
¼ de cucharadita de sal
¼ de taza de cerezas o arándanos rojos secos

Combine todos los ingredientes en un recipiente grande. Vierta la mezcla en un molde de 1½ litros. Cubra con papel de aluminio. En una olla eléctrica de cocción lenta de 5 litros, coloque la rejilla y vierta 1 taza de agua. Ponga el molde sobre la rejilla; tape y deje cocer a temperatura BAJA por 4 horas. Saque el molde de la olla. Deje reposar durante 15 minutos antes de servir.

rinde 6 porciones

Tortoni de Chocolate

8 tablillas (de 30 g cada una) de chocolate semiamargo
⅔ de taza de jarabe de maíz, light u oscuro
2 tazas de crema espesa
1½ tazas de galletas de barquillo de chocolate, desmoronadas
1 taza de nuez picada grueso
Chocolate, nuez y crema batida (opcional)

En 12 moldes para muffin (de 7 cm), coloque 12 tazas de papel para muffin, o cúbralos con papel de aluminio. En una olla grande, ponga el chocolate y el jarabe de maíz; caliente a fuego bajo, revuelva justo hasta que el chocolate se funda. Retire del fuego e incorpore ½ taza de crema; revuelva hasta que se incorporen. Refrigere de 25 a 30 minutos o hasta que se enfríe. Incorpore la galleta y la nuez. En el tazón chico de la batidora eléctrica, bata a velocidad media la crema restante hasta que se formen picos suaves; con delicadeza, incorpore en forma envolvente al chocolate, justo hasta que se mezclen. Vierta en los moldes para muffin. Congélelos por 4 horas o hasta que estén firmes. Déjelos reposar durante varios minutos a temperatura ambiente antes de servirlos. Si lo desea, adórnelos con chocolate, nuez y crema batida. Puede conservarlos tapados en el congelador hasta por un mes.

rinde 12 porciones

tiempo de preparación: 15 minutos, más los tiempos de refrigeración y congelación

Tiramisú

⅓ de taza de café suizo sabor moka, sin azúcar ni grasa
2 cucharadas de agua caliente
1 caja (90 g) de soletas partidas
2½ tazas de leche fría sin grasa
1 caja (225 g) de queso crema sin grasa
2 cajas (de 4 porciones cada una) de budín instantáneo de vainilla, sin grasa ni azúcar, bajo en calorías
1 taza de crema batida descongelada

DISUELVA 1 cucharada de café instantáneo en el agua caliente en un recipiente chico.

CUBRA el fondo y los costados de un refractario de 2 litros con las soletas. Rocíelos con el café disuelto.

PONGA ½ taza de leche, el queso crema y el resto del café instantáneo sin disolver en el vaso de la licuadora. Tape y licue a velocidad media hasta que se incorporen. Agregue las mezclas para budín y la leche restante; tape y licue a velocidad media. Con cuidado, vierta en el refractario. Corone con la crema batida.

REFRIGERE durante 3 horas por lo menos o hasta que cuaje. Justo antes de servir, espolvoree con un poco de café instantáneo adicional sin disolver, si lo desea.

rinde 12 porciones

tiempo de preparación: 15 minutos más el tiempo de refrigeración

Nota

Las soletas son delicadas galletas esponjosas con forma de dedo. Las puede comprar en panaderías o supermercados.

Nieve Italiana

    1 taza de vino blanco afrutado dulce o seco
    1 taza de agua
    1 taza de azúcar
    1 taza de jugo de limón
    2 claras de huevo*
      Moras frescas (opcional)
      Hojas de menta para adornar

*Utilice huevos limpios, que no estén rotos.

1. En una cacerola chica, vierta el vino y el agua; agregue el azúcar. Cueza a fuego medio-alto hasta que se disuelva el azúcar y hierva el jarabe; revuelva con frecuencia. Tape y deje hervir por 1 minuto. Destape; ajuste el fuego para que se siga cociendo. Deje cocer durante 10 minutos sin revolver. Retire del fuego. Refrigere por 1 hora o hasta que el jarabe esté completamente frío.

2. Incorpore el jugo de limón al jarabe frío. Vierta en un molde redondo para torta de 23 cm de diámetro. Congele durante 1 hora.

3. Rápidamente, bata la mezcla con un tenedor para romper los cristales. Congele durante 1 hora más o hasta que esté firme, pero no sólido. Mientras tanto, ponga a enfriar un tazón mediano en el congelador.

4. En el tazón chico de la batidora eléctrica, bata las claras de huevo a velocidad alta hasta que se formen picos rígidos. Pase la mezcla de limón del molde al tazón frío. De inmediato, bata el hielo con un batidor o con un tenedor hasta que se suavice. Incorpore de manera envolvente las claras de huevo; revuelva bien. Distribuya uniformemente la mezcla en el mismo molde. Congele por 30 minutos. De inmediato, revuelva con un tenedor; cubra el molde con papel de aluminio. Congele durante 3 horas o hasta que esté firme.

5. Sirva cucharadas de helado en copas altas para champaña o en platos para postre. Acompañe con las moras. Adorne, si lo desea. *rinde 4 porciones*

Nieve Italiana

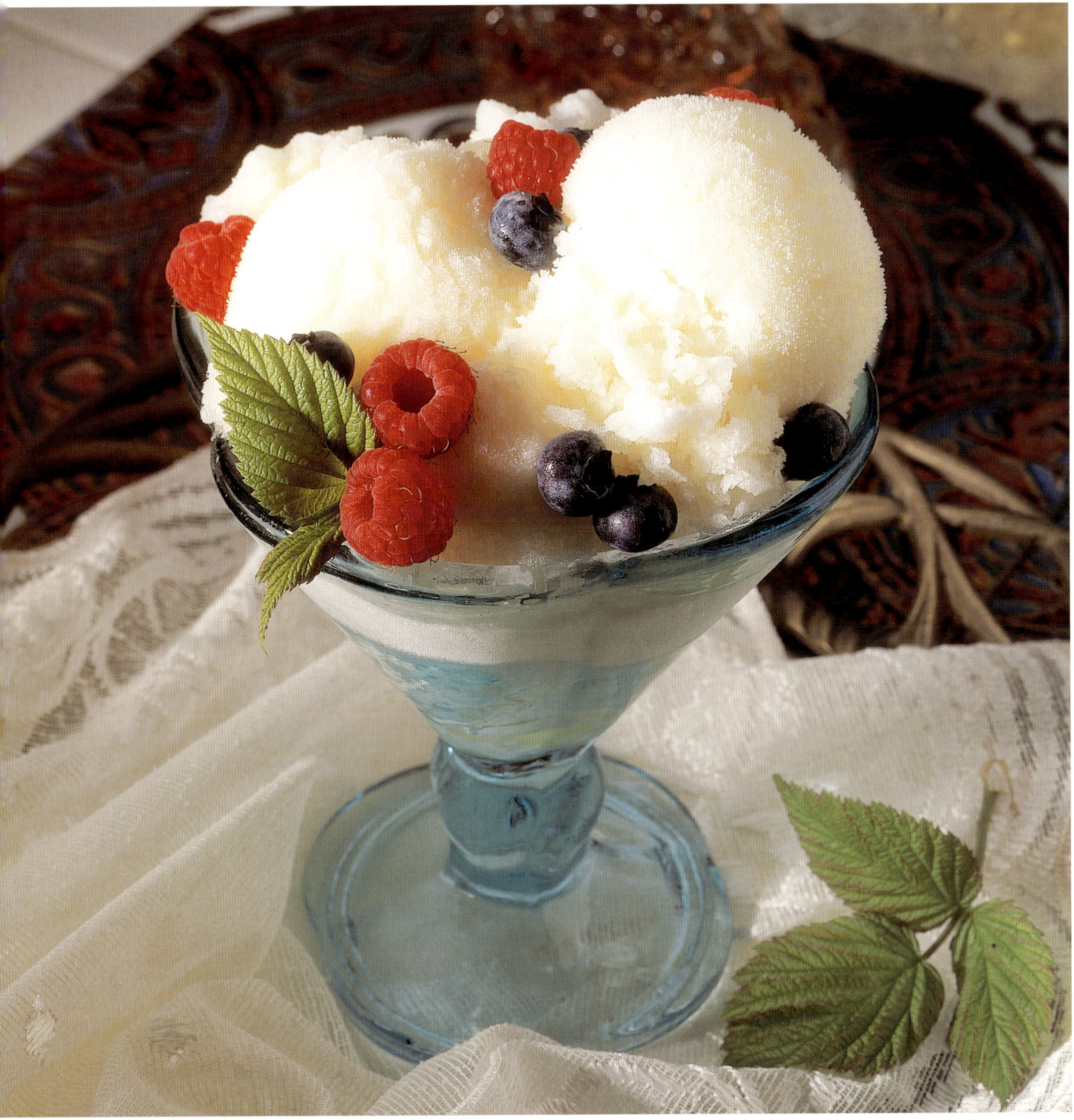

Torta Rellena de Natilla al Ron

    6 huevos
1¼ tazas de azúcar granulada
  ¾ de cucharadita de sal
1¼ tazas de harina de trigo
  ⅓ de taza de fécula de maíz
3½ tazas de leche
    2 yemas de huevo
    2 cucharadas de mantequilla
    2 cucharaditas de extracto de vainilla
900 g de fresas frescas
    6 cucharadas de ron añejo
    4 tazas de crema espesa o crema batida (1 litro)
  ¼ de taza de azúcar glass, cernida

Para la torta, caliente el horno a 180 °C. Engrase y enharine un molde con desmoldador de 25 cm de diámetro. Con la batidora eléctrica, bata los huevos a velocidad alta hasta que esponjen. Sin dejar de batir, incorpore ¾ de taza de azúcar, 2 cucharadas a la vez; bata bien después de cada adición. Bata por 3 minutos más e incorpore ¼ de cucharadita de sal. Cierna ⅓ de la harina sobre la mezcla de huevo; incorpórela de forma envolvente. Repita hasta que se haya incorporado toda la harina. Distribuya la pasta en el molde. Hornee hasta que, al insertar en el centro un palillo, éste salga limpio. Deje enfriar por 10 minutos en el molde sobre una rejilla de alambre. Afloje el pan de la orilla del molde; retire el aro. Pase el pan a una rejilla de alambre sin la base del molde y déjelo enfriar. Lave el molde. Para preparar la natilla, mezcle el azúcar granulada restante con la fécula de maíz y la sal restante; revuelva hasta que se incorporen. Vierta la leche y revuelva. Deje que hierva a fuego medio, revolviendo con frecuencia. Hierva por 3 minutos sin dejar de mover; retire del fuego. En un recipiente, bata las yemas de huevo; agregue gradualmente 1 taza de la mezcla de leche caliente. Poco a poco, vierta la mezcla de yemas en la mezcla de leche restante en la cacerola. Cueza a fuego bajo por 1 minuto, sin dejar de mover. De inmediato, pase la natilla a un recipiente. Corte la mantequilla en 6 trozos; agréguelos a la natilla y revuelva hasta que se derritan. Vierta el extracto de vainilla. Cúbrala con un pedazo de papel encerado y compáctela; refrigere.

continúa en la página 344

Torta Rellena de Natilla al Ron

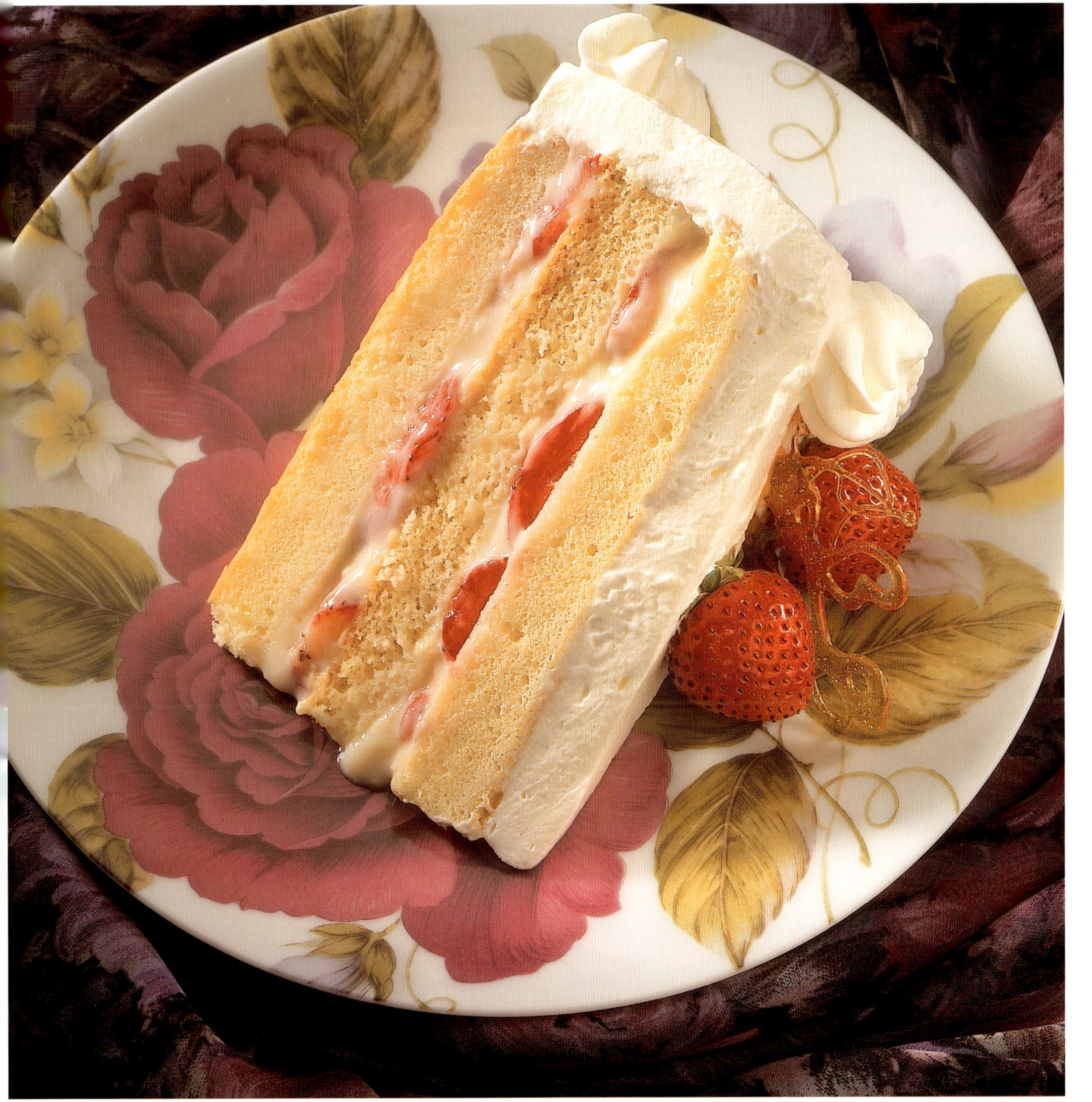

Torta Rellena de Natilla al Ron, continuación

Reserve 8 fresas enteras para adornar. Quite el cáliz y corte en rebanadas delgadas el resto de las fresas. Corte horizontalmente el pan frío en 3 capas iguales; utilice un cuchillo delgado con sierra. Para formar la torta, barnice la parte superior de cada capa con 2 cucharadas de ron. Ponga una capa en la base del molde limpio. Unte la mitad de la natilla; acomode encima la mitad de las rebanadas de fresa en una sola capa. Coloque la segunda capa de pan; unte la natilla restante y corone con las demás rebanadas de fresa. Ponga encima la tercera capa de pan. Tape y refrigere durante 12 horas por lo menos.

Unos 45 minutos antes de servir, en el tazón grande de la batidora eléctrica, bata la crema con el azúcar glass a velocidad alta hasta que esté rígida. Vierta 2 tazas de la crema batida en una duya con punta de estrella grande; refrigérela. Retire el aro del molde; pase la torta a un platón (no retire la base del molde). Unte el resto de la crema batida en el costado y en la parte superior de la torta. Con la crema batida fría, decore la orilla de la parte superior y el costado de la torta. Refrigere por 30 minutos antes de servir. Para servir, adorne con las fresas enteras que reservó. Corte la torta en rebanadas. Refrigere los sobrantes.

rinde de 10 a 12 porciones

Pay Italiano de Queso

1 taza de queso ricotta
¾ de taza de leche fría
1½ cucharaditas de ralladura de cáscara de naranja
1 caja (para 4 porciones) de budín instantáneo de chocolate blanco o de vainilla
1 envase (225 g) de crema batida descongelada
½ taza más 2 cucharadas de chispas de chocolate semiamargo
1 base para pay (de 180 g o de 23 cm de diámetro)
Rebanadas de naranja

BATA el queso ricotta, la leche y la ralladura de naranja con un batidor de alambre en un tazón grande hasta que se incorporen. Agregue la mezcla de budín. Bata con el batidor de alambre de 1 a 2 minutos. Con suavidad, incorpore 2 tazas de crema batida y ½ taza de chispas de chocolate. Vierta sobre la base para pay.

REFRIGERE por 2 horas o hasta que esté firme. Adorne con la crema batida restante, las chispas de chocolate restantes y las rebanadas de naranja.

rinde 8 porciones

tiempo de preparación: 10 minutos

Pan de Higo y Avellana

¾ de taza de avellana, sin piel y picada grueso
¾ de taza de higo seco entero (unos 120 g), picado grueso
⅔ de taza de almendras blanqueadas ralladas (unos 90 g), picada grueso
90 g de chocolate semiamargo finamente picado
⅓ de taza de cáscara de naranja cristalizada picada
⅓ de taza de cáscara de limón cristalizada picada
3 huevos
½ taza de azúcar
1¼ tazas de harina de trigo
1¾ cucharaditas de polvo para hornear
¾ de cucharadita de sal

Caliente el horno a 150 °C. Engrase un molde para panqué de 20×10 cm. En un recipiente mediano, mezcle la avellana con el higo, la almendra, el chocolate, las cáscaras de naranja y limón; revuelva bien. En el tazón grande de la batidora eléctrica, bata los huevos con el azúcar a velocidad alta durante 5 minutos por lo menos o hasta que la mezcla tenga un color amarillo pálido, se espese y se esponje. Con delicadeza, incorpore con movimientos envolventes la mezcla de avellana en la de huevo.

En un recipiente chico, combine la harina con el polvo para hornear y la sal. Cierna la mitad sobre la mezcla de huevo y revuelva con movimientos envolventes; repita con el resto de la mezcla de harina. Vierta la pasta uniformemente en el molde que preparó. Hornee de 60 a 70 minutos hasta que la parte superior esté dorada y firme al tacto. Deje enfriar por 5 minutos en el molde sobre una rejilla de alambre. Desmolde; deje que se enfríe por completo sobre la rejilla de alambre, durante 4 horas por lo menos. Rebane y sirva. *rinde de 12 a 16 porciones*

Nota

La avellana tiene una piel delgada café y amarga que es mejor retirar antes de comerla. Para desprender la piel, ponga las avellanas en una charola para hornear y hornéelas a 180 °C de 7 a 10 minutos o hasta que empiece a desprenderse la piel. Sáquelas del horno; envuélvalas en una toalla gruesa y frótelas contra la toalla para desprender tanta piel como sea posible.

Pay de Queso Expreso

- 1 paquete (250 g) de galletas de barquillo de chocolate
- 1 cucharada más 1½ tazas de azúcar
- 6 cucharadas de margarina
- 3 cucharadas de café exprés instantáneo en polvo
- 4 cajas (de 225 g cada una) de queso crema suavizado
- ⅓ de taza de harina de trigo
- ½ taza (1 barra) de margarina derretida
- 7 huevos ligeramente batidos
- 1 taza (230 g) de crema batida o crema espesa
- 2 cucharaditas de extracto de vainilla
- 2 tablillas (de 30 g cada una) de chocolate semiamargo o ⅓ de taza de chispas de chocolate semiamargo

En la rejilla inferior del horno, coloque un molde de 33×23 cm lleno hasta la mitad con agua. Caliente el horno a 180 °C. En un procesador de alimentos, muela las galletas con 1 cucharada de azúcar hasta que se pulvericen. En una cacerola chica, derrita la mantequilla; después, incorpore 1 cucharada de café instantáneo hasta que se disuelva. Retire del fuego; incorpore la galleta. En un molde de 23 cm de diámetro con desmoldador, vierta la mezcla de galleta, y presiónela en el fondo y en el costado del molde.

En el tazón mediano de la batidora eléctrica, ponga el queso crema, el azúcar restante, la harina y la margarina derretida; bata por 2 minutos o hasta que la mezcla esté cremosa. Agregue poco a poco los huevos, la crema y la vainilla; bata hasta que se incorporen. Reserve 1 taza de la pasta. Vierta el resto de la pasta en el molde.

En un recipiente para horno de microondas, hornee el chocolate a temperatura ALTA durante 1 minuto o hasta que se derrita; revuelva para suavizar. Incorpore el café instantáneo restante y revuelva hasta que se disuelva. Añada la mezcla de chocolate en la pasta que reservó y revuelva. Vierta la mezcla, 2 cucharadas abundantes a la vez, en la pasta y revuelva un poco hasta el fondo con un cuchillo.

Hornee durante 1 hora 10 minutos o hasta que la orilla se dore. Sin abrir la puerta del horno, apáguelo y deje reposar el pay de queso durante 30 minutos. Póngalo a enfriar completamente sobre una rejilla de alambre. Tápelo y refrigérelo por toda la noche. Sabe mejor si lo prepara un día antes.

rinde 12 porciones

Pay de Queso Expreso

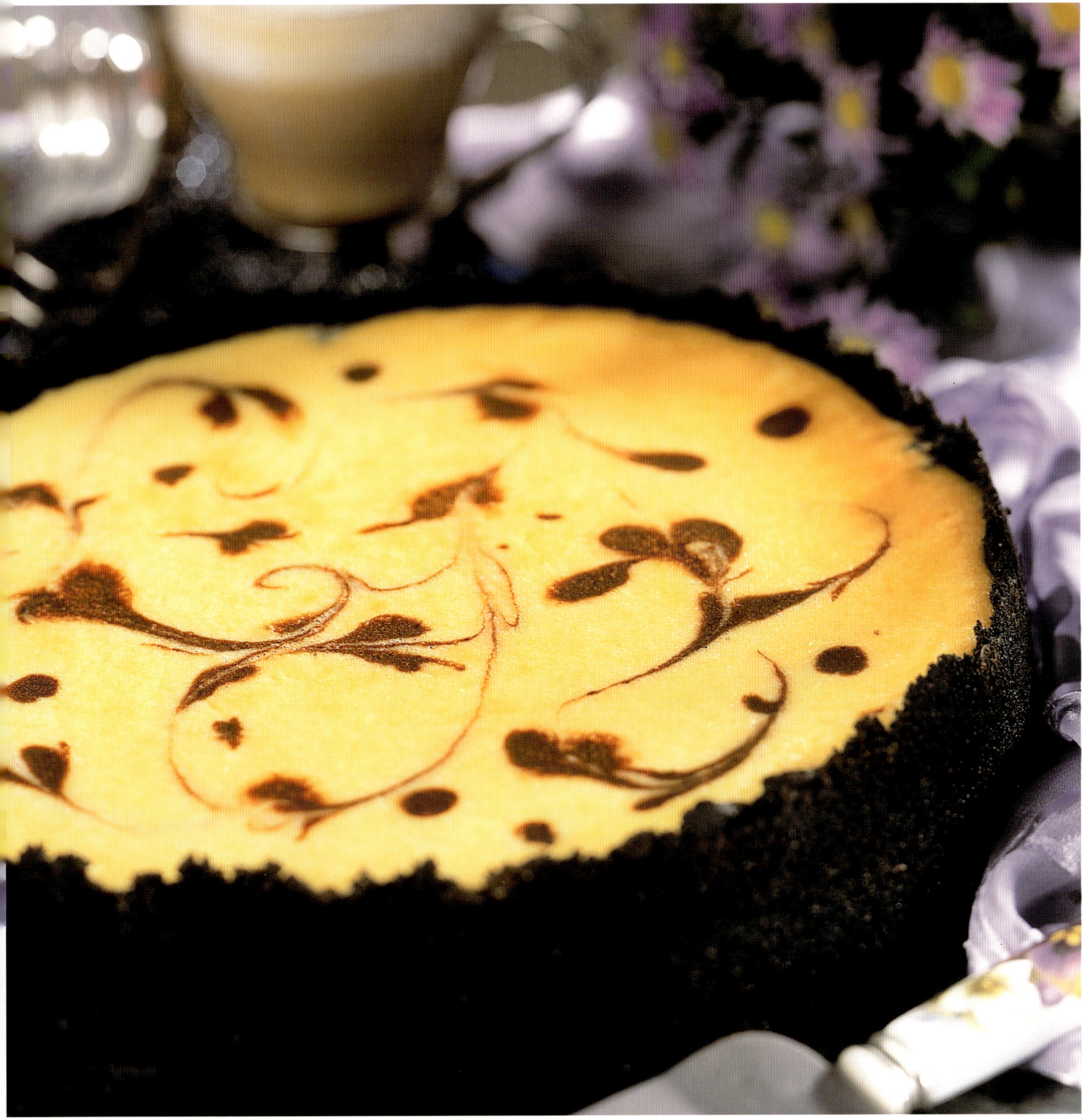

Torta al Ron Rellena de Helado

1 caja (510 a 540 g) de harina para torta amarilla
3 huevos
½ taza de mantequilla suavizada
⅓ de taza más 2 cucharaditas de ron
⅓ de taza de agua
1 litro de helado cremoso, suavizado
1 taza de crema batida
1 cucharada de azúcar glass
Fruta cristalizada picada
Azúcar teñida de rojo y de verde para decorar (opcional)

Caliente el horno a 190 °C. Engrase y enharine un molde para niño envuelto (brazo gitano) de 39×26×2.5 cm. En el tazón grande de la batidora eléctrica, ponga la harina para torta, los huevos, la mantequilla, ⅓ de taza de ron y el agua; bata a velocidad baja hasta que se humedezcan. Bata a velocidad alta por 4 minutos. Distribuya la pasta uniformemente en el molde.

Hornee de 20 a 25 minutos o hasta que, al insertar en el centro del pan un palillo, éste salga limpio. Enfríe en el molde por 10 minutos. Desmolde y deje enfriar por completo en una rejilla de alambre.

Corte la torta en tres secciones de 25×12.5 cm. Ponga una capa de torta sobre un platón. Unte con la mitad del helado suavizado; acomode encima la segunda capa de torta. Unte el resto del helado y acomode la tercera capa de torta. Presione todo con suavidad. Envuelva con plástico; congele durante 4 horas por lo menos.

Justo antes de servir, en el tazón chico de la batidora frío, combine la crema, el azúcar glass y el ron restante. Bata a velocidad alta con los agitadores fríos hasta que se formen picos rígidos. Saque la torta del congelador. Unte una capa delgada de la crema batida en la parte superior de la torta. Ponga la punta de estrella en una duya; rellene con la crema batida sobrante y haga rosetas en la orilla superior de la torta. Acomode en el centro la fruta cristalizada formando una tira. Espolvoree el azúcar teñida sobre las rosetas, si lo desea. Sirva de inmediato.

rinde de 8 a 10 porciones

Torta al Ron Rellena de Helado

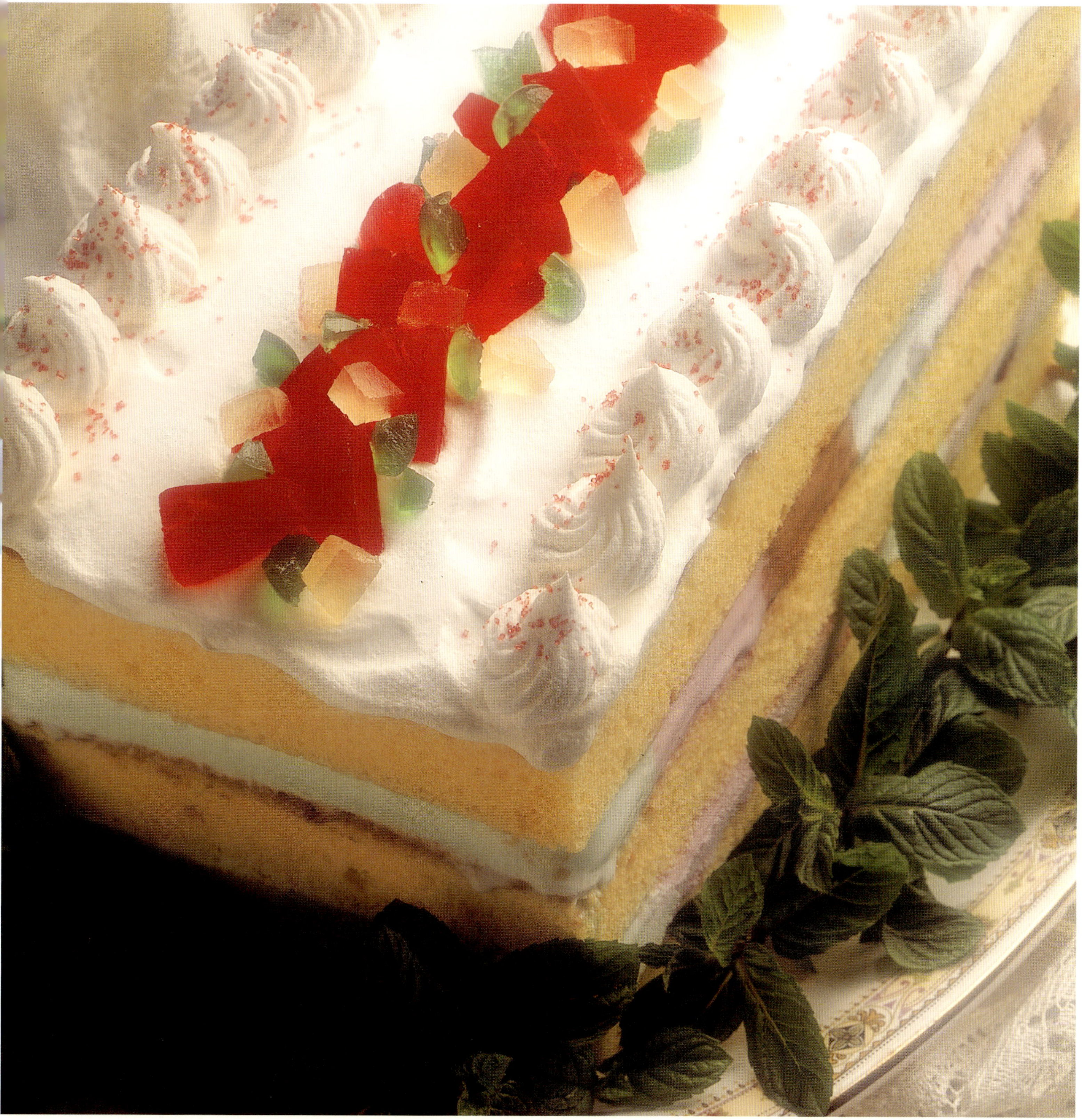

Torta de Chocolate Exprés

   2 tazas de harina para torta
1½ cucharaditas de bicarbonato de sodio
  ½ cucharadita de sal
  ½ taza de mantequilla suavizada
   1 taza de azúcar granulada
   1 taza de azúcar morena
   3 huevos
   4 tablillas (de 30 g cada una) de chocolate sin endulzar, derretido
  ¾ de taza de crema agria
   1 cucharadita de vainilla
   1 taza de café exprés*
      Betún Cremoso de Chocolate (receta en la página 352)
      Rizos de Chocolate Blanco (receta en la página 352, opcional)

*Utilice café exprés recién preparado, café exprés instantáneo en polvo preparado según las instrucciones del frasco o 1 cucharaditas de café instantáneo en polvo disuelto en 1 taza de agua caliente.

Caliente el horno a 180 °C. Cubra con papel encerado la base de dos moldes redondos de 23 cm de diámetro; engrase un poco el papel. En un recipiente mediano, mezcle la harina, el bicarbonato de sodio y la sal. En el tazón grande de la batidora eléctrica, bata la mantequilla con el azúcar granulada y el azúcar morena a velocidad media hasta suavizar y esponjar. Agregue los huevos, uno a la vez, batiendo bien después de cada adición. Añada el chocolate derretido, la crema agria y la vainilla; bata hasta que se incorporen. Agregue la mezcla de harina alternándola con el café, batiendo bien después de cada adición. Vierta la pasta equitativamente en los moldes.

Hornee por 35 minutos o hasta que, al insertar en el centro de los panes un palillo, éste salga limpio. Deje enfriar por 10 minutos en los moldes sobre una rejilla de alambre. Afloje las orillas e invierta los panes sobre la rejilla para que se enfríen por completo. Prepare el Betún Cremoso de Chocolate y los Rizos de Chocolate Blanco, si lo desea. Para rellenar y cubrir la torta, ponga una capa de torta en un platón; unte la parte superior con el betún. Ponga la segunda capa sobre el betún y unte el resto del betún sobre la parte superior y el costado; alise el betún. Ponga los Rizos de Chocolate Blanco sobre la torta; si lo desea.

rinde 12 porciones

continúa en la página 352

Torta de Chocolate Exprés

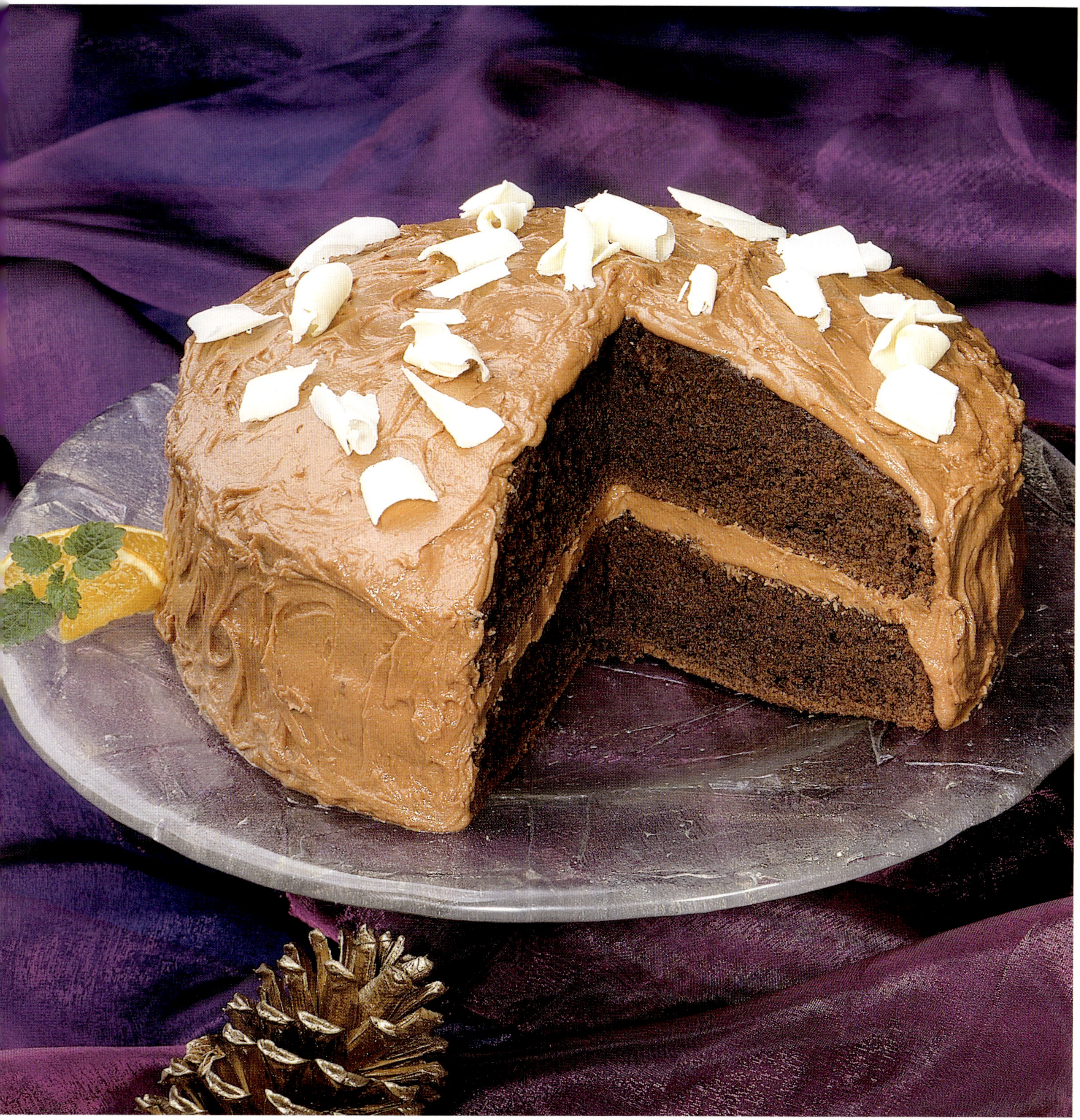

Torta de Chocolate Exprés, continuación

Betún Cremoso de Chocolate

½ taza de mantequilla o margarina suavizada
4 tazas de azúcar glass
5 o 6 cucharadas de café exprés preparado
½ taza (90 g) de chispas de chocolate semiamargo, derretido
1 cucharadita de vainilla
Pizca de sal
2 tablillas (de 30 g cada una) de chocolate blanco

En el tazón grande de la batidora eléctrica, bata la mantequilla a velocidad media hasta que esté cremosa. Agregue poco a poco el azúcar glass y 4 cucharadas del café exprés; bata hasta que se incorporen. Añada el chocolate derretido, la vainilla y la sal. Ponga el resto del café, 1 cucharada a la vez, hasta que el betún tenga la consistencia deseada para untar.

Rizos de Chocolate Blanco: Para hacer los rizos, ralle los chocolates, a temperatura ambiente, pasando un pelador de verduras a lo largo de las tablillas. Con un palillo de madera, levante con cuidado los rizos de chocolate. Acomódelos sobre una charola para hornear cubierta con papel encerado. Refrigérelos por 15 minutos o hasta que estén firmes.

Rollo con Crema de Frambuesa

Relleno Cremoso de Frambuesa (receta en la página 354)
3 huevos
¾ de taza de azúcar granulada
¼ de taza de leche descremada
1 cucharadita de vainilla
¾ de taza de harina de trigo
1½ cucharaditas de polvo para hornear
¼ de cucharadita de sal
¼ de cucharadita de cremor tártaro
Azúcar glass
¼ de taza de frambuesas frescas (opcional)
Ramas de menta (opcional)

Prepare el Relleno Cremoso de Frambuesa. Engrase ligeramente un molde para niño envuelto (brazo gitano) de 38×25×2.5 cm y cúbralo con papel encerado; engrase y enharine un poco el papel. Caliente el horno a 200 °C. En el tazón mediano de la batidora eléctrica, bata las yemas de huevo a velocidad alta durante 1 minuto; agregue poco a poco el azúcar granulada hasta que las yemas se espesen y se tornen color limón, durante unos 5 minutos. Incorpore y bata la leche y la vainilla; añada la harina, el polvo para hornear y la sal.

En el tazón mediano, bata las claras de huevo a velocidad alta hasta que se esponjen; agregue el cremor tártaro y bata hasta que se formen picos rígidos. Vierta más o menos una tercera parte de las claras de huevo en la masa para torta; revuelva de manera envolvente el resto de la clara de huevo. Vierta uniformemente sobre el molde. Hornee de 8 a 10 minutos o hasta que la torta comience a dorarse. De inmediato, voltéela sobre una toalla limpia espolvoreada con 1 cucharada de azúcar glass. Desprenda el papel encerado; enrolle la torta con la toalla y déjela enfriar por 10 minutos sobre una rejilla de alambre.

Con suavidad, desenrolle la torta y unte el Relleno Cremoso de Frambuesa. Enrolle la torta; envuélvala con plástico o con papel de aluminio y congélela hasta que esté firme, durante 8 horas por lo menos o por toda la noche.

Saque la torta del congelador; desenvuélvala y recorte los extremos si no están parejos. Ponga la torta sobre un platón. Espolvoree con azúcar glass adicional; adorne con frambuesas frescas y hojas de menta, si lo desea.

rinde 12 porciones

continúa en la página 354

Rollo con Crema de Frambuesa, continuación

Relleno Cremoso de Frambuesa

2 tazas de frambuesas frescas o congeladas sin endulzar, escurridas
1 cucharada de azúcar
2 sobres (de 35 g cada uno) de mezcla para betún
1 taza de leche baja en grasa
½ cucharadita de extracto de ron o de jerez (opcional)
½ de taza de pistaches o almendras blanqueadas, picadas grueso

1. En el procesador de alimentos o en la licuadora, ponga 1 taza de frambuesas; procese hasta obtener puré. Cuele y deseche las semillas. Espolvoree el azúcar sobre las frambuesas restantes.

2. En el tazón mediano de la batidora eléctrica, bata la mezcla para betún con la leche a velocidad alta hasta que se le formen picos rígidos; incorpore el puré de frambuesa y el ron, si lo desea. Agregue las frambuesas espolvoreadas con azúcar y las almendras. *rinde 4 tazas*

Nota

Los pistaches tienen una cáscara dura que en ocasiones está teñida de rosa o blanqueada. Se cultiva en California, Irán, Italia y Turquía. La semilla posee un color verde pálido y es de sabor delicado, un poco dulce.

Rollo con Crema de Frambuesa

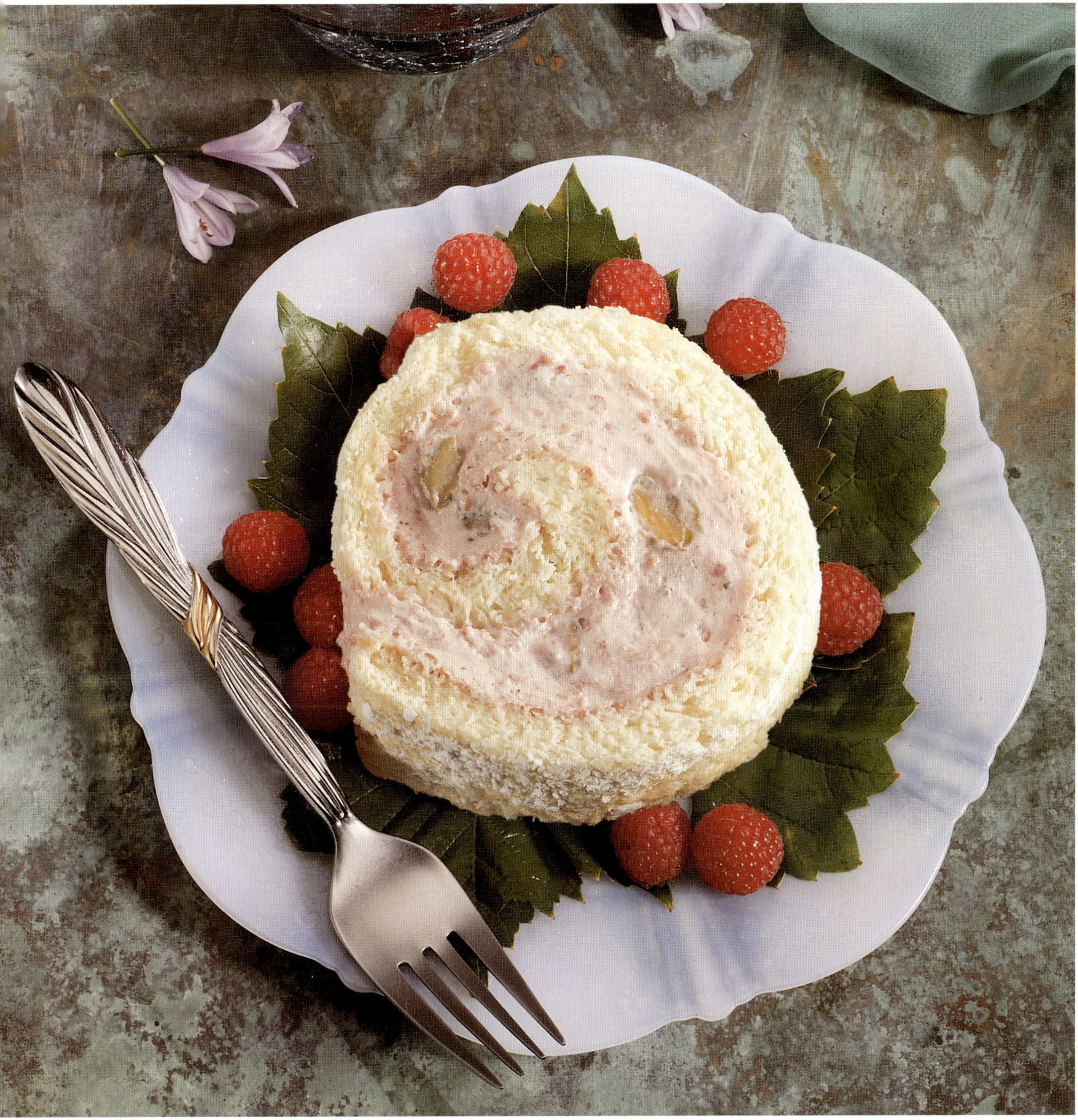

Torta Italiana Ricotta

   8 huevos
1½ tazas de azúcar
1½ tazas de almendras blanqueadas y molidas
  ⅔ de taza de harina de trigo
  ⅔ de taza de cocoa
  1 cucharadita de bicarbonato de sodio
  ½ cucharadita de sal
  ½ taza de agua
  2 cucharaditas de extracto de vainilla
  ½ cucharadita de extracto de almendra
    Crema Batida de Cocoa (receta en la página 358)
    Relleno de Ricotta y Cereza (receta en la página 358)

Caliente el horno a 190 °C. Engrase la base de dos moldes redondos para torta de 23 cm de diámetro, forrados con papel encerado. Engrase el papel encerado dejando los costados del molde sin engrasar. En el tazón grande de la batidora eléctrica, bata las yemas de huevo a velocidad media por 3 minutos. Agregue poco a poco 1 taza de azúcar y bata durante 2 minutos más. Aparte, mezcle la almendra, la harina, la cocoa, el bicarbonato de sodio y la sal; añada a las yemas de huevo alternando con el agua; bata a velocidad baja hasta que se incorporen. Vierta la vainilla y el extracto de almendra. En el tazón grande, bata las claras de huevo hasta que se esponjen. Agregue poco a poco el azúcar restante; bata hasta que se formen picos rígidos. Con cuidado, incorpore la mezcla de chocolate a las claras de huevo. Vierta la pasta equitativamente en los moldes. Hornee de 20 a 22 minutos o hasta que la parte superior se contraiga cuando la presione ligeramente. Deje enfriar por 10 minutos; pase las tortas a una rejilla de alambre y enfríe por completo. Con un cuchillo largo con sierra, corte cada capa horizontalmente por la mitad, para obtener 4 capas delgadas. Mientras prepara el relleno y la crema batida, refrigere las capas.

En un platón, ponga una capa de torta; úntela con ⅓ (más o menos 1⅓ tazas) del Relleno de Ricotta y Cereza. Ponga encima otra capa de torta. Repita el procedimiento con el relleno y las capas. Con la Crema Batida de Cocoa, unte el costado y la parte superior. Adorne con cerezas cristalizadas o con almendras ralladas, si lo desea. Refrigere durante 4 horas por lo menos. Tape y refrigere el sobrante. *rinde de 8 a 10 porciones*

continúa en la página 358

Torta Italiana Ricotta

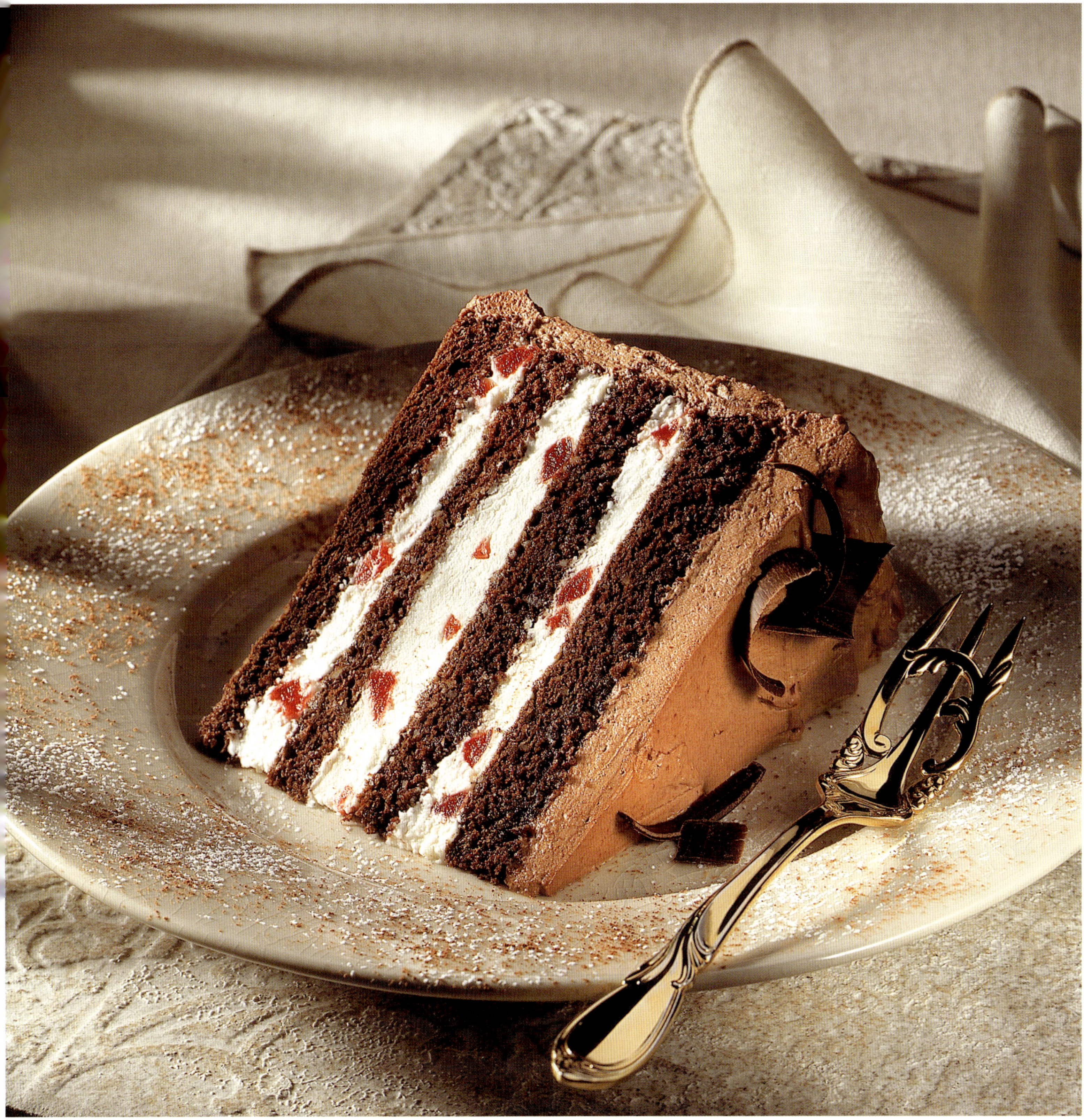

Torta italiana Ricota, continuación

Crema Batida de Cocoa: En un recipiente grande, mezcle ⅔ de taza de azúcar glass y ⅓ de taza de cocoa. Agregue 2 tazas (450 g) de crema batida fría y 2 cucharaditas de extracto de vainilla; bata hasta que se endurezca. (No bata de más.)

Relleno de Ricotta y Cereza

   1 taza (230 g) de crema batida fría
1¾ tazas (435 g) de queso ricotta
   ⅓ de taza de azúcar glass
   ½ taza de cerezas cristalizadas picadas
   ½ cucharadita de extracto de almendra

En un recipiente chico, bata la crema batida hasta que se endurezca. En un tazón grande, bata el queso ricotta con el azúcar glass hasta suavizar. Incorpore la crema batida al queso; revuelva justo hasta que se mezclen. Agregue la cereza y el extracto de almendra.

rinde unas 4 tazas

tiempo de preparación: 40 minutos
tiempo de horneado: 20 minutos
tiempo de enfriamiento: 1 hora
tiempo de refrigeración: 4 horas

Torta de Almendras con Crema de Limón

TORTA
- ½ taza de harina para torta, cernida
- ½ cucharadita de polvo para hornear
- ⅛ de cucharadita de sal
- ½ taza de mantequilla suavizada
- ¾ de taza de azúcar granulada
- 1 taza de pasta de almendra blanqueada
- 3 huevos
- 1 cucharada de brandy
- 1 cucharadita de extracto de vainilla
- ⅛ de cucharadita de extracto de almendra

CREMA DE LIMÓN
- 3 yemas de huevo
- ⅓ de taza de azúcar granulada
- 2 cucharadas de harina
- 1 taza de leche caliente
- 2 cucharaditas de ralladura de cáscara de limón
- 2 cucharadas de jugo de limón
- ½ cucharadita de extracto de vainilla

Cierna la harina con el polvo para hornear y la sal. Bata la mantequilla con el azúcar hasta que esté cremosa. Agregue la pasta de almendra y bata hasta que se suavice. Añada los huevos, uno a la vez; bata bien después de cada adición. Vierta el brandy, la vainilla y el extracto de almendra. Con la batidora a la velocidad más baja, incorpore la mezcla de harina. Vierta en un molde redondo para torta de 20 cm de diámetro, engrasado y enharinado. Hornee a 160 °C durante 45 minutos o hasta que, al insertar en el centro del pan un palillo, éste salga limpio. Deje enfriar por 15 minutos en el molde. Desmolde y enfríe en una rejilla de alambre. Mientras tanto, prepare la Crema de Limón. Bata las yemas con el azúcar hasta que la mezcla esté espesa y se torne de un color amarillo pálido. Agregue la harina. En la mezcla de huevo, vierta poco a poco la leche caliente; bata sin cesar. Incorpore la ralladura de cáscara de limón. Deje hervir la mezcla por 1 minuto; bata sin cesar. Retire del fuego; añada el jugo de limón y la vainilla; revuelva hasta que se enfríe. Rebane la torta en dos capas. En la capa inferior, unte la Crema de Limón; corone con la segunda capa. Coloque papel picado sobre la torta; espolvoree la parte superior de la torta con azúcar glass y, con cuidado, retire el papel. Refrigere.

rinde de 8 a 10 porciones

Galletas Florentinas

¼ de taza de mantequilla sin sal
¼ de taza de azúcar
1 cucharada de crema espesa o crema batida
¼ de taza de almendra blanqueada rebanada, finamente picada
¼ de taza de nuez finamente picada
5 cerezas rojas cristalizadas, finamente picadas
1 cucharada de uvas pasa doradas u oscuras, finamente picadas
1 cucharada de jengibre cristalizado, finamente picado
1 cucharada de cáscara de limón cristalizado, finamente picada
3 cucharadas de harina de trigo
120 g de chocolate semiamargo picado

Caliente el horno a 180 °C. Engrase 2 charolas grandes para hornear. En una cacerola chica, mezcle la mantequilla, el azúcar y la crema. Cueza a fuego medio, sin tapar, hasta que se disuelva el azúcar y hierva la mezcla; revuelva sin cesar. Cueza y revuelva por 1 minuto más; retire del fuego. Incorpore las semillas, la cereza cristalizada, las uvas pasa, el jengibre y la cáscara de limón cristalizado. Agregue la harina; revuelva bien.

Vierta cucharaditas abundantes de masa en la charola; ponga sólo 4 galletas en cada charola para que tengan espacio para extenderse. Hornee las galletas, 1 charola a la vez, hasta que estén bien doradas. Saque la charola del horno y póngala sobre una rejilla de alambre. Deje enfriar las galletas o hasta que estén lo suficientemente firmes como para retirarlas de la charola; después, rápidamente, pero con cuidado, pase las galletas a una rejilla de alambre. Déjelas enfriar.

Repita el procedimiento con el resto de la pasta. (Para evitar que las galletas se extiendan demasiado rápido, deje que las charolas se enfríen antes de engrasarlas y poner la pasta.) Hierva agua en la olla inferior para baño María; retire del fuego. Ponga el chocolate en la olla superior del baño María sobre el agua. Revuelva el chocolate hasta que se derrita; de inmediato, retire del agua. Deje que el chocolate se enfríe un poco. Cubra con papel encerado una charola grande para hornear. Unte con chocolate la parte inferior de las galletas; acomódelas sobre la charola con el chocolate hacia arriba; déjelas reposar hasta que el chocolate esté casi frío. Con los dientes de un tenedor, haga un dibujo en forma de zigzag sobre el chocolate. Refrigere hasta que esté firme. Sirva o guarde en el refrigerador en un recipiente hermético.

rinde unas 2 docenas de galletas

Galletas Florentinas

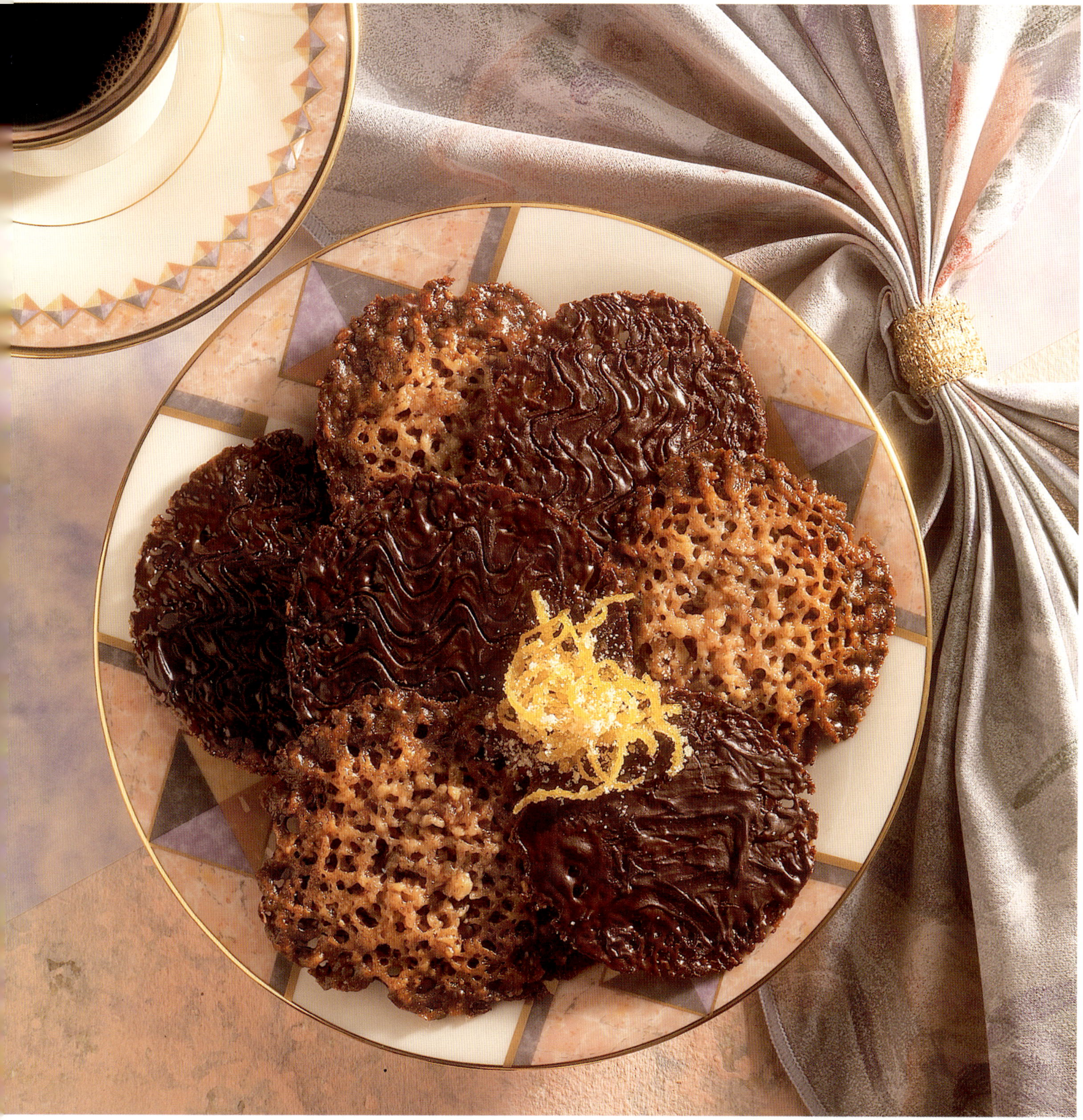

Biscotti de Fruta y Nuez

   2 tazas de harina de trigo
   ¾ de taza de azúcar
   ½ taza de harina de maíz
   ½ taza de nuez tostada finamente picada
1½ cucharaditas de polvo para hornear
   ½ cucharadita de bicarbonato de sodio
   ¾ de taza de margarina derretida, fría
   3 huevos
1½ cucharaditas de extracto de vainilla
   ½ taza de acitrón finamente picado (opcional)
   ¼ de taza de arándanos rojos secos o uvas pasa

Caliente el horno a 160 °C.

En un recipiente grande, mezcle la harina con el azúcar, la harina de maíz, la nuez, el polvo para hornear y el bicarbonato de sodio.

En un recipiente chico, bata con un batidor de alambre la mantequilla, los huevos y la vainilla. Vierta sobre la harina; revuelva hasta que se forme la masa. Incorpore el acitrón y el arándano. Refrigere por 1 hora.

En una superficie ligeramente enharinada, amase la masa. Divídala a la mitad. Sobre una charola para hornear enharinada y con las manos también enharinadas, forme dos barras planas, de unos 35×3.5 cm cada una. Hornéelas durante 30 minutos o hasta que estén firmes. Déjelas enfriar por 10 minutos sobre una rejilla de alambre.

En una tabla para picar, corte las barras en rebanadas diagonales de 1.5 cm de grosor. Acomode las galletas, con el lado cortado hacia abajo, en una charola para hornear. Hornee durante 20 minutos más; voltéelas una vez. Déjelas enfriar por completo sobre una rejilla de alambre. Guárdelas en un recipiente hermético.

rinde unas 2½ docenas de panecillos tostados

Panecillos de Café

  1 caja grande de harina para brownie
  2 huevos
  ⅓ de taza de agua
  ⅓ de taza de aceite vegetal
 1½ cucharadas de café instantáneo
  1 cucharadita de canela en polvo
   Crema batida
   Canela

1. Caliente el horno a 180 °C. En una charola para galletas, ponga 40 moldes de papel de aluminio (de 5 cm de diámetro).

2. Mezcle la harina para brownie con los huevos, el agua, el aceite, el café instantáneo y la canela. Revuelva con una cuchara hasta que se mezclen bien, unas 50 veces. Rellene cada molde con 1 cucharada de pasta. Hornee a 180 °C, de 12 a 15 minutos o hasta que, al insertar en el centro de los panecillos un palillo, éste salga limpio. Deje enfriar por completo. Adorne con la crema batida y una pizca de canela. Refrigérelos hasta el momento de servir.

rinde unos 40 panecillos

Biscotti Clásico de Anís

120 g de almendras enteras blanqueadas (unos ¾ de taza)
2¼ tazas de harina de trigo
1 cucharadita de polvo para hornear
¾ de cucharadita de sal
¾ de taza de azúcar
½ taza de mantequilla sin sal, suavizada
3 huevos
2 cucharadas de brandy
2 cucharaditas de ralladura de cáscara de limón
1 cucharada de semillas de anís enteras

1. Caliente el horno a 190 °C. Para tostar las almendras, distribúyalas sobre una charola para hornear. Hornee de 6 a 8 minutos hasta que estén tostadas y un poco doradas; apague el horno. Con una cuchara, pase las almendras a una tabla para picar; déjelas enfriar y después píquelas.

2. En un recipiente chico, revuelva la harina con el polvo para hornear y la sal. En el tazón mediano de la batidora eléctrica, bata el azúcar con la mantequilla a velocidad media hasta que esponje. Agregue los huevos, 1 a la vez; bata bien después de cada adición y limpie con frecuencia la pared del tazón. Incorpore el brandy y la cáscara de limón. Añada poco a poco la mezcla de harina; revuelva hasta que se incorpore. Coloque la almendra y las semillas de anís. Tape y refrigere la masa durante 1 hora o hasta que esté firme.

3. Caliente el horno a 190 °C. Engrase una charola grande para hornear. Divida la masa a la mitad. Sobre una superficie un poco enharinada, con cada mitad, forme una barra de 30×5 cm. (La masa queda un poco suave.) Con las yemas de los dedos enharinadas, aplane la barra. Repita el procedimiento con la otra mitad de la masa. Hornee de 20 a 25 minutos hasta que las barras estén ligeramente doradas. Saque la charola del horno y póngala sobre una rejilla de alambre; apague el horno. Deje enfriar por completo las barras.

4. Caliente el horno a 180 °C. Con un cuchillo dentado, corte las barras diagonalmente en rebanadas de 1.5 cm de grosor. Coloque las rebanadas en una sola capa en 2 charolas para hornear, sin engrasar. Hornee durante 8 minutos. Voltee las rebanadas; hornee de 10 a 12 minutos más hasta que las superficies cortadas estén un poco doradas y las rebanadas estén secas. Pase las rebanadas a una rejilla de alambre; déjelas enfriar por completo. Guarde el pan en un recipiente hermético hasta por 2 semanas.

rinde unas 4 docenas de panecillos

Biscotti Clásico de Anís

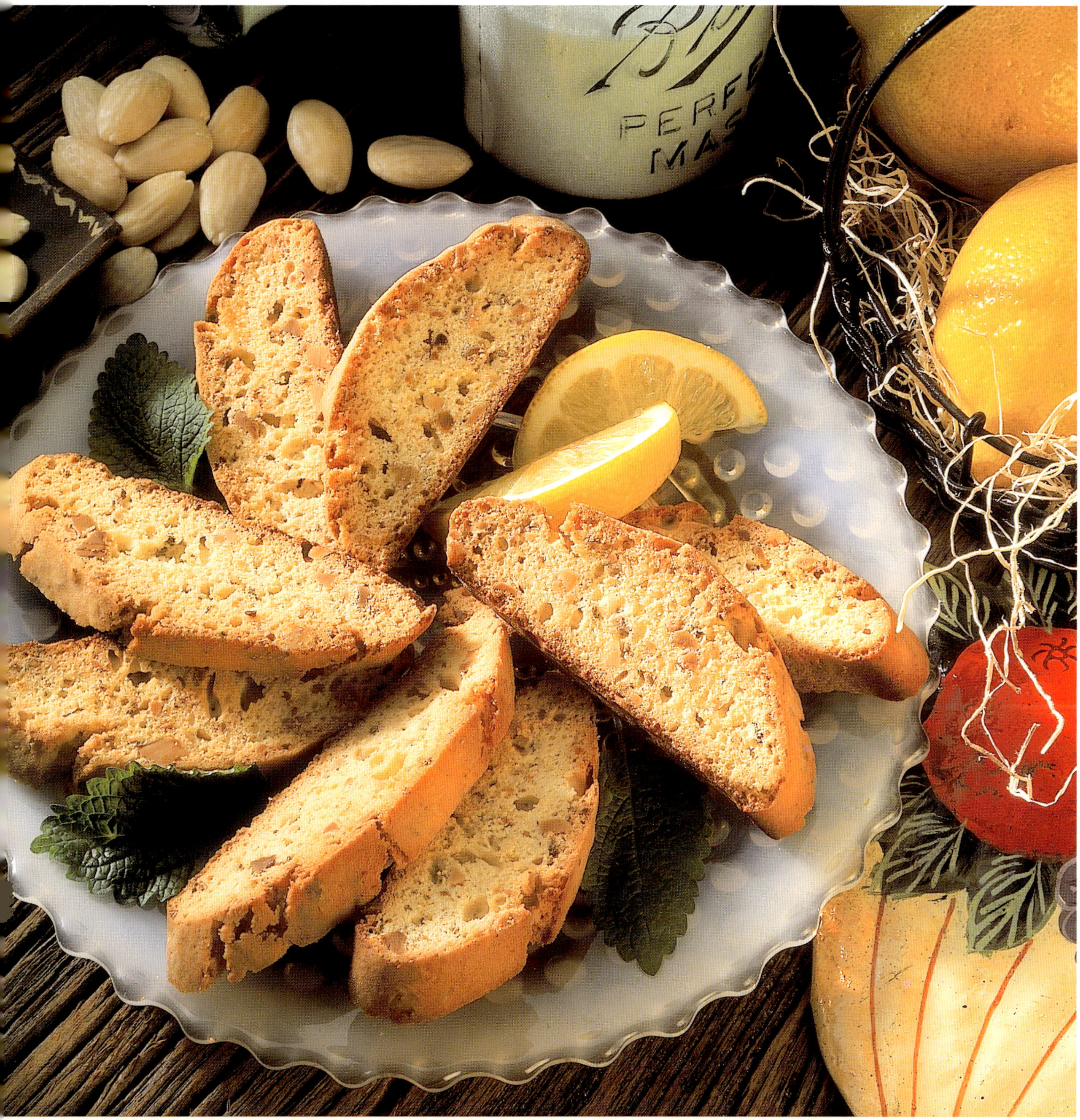

Biscotti de Chocolate y Almendra

   2 tazas (tablilla de 360 g) de chocolate semiamargo en trozos
   2 tazas de harina de trigo
   ¼ de taza de cocoa para repostería
1½ cucharaditas de polvo para hornear
   ¼ de cucharadita de bicarbonato de sodio
   ¼ de cucharadita de sal
   ½ taza de azúcar granulada
   ½ taza de azúcar morena
   ¼ de taza (½ barra) de mantequilla o margarina suavizada
   ½ cucharadita de extracto de vainilla
   ½ cucharadita de extracto de almendra
   3 huevos
   1 taza de almendras ralladas y tostadas
      Cubierta de Chocolate (opcional, receta en la página 367)

HORNEE en el microondas 1 taza de trozos de chocolate a temperatura ALTA (100%) durante 1 minuto; revuelva. Hornee a intervalos de 10 a 20 segundos adicionales, revuelva hasta que se suavicen; deje enfriar a temperatura ambiente. En un recipiente mediano, mezcle la harina con la cocoa, el polvo para hornear, el bicarbonato de sodio y la sal.

MEZCLE aparte el azúcar granulada, el azúcar morena, la mantequilla, y los extractos de vainilla y de almendra hasta que parezcan pan molido. Añada los huevos, uno a la vez; bata bien después de cada adición. Vierta y bata el chocolate derretido. Bata poco a poco la mezcla de harina. Incorpore las almendras. Refrigere por 15 minutos o hasta que esté firme.

FORME dos hogazas (de 7.5 cm de ancho por 2.5 cm de altura) con las manos enharinadas; póngalas en una charola grande para hornear o en 2 charolas chicas, engrasadas.

                                                      continúa en la página 367

Biscotti de Chocolate y Almendra, continuación

HORNEE a 160 °C de 40 a 50 minutos o hasta que estén firmes. Déjelas enfriar durante 15 minutos sobre la charola. Corte en rebanadas de 1.5 cm de grosor; póngalas con el lado cortado sobre la charola. Hornee durante 10 minutos de cada lado hasta que se sequen. Pase las rebanadas a una rejilla de alambre para que se enfríen por completo.

Para la Cubierta de Chocolate: En un tazón mediano para microondas, ponga los trozos de chocolate restantes con 2 cucharadas de manteca vegetal; hornee en el microondas a temperatura ALTA (100%) durante 1 minuto; revuelva. Hornee a intervalos de 10 a 20 segundos adicionales; revuelva hasta que se suavice. Sumerja la mitad de los biscotti en el chocolate; con una espátula cubra el resto del pan; quite el exceso de chocolate. Acomódelos sobre una charola cubierta con papel encerado. Refrigere durante 10 minutos o hasta que el chocolate esté firme. Guarde en recipientes herméticos en un lugar fresco o en el refrigerador.
rinde unas 2½ docenas de panecillos

Brownies Capuchinos Cremosos

    1 caja de harina para brownie (de 600 a 690 g)
    1 cucharada de café granulado o 1 cucharadita de café exprés en polvo
    2 cucharadas de agua caliente
    1 taza (225 g) de queso mascarpone
    3 cucharadas de azúcar
    1 huevo
      Azúcar glass

Engrase la base de un molde de 33×23 cm. Prepare la pasta para brownie siguiendo las instrucciones de la caja. Vierta la mitad de la pasta en el molde. Disuelva el café en el agua. Agregue el queso, el azúcar y el huevo; revuelva hasta que se incorporen; ponga cucharadas de esta pasta en el molde; vierta encima la pasta para brownie restante. Con un cuchillo, revuelva ligeramente la mezcla de queso hasta el fondo para dar un efecto de mármol. Hornee a 190 °C de 30 a 35 minutos o hasta que, al insertar en el centro de los panecillos un palillo, éste salga limpio. Espolvoree con azúcar glass.
rinde 2 docenas de brownies

Biscotti de Moka

2½ tazas de harina de trigo
½ taza de cocoa sin endulzar
2 cucharaditas de polvo para hornear
1¼ tazas de azúcar
¾ de taza de sustituto de huevo
¼ de taza de margarina o mantequilla derretida
4 cucharaditas de café instantáneo en polvo
½ cucharadita de extracto de vainilla
⅓ de taza de almendras ralladas y picadas
Azúcar glass, opcional

1. En un recipiente chico mezcle la harina, la cocoa y el polvo para hornear.

2. En el tazón grande de la batidora eléctrica, bata el azúcar con el sustituto de huevo, la margarina o la mantequilla derretida, el café y la vainilla, a velocidad media, durante 2 minutos. Incorpore la mezcla de harina y las almendras.

3. Divida la masa a la mitad. Con cada porción de masa, con las manos enharinadas, forme una barra de 35×5 cm; acomódelas sobre una charola para hornear engrasada. (La masa queda pegajosa.) Hornee a 180 °C durante 25 minutos.

4. Retire las barras del horno y córtelas diagonalmente en 16 rebanadas (de 2.5 cm). Ponga los biscotti, con el lado cortado hacia arriba, sobre charolas para hornear; regrese al horno y hornee de 10 a 15 minutos más de cada lado o hasta que estén ligeramente tostados.

5. Retire de las charolas. Deje enfriar por completo sobre rejillas de alambre. Espolvoree la parte superior de los biscotti con azúcar glass, si lo desea. Guarde en un recipiente hermético.

rinde 32 biscotti

tiempo de preparación: 20 minutos
tiempo de cocción: 35 minutos
tiempo total: 1 hora 5 minutos

Biscotti de Moka

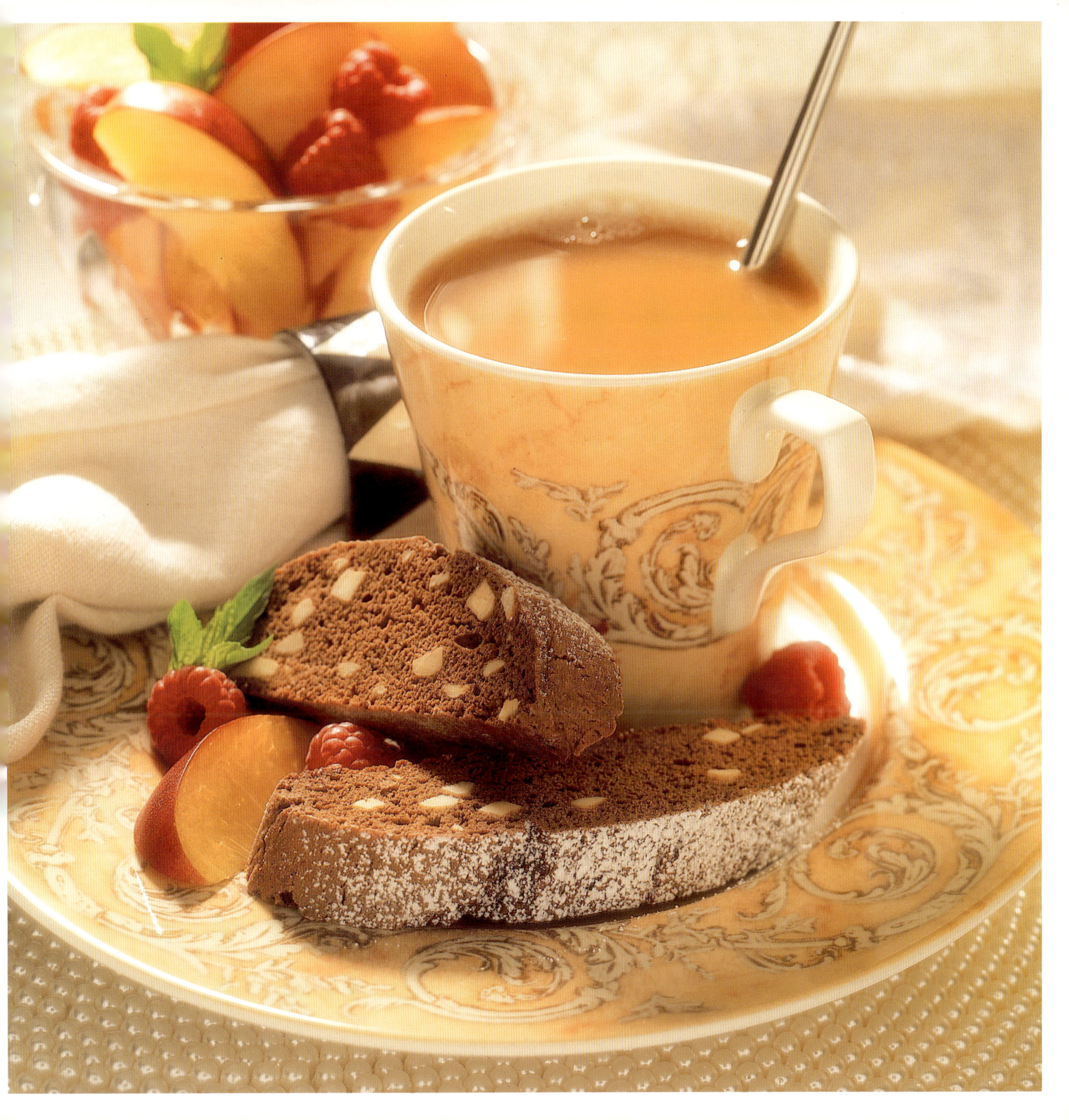

Barras de Spumone

¾ de taza de mantequilla suavizada
⅔ de taza de azúcar
3 yemas de huevo
1 cucharadita de vainilla
¼ de cucharadita de polvo para hornear
⅛ de cucharadita de sal
2 tazas de harina de trigo
12 cerezas grandes, bien escurridas y picadas
¼ de taza de nuez picada
¼ de taza de chispas de chocolate semiamargo sabor menta o regulares
2 cucharaditas de agua

Caliente el horno a 180 °C. En un tazón grande, bata la mantequilla con el azúcar hasta que esté cremosa. Incorpore las yemas de huevo, la vainilla, el polvo para hornear y la sal; bata. Añada la harina; la masa quedará dura. Divida la masa en 3 partes iguales; ponga cada porción en un tazón chico. En una porción, agregue las cerezas y las nueces, revuelva bien. En un tazón chico, derrita el chocolate a baño María. Agregue el chocolate derretido y 1 cucharadita de agua a otra porción; revuelva bien. En la tercera porción, agregue la cucharadita restante de agua. (Si las porciones de masa están suaves, refrigérelas por 10 minutos.)

Divida cada porción de masa en 4 partes iguales. Con cada parte forme una tira de 15 cm de largo, amasándolas sobre una superficie ligeramente enharinada. Ponga una tira de cada color, una al lado de la otra, sobre una charola para galletas sin engrasar. Aplane las tiras de manera que se adhieran formando 1 tira de 3 colores. Con un rodillo, aplane las tiras directamente sobre la charola hasta que mida 30×7.5 cm. Con el lado recto de un cuchillo, haga incisiones a lo ancho a intervalos de 2.5 cm. Repita el procedimiento con el resto de las tiras hasta que tenga un total de 4 tiras tricolores de masa. Hornee de 12 a 13 minutos o hasta que se cuezan, sin que se doren totalmente; retire del horno. Con las galletas aún calientes, recorte los costados a lo largo para emparejarlas; corte en las incisiones para hacer galletas individuales. (Las galletas se hornean unidas pero son fáciles de cortar cuando aún están calientes.) Déjalas enfriar sobre las charolas.

rinde 4 docenas de galletas

Biscotti de Almendra y Miel

½ taza de mantequilla o margarina suavizada
¾ de taza de miel
2 huevos
1 cucharadita de vainilla
3½ tazas de harina de trigo
2 cucharaditas de canela en polvo
2 cucharaditas de semillas de anís
½ cucharadita de sal
½ cucharadita de polvo para hornear
¼ de cucharadita de bicarbonato de sodio
1 taza de arándanos rojos secos o cerezas cristalizadas
¾ de taza de almendras ralladas

En el tazón grande de la batidora eléctrica, bata la mantequilla hasta que esté cremosa; agregue la miel, los huevos y la vainilla. Aparte, en un tazón chico, mezcle la harina, la canela, las semillas de anís, la sal, el polvo para hornear y el bicarbonato de sodio; revuelva bien e incorpore a la mantequilla. Añada los arándanos y las almendras. Con la masa, forme dos barras de 25×7.5×2.5 cm y acomódelas sobre una charola para hornear engrasada. Hornee a 180 °C durante unos 20 minutos o hasta que se doren un poco. Saque del horno; deje enfriar por 5 minutos. Pase a una tabla para picar. Baje la temperatura del horno a 150 °C. Corte las barras en rebanadas de 1.5 cm; coloque sobre la charola. Hornee por unos 20 minutos más o hasta que estén bien cocidos. Deje enfriar por completo sobre una rejilla de alambre.

rinde 3 docenas de galletas

Nota

Las tradicionales galletas italianas biscotti (plural de biscotto) se hornean dos veces para obtener su característica textura crujiente, que es ideal para remojar en el café o en vino dulce. A los biscotti se le puede dar sabor con semillas de anís, avellanas, almendras o chocolate.

ÍNDICE

A
albahaca, cortar en tiras, 32
Albahaca Fresca
  Berenjenas Rebozadas, 294
  Calabacita Parmesana, 299
  Camarón a la Puttanesca, 218
  Camarón Asado a la Italiana, 221
  Caponata, 16
  Cioppino de Pollo, 49
  Deliciosa Bruschetta, 20
  Ejotes con Albahaca, 288
  Ensalada de Tomate, Mozzarella y Albahaca, 36
  Ensalada de Verduras Marinadas, 30
  Ensalada Italiana con Croutones, 32
  Ensalada Italiana de Pan, 40
  Fusilli con Salsa de Tomates, 232
  Guiso Toscano de Verduras, 70
  Lasaña de Espinaca, 253
  Linguine con Pollo en Salsa Cremosa de Tomate, 78
  Lomo con Hierbas y Ajo, 148
  Ossobuco, 154
  Panzanella, 40
  Pasta al Pesto, 270
  Pasta con Champiñón Porcini al Pesto, 105
  Pasta Primavera, 270
  Pasta, Pollo y Brócoli al Pesto, 121
  Pelo de Ángel con Salsa de Mariscos, 204
  Pesto Clásico con Linguine, 236
  Pollo Cacciatore a la Sartén, 162
  Pollo con Salsa Cremosa de Tomate y Albahaca, 172
  Ragoût de Champiñón con Polenta, 316
  Ravioles con Tomate al Pesto, 246
  Rigatoni con Tomate, 262
  Salmón Escalfado a la Italiana, 216
  Sopa de Verduras con Albahaca, 74
  Tomate y Mozzarella Marinados, 292
  Tortellini con Pesto Cremoso, 248
  Tortellini con Pesto y Tomate, 276
Alcachofa
  Alcachofas Rellenas con Pimiento, 290
  Antipasto con Champiñones Marinados, 12
  Antipasto de Arroz, 312
  Antipasto de Linguine con Atún, 112
  Antipasto Marinado, 6
  Corazones de Alcachofa con Salsa Marinara, 298
  Delicioso Camarón con Pasta, 230
  Focaccia de Tomate y Alcachofa, 18, 323
  Huachinango con Alcachofas al Horno, 226
  Pollo Rustigo, 184
  Torta Valle Escondido, 10
  Alcachofas Rellenas con Pimiento, 290
Alcaparra
  Cavatelli Toscano, 266
  Escalopes de Pollo con Salsa de Limón y Alcaparras, 182
  Fettuccine Caponata, 258
  Pasta a la Puttanesca, 246
Almendra
  Biscotti Clásico de Anís, 364
  Biscotti de Chocolate y Almendra, 366
  Biscotti de Moka, 368
  Galletas Florentinas, 360
  Pan de Higo y Avellana, 345
  Torta Italiana Ricotta, 356
  Tortellini con Pesto y Tomate, 276
Alubia
  Antipasto Marinado, 6
  Crostini Toscano de Alubia, 8
  Ejotes con Albahaca, 288
  Ejotes con Piñones, 300
  Ejotes Italianos, 292
  Guiso de Pollo Toscano, 180
  Guiso Toscano de Verduras, 70
  Minestrone Gratinado, 75
  Nutritiva Sopa de Pasta y Garbanzo, 58
  Pasta e Fagioli, 48
  Pizzaiola de Carne, 146
  Platillo Toscano de Pollo con Alubias, 62
  Sopa con Albóndigas, 60

Índice

Sopa de Arroz y Alubia, 66
Sopa de Garbanzo y Camarón, 68
Sopa de Ravioles, 44
Sopa de Verduras con Albahaca, 74
Sopa Italiana, 56
Sopa Minestrone, 64
Sopa Toscana de Alubia, Tomate y Espinaca, 42
Antipasto
   Antipasto con Champiñones Marinados, 12
   Antipasto de Linguine con Atún, 112
   Antipasto Marinado, 6
Antipasto con Champiñones Marinados, 12
Antipasto de Arroz, 312
Antipasto de Linguine con Atún, 112
Antipasto Marinado, 6
Arándano
   Biscotti de Almendra y Miel, 371
   Biscotti de Fruta y Nuez, 362
Arroz
   Antipasto de Arroz, 312
   Arroz Napolitano, 313
   Budín de Arroz y Cereza, 338
   Budín de Arroz y Chabacano, 334
   Camarón a la Italiana, 211
   Chuletas de Cerdo a la Italiana, 132
   Ensalada Milano de Arroz, 39
   Pimientos Rellenos a la Italiana, 150
   Pollo con Arroz a la Pequeña Italia, 174
   Risotto a la Milanesa, 244

Risotto Clásico, 266
Risotto con Camarón, 212
Risotto con Tomate al Horno, 288
Risotto con Verduras, 274
Risotto de Espinaca y Champiñón, 314
Risotto Estilo Primavera, 310
Sopa de Arroz y Alubia, 66
arroz arborio, sustituto para, 274
Avellana: Pan de Higo y Avellana, 345
avellana, pelar, 345

B
Barras de Spumone, 370
Berenjena
   Berenjenas Rebozadas, 294
   Calabacita y Tomate al Horno, 296
   Caponata, 16
   Crostini de Verduras con Romero Asado, 19
   Fettuccine Caponata, 258
   Pasta Rellena con Pavo a la Italiana, 87
   Pollo con Escarola y Berenjena, 171
   Ravioles sin Carne al Horno, 279
   Sartén de Cerdo a la Italiana, 139
Berenjenas Rebozadas, 294
Betún Cremoso de Chocolate, 352
Biscotti
   Biscotti Clásico de Anís, 364
   Biscotti de Almendra y Miel, 371
   Biscotti de Chocolate y Almendra, 366
   Biscotti de Fruta y Nuez, 362
   Biscotti de Moka, 368
Biscotti Clásico de Anís, 364

Biscotti de Almendra y Miel, 371
Biscotti de Fruta y Nuez, 362
Biscotti de Moka, 368
Brócoli
   Brócoli con Tomate a la Italiana, 299
   Cacerola de Brócoli, 302
   Calzone de Verduras, 278
   Ensalada de Rotini, 28
   Fettuccine con Atún y Brócoli, 124
   Linguine con Brócoli y Coliflor, 306
   Pasta, Pollo y Brócoli al Pesto, 121
   Polenta con Verduras en Salsa, 320
   Pollo Empanizado a las Hierbas con Rotini Tricolor, 116
   Pollo Primavera, 176
   Rápida Ensalada al Pesto, 40
   Risotto con Verduras, 274
   Salchicha Italiana con Pasta al Pesto, 82
   Sopa Minestrone, 64
   Tortellini Primavera en Caldo, 72
Brócoli con Tomate a la Italiana, 299
Brownies Capuchinos Cremosos, 367
Bruschetta
   Bruschetta, 27
   Croutones a las Hierbas con Bruschetta, 20
Budín de Arroz y Chabacano, 334

C
Cacerola de Pasta, 306
Cacerola Primavera de Pasta al Horno, 254

Índice

Café
    Betún Cremoso de Chocolate, 352
    Biscotti de Moka, 368
    Brownies Capuchinos Cremosos, 367
    Caffé en Forchetta, 326
    Panecillos de Café, 363
    Pay de Queso Exprés, 346
    Postre Helado de Capuchino Cremoso, 336
    Tiramisú, 328, 339
    Torta de Chocolate Exprés, 350
Caffé en Forchetta, 326
Calabacita
    Calabacita Parmesana, 299
    Calabacita y Tomate al Horno, 296
    Crostini de Verduras con Romero Asado, 19
    Ensalada de Calabaza y Pasta, 34
    Ensalada Italiana de Verduras, 39
    Ensalada Milano de Arroz, 39
    Frittata de Salchicha y Verduras, 134
    Guiso de Salchicha Italiana y Verduras, 56
    Lasaña, 102
    Lasaña de Calabacita, 260
    Mariscos Primavera, 214
    Minestrone con Crostini, 46
    Minestrone Gratinado, 75
    Pasta con Camarón y Verduras, 92
    Pasta con Salchicha de Pavo, 100
    Pasta Horneada con Calabacita, 97
    Pasta Primavera, 270
    Polenta con Verduras en Salsa, 320
    Pollo con Pimiento, Calabacita y Tomate sobre Pelo de Ángel, 188
    Rápido Espagueti con Salchicha, 118
    Rigatoni con Tomate, 262
    Risotto con Tomate al Horno, 288
    Risotto con Verduras, 274
    Risotto de Orzo con Camarón y Verdura, 224
    Risotto Estilo Primavera, 310
    Sopa de Tortellini, 52
    Sopa de Verduras con Albahaca, 74
Calabacita Parmesana, 299
Calabaza (*ver también* **Calabacita**)
    Antipasto Marinado, 6
    Escalopes de Pavo, 196
    Risotto con Verduras, 274
    Salsa Roja de Almejas con Verduras, 208
    Sartén de Cerdo a la Italiana, 139
    Sopa con Albóndigas, 60
    Calzone de Carne con Queso, 152
    Calzone de Verduras, 278
Calzone y Stromboli
    Calzone de Carne con Queso, 152
    Calzone de Verduras, 278
    Stromboli de Res con Salsa de Queso, 147
camarón, desvenar, 210
Camarón a la Italiana, 211
Camarón a la Puttanesca, 218
Camarón Asado a la Italiana, 221
Camarones con Pimiento, 202
Canapés Venecianos, 14
Cannoli, 332
Caponata, 16
Cavatelli Toscano, 266
Cerdo (*ver páginas 128-142*)
    Guisado de Cerdo Piedmont, 61
    Sopa Italiana, 56
Cerdo a la Italiana, 128
Cerdo Toscano con Pimiento, 138
Cerdo y Papas Vesubio a la Parrilla, 142
Cereza
    Barras de Spumone, 370
    Budín de Arroz y Cereza, 338
    Galletas Florentinas, 360
    Tortoni, 333
Chabacano: Budín de Arroz y Chabacano, 334
Champiñón
    Antipasto con Champiñones Marinados, 12
    Cacerola de Pasta, 306
    Calabacita Parmesana, 299
    Calabacita y Tomate al Horno, 296
    Calzone de Carne con Queso, 152
    Canapés Venecianos, 14
    Champiñones Marinados, 12
    Champiñones Rellenos a la Italiana, 26
    Chuletas de Cerdo a la Italiana, 132
    Delicioso Camarón con Pasta, 230
    Emparedados Toscanos de Salchicha, 140
    Escalopes de Pavo, 196
    Escalopes de Ternera, 158
    Fettuccine de Espinaca con Verduras, 304
    Fettuccine Romano Aldana, 120
    Guisado de Cerdo Piedmont, 61

Índice

Guiso de Salchicha Italiana y Verduras, 56
Guiso Toscano de Verduras, 70
Lasaña, 102
Lasaña de Calabacita, 260
Lasaña de Espinaca, 253
Lasaña Suprema, 86
Mariscos Primavera, 214
Moños al Horno en Salsa de Champiñón, 241
Pasta con Champiñón Porcini al Pesto, 105
Pasta y Champiñones Portobello con Salsa, 268
Pechugas de Pollo a la Italiana, 190
Piccata de Pavo, 200
Pizza Romana, 240
Polenta con Pavo y Champiñones, 199
Pollo alla Firènze, 194
Pollo Cacciatore, 192
Pollo Cacciatore con Salsa, 180
Pollo Marsala, 168
Pollo Primavera, 176
Pollo Rustigo, 184
Pollo Toscano, 160, 179
Ragoût de Champiñón con Polenta, 316
Rápida Ensalada al Pesto, 40
Rapidísimo Pollo Cacciatore, 179
Risotto con Tomate al Horno, 288
Risotto de Espinaca y Champiñón, 314
Risotto de Orzo con Camarón y Verdura, 224
Risotto Estilo Primavera, 310
Salsa Roja de Almejas con Verduras, 208
Tallarín Toscano Horneado, 104
Tetrazzini de Pollo con Pimiento Asado, 90
Tortellini de Pollo con Crema de Champiñón, 114
Verduras Marinadas con Limón e Hinojo, 286
Champiñones Marinados, 12
Champiñones Rellenos a la Italiana, 26
Chicaboli, 170

Chícharo
Mariscos Primavera, 214
Pasta Tricolor, 248
Pollo Primavera Cremoso, 108
Risotto de Orzo con Camarón y Verdura, 224
Sopa con Albóndigas, 60
Sopa de Tortellini y Pesto, 66
Tagliatelle con Salsa Cremosa, 92

Chocolate
Barras de Spumone, 370
Betún Cremoso de Chocolate, 352
Biscotti de Chocolate y Almendra, 366
Biscotti de Moka, 368
Brownies Capuchinos Cremosos, 367
Cannoli, 332
Crema Batida de Cocoa, 358
Cubierta de Chocolate, 367
Galletas Florentinas, 360
Pan de Higo y Avellana, 345
Panecillos de Café, 363
Pay de Queso Expreso, 346
Pay Italiano de Queso, 344
Postre Helado de Capuchino Cremoso, 336
Rizos de Chocolate Blanco, 352
Torta de Chocolate Exprés, 350
Torta Italiana Ricotta, 356
Tortoni, 333
Tortoni de Chocolate, 338
Chuletas de Cerdo a la Italiana, 132
Cioppino, 54
Cioppino Rápido, 67
Coliflor: Linguine con Brócoli y Coliflor, 306
Conchas Rellenas de Cuatro Quesos, 250
Corazones de Alcachofa con Salsa Marinara, 298
Cordero (*ver páginas 153-158*)
Crema Batida de Cocoa, 358
Crostini
Crostini, 16, 46
Crostini de Verduras con Romero Asado, 19
Crostini Toscano de Alubia, 8
Minestrone con Crostini, 46
Pan Tostado con Pesto, 27
Crostini de Verduras con Romero Asado, 19
Crostini Toscano de Alubia, 8
Cubiertas
Betún Cremoso de Chocolate, 352
Cubierta de Chocolate, 367

D
Deliciosa Bruschetta, 20
Delicioso Camarón con Pasta, 230

E
Ejotes con Albahaca, 288
Ejotes con Piñones, 300
Ejotes Italianos, 292

Índice

Emparedados
    Emparedados Toscanos de Salchicha, 140
    Fácil y Rápido Emparedado a la Italiana, 140
    Emparedados Toscanos de Salchicha, 140
Ensalada de Calabaza y Pasta, 34
Ensalada de Rotini, 28
Ensalada de Tomate, Mozzarella y Albahaca, 36
Ensalada de Verduras Marinadas, 30
Ensalada Italiana con Croutones, 32
Ensalada Italiana de Pan, 40
Ensalada Italiana de Verduras, 39
Escalopes de Pavo, 196
Escalopes de Ternera, 158
Escarola: Pollo con Escarola y Berenjena, 171
Espagueti a la Boloñesa, 88
Espagueti con Salsa Marinara de Mariscos, 96
Espárrago
    Frittata de Linguine, 264
    Linguine con Espárragos y Queso Asiago, 278
    Pasta con Salchicha de Pavo, 100
Espinaca
    Emparedados Toscanos de Salchicha, 140
    Fettuccine de Espinaca con Verduras, 304
    Lasaña de Espinaca, 253
    Manicotti alla Perdue, 115
    Manicotti Relleno de Espinaca, 242
    Ñoquis de Espinaca, 322
    Pasta con Espinaca y Ricotta, 254
    Pollo alla Firènze, 194

Pollo Florentino, 186
Ravioles con Salsa Cremosa de Espinaca, 84
Risotto de Espinaca y Champiñón, 314
Rollos de Lasaña con Carne y Espinaca, 144
Sopa de Ravioles, 44
Sopa de Tortellini con Pollo, 48
Sopa de Tortellini y Pesto, 66
Sopa Italiana, 56
Sopa Toscana de Alubia, Tomate y Espinaca, 42
Ternera Florentina Clásica, 156
Tortellini de Espinaca con Queso, 82
Tortellini de Pollo con Crema de Champiñón, 114

F
Fácil Espagueti con Albóndigas, 126
Fácil y Rápido Emparedado a la Italiana, 140
Fettuccine alla Carbonara, 94
Fettuccine Caponata, 258
Fettuccine con Atún y Brócoli, 124
Fettuccine con Queso Gorgonzola y Tomate, 268
Fettuccine con Tres Pimientos, 280
Fettuccine de Espinaca con Verduras, 304
Fettuccine Romano Aldana, 120
Fettuccine Milanés con Camarón, 210
Focaccia
    Focaccia al Pesto Rápida, 4
    Focaccia de Tomate y Alcachofa, 18, 323
Focaccia al Pesto Rápida, 4

Frambuesa
    Relleno Cremoso de Frambuesa, 354
    Rollo con Crema de Frambuesa, 353
    Tiramisú de Frambuesa y Limón, 324
Fresa: Torta Rellena de Natilla al Ron, 342
frijol cannellini, sustituto para, 8
Frittata de Linguine, 264
Frittata Mediterránea, 22
Fruta Cristalizada
    Biscotti de Fruta y Nuez, 362
    Cannoli, 332
    Galletas Florentinas, 360
    Pan de Higo y Avellana, 345
    Relleno de Ricotta y Cereza, 358
    Torta al Ron Rellena de Helado, 348
    Torta Italiana Ricotta, 356
Fusilli con Salsa de Tomates, 232

G
Galletas (*ver también* **Biscotti**)
    Barras de Spumone, 370
    Brownies Capuchinos Cremosos, 367
    Galletas Florentinas, 360
    Panecillos de Café, 363
    Tacitas de Galleta de Anís con Limón, 330
Galletas Florentinas, 360
Gremolata Parmesana, 156
Guisado de Cerdo Piedmont, 61
Guiso de Pollo Toscano, 180
Guiso de Salchicha Italiana y Verduras, 56
Guiso Toscano de Verduras, 70

Índice

Guisos
    Cioppino, 54
    Cioppino de Mariscos, 76
    Cioppino de Pollo, 49
    Cioppino Rápido, 67
    Guisado de Cerdo Piedmont, 61
    Guiso de Salchicha Italiana y Verduras, 56
    Guiso Toscano de Verduras, 70

H
Hinojo
    Ensalada de Hinojo, Aceituna y Radicchio, 38
    Platillo Toscano de Pollo con Alubias, 62
    Huachinango con Alcachofas al Horno, 226
    Huachinango Horneado, 206

L
Lasaña, 102
Lasaña Cremosa Alfredo de Cangrejo, 220
Lasaña de Calabacita, 260
Lasaña Fácil, 120
Lasaña Suprema, 86
Lima: Macedonia, 334
Limón
    Camarones con Pimiento, 202
    Escalopes de Pollo con Salsa de Limón y Alcaparras, 182
    Gremolata Parmesana, 156
    Macedonia, 334
    Nieve Italiana, 340
    Ossobuco, 154
    Pescado Milanés, 228
    Piccata de Pavo, 200
    Piccata de Pollo Clásica, 164
    Tacitas de Galleta de Anís con Limón, 330
    Tiramisú de Frambuesa y Limón, 324
    Torta de Almendras con Crema de Limón, 359
    Verduras Marinadas con Limón e Hinojo, 286
Linguine con Espárragos y Queso Asiago, 278
Linguine con Salsa Blanca de Almeja, 216
Linguine con Salsa Cremosa de Almeja y Ajo, 100
Linguine con Salsa de Almeja, 106
Linguine con Salsa Marinara de Almeja al Pesto, 222
Lomo con Hierbas y Ajo, 148

M
Macedonia, 334
Manicotti alla Perdue, 115
Mariscos
    Camarón a la Italiana, 211
    Camarón a la Puttanesca, 218
    Camarón Asado a la Italiana, 221
    Camarones con Pimiento, 202
    Cioppino, 54
    Cioppino de Mariscos, 76
    Cioppino de Pollo, 49
    Cioppino Rápido, 67
    Delicioso Camarón con Pasta, 230
    Espagueti con Salsa Marinara de Mariscos, 96
    Fettuccine Milanés con Camarón, 210
    Lasaña Cremosa Alfredo de Cangrejo, 220
    Linguine con Salsa Blanca de Almeja, 216
    Linguine con Salsa Cremosa de Almeja y Ajo, 100
    Linguine con Salsa de Almeja, 106
    Linguine con Salsa Marinara de Almeja al Pesto, 222
    Mariscos Primavera, 214
    Ostiones a la Romana, 10
    Pasta con Camarón y Verduras, 92
    Pelo de Ángel con Salsa de Mariscos, 204
    Risotto con Camarón, 212
    Risotto de Orzo con Camarón y Verdura, 224
    Salsa Roja de Almejas con Verduras, 208
    Sopa de Garbanzo y Camarón, 68
Mariscos Primavera, 214
Medallones de Cerdo con Marsala, 136
Milanesas de Pavo, 198
Minestrone con Crostini, 46
Minestrone Gratinado, 75
Moños al Horno en Salsa de Champiñón, 241

N
Naranja
    Pay Italiano de Queso, 344
    Tacitas de Galleta de Anís con Limón, 330
Natillas y Budines
    Budín de Arroz y Cereza, 338
    Budín de Arroz y Chabacano, 334
    Caffé en Forchetta, 326
Nieve Italiana, 340

Índice

Nuez
  Biscotti de Fruta y Nuez, 362
  Galletas Florentinas, 360
  Risotto de Espinaca y Champiñón, 314
  Tortoni de Chocolate, 338
Nutritiva Sopa de Pasta y Garbanzo, 58
Nutritivo Fettuccine Primavera, 284

O
Orzo con Espinaca y Pimiento, 307
Ossobuco, 154
Ostiones a la Romana, 10

P
Pan de Higo y Avellana, 345
Pan Tostado con Pesto, 27
Panecillos de Café, 363
Panzanella, 40
Papa
  Cerdo y Papas Vesubio a la Parrilla, 142
  Guiso de Pollo Toscano, 180
  Pollo Toscano, 160
  Salchicha Italiana con Papas Vesubio, 198
Pasta (ver páginas 78-126)
  Cacerola de Pasta, 306
  Cacerola Primavera de Pasta al Horno, 254
  Camarón a la Puttanesca, 218
  Cavatelli Toscano, 266
  Chicaboli, 170
  Cioppino de Pollo, 49
  Conchas Rellenas de Cuatro Quesos, 250
  Delicioso Camarón con Pasta, 230
  Ensalada de Calabaza y Pasta, 34
  Ensalada de Rotini, 28
  Ensalada Italiana de Verduras, 39
  Fettuccine Caponata, 258
  Fettuccine con Queso Gorgonzola y Tomate, 268
  Fettuccine con Tres Pimientos, 280
  Fettuccine Milanés con Camarón, 210
  Frittata de Linguine, 264
  Fusilli con Salsa de Tomates, 232
  Lasaña Cremosa Alfredo de Cangrejo, 220
  Lasaña de Calabacita, 260
  Lasaña de Espinaca, 253
  Linguine con Brócoli y Coliflor, 306
  Linguine con Espárragos y Queso Asiago, 278
  Linguine con Salsa Blanca de Almeja, 216
  Linguine con Salsa Marinara de Almeja al Pesto, 222
  Manicotti Relleno de Espinaca, 242
  Mariscos Primavera, 214
  Minestrone con Crostini, 46
  Moños al Horno en Salsa de Champiñón, 241
  Nutritiva Sopa de Pasta y Garbanzo, 58
  Nutritivo Fettuccine Primavera, 284
  Orzo con Espinaca y Pimiento, 307
  Pasta a la Puttanesca, 246
  Pasta al Pesto, 270
  Pasta con Delicioso Pesto de Tomate, 308
  Pasta con Espinaca y Ricotta, 254
  Pasta con Salsa de Tomate y Hierbas, 238
  Pasta e Fagioli, 48
  Pasta Primavera, 270
  Pasta Tricolor, 248
  Pasta y Champiñones Portobello con Salsa, 268
  Pechugas de Pollo a la Italiana, 190
  Pelo de Ángel con Salsa de Mariscos, 204
  Pescado con Linguine Alfredo, 212
  Pesto Clásico con Linguine, 236
  Pollo Cacciatore, 192
  Pollo con Pimiento, Calabacita y Tomate sobre Pelo de Ángel, 188
  Pollo Primavera, 176
  Rapidísimo Pollo Cacciatore, 179
  Rápido Pollo a la Parmesana, 189
  Ravioles con Tomate al Pesto, 246
  Ravioles sin Carne al Horno, 279
  Rigatoni con Tomate, 262
  Risotto de Orzo con Camarón y Verdura, 224
  Rollos de Lasaña con Carne y Espinaca, 144
  Rollos de Pasta, 267
  Rotelle con Salsa de Tomate y Albahaca, 252
  Salsa Roja de Almejas con Verduras, 208
  Sopa Clásica con Albóndigas, 50
  Sopa con Albóndigas, 60
  Sopa de Ravioles, 44
  Sopa de Salchicha Italiana, 64
  Sopa de Tortellini, 52
  Sopa de Tortellini con Pollo, 48

Índice

Sopa de Tortellini y Pesto, 66
Sopa de Verduras con Albahaca, 74
Sopa Minestrone, 64
Tortellini con Pesto Cremoso, 248
Tortellini con Pesto y Tomate, 276
Tortellini Primavera en Caldo, 72
Pasta a la Puttanesca, 246
Pasta al Pesto, 270
Pasta con Camarón y Verduras, 92
Pasta con Champiñón Porcini al Pesto, 105
Pasta con Salchicha de Pavo, 100
Pasta con Salsa de Tomate y Hierbas, 238
Pasta Rellena con Pavo a la Italiana, 87
Pasta Tricolor, 248
Pasta, Pollo y Brócoli al Pesto, 121
Pavo (*ver páginas 196-200*)
   Pasta con Salchicha de Pavo, 100
   Pasta Rellena con Pavo a la Italiana, 87
   Rápido Espagueti con Salchicha, 118
   Sopa con Albóndigas, 60
   Tallarín Toscano Horneado, 104
   Tallarines con Albóndigas, 80
Pay de Queso al Pesto con Pimiento, 24
Pay de Queso Expreso, 346
Pay Italiano de Queso, 344
Pays
   Pay Italiano de Queso, 344
   Postre Helado de Capuchino Cremoso, 336
Pechugas de Pollo a la Italiana, 190
Pelo de Ángel con Salsa de Mariscos, 204
Pescado con Linguine Alfredo, 212

Pescado
Antipasto de Linguine con Atún, 112
Cioppino, 54
Cioppino Rápido, 67
Espagueti con Salsa Marinara de Mariscos, 96
Fettuccine con Atún y Brócoli, 124
Huachinango con Alcachofas al Horno, 226
Huachinango Horneado, 206
Linguine con Salsa Blanca de Almeja, 216
Pelo de Ángel con Salsa de Mariscos, 204
Pescado con Linguine Alfredo, 212
Pescado Milanés, 228
Pesto Clásico con Linguine, 236
Piccata de Pavo, 200
Piccata de Pollo Clásica, 164
pimiento, instrucciones para asar, 318
Pimiento Rojo Asado
Antipasto de Arroz, 312
Antipasto de Linguine con Atún, 112
Crostini Toscano de Alubia, 8
Guiso Toscano de Verduras, 70
Pasta con Champiñón Porcini al Pesto, 105
Pay de Queso al Pesto con Pimiento, 24
Sopa de Tortellini y Pesto, 66
Tetrazzini de Pollo con Pimiento Asado, 90
Torta Valle Escondido, 10
pimiento rojo asado, disponibilidad, 312

Pimientos Rellenos a la Italiana, 150
Pimientos y Cebollas Asados, 300
Piñón
Ejotes con Piñones, 300
Pasta al Pesto, 270
Pasta con Champiñón Porcini al Pesto, 105
Pasta con Delicioso Pesto de Tomate, 308
Pasta, Pollo y Brócoli al Pesto, 121
Pesto Clásico con Linguine, 236
Piccata de Pavo, 200
Ravioles con Tomate al Pesto, 246
Pizza de Cuatro Quesos, 282
Pizza de Salchicha Italiana y Pimiento, 138
Pizza Romana, 240
Pizzaiola de Carne, 146
Pizzas Roma con Tomate, 256
Pizzas
Pizza de Cuatro Quesos, 282
Pizza de Salchicha Italiana y Pimiento, 138
Pizza Romana, 240
Pizzas Roma con Tomate, 256
Platillo Toscano de Pollo con Alubias, 62
Platillos con Huevo
Fettuccine alla Carbonara, 94
Frittata de Linguine, 264
Frittata de Salchicha y Verduras, 134
Frittata Mediterránea, 22
Volovanes de Queso Asiago, 13
Polenta
Cuadros de Polenta con Salsa de Tomate, 234
Polenta con Pavo y Champiñones, 199

379

Índice

Polenta con Verduras en Salsa, 320
Polenta Parmesana, 272
Ragoût de Champiñón con Polenta, 316
Salchicha, Pimiento y Cebolla con Polenta, 130
Triángulos de Polenta, 318
Polenta Parmesana, 272

Pollo (*ver páginas 160-194*)
Cioppino de Pollo, 49
Escalopes de Pollo con Salsa de Limón y Alcaparras, 182
Linguine con Pollo en Salsa Cremosa de Tomate, 78
Manicotti alla Perdue, 115
Pasta, Pollo y Brócoli al Pesto, 121
Pechugas Estofadas con Tomate y Mozzarella, 166
Platillo Toscano de Pollo con Alubias, 62
Pollo al Pesto con Mozzarella, 98
Pollo Cacciatore, 192
Pollo Cacciatore a la Sartén, 162
Pollo Cacciatore con Salsa, 180
Pollo con Escarola y Berenjena, 171
Pollo con Pimiento, Calabacita y Tomate sobre Pelo de Ángel, 188
Pollo con Salsa Cremosa de Tomate y Albahaca, 172
Pollo con Salsa Marinara de Ajo, 124
Pollo Empanizado a las Hierbas con Rotini Tricolor, 116
Pollo Florentino, 186
Pollo Marsala, 168
Pollo Primavera, 176
Pollo Primavera Cremoso, 108
Pollo Rustigo, 184
Pollo Toscano, 160, 179
Rollos de Pollo con Pimiento, 178
Sopa de Tortellini con Pollo, 48
Sopa Toscana de Pollo, 74
Tetrazzini de Pollo con Pimiento Asado, 90
Tortellini de Pollo con Crema de Champiñón, 114
Pollo al Pesto con Mozzarella, 98
Pollo alla Firènze, 194
Pollo Cacciatore, 192
Pollo Cacciatore a la Sartén, 162
Pollo Cacciatore con Salsa, 180
Pollo con Arroz a la Pequeña Italia, 174
Pollo con Salsa Marinara de Ajo, 124
Pollo Empanizado a las Hierbas con Rotini Tricolor, 116
Pollo Marinado, 174
Pollo Primavera Cremoso, 108
Postre Helado de Capuchino Cremoso, 336

Prosciutto
Antipasto con Champiñones Marinados, 12
Fettuccine Romano Aldana, 120
Frittata Mediterránea, 22
Minestrone con Crostini, 46
Tagliatelle con Salsa Cremosa, 92
Tortellini de Espinaca con Queso, 82
Tortellini de Pollo con Crema de Champiñón, 114
provolone, sustituto para, 170

Q

Queso Cottage
Fettuccine con Queso Gorgonzola y Tomate, 268
Lasaña, 102
Lasaña de Calabacita, 260
Lasaña de Espinaca, 253
Lasaña Fácil, 120
Lasaña Suprema, 86
Rollos de Pasta, 267

Queso Crema
Pay de Queso al Pesto con Pimiento, 24
Pay de Queso Expreso, 346
Postre Helado de Capuchino Cremoso, 336
Tiramisú, 328, 339
Tiramisú de Frambuesa y Limón, 324
Torta Valle Escondido, 10

Queso Ricotta
Calzone de Verduras, 278
Cannoli, 332
Conchas Rellenas de Cuatro Quesos, 250
Fettuccine con Atún y Brócoli, 124
Lasaña, 102
Lasaña Cremosa Alfredo de Cangrejo, 220
Manicotti alla Perdue, 115
Ñoquis de Espinaca, 322
Pasta con Espinaca y Ricotta, 254
Pay de Queso al Pesto con Pimiento, 24
Pay Italiano de Queso, 344
Relleno de Ricotta y Cereza, 358
Rollos de Lasaña con Carne y Espinaca, 144
Torta Italiana Ricotta, 356

Índice

R

Radicchio: Ensalada de Hinojo, Aceituna y Radicchio, 38
Ragoût de Champiñón con Polenta, 316
Rápida Ensalada al Pesto, 40
Rapidísimo Pollo Cacciatore, 179
Rápido Espagueti con Salchicha, 118
Rápido Pollo a la Parmesana, 189
Rápido Ziti a la Sartén, 110
Ravioles con Salsa Cremosa de Espinaca, 84
Ravioles con Tomate al Pesto, 246
Ravioles sin Carne al Horno, 279
Rellenos
    Relleno Cremoso de Frambuesa, 354
    Relleno de Ricotta y Cereza, 358
Res (*ver páginas 144-152*)
    Espagueti a la Boloñesa, 88
    Fácil Espagueti con Albóndigas, 126
    Lasaña, 102
    Lasaña Fácil, 120
    Lasaña Suprema, 86
    Pasta Horneada con Calabacita, 97
    Rápido Ziti a la Sartén, 110
    Sopa Clásica con Albóndigas, 50
    Tallarines con Albóndigas, 80
Rigatoni, 122
Rigatoni con Tomate, 262
Risotto a la Milanesa, 244
Risotto Clásico, 266
Risotto con Camarón, 212
Risotto con Tomate al Horno, 288
Risotto con Verduras, 274
Risotto de Orzo con Camarón y Verdura, 224
Risotto Estilo Primavera, 310
Rizos de Chocolate Blanco, 352
Rollos de Lasaña con Carne y Espinaca, 144
Rotelle con Salsa de Tomate y Albahaca, 252

S

Salchicha
    Antipasto con Champiñones Marinados, 12
    Chicaboli, 170
    Emparedados Toscanos de Salchicha, 140
    Fácil y Rápido Emparedado a la Italiana, 140
    Frittata de Salchicha y Verduras, 134
    Guiso de Salchicha Italiana y Verduras, 56
    Lasaña Suprema, 86
    Pasta con Champiñón Porcini al Pesto, 105
    Pechugas de Pollo a la Italiana, 190
    Pizza de Salchicha Italiana y Pimiento, 138
    Rápido Espagueti con Salchicha, 118
    Rigatoni, 122
    Salchicha Italiana con Papas Vesubio, 198
    Salchicha Italiana con Pasta al Pesto, 82
    Salchicha, Pimiento y Cebolla con Polenta, 130
    Sopa de Ravioles, 44
    Sopa de Salchicha Italiana, 64
    Sopa de Tortellini, 52
    Tallarín Toscano Horneado, 104
    Ziti Delicioso, 126
Salchicha Italiana con Papas Vesubio, 198
Salchicha Italiana con Pasta al Pesto, 82
Salmón Escalfado a la Italiana, 216
Salsa Marinara, 222
Salsa Roja de Almejas con Verduras, 208
Salsas: Salsa Marinara, 222
Sartén de Cerdo a la Italiana, 139
Sopa Clásica con Albóndigas, 50
Sopa con Albóndigas, 60
Sopa de Arroz y Alubia, 66
Sopa de Garbanzo y Camarón, 68
Sopa de Ravioles, 44
Sopa de Salchicha Italiana, 64
Sopa de Tortellini, 52
Sopa de Tortellini con Pollo, 48
Sopa de Tortellini y Pesto, 66
Sopa Italiana, 56
Sopa Minestrone, 64
Sopa Toscana de Alubia, Tomate y Espinaca, 42
Sopa Toscana de Pollo, 74
Stromboli de Res con Salsa de Queso, 147

T

Tagliatelle con Salsa Cremosa, 92
Tallarín Toscano Horneado, 104
Tallarines con Albóndigas, 80
Ternera Florentina Clásica, 156
Ternera Parmesana, 153
Tetrazzini de Pollo con Pimiento Asado, 90
Tiramisú
    Tiramisú, 328, 339
    Tiramisú de Frambuesa y Limón, 324

381

Índice

Tocino
- Fettuccine alla Carbonara, 94
- Nutritiva Sopa de Pasta y Garbanzo, 58
- Ostiones a la Romana, 10
- Sopa de Arroz y Alubia, 66

Tomate Deshidratado
- Fettuccine con Queso Gorgonzola y Tomate, 268
- Fettuccine de Espinaca con Verduras, 304
- Focaccia al Pesto Rápida, 4
- Focaccia de Tomate y Alcachofa, 18, 323
- Pasta con Delicioso Pesto de Tomate, 308
- Pollo con Pimiento, Calabacita y Tomate sobre Pelo de Ángel, 188
- Tortellini con Pesto y Tomate, 276

Tomate Fresco
- Brócoli con Tomate a la Italiana, 299
- Bruschetta, 27
- Cacerola de Brócoli, 302
- Camarón a la Italiana, 211
- Cavatelli Toscano, 266
- Cioppino, 54
- Crostini, 16
- Crostini de Verduras con Romero Asado, 19
- Croutones a las Hierbas con Bruschetta, 20
- Deliciosa Bruschetta, 20
- Ejotes Italianos, 292
- Ensalada de Calabaza y Pasta, 34
- Ensalada de Rotini, 28
- Ensalada de Tomate, Mozzarella y Albahaca, 36
- Ensalada de Verduras Marinadas, 30
- Ensalada Italiana con Croutones, 32
- Ensalada Italiana de Pan, 40
- Ensalada Italiana de Verduras, 39
- Ensalada Milano de Arroz, 39
- Espagueti con Salsa Marinara de Mariscos, 96
- Fettuccine Caponata, 258
- Frittata de Linguine, 264
- Fusilli con Salsa de Tomates, 232
- Manicotti Relleno de Espinaca, 242
- Nutritivo Fettuccine Primavera, 284
- Panzanella, 40
- Pasta al Pesto, 270
- Pasta con Salsa de Tomate y Hierbas, 238
- Pasta Tricolor, 248
- Pelo de Ángel con Salsa de Mariscos, 204
- Pizzas Roma con Tomate, 256
- Pollo con Salsa Cremosa de Tomate y Albahaca, 172
- Pollo Empanizado a las Hierbas con Rotini Tricolor, 116
- Pollo Primavera, 176
- Pollo Rustigo, 184
- Ravioles con Salsa Cremosa de Espinaca, 84
- Ravioles con Tomate al Pesto, 246
- Rigatoni con Tomate, 262
- Rotelle con Salsa de Tomate y Albahaca, 252
- Sopa con Albóndigas, 60
- Tomate y Mozzarella Marinados, 292
- Torta al Ron Rellena de Helado, 348
- Torta Italiana Ricotta, 356
- Torta Rellena de Natilla al Ron, 342
- Torta Valle Escondido, 10

Tortas
- Pan de Higo y Avellana, 345
- Pay de Queso Expres, 346
- Rollo con Crema de Frambuesa, 353
- Torta al Ron Rellena de Helado, 348
- Torta de Almendras con Crema de Limón, 359
- Torta de Chocolate Exprés, 350
- Torta Italiana Ricotta, 356
- Torta Rellena de Natilla al Ron, 342
- Tortellini con Pesto Cremoso, 248
- Tortellini con Pesto y Tomate, 276
- Tortellini de Pollo con Crema de Champiñón, 114
- Tortellini Primavera en Caldo, 72

Tortoni
- Tortoni, 333
- Tortoni de Chocolate, 338
- Tubos Cannoli para Rellenar, 332

V
- vinagre balsámico, sustituto para, 221
- vino para cocinar, 164
- Volovanes de Queso Asiago, 13

Z
- Ziti Delicioso, 126

NOTAS

NOTAS